Ditie Anquan Shigong Jishu Shouce

地铁安全施工技术手册

傅鹤林　董　辉　邓宗伟　编著

陈杰刚　主审

人民交通出版社

内 容 提 要

本书根据地下铁道工程、城际铁路工程和市政工程的相关技术规范，从安全施工角度，对地铁工程中的施工技术进行了详细论述。全书共10章，主要内容包括：地铁施工策划与组织、地铁施工超前地质预报与围岩分级、盾构机选型、暗洞开挖、地铁衬砌施工与质量控制、地铁防排水、地铁通风、地铁监控量测、地铁施工质量检测等。

本书可供从事地铁工程相关的设计、施工、检测、管理技术人员参考、使用。

图书在版编目(CIP)数据

地铁安全施工技术手册/傅鹤林，董辉，邓宗伟编著. --北京：人民交通出版社，2012.11

ISBN 978-7-114-10123-6

Ⅰ.①地… Ⅱ.①傅…②董…③邓… Ⅲ.①地下铁道—工程施工—安全技术—技术手册 Ⅳ.①U231-62

中国版本图书馆CIP数据核字(2012)第236672号

书　　名：地铁安全施工技术手册
著 作 者：傅鹤林　董　辉　邓宗伟
责任编辑：丁润铎　黎小东
出版发行：人民交通出版社
地　　址：(100011)北京市朝阳区安定门外外馆斜街3号
网　　址：http://www.ccpress.com.cn
销售电话：(010)59757969，59757973
总 经 销：人民交通出版社发行部
经　　销：各地新华书店
印　　刷：北京市密东印刷有限公司
开　　本：787×1092　1/16
印　　张：16.25
字　　数：383千
版　　次：2012年11月　第1版
印　　次：2012年11月　第1次印刷
书　　号：ISBN 978-7-114-10123-6
定　　价：50.00元

《地铁安全施工技术手册》
编审委员会

主　　编:傅鹤林　董　辉　邓宗伟

副 主 编:韩汝才　施成华　袁海清　周　宁　黄陵武　周利金

主　　审:陈杰刚

参编单位:中南大学

福建工程学院

湘潭大学

湖南城市学院

中铁隧道股份有限公司

西南林业大学

湖南省高速公路管理局

交通运输部公路科学研究院

长沙市建筑工程安全监察站

参编人员:张庆文　欧阳刚杰　郭　磊　何贤锋　付文辉

刘运思　饶军应　袁　维　何翊武　毛阿立

张敬宇　朱显镇　李冬霞　马　婷　欧阳大任

徐　武　高劲松　郑刚强　孙明国　周　明

张海明

前　言

地铁是解决城市交通问题的主要工具和手段之一。随着经济的飞速发展和城市化的进度加快，我国目前有20多个城市正在修建地铁。但由于工程地质和水文地质条件复杂，地铁施工出现不少安全事故。如何确保地铁施工安全，成为摆在地铁科技工作者前面的一道迫切需要解决的技术难题。在多个地铁工程实践的基础上，作者结合有关地铁的科研成果及地铁相关技术规范，编著了《地铁安全施工技术手册》，力求为地铁的设计、施工和运营管理提供技术支持。

本书的编著依托历时多年的联合攻关和集成创新。此外，通过地铁项目研究，先后还有10多名博士生、硕士生参与课题并完成了相关论文，并取得了系列研究成果。

本书由傅鹤林、董辉、邓宗伟等编著。在编写过程中，编著者引用了傅鹤林、邓宗伟、董辉、周宁、黄陵武和张庆文等的科研课题的部分研究成果，引用了傅鹤林所指导的博士研究生和硕士研究生郭磊、何贤锋、尹光明、黄陵武、王佳的学位论文的部分研究成果；研究生袁维、刘运思、何翊武、毛阿立、张敬宇、曹琦、王佳、何小波、饶军应、欧阳刚杰和李文博等在书稿编写过程中进行了校对、绘图、打印工作。

本书在完成过程中，得到了教育部、铁道部、中南大学和合作单位的悉心指导与大力支持，得到曾庆元院士和李亮教授的热情指导，并得到福建省教育厅闽江学者特聘教授奖励计划的资助。长沙市建筑工程安全监察站陈杰刚站长审阅了本书，并提出了宝贵意见。在本书的编写过程中，编著者参考了许多国内外文献及研究成果，有些未能一一列出，在此一并感谢！

由于编著者水平有限，不妥之处，敬请指正。

编著者

2012年9月

目　　录

第1章　地铁施工策划与组织

施工组织设计是地铁安全施工的重要内容。不同地铁的施工组织设计会有不同，主要内容包括：施工准备、施工组织设计、场地布置、进度计划等。

1)施工准备工作内容

(1)确定施工组织机构及人员配备。

(2)交接桩、复测及洞口投点等。

(3)对设计中需要变更与改进的地方，向建设单位和设计单位提出建议，并通过协商进行修改。

(4)编写指导性施工组织设计。

(5)根据拟定的施工方法，进行施工机械配备、建筑材料准备。

2)技术准备工作的内容

(1)熟悉、审查图纸及有关设计资料。

(2)调查研究、收集资料：

①社会调查。了解当地政治、经济、居民情况及风俗习惯等。

②自然条件调查。

③技术经济条件调查。

(3)交接控制测量的基桩资料，并做好复测和核对工作，在此基础上定出车站的中线和高程基桩。

(4)根据补充调查等重新掌握的情况，改进施工设计。

(5)编制施工组织设计和制订施工方案，进行有关施工补充设计。

(6)编制施工预算。

3)现场基本条件及物质准备

(1)三通一平：路通、水通、电通，场地平。

(2)相关设施：如压缩空气供应系统、修理车间等。

(3)物资准备：原材料、构件加工设备、施工机具等。

(4)实施性施工组织设计

施工单位中标后，应编制实施性施工组织设计，以用于指导具体施工。

实施性施工组织设计的内容与指导性施工组织设计相似，但更具体、更详细。

4)施工进度计划的编制

施工进度计划的编制按以下步骤进行：

(1)划分工序。

(2)计算各工序的工程量。

(3)计算各工序的劳动量。

(4)计算生产周期。

(5)安排施工进度。

(6)检查和调整进度计划。

(7)资源需求量计划及其他图表。

(8)特殊地段施工进度图。

下面以郑州市轨道交通1号线一期工程为例,对地铁施工组织设计进行详细介绍。

1.1 编制说明

1.1.1 施工组织编制依据

(1)郑州市轨道交通1号线一期工程土建施工(01～07标段)招标文件。

(2)郑州市轨道交通1号线一期工程土建施工(01～07标段)补充招标文件。

(3)郑州市轨道交通1号线一期工程二七广场站施工招标设计图。

(4)郑州市轨道交通1号线一期工程市体育馆站施工招标设计图。

(5)郑州市轨道交通1号线一期工程中原东路站～郑州火车站站区间施工招标设计图。

(6)郑州市轨道交通1号线一期工程郑州火车站站～二七广场站区间施工招标设计图。

(7)郑州市轨道交通1号线一期工程二七广场站～市体育馆站区间施工招标设计图。

(8)郑州市轨道交通1号线一期工程市体育馆站～紫荆山站区间施工招标设计图。

(9)国家现行技术规范、标准及郑州市现行相关地方规范、标准及文件。

(10)在建类似工程的施工经验。

(11)现有的施工管理水平、技术水平和机械设备配套能力。

(12)现场勘察资料。

1.1.2 施工组织编制原则

1)总体原则

(1)认真贯彻党和国家对基本建设的各项方针和政策。

(2)严格遵守国家和合同规定的工程竣工要求及交付使用期限。

(3)合理安排工程施工顺序。

因此,在认真阅读招标文件的基础上,详细分析本工程设计特点及类似工程的施工经验,依据相关设计要求和施工规范,充分发挥现有的施工管理、技术水平和机械设备配套能力。

2)经济合理的原则

针对工程的实际情况,本着经济、可靠、合理的原则比选施工方案,并配备足够数量适合本工程施工的机械设备和资源以满足施工要求;对整个施工过程实施信息化动态管理,从而达到合理组织和不断优化施工方案,确保按期、按质完成施工任务。

3)技术先进和可靠性原则

根据本工程的特点,吸收国内外类似工程设计、施工和管理的成熟技术,结合以往施工经验,针对本工程地质条件选用先进和具有优异性能的施工机械,并采取可靠性高、可操作性强的施工技术方案进行施工,确保工程质量、安全、工期、文明施工等满足招标文件要求。

4)质量保证原则

采用ISO9002标准全方位控制施工过程,建立完整的质量管理体系和控制程序,严格进行质量管理与控制,明确工程质量方针和质量目标,结合本工程特点与实际情况制订切实可行、有效的工程质量保证措施,确保工程质量在国内同类工程中达到领先水平。

5)工期保障原则

根据业主对本工程的工期要求,施工过程中合理安排工期,合理配置资源,科学组织施工,使本项目的资源能得以充分利用;根据总体工期的安排,分解工期节点目标,编制年度计划、季度计划和周进度计划,做到各项分部工程施工衔接有序,以确保各阶段施工计划和总体施工计划的实现,从而保证工程的按期完成。

6)环保原则

施工过程中按照ISO14000标准,建立环境管理体系和控制程序,进行环境管理。①充分调查和重视周边环境情况,紧密结合环境保护进行施工;②切实作好工程环境的保护工作,建设"绿色工地",实施"绿色施工";③减少废气、振动、噪声、扬尘污染,杜绝随意排放污水、胡乱丢弃建筑垃圾等;④按照当地和业主的要求高度重视余泥的运输、防护和排放管理,做到合理利用、节约耕地。

7)以人为本的原则

施工过程贯彻ISO18000标准,建立健全消防、安全、保卫、健康管理体系和控制程序并严格执行;同时尊崇以人为本的施工宗旨,维护和保障施工人员的健康与安全。

1.1.3 工程位置

郑州市轨道交通1号线土建施工03标段位于郑州市中心城区,起始于中原东路与大学路路口,穿越京广铁路、郑州火车站,经过二七广场,沿人民路向东北方向延伸到达紫荆山站。紫荆山站位于位于金水大道与人民路路口处。项目地理位置见图1.1-1所示。

1.1.4 工程范围及主要工程量

本工程范围具体如下:

(1)市体育馆站主体、附属结构及预留孔、预埋件施工。

(2)二七广场站主体、附属结构及预留孔、预埋件施工。

(3)中原东路站～郑州火车站站～二七广场站区间盾构推进。

(4)二七广场站～市体育馆站～紫荆山站区间盾构推进。

(5)盾构进、出洞端头土体及联络通道加固。

(6)联络通道、泵站结构施工。

(7)区间地下障碍物的处理。

本工程主要工程量见表1.1-1。

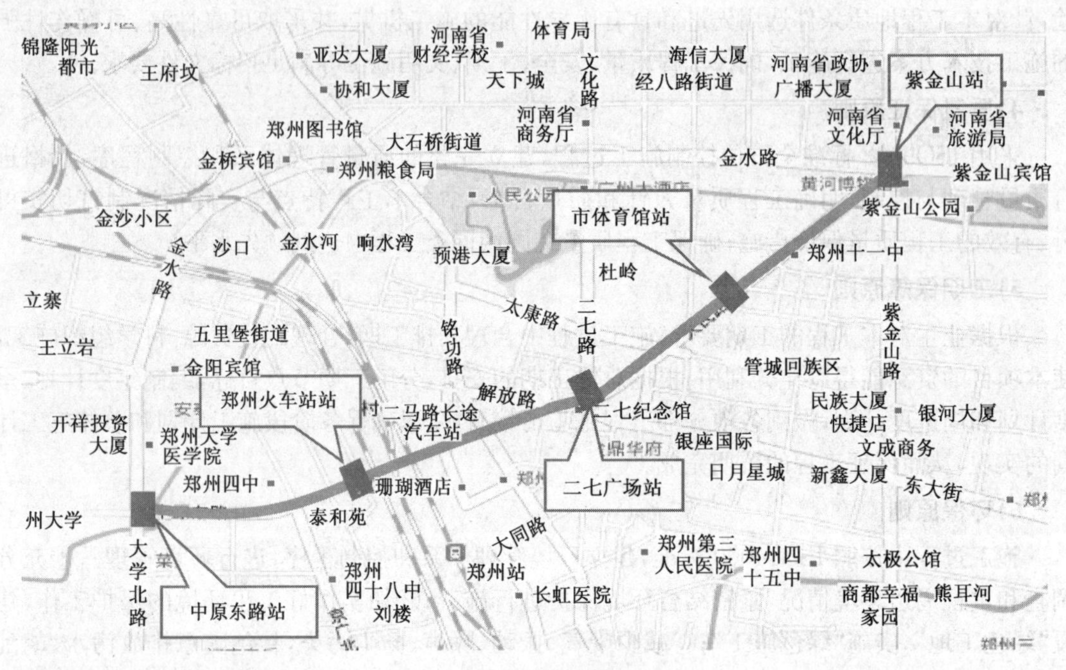

图 1.1-1　工程地理位置示意图

主 要 工 程 量　　表 1.1-1

项　目	里　程	长度(m)	深度(m)	层数	备　注
二七广场站	起点:YCK18+997.300 终点:YCK19+271.100	273.8	16.6	地下 2 层	围护结构为钻孔灌注桩,支护为米字形混凝土梁支撑
市体育馆站	起点:YCK19+970.000 终点:YCK20+108.100	138.1	20.98	地下 3 层	围护结构为钻孔灌注桩,支护为米字形混凝土梁支撑

项　目	里　程	长度(m)	备　注
中原东路站～郑州火车站站	CK16+860.600～CK17+871.5	1 010.9	区间附属工程,包括联络通道及泵房 1 座,洞门 4 个
郑州火车站站～二七广场站	CK18+052.255～CK18+997.3	945.04	区间附属工程,包括联络通道及泵房 1 座,洞门 4 个
二七广场站～市体育馆站	CK19+271.100～CK19+970	692.6	区间附属工程,包括联络通道及泵房 1 座,洞门 4 个
市体育馆站～紫荆山站	CK20+108～CK20+990.523	886.6	区间附属工程,包括联络通道及泵房 1 座,洞门 4 个

1.2　主要工程概述

1.2.1　二七广场站概述

二七广场站为地下两层岛式车站,主体结构为两层三跨钢筋混凝土框架结构,车站外包尺寸为 273.8m×21.7m×16.6m,由侧墙、梁、板、柱等构件组成。车站主体结构采用明挖顺作法施工，局部采用盖挖法施工，围护结构方案采用钻孔灌注桩，采用混凝土米字形支撑；附属结构采用明挖顺作法施工，围护结构采用钻孔灌注桩，采用钢支撑。

1)施工安排及顺序

根据车站总体施工安排及交通疏导设计方案，在一期围挡施工期间，进行主体一期围护结构施工及降水井施工和盖挖施工，以保证路面交通。在二期围挡施工期间，进行主体二期围护结构施工、主体基坑开挖和主体钢筋混凝土结构施工。为保证盾构机的下井时间，二七广场站的主体结构由两端盾构井向基坑中间、纵向分段施作，由上而下，竖向分层，流水顺作施工。根据有关规范要求，纵向分段长度不大于 25m。二七广场站一期、二期围挡见图 1.2-1、图 1.2-2。

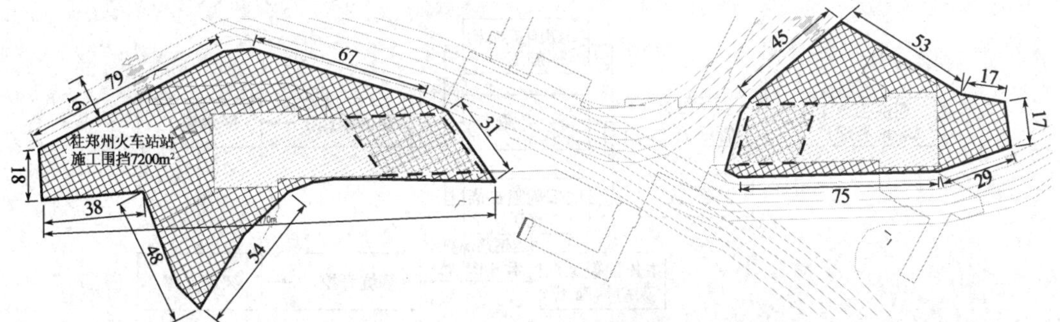

图 1.2-1　二七广场站一期围挡示意图(粗实线所围区域为一期围挡区域；粗虚线所围区域为盖挖区域)(尺寸单位：m)

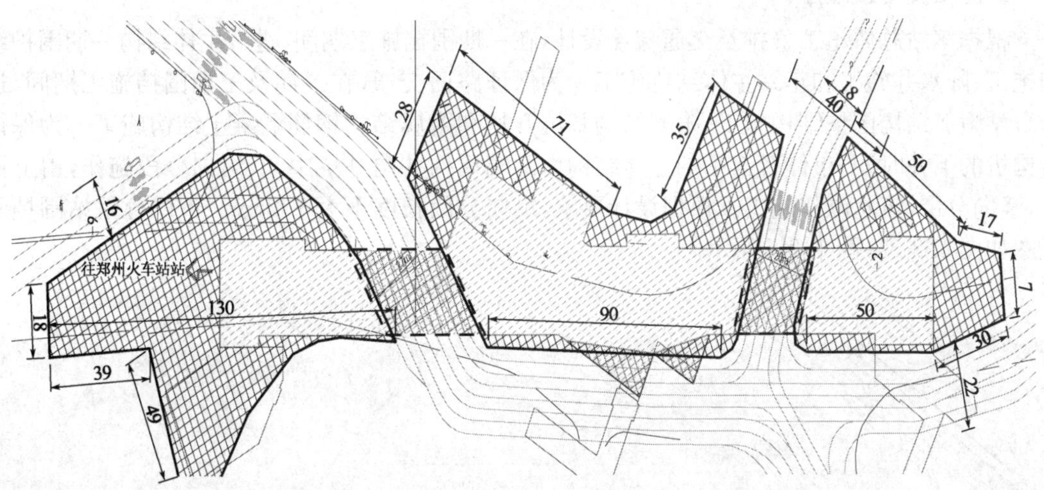

图 1.2-2　二七广场站二期围挡示意图(粗线所围区域为二期围挡区域；粗虚线所围区域为盖挖区域)(尺寸单位：m)

2)施工流程

二七广场站一期、二期围挡期间施工流程分别见图 1.2-3、图 1.2-4。

1.2.2　市体育馆站概述

市体育馆站为地下三层岛式车站，主体结构为三跨三层框架结构，车站外包尺寸为 138m ×21.6m×18.6m，由侧墙、梁、板、柱等构件组成。车站主体结构采用明挖顺作法施工，围护结构方案采用钻孔灌注桩，采用混凝土米字形支撑；附属结构采用明挖顺作法施工，围护结构采用钻孔灌注桩，采用钢支撑。

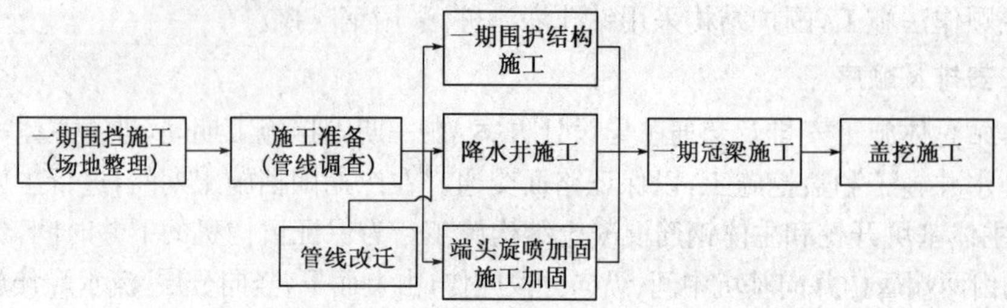

图 1.2-3　二七广场站一期围挡期间施工流程图

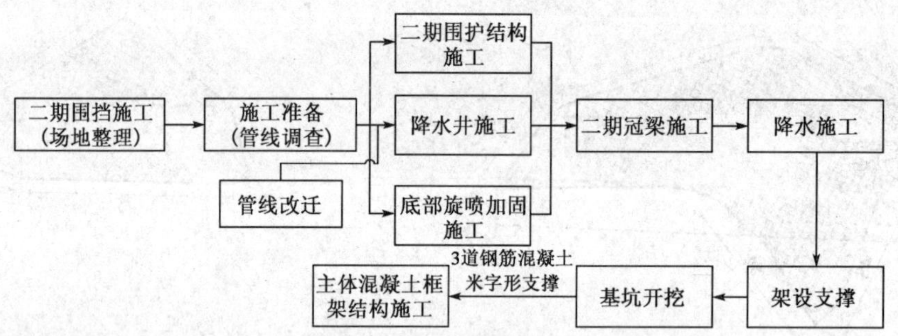

图 1.2-4　二七广场站二期围挡期间施工流程图

1)施工安排及顺序

根据车站总体施工安排及交通疏导设计，在一期围挡施工期间，进行主体结构一期围护结构施工、降水井施工和车站主体结构施工。为保证路面交通，在二期及三期围挡施工期间，进行车站附属结构围护结构施工、附属结构基坑开挖和附属结构钢筋混凝土结构施工。为保证盾构机的下井时间，市体育馆站的主体结构由两端盾构井向基坑中间、纵向分段施作，由上而下，竖向分层，流水顺作施工。根据设计要求，纵向分段长度不大于 25m。市体育馆站围挡示意图如图 1.2-5～图 1.2-7 所示。

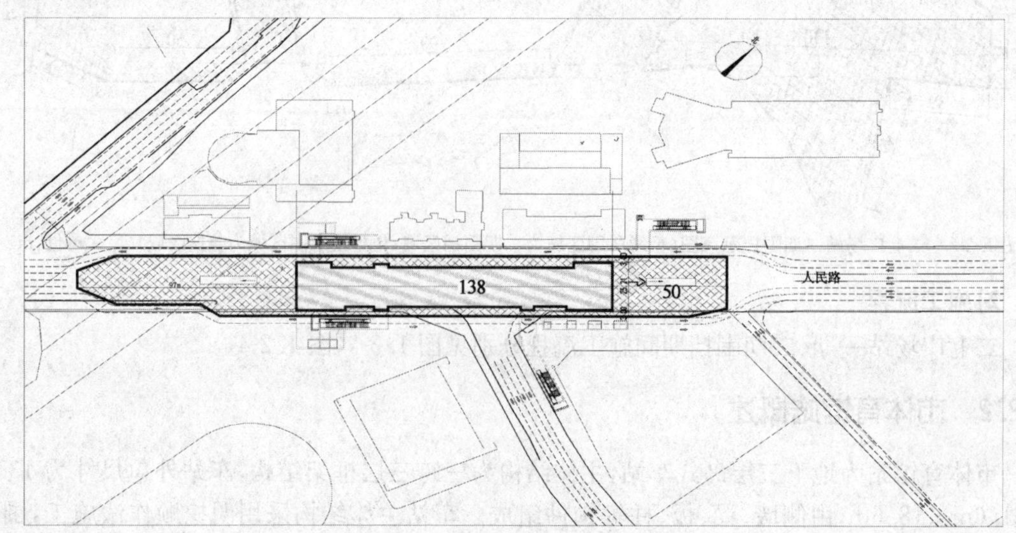

图 1.2-5　市体育馆站一期围挡（粗线所围区域）示意图（尺寸单位：m）

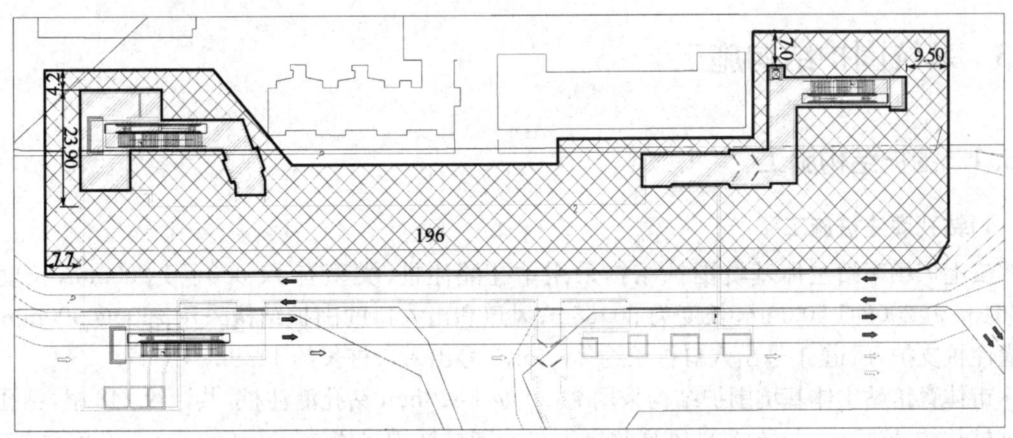

图1.2-6 市体育馆站二期围挡(粗线所围区域)示意图(尺寸单位:m)

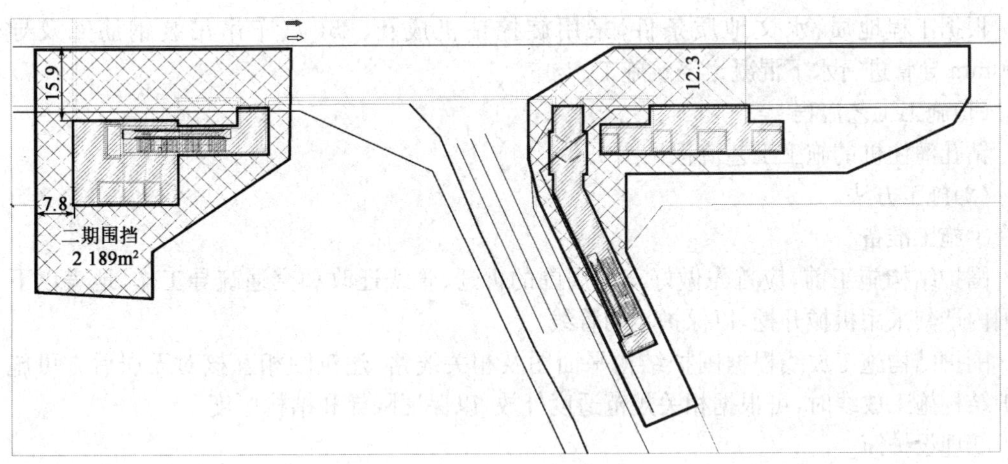

图1.2-7 市体育馆站三期围挡(粗线所围区域)示意图(尺寸单位:m)

2)施工流程

市体育馆站施工流程图见图1.2-8。

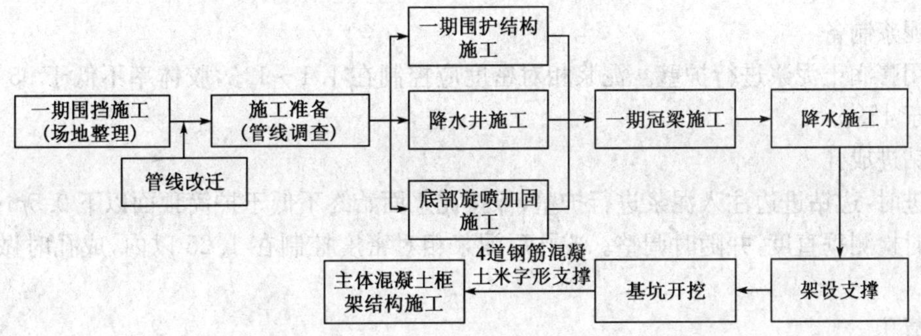

图1.2-8 市体育馆站施工流程图

1.3 基坑围护结构施工

1.3.1 围护结构施工

1)钻孔灌注桩施工

二七广场车站主体基坑围护结构采用钻孔灌注桩,类型有 ϕ1 000@1 200mm,长度为 24.64m;ϕ1 200@1 500mm,长度为 30.65m;风道和出入口的围护结构采用 ϕ600@900mm 钻孔灌注桩支护,风道、1 号出入口桩长约 23.2m,2 号出入口桩长约 11.9m。

市体育馆站主体基坑围护结构采用 ϕ1 200@1 400mm 钻孔灌注桩,共计约 248 根,钻孔灌注桩桩长约 35.7m。1 号、3 号风亭和出入口的围护结构采用 ϕ600@900mm 钻孔灌注桩。2 号风亭的围护结构采用 ϕ1 000@1 200mm 钻孔灌注桩;风道、1 号出入口桩长约 11.9m,2 号出入口桩长约 15.9m。

根据工程地质、水文地质条件,采用旋挖钻机成孔、25t 汽车吊吊装钢筋笼及导管、ϕ300mm 导管进行水下混凝土浇筑施工。

(1)施工工艺流程

钻孔灌注桩的施工工艺流程见图 1.3-1。

(2)施工方法

①施工准备

围护结构施工前,应首先做好车站周围的拆迁、管线迁改和交通疏导工作,地表以下 2m 范围内严禁采用机械开挖,以保护不明管线。

围护结构施工放线根据围护结构平面图及相关线路、建筑图相互核对无误后方可施工。围护结构施工放线时,可根据相关规范适度外放,以保证限界和结构厚度。

②埋设护筒

护筒采用板厚为 4～6mm 的钢板焊接整体式钢护筒,直径为 1.2～1.4m(风道护筒直径为 0.8～1.0m),埋深为 2.0m。护筒埋设采用人工开挖,挖坑直径比护筒大 0.2～0.4m,坑底深度与护筒底同高且平整。护筒上设 2 个溢水口。埋设护筒时,筒的中心与桩中心重合,其偏差不得大于 20mm;并应严格保持护筒的垂直度偏差不大于 1%,同时其顶部应高出地面 0.3m。

③泥浆制备

采用膨润土泥浆进行护壁。泥浆相对密度应控制在 1.1～1.3,胶体率不低于 95%,含砂率不大于 4%。

④钻进成孔

钻进时,边钻进边注入泥浆进行护壁,保持泥浆面始终不低于护筒顶面以下 0.5m;钻进过程中随时检测垂直度,并随时调整。成孔后泥浆相对密度控制在 1.25 以内,成孔时做好施工记录。

⑤清孔

第一次清孔:桩孔成孔后,在钢筋笼插入孔内前,进行第一次清孔,用孔内钻斗来掏除钻渣;如果沉淀时间较长,则用水泵进行浊水循环,使相对密度达1.2左右。第二次清孔:钢筋笼、导管下放好后,用气举法进行第二次清孔。

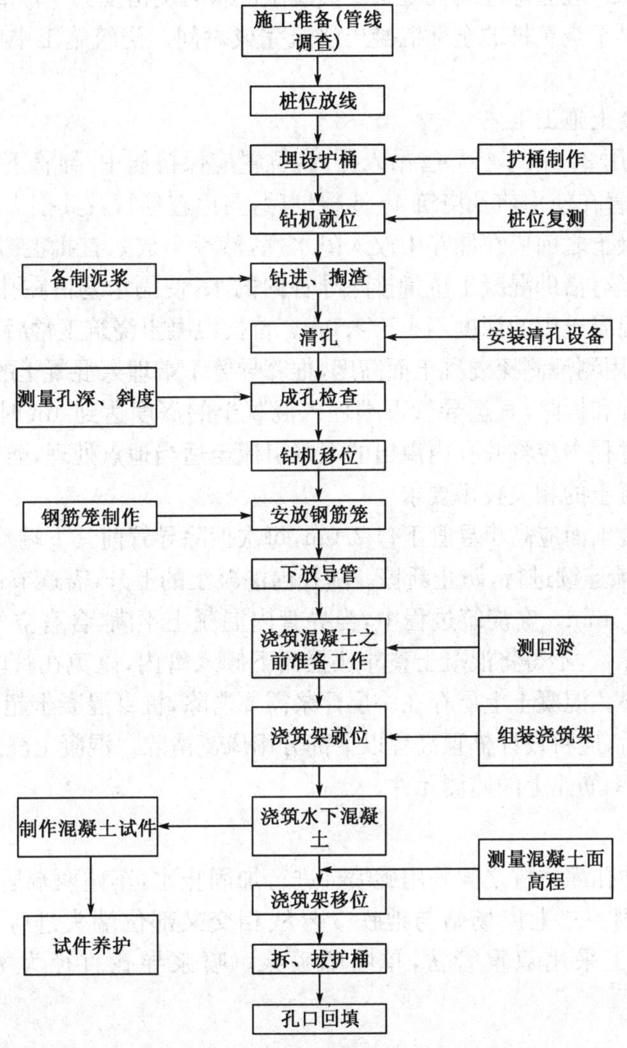

图1.3-1 钻孔灌注桩施工工艺流程图

⑥钢筋笼的制作安装

钢筋笼加工:钢筋笼现场加工制作,加工尺寸应严格按设计图纸及规范要求进行控制。钢筋主筋采用闪光对焊,圆环封闭箍采用搭接电弧焊,主筋与箍筋点焊连接。钢筋笼主筋下端应向内弯转,以防吊装时碰撞孔壁。钢筋接头应错开。

⑦钢筋笼吊放

采用25t吊车下放钢筋笼,人工辅助对准。吊放钢筋笼过程中应保持钢筋笼轴线与桩轴线吻合,钢筋笼方向应与设计方向一致,并保证桩顶高程符合设计要求。为防止混凝土浇筑过程中钢筋笼上浮,钢筋笼最上端设定位筋,由测定的孔口高程来计算定位筋的长度,反复核对无误后方可焊接定位。浇筑完成后的混凝土开始初凝时,应割断定位骨架竖向筋,使钢筋笼不影响混凝土的收缩。避免钢筋混凝土的黏结力受损失。

⑧水下混凝土浇筑

清孔、下钢筋笼后，应立即浇筑混凝土。混凝土浇筑时坍落度为18～22cm，首批浇筑的混凝土初凝时间不得早于浇筑桩的全部混凝土浇筑完成时间。浇筑施工中应尽量缩短时间，连续作业。

a.水下浇筑混凝土施工工艺

首先安设导管，用25t吊车将导管吊入孔内，位置应保持居中，导管下口与孔底保留30～50cm左右距离。导管在使用前及浇筑4～6根桩后，要检查导管及其接头的密闭性，确保密封良好。浇筑首批混凝土之前应在漏斗中放入隔水塞，然后再放入首批混凝土。在确认储存量备足后，即可剪断铁丝，借助混凝土重量排除导管内的水，使隔水塞留在孔底。浇筑首批混凝土量应使导管埋入混凝土中的深度不小于1.0m。首批混凝土浇筑正常后，应连续不间断进行浇筑，浇筑过程中应用测锤测探混凝土面高度，推算导管下端埋入混凝土的深度，并做好记录，正确指导导管的提升和拆除，直至导管下端埋入混凝土的深度达到4m时，提升导管，然后再继续浇筑。在浇筑过程中应将井孔内溢出的泥浆引流至适当地点处理，防止污染环境。

b.水下浇筑混凝土的相关技术要求

浇筑过程中混凝土面应高于导管下口2.0m，每次拆除导管前其下端被埋入的深度不大于6.0m。浇筑作业必须连续进行，防止断桩。随孔内混凝土的上升，需逐节快速拆除导管，拆管停顿时间不宜超过15min。在浇筑过程中，当导管内混凝土不满，含有空气时，后续的混凝土应徐徐灌入漏斗和导管，不得将混凝土整斗从上而下倾入管内，以免在管内形成高压气囊，挤出管节的橡胶密封垫。混凝土上层存在一层浮浆需要凿除，桩身混凝土超浇筑0.5m高左右，待混凝土达到强度后，应将设计桩顶高程以上部分用风镐凿除。混凝土浇筑过程中，应做好记录，并要保护安设在钢筋笼上的监测元件。

2)旋喷桩施工

主体围护结构钻孔灌注桩之间采用旋喷桩进行加固止水，车站两端盾构区间的端头采用旋喷桩进行土体加固。二七广场站与地铁3号线相交叉部位端头进行基底加固。桩径为ϕ800mm，旋喷桩施工采用双重管法，单喷嘴喷浆。喷浆导孔直径为ϕ100mm，成孔采地质钻机。

(1)施工工艺

旋喷桩施工工艺流程如图1.3-2所示。

(2)施工方法

根据加固范围内地层的特点，在施工过程中应进行现场试验确定合理的施工参数，以保证加固效果。

①钻导孔

按设计要求放线定孔位，误差不大于5cm，并准确测量孔口地面高程。

钻孔时采用膨润土配制泥浆护壁，泥浆的主要性能指标控制为：相对密度1.2～1.3，黏度25～30s，含砂率小于5%。

为准确取得地质资料，合理优化施工技术参数，按照地质钻探孔要求对不同地层取样分析。根据桩位布置图及放线控制桩，准确定出孔位，并做好明显标识，孔位中心误差不得大于

2cm,钻机就位时用水平尺、垂球测量水平和垂直度,保证立杆与孔位中心对中垂直,且成孔偏斜率不大于1%。钻导孔时应详细填写钻孔记录表,为下一步旋喷注浆参数的修正提供参考依据。导孔施工质量标准为:孔位偏差≤50mm,垂直度≤1%。

导孔钻孔完成并经检查验收合格后,高喷台车就位,进行喷浆作业。

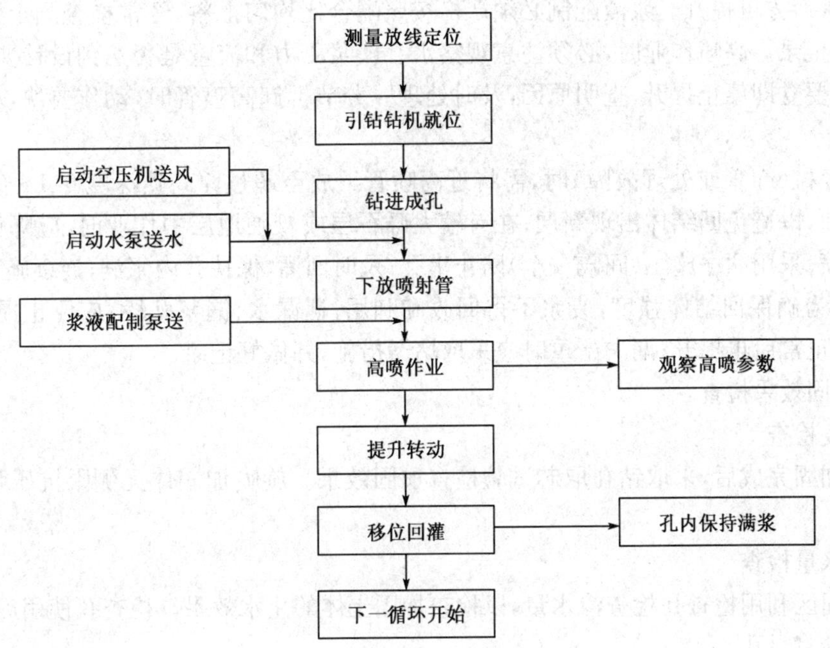

图1.3-2 旋喷桩施工工艺流程图

②浆液配制

浆液采用R32.5普通硅酸盐水泥和自来水配制,水灰比为1∶1,采用立式搅拌罐搅拌。

③旋喷注浆

台车就位安装调试完成后,将高喷台车移至孔口,首先进行地面试喷以调整喷射压力。为防止水嘴和气嘴堵塞,下管前可用胶布包扎,并把喷射管下放至设计喷射深度。然后启动灰浆泵送浆,待孔口返浆后按方案设计的技术参数进行旋喷、提升。最后在设计的终喷高度停止喷浆,并提取出喷射管。

在旋喷过程中,随时注意各设备的工作情况,以及水、气、浆的压力与流量,做好详实的施工记录。同时,严格控制压力和喷浆量,确保加固效果。

旋喷提升过程中如中途发生故障,应立即停止施工,待故障排除后再继续施工。旋喷产生的泥浆由泥浆泵抽至沉淀池进行沉淀处理。

④回灌

当喷射工作结束时,立即在喷射孔内进行静压填充灌浆,直到浆面不再下沉为止。

⑤冲洗

喷射工作结束后,应及时将管道冲洗干净,以防堵塞。

(3)施工技术要点

设备安装应平稳对正,开孔前须严格检查桩位和开孔角度,以确保引孔深度达到设计要求。施工中应采用取芯钻具,取芯入岩深度应确保喷底进入泥质隔水层中大于1m。同时还应保持引孔泥浆性能,孔壁完整,不坍孔,确保高喷管顺利下至孔底。

高喷管下井前需在井口试验检查,防止喷嘴堵塞。高喷管下至距孔底0.5m时,应先启动泥浆泵送浆,同时旋转下放,而喷管下至于孔底(开喷深度)后,再启动高压泵和空压机,设备各项参数正常后方可提升。浆液配制必须严格按照配合比均匀上料,经常检查测定浆液相对密度,并做好记录。高喷作业时,必须注意观察水、气、浆压力和流量是否达到设计要求;如发现异常情况,要立即停止提升,查明原因,及时处理。分节拆卸高喷管时,动作要快,尽量缩短停机时间。

因故停机(卸管或处理故障)时,需将近高喷管下放至超过原高喷深度0.1～0.5m处,重新开机作业,以避免回结体出现新层;在有较大砾石层或较硬地层中作业时,应降低提升速度或进行复喷;采用两序施工(间隔一个)防止串孔;及时回灌,保持孔内浆满;连续施工时可采用冒浆回灌;为确保回结体强度,废浆不得回收和利用;遇漏水、漏浆孔段,应停止提升,继续注浆,待冒浆正常后再提升;漏失严重时应采取堵漏措施,并做好记录。

(4)加固效果检查

①强度检查

端头加固完成后,采取钻孔取芯试验检查加固效果。旋喷加固体无侧限抗压强度应达到2.0MPa。

②渗水量检查

在加固区利用检查孔检查渗水量,以检查加固土体的止水效果。检查孔使用后,应采用低强度水泥砂浆封孔。

③补救措施

如果加固效果不满足要求,根据检查结果和地层条件增加旋喷桩进一步进行加固。

3)桩顶冠梁施工

冠梁采用C30钢筋混凝土,冠梁尺寸为宽1 000mm,高800mm(出入口冠梁尺寸为800mm×800mm)。模板采用组合钢模,随钻孔灌注桩进度分段施作,并预埋附属结构钢支撑垫板。

冠梁分层分段浇灌至设计高程。随钻孔灌注桩进度分段施工,分段长度约为20m。冠梁钢筋现场绑扎,组合钢模现场浇筑。混凝土采用商品混凝土、泵送混凝土浇筑。

冠梁钢筋混凝土施工应符合钢筋混凝土施工的一般要求。土方开挖时应做好临时排水措施。由于钻孔灌注桩按规范要求超灌,冠梁施工时凿除超灌部分,应将围护结构顶的疏松混凝土凿除干净至设计高程。冠梁沟槽开挖至钻孔灌注桩钢筋笼顶时,采用人工开挖清理,以防破坏桩顶预留钢筋。预留钢筋在开挖后应清洗干净,出露的钢筋长度应满足锚固要求,保证冠梁与围护结构连接牢固。附属结构冠梁钢筋绑扎时,应预埋第一层钢支撑托架。

4)桩间喷混凝土施工

围护桩桩间土体采用C20网喷混凝土支护,厚度为100mm,主体结构钢筋网片为$\phi 8$@150mm。

(1)桩间支护工艺流程

桩间支护工艺流程如图1.3-3所示。

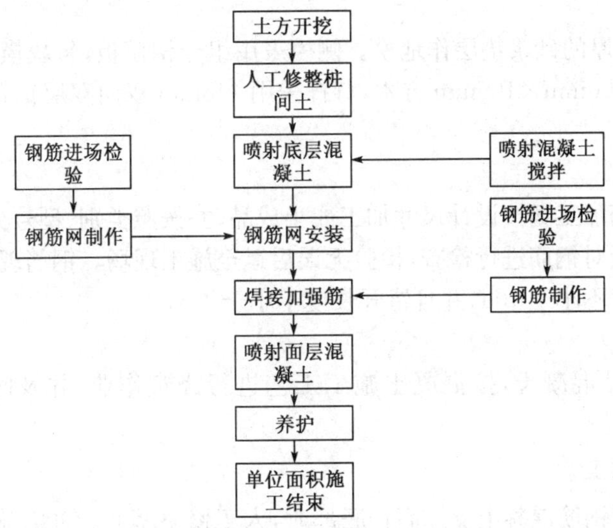

图1.3-3 桩间支护施工流程图

(2)施工方法及技术措施

桩间网喷混凝土支护，采用单层ϕ8@200mm×200mm的钢筋网片，自上而下，随挖随喷。

试验室负责优选喷射混凝土的配合比与现场控制，喷射施工前应先进行试喷，试喷合格后再投入喷射施工，并按规定喷射大板，制作检验试件。

两次喷混凝土作业应留一定的时间间隔。为使施工搭接方便，每层下部预留30cm暂不喷射，并做45°的斜面形状。每次喷混凝土完毕后，应及时检查厚度；若厚度不够需进行补喷达到设计厚度。禁止将回弹料作为喷射料使用。

1.3.2 支护结构施工

1)腰梁施工

支撑腰梁施工随土方开挖的进度进行，第一层冠梁支撑体系施工参见本章第1.3.1节冠梁施工相关内容。钢筋混凝土腰梁在土方开挖深度达到设计深度后，在钻孔灌注桩内侧施工腰梁，破除钻孔桩预埋钢筋，接着焊接钢筋，现场绑扎钢筋，组合钢模支模，将商品混凝土运至现场浇筑，并用插入式捣固器振捣密实。支撑处围檩采用钢围檩，随开挖进度随挖随支即可。

(1)腰梁施工工艺流程

腰梁施工工艺流程如图1.3-4所示。

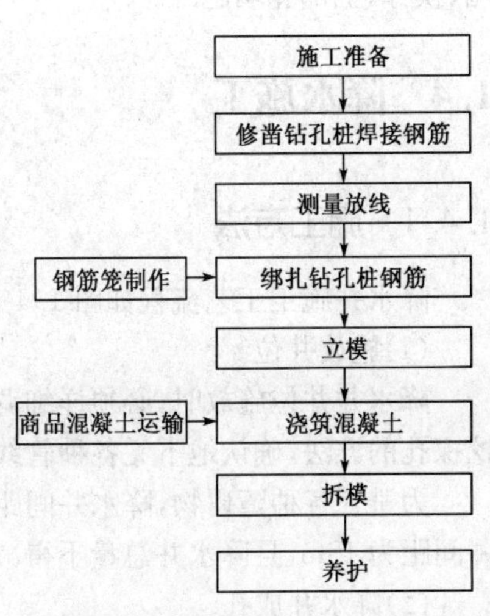

图1.3-4 腰梁施工工艺流程图

(2)施工方法

①围护结构内侧凿出预埋钢筋，焊接钢筋测量放线。确定出梁的中心线和边线，同时用风镐破除围护结构一

侧，焊接钢筋与围护结构内的预埋钢筋。

②模板施工

基底铺设10cm厚的砂浆垫层作地模。侧模采用组合钢模板，每块模板面积不小于$1m^2$，模板支撑体系采用100mm×100mm方木，背杆采用ϕ48mm双向双层钢管。模板在安装前涂刷脱模剂。

③钢筋施工

钢筋预先在钢筋加工场按设计尺寸加工成半成品，并按照类别、型号分别堆放整齐。施工前再次对照设计图纸对钢筋进行检查，检验无误后运至施工现场。钢筋现场绑扎，主筋接长采用搭接焊。焊缝长度不小于10d，并且错开长度不小于1m。

④混凝土浇筑

混凝土采用商品混凝土，按混凝土施工工艺进行浇筑作业，并及时进行养护，养护期为14d。

2)混凝土支撑施工

基坑土方开挖到钢筋混凝土支撑高程底部时，人工修整基底、夯实，施工砂浆土模。人工现场绑扎钢筋，且支撑钢筋与钻孔桩冠梁钢筋焊接，再安装两侧侧模板，采用定型组合钢模板、钢管支架加固。采用汽车泵泵送浇筑混凝土。待混凝土达到满足设计要求强度之后，继续开挖下层土方。

1.3.3 盖挖施工

二七广场站位于人民路与解放路交叉口，采用半幅路面翻交结合“盖挖法”施工。先清理地下管线，再施作围护结构、支承箱体顶板用的钻孔灌注桩、钢格构立柱，而后进行箱体顶板及架空路面盖板施工、铺设管线，最后恢复路面交通。此过程均采用半幅路面施工、另半路幅路面维持地面交通的翻交法施工。待交叉口完全恢复交通后，从两端进行盖挖段取土挖掘，分层开挖并及时架设支撑体系。人工检底至设计高程后，自下而上进行盖挖段垫层、底板、下部侧墙、换撑、上部侧墙施工。

1.4 降水施工

1.4.1 施工方法

降水井施工工艺流程如图1.4-1所示。

(1)施放井位

降水井井位施放时，必须详细调查核实场区地下管线分布情况；当无法确定时可采用人工挖探孔的方法，确认地下无各种管线后方可施工。

为避开各种障碍物，降水井间距可作局部调整，降水井中心距围护桩外皮≥1.5m，相邻管井间距为15m，且降水井总量不得减少。

(2)降水井成孔

为确保降水效果，降低洗井难度，所有管井采用旋挖钻机成孔。井身结构误差要求：井径误差±20mm；垂直度误差≤1%；井深应满足设计井深。

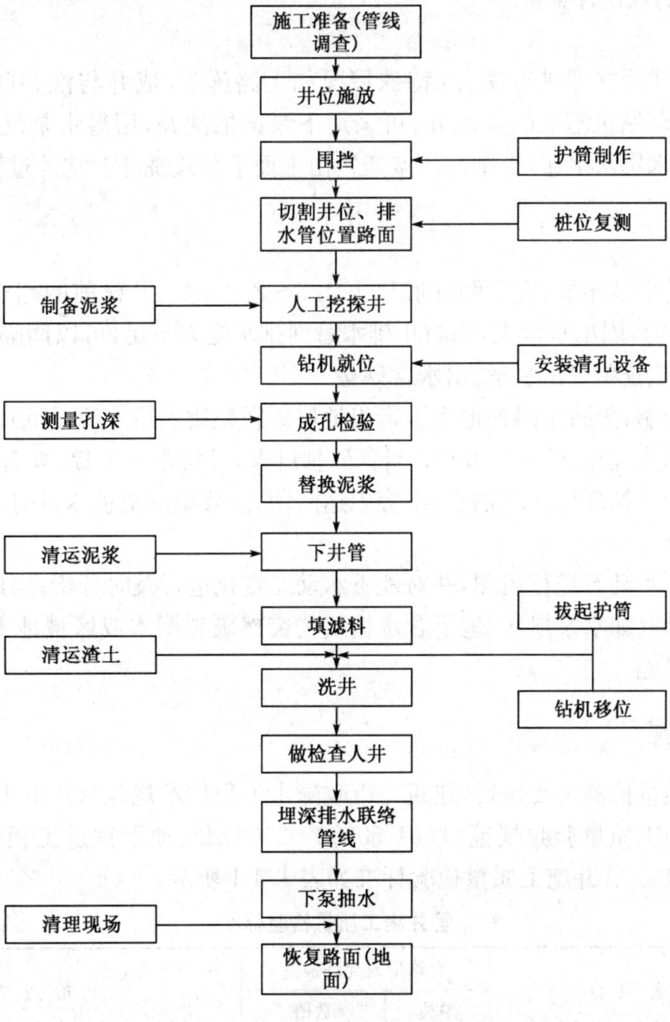

施工准备(管线调查)
井位施放
围挡
护筒制作
切割井位、排水管位置路面
桩位复测
制备泥浆
人工挖探井
钻机就位
安装清孔设备
测量孔深
成孔检验
替换泥浆
清运泥浆
下井管
拔起护筒
填滤料
清运渣土
洗井
钻机移位
做检查人井
埋深排水联络管线
下泵抽水
清理现场
恢复路面(地面)

图1.4-1 降水井施工工艺流程图

(3)替浆及下管

下管前，应注入清水置换全部井孔内泥浆，砂石泵抽出沉渣并测定孔深。替浆过程中，安排好泥浆及渣土的清运工作。

井管采用无砂混凝土滤水管，在预制混凝土管鞋上放置井管，同时水位以下包缠1层100目尼龙网，缓缓下放，当管口与井口相差200mm时，接上节井管，接头处用尼龙网裹严，以免挤入泥沙淤塞井管，竖向用3～4条宽30mm、长2～3m的竹条用2道铅丝固定井管。为防止上下节错位，在下管前将井管依井方向立直。吊放井管要垂直，并保持在井孔中心，为防止雨水、污水、泥沙或异物落入井中，井管要高出地面不小于200mm，并加盖或捆绑防水雨布临时保护。

(4)填滤料

井管下入后立即填入滤料。滤料应具有一定的磨圆度，滤料含泥量(包括含石粉)≤3%，粒径为2～4mm。填砾料时，滤料沿井管外四周均匀填入，宜保持连续。要避免填料速度过快或不均造成滤管偏移及滤料在孔内架桥现象。洗井后滤料下沉应及时补充滤料，要求实际填料量不小于95%的理论计算量。

(5)洗井

下管、填料完成后立即进行洗井，特殊情况如上路施工，成井与洗井间隔时间不能超过24h。由于是反循环钻机施工的降水井，可采用下泵试抽洗井，用潜水泵反复进行抽洗，直至水清沙净，上下含水层水串通，否则改用空压机由上而下分段洗井。洗井过程中应观测水位及出水量变化情况。

(6)抽水

潜水泵及泵管安装吊放，置于距井底以上1.5～2.0m处，开槽前的超前抽水时间不宜少于20d。开始抽水时，因出水量大，为防止排水管网排水能力不足，可以间隔的逐一启动水泵。抽水开始后，逐一检查单井出水量、出水含砂量。

抽水含砂量控制：为防止因抽地下水带出地层细颗粒物质造成地面沉降，抽出的水含砂量必须保证：含砂量(质量比)<1/50 000。当含砂量过大，可将水泵上提；如含砂量仍然较大，应重新洗井。联网统一抽降后连续抽水，不应中途间断，需要维修更换水泵时，逐一进行。

(7)降水观测

降水期对地下水动态进行观测，并对地下水动态变化进行及时分析；当地下水位急剧变化时，应及时分析原因(如水泵损坏、地下含水构筑物突然破裂漏水或区域地下水位上升等)，并采取相应的处理措施。

1.4.2 质量检验

本项目施工质量检验主要执行《建筑与市政降水工程技术规范》(JGJ/T 111—1998)、《建筑地基基础工程施工质量验收规范》(GB 50202—2002)和《地下铁道工程施工及验收规范》(GB 50299—1999)。管井施工质量检验标准如表1.4-1所示。

管井施工质量检验标准　　表1.4-1

序号	检查项目	允许值或允许偏差		检查方法
		单位	数值	
1	排水沟坡度	%	0.1～0.2	目测坑内不积水，沟内排水通畅
2	井管(点)垂直度	%	1	插管时目测
3	井管(点)间距	%	≤15	用钢尺量
4	井管(点)插入深度	mm	≤200	测绳测量
5	过滤砂砾料填灌	%	≤5	检查回填砾料用量
6	粗砂含水层出水含砂量 中砂含水层出水含砂量 细砂含水层出水含砂量		≤1/50 000 ≤1/20 000 ≤1/10 000	试验测定砂水质量比

1.4.3 降水井后期处理

施工降水为结构工程施工的辅助工程，属临时工程范畴，降水工程结束(竣工)后，应予以拆除或采取适当处理措施。本工程临时供电线路、临时建筑设施等，在工程竣工或完成其使用目的后立即拆除。降水井和其他地下临时工程按有关规定进行处理,恢复地面原貌。

1)降水井管井后期处理

施工降水结束后,需对所有降水井进行回填,其目的是使原有井身空间与地层连成一体,保证井室与路面、井身与周围地层的整体性和稳定性。

降水管井在完成其使用目的后,首先切断抽水用电源,拆除井下水泵、电缆、泵管。含水层段采用石屑填入成井管内,利用井孔内存水使之饱和,依靠自重压实,当井孔内存水不能使回填石屑饱和时,应边回填边注水。隔水层段采用黏性土回填。管井回填处理高度至井口2.0m,距井口2.0m以上应采用C15素混凝土回填,并人工捣实,近地表部分按原地貌恢复。混凝土应在回填石屑后间隔3d再回填。降水井的回填方法根据降水井所处的位置而定。

2)暗埋排水管线、电缆的后期处理

当降水工程结束后,按市政管理的有关规定,将暗埋的排水管、电缆等挖出之后,分层回填级配砂石,并分层夯实到规定的高度后,填300mm厚的无机料,然后铺沥青混凝土。

3)降水辅助措施

由于降水期较长,降水使场区地下水均衡关系发生较大变化,必然对周边环境产生影响。为了较准确地掌握场区地下水动态变化,及时采取必要的处理措施,在降水工程实施的同时,建立地下动态监测网。

(1)监测点布设

在抽水影响半径内呈放射状布设观测孔;抽水影响半径以内的高大建筑物、危改类建筑与抽水系统之间布设观测孔;不同含水层位布设分层观测孔、取水样孔。

地下水动态监测网提供的资料包括:地下水位监测数据、地下水质月监测数据、各站和区间的排水量数据、排水含砂量数据。

(2)降水沉降控制措施

降水井施工工艺:优先采用泵吸反循环成井工艺,使浆液面高度保持在孔口附近,当自造泥浆不能保证井壁稳定时,添加膨润土人工制浆,严格控制泥浆稠度,保证井壁稳定。

抽排水含砂量控制:防止因抽取地下水带出地层细颗粒物质造成地面沉陷,抽出的水含砂量必须保证符合规定的要求。

由于水文地质条件变化对地下水有很大影响,无论在降水施工期间还是在降排水围护阶段,都有可能出现局部少量涌水情况,因此,还需采取一些有针对性的处理措施,保证施工在无水条件下进行。

(3)异常水处理

由于地下上、下水管道漏水,这些水储存于杂填土和很多已废弃的地下构筑物中,因此具体位置不明,水量大小亦不明,靠降水井难以得到控制,往往造成基坑壁失稳,给地下工程施工带来很大困难。为了有效预防这种异常水给工程带来损失,应及时采取以下措施:

①当基坑开挖遇到突然出现的不明来水时,立即停止开挖,做引流回填,控制因出水带出地层颗粒形成地层扰动坍塌,并及时查明水源情况,采取寻源断流措施。

②对出水范围的基坑壁,必须采用特殊加固措施,比如局部土钉补强、小导管注浆等方法,稳定后再继续下一步开挖。

(4)潜水残留水处理

由于本工程降水均涉及疏干潜水的问题，而潜水含水层底板凹凸不平，完全疏干不容易做到，在局部黏性土夹层或潜水含水层底板处会有潜水残留水渗出。这部分水若处理不好将带出地层中细颗粒物质，使开挖面地层土扰动，严重时会发生坍塌。出现这种情况时，应放慢挖土速度，及时在坑壁做盲管导流，并在槽边挖盲沟集水，再将集水排走。按设计要求的做法如下：导流盲管采用长 0.5m 的 ϕ25mm 塑料管做成花管，缠 80 目尼龙纱网。盲沟一般贴坑壁开挖，宽 300mm，深 300mm。为了防止水流将基坑底细颗粒物质带走造成基底土扰动，应在盲沟中填 ϕ4～6mm 砾石。

为了保证降水期间抽水持续作业，防止长时间停电造成水位回升，影响地下结构施工，需考虑备用电源问题，建议采取如下措施：

①在原有供电系统上，还须配备作为第二路供电系统的应急备用电源，并配有自动切换装置。

②若现场无法实施第二路供电系统，则必须配备发电机作为应急备用电源，并配有自动切换装置。

1.5 土方开挖

1.5.1 基坑概述

二七广场站主体基坑深为 16.60m，宽度约为 21.6m，长约为 273.8m，基坑主要穿越地层有素填土层(1)，粉土层(11)、(12)、$(12)_{-1}$，粉砂层(14)。基坑开挖范围内存在土方和石方开挖。开挖总方量约为 9.9 万 m^3。

市体育广场站主体基坑深为 18.60m，宽度为 20.3m，长约为 138.0m，基坑主要穿越地层有素填土层(1)，粉土层(11)、(12)、$(12)_{-1}$，粉砂层(14)。基坑开挖范围内存在土方和石方开挖。开挖总方量约为 5.3 万 m^3。

依据工程的整体筹划，待围护结构达到设计强度，基坑才可正式按照施工设计开挖，在开挖过程中应掌握好“分层、分步、对称、平衡、限时”五个要点，遵循“竖向分层、纵向分段、先支后挖”的施工原则。

基坑土方开挖采用分台阶接力开挖方式进行开挖，在基坑长度方向上按挖机壁长分台阶，把底层土通过挖机接力方式在地面装车出土，开挖和垂直运输分离，分段分层后退开挖，随开挖进度，及时架设支撑，做好基坑围护结构，确保基坑安全，提高挖土的施工效率。冷却水管基坑放坡开挖，垂直深度为 2m。

分层至每道水平支撑中心线以下 50cm 时架设混凝土支撑。

1.5.2 开挖原则

根据施工场地周围建筑物和地下管线、现行技术标准、地质资料，做好基坑施工组织设计和施工操作规程。基坑开挖严格按照“时空效应”理论，并遵循“先撑后挖、分层开挖、严禁超挖”的原则。开挖之前，混凝土支撑强度应满足设计要求，纵向要按规定长度逐段开挖。

纵向分段:每段长度小于 25m。

横向分块:按基坑标准段宽度,分 3 块进行开挖。

竖向分层:每层开挖一道支撑,分层坡度变为 1∶1.5,在支撑位置设置平台,平台宽度为 3m。

1.5.3 开挖方法

1)第一层土方开挖

(1)采用挖掘机沿横向将西侧土方向东侧转运,开挖深度至第一道钢支撑位置,然后利用挖掘机装入运输车内,运输至渣土场。

(2)开挖完成后,施作单轴搅拌桩、混凝土支撑、立柱桩和降水井。

(3)基坑内设置井字形截水沟,采用潜水泵排水。

第一层土方开挖横断面见图 1.5-1,第一层土方开挖平面见图 1.5-2,第一层土方开挖纵断面见图 1.5-3。

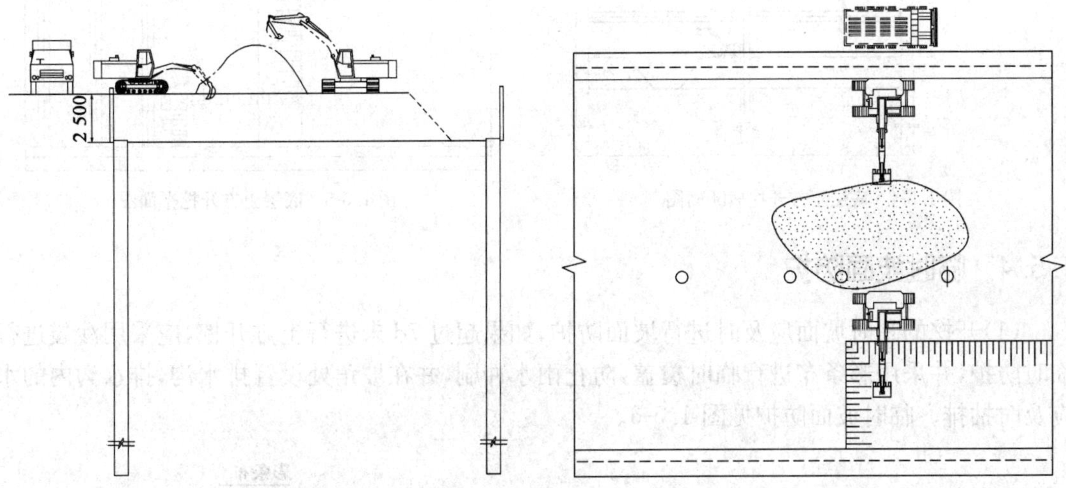

图 1.5-1 第一层土方开挖横断面图(尺寸单位:cm)

图 1.5-2 第一层土方开挖平面图

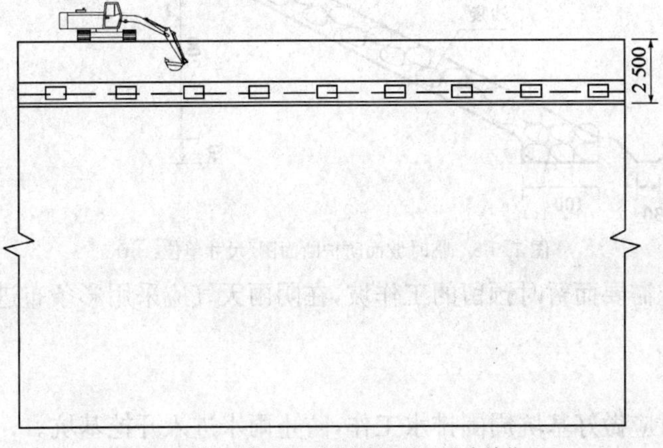

图 1.5-3 第一层土方开挖纵断面图(尺寸单位:cm)

2)分层土方开挖方法

(1)采用 PC60 挖掘机进行各分层中间部位的土方开挖,开挖后将土方转运至基坑东侧,采用 PC200 长臂挖掘机将基坑内土方装入运输车内,运输至渣土场。

(2)采用 PC60 挖掘机快速将两侧土方开挖,其中西侧转运至东侧,东侧土方全部采用 PC200 长臂挖掘机垂直提升并装车。

(3)当完全开挖出一根支撑位置后,架设混凝土支撑模板,绑扎钢筋,浇筑混凝土。

(4)底层土方开挖见图 1.5-4 和图 1.5-5。

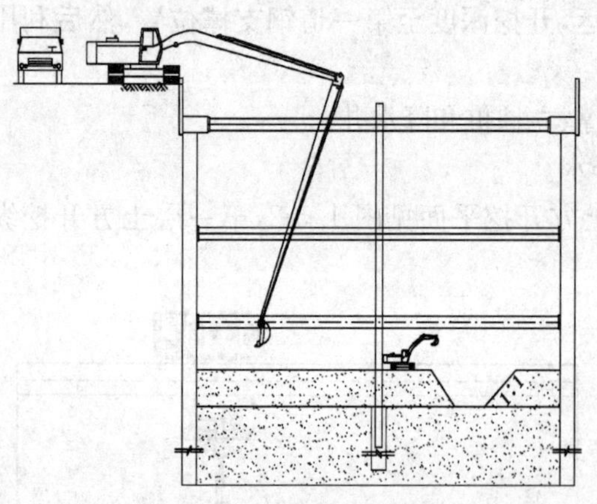

图 1.5-4　底层土方开挖横断面图

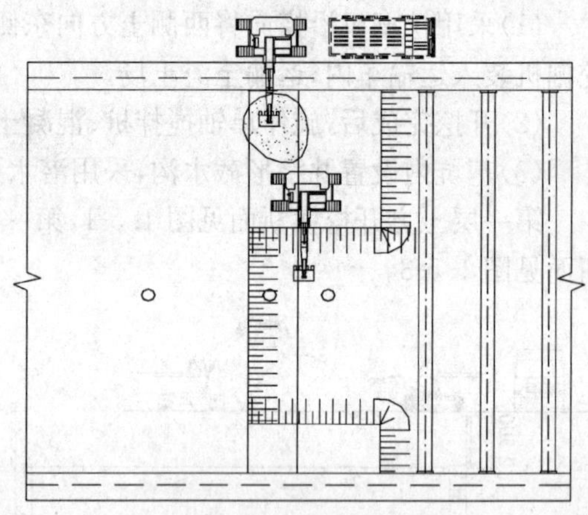

图 1.5-5　底层土方开挖平面图

1.5.4　临时坡面防护

(1)开挖的临时坡面应及时进行坡面防护,如果超过 7d 未进行土方开挖,应采用沙袋进行临时防护,并采用彩条布进行临时覆盖,防止雨水冲刷,并在坡角处设置排水沟,排水沟内的水应及时抽排。临时坡面防护见图 1.5-6。

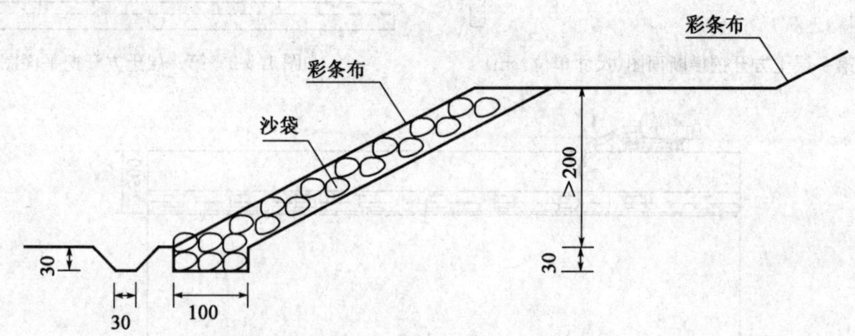

图 1.5-6　临时坡面防护断面图(尺寸单位:cm)

(2)对于因开挖需要而暂时预留的工作坡,在阴雨天气应采用彩条布进行临时覆盖。

1.5.5　基坑排水

(1)基坑开挖时应做好基坑周围排水工作,防止雨水进入开挖基坑。

(2)应在基坑内布置集水井,用潜水泵抽到基坑外沉淀池。

1.5.6 弃土

(1)在开挖前,应办理渣土运输证,将渣土弃至指定的弃土场。

(2)事先确定行车路线。

(3)在弃土场内采用挖掘机和推土机对渣土进行平整,方便弃土。

1.5.7 基坑开挖注意事项

(1)基坑开挖时在两倍基坑深度范围内的地面荷载不得大于20kPa,以防地面荷载对基坑侧压过大,引起基坑侧墙变形及基底隆起。

(2)基坑开挖时挖机不得碰撞格构柱、纵梁和混凝土支撑等。要避免损坏降水设备,确保降水井的正常运行,保证地下水位在开挖面以下不小于2m。

(3)在基坑开挖过程中如发现地下管线或文物等,应立即停止开挖,同时上报有关部门,经处理后再开挖。

1.6 主体结构施工方案

1.6.1 车站主体结构

二七广场站结构断面尺寸:顶板厚度为700mm,侧墙厚度为700mm,中纵梁宽×高为800mm×1 200mm,顶纵梁宽×高为1 200mm×1 500mm,基础纵梁宽×高为1 200mm×1 080mm,中板厚度为550mm,中柱为1 200mm×800mm方柱,底板厚度为900mm。使用材料:其中混凝土顶板、中板、站台板、底板、楼梯、侧墙及梁均采用C30,混凝土柱采用C50,抗渗等级为S10,混凝土垫层采用C15。

市体育馆站结构断面尺寸:顶板厚度为700mm,侧墙厚度为800mm,顶纵梁宽×高为1 000mm×1 500mm,基础纵梁宽×高为1 200mm×2 000mm,负一层板厚400mm、负一层纵梁宽×高为600mm×1 000mm;负二层板厚400mm、负二层纵梁宽×高为600mm×1 200mm,中柱为1 000mm×600mm方柱、800mm×800mm方柱;底板厚度为900mm。使用材料:其中混凝土顶板、中板、站台板、底板、楼梯、侧墙及梁均采用C30,混凝土柱采用C50,抗渗等级为S10,混凝土垫层采用C15。

1.6.2 施工节段的划分

车站主体结构为现浇钢筋混凝土框架结构,遵循“纵向分段,竖向分层,从下至上”的顺作法施工原则。竖向从底板开始自下而上施作,横向由车站起点里程和终点里程处向车站中心里程处推进。主体结构施工前,应先作好底板下接地网、垫层混凝土,以及结构外防水层等工作。施工节段划分主要考虑以下因素:

(1)结合现场条件、施工安全和施工工期,主体结构从两端向中间分段施作。

(2)遵循沿纵向每隔15~20m设置施工缝,一般设在梁跨的1/3处。

(3)综合考虑资源的配备,均匀分配各个区段的工程量,以便组织流水作业。

1.6.3 车站主体结构施工流程

车站主体结构施工工艺流程如图 1.6-1 所示。

图 1.6-1 车站主体结构总体施工顺序图

1.7 车站主体结构施工方法及工艺

1.7.1 结构防水施工

1)防水设计原则

(1)地下结构的防水设计应遵循“以防为主、刚柔结合、多道防线、因地制宜、综合治理”的原则。

(2)确立钢筋混凝土结构自防水体系，即以结构自防水为根本，采取措施控制混凝土结构裂缝的开展，增加混凝土的密实性、抗渗性、抗裂性、防腐蚀性和耐久性等性能；以变形缝、施工缝等接缝防水为重点，同时在结构迎土面设置柔性全包防水层。

2)防水标准

车站结构、人行通道及出入口的防水等级为一级,结构不允许渗水,结构表面无湿渍。

3)防水体系

采用防、堵结合的防水体系,防水体系如图 1.7-1 所示。

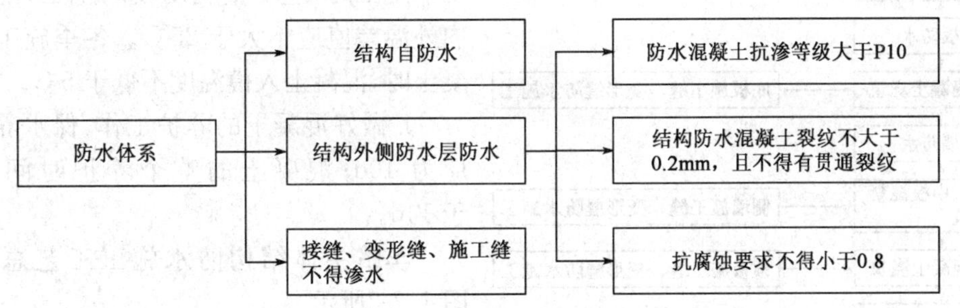

图 1.7-1　车站主体结构防水体系图

4)施工方法

(1)混凝土结构自防水

①一般施工措施

a. 防水混凝土的水泥采用强度等级不低于 42.5MPa 的普通硅酸盐水泥,含碱量(Na_2O)不大于 0.6%,抗渗等级不得小于 P10。

b. 防水混凝土结构底板的混凝土垫层,强度等级为 C15 且厚度不少于 100mm;车站主体结构底板垫层厚度为 150mm,附属结构底板垫层厚度为 100mm。

c. 结构与土接触面最大裂缝宽度不得超过 0.2mm,背土面不得超过 0.3mm,并不得贯通。

d. 结构与土接触面一侧受力钢筋保护层厚度不小于 50mm。

②外加剂及掺和料的施工措施

a. 在保证结构安全、耐久的前提下,可在混凝土中添加适量的膨胀剂。膨胀剂应达到一级品指标,补偿收缩率应达到一级品指标,使混凝土具有补偿收缩、抗裂防渗的效果,同时不得影响混凝土的施工性能。

b. 防水混凝土中可掺入一定数量的粉煤灰和磨细矿渣粉,粉煤灰的级别不得低于二级,磨细矿渣等级为 S95 级。单独掺和磨细矿渣时,掺量为水泥胶凝材料量的 30%~40%。外加剂的掺量及水泥用量、粉煤灰及磨细矿渣的添加量必须经过符合资质要求的试验单位进行试配试验,经有关单位批准后使用。

③施工注意事项

a. 浇筑混凝土的基面上不得有明水,否则须进行清理,避免带水作业。

b. 模板应平整,并且有足够的刚度和强度,接缝部位严密不漏浆,浇筑前将模板内部清理干净。

c. 固定模板的螺栓穿过混凝土外层结构时,须加止水钢环。

d. 混凝土搅拌应均匀,入泵坍落度应控制在 160mm±20mm,出厂坍落度与入模坍落度差值应小于 30mm。

e. 混凝土应振捣密实,浇筑混凝土的自落高度不应超过 2m;分层浇筑时,每层厚度不宜超过 300mm。

f. 为减少初期开裂和温度收缩裂缝应限制水泥用量，控制水胶比(水：水泥＋掺和料)≤0.45。

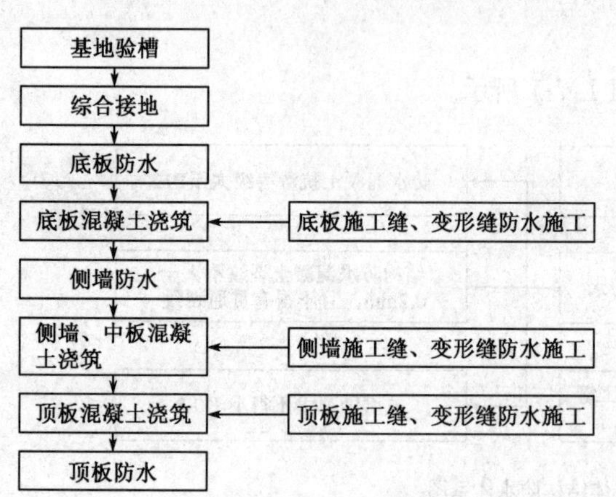

图 1.7-2 防水施工总工艺流程图

g. 严禁混凝土在运输和浇筑过程中加水。

h. 严格控制混凝土的入模温度，夏季高温季节施工时，应尽量利用夜间施工，混凝土的内外温差值应不大于 25℃。冬季施工防水混凝土时，混凝土入模温度不低于 5℃。

i. 做好混凝土的养护工作，保水养护时间应为 10d；混凝土的整个养护时间应不少于 14d。

车站主体结构防水施工工艺总流程如图 1.7-2所示。

(2)防水层施工

①防水层施工总体概况

a. 底板防水层结构为：150mm 厚 C15 混凝土垫层＋1.5mm 厚预铺式合成高分子冷自黏防水卷材＋50mm 厚细石混凝土保护层＋结构底板。

b. 侧墙防水层结构为：20mm 厚围护结构表面水泥砂浆找平层＋1.5mm 厚预铺式合成高分子冷自黏防水卷材＋结构侧墙。

c. 顶板防水层结构为：结构顶板＋2.5mm 厚聚氨酯涂膜＋纸胎油毡隔离层＋70mm 厚细石混凝土保护层。

d. 防水层施工的总体概况见图 1.7-3。

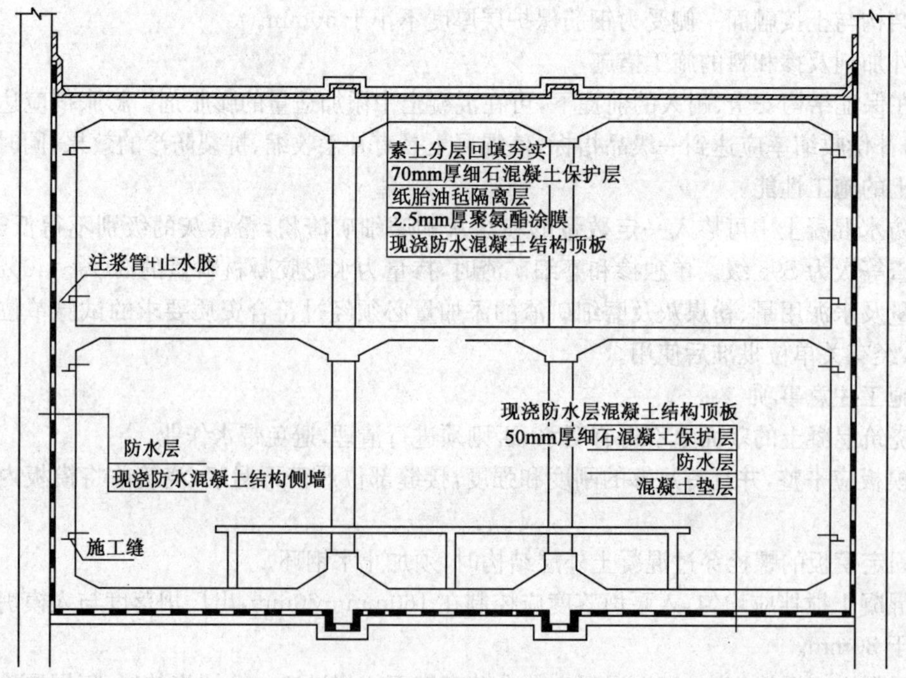

图 1.7-3 主体结构防水层总体断面图

②底板及侧墙防水施工

a. 底板防水的施工步骤为：综合接地施工→垫层施工→找平层施工→1.5mm 厚预铺式合成高分子冷自黏防水卷材→铺筑 50mm 细石混凝土→施作施工缝、变形缝防水结构→浇筑结构底板。

b. 侧墙防水的施工步骤为：围护结构外 20mm 砂浆找平层施工→1.5mm 厚预铺式合成高分子冷自黏防水卷材→施作施工缝、变形缝处防水结构→浇筑结构侧墙。

c. 基面处理。围护结构基面粗糙不平以及底板下混凝土垫层凹凸不平，对铺设防水层质量有很大影响，为此必须对防水层基面进行处理。处理要求及要点如下：

铺设防水层的围护结构表面不得有明水流，否则应进行注浆堵漏处理；底板混凝土垫层基面上如有积水，可在其表面的最低处设置排水盲管引排。

找平层采用 1∶2.5 的普通水泥砂浆，厚度为 20mm。找平层表面应平整，其平整度用 2m 靠尺进行检查，直尺与基层的间隙不得超过 5mm，且只允许平缓变化。

基面不得有钢筋及凸出的管件等尖锐突出物，否则要进行割除，并在割除部位用砂浆抹成圆曲面，以免防水层被扎破。找平层表面应洁净、平整、坚实、干燥（检测方法：将 $1m^2$ 的防水毯空铺在基面上，4h 后取下，防水毯和找平层表面无湿印为合格），不得有酥松、掉灰、空鼓、裂缝、剥落和污物等不良现象存在。

所有阴阳角部位均采用 1∶2.5 水泥砂浆倒角，阴角均应做成 50mm×50mm 的倒角；阳角采用水泥砂浆圆顺处理，圆弧半径 $R \geqslant 30mm$。

③冷自黏防水卷材铺设方法

a. 顶板、底板防水层铺设。铺设防水卷材时，先铺立面部分（底板防水层施工时为纵向施工缝处至底板以下），然后再铺平面。预留搭接做法见图 1.7-4、图 1.7-5。

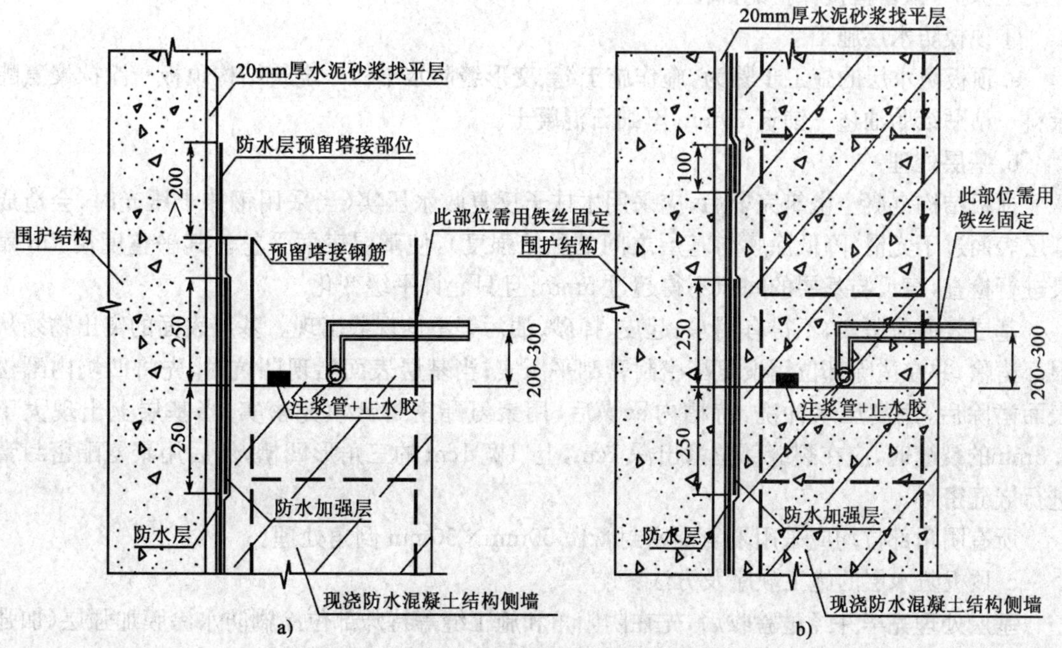

图 1.7-4 侧墙防水层预留搭接施工（尺寸单位：mm）

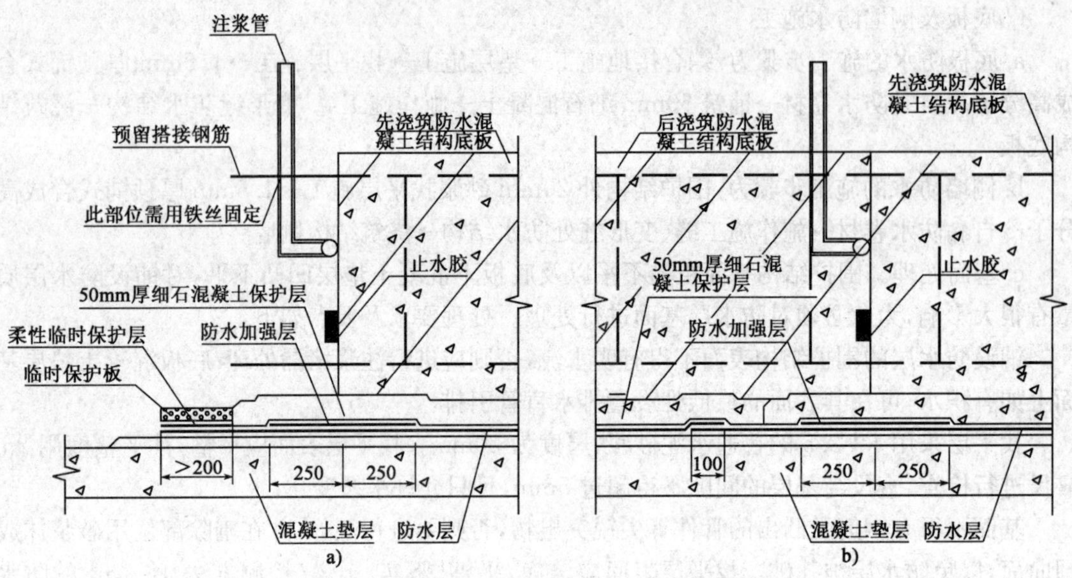

图 1.7-5　底板防水层预留搭接施工(尺寸单位:mm)

b. 铺设阴阳角、施工缝、变形缝的防水加强层。

c. 铺贴大面的防水层,侧墙防水层采用机械固定于围护墙表面,固定点距离卷材边缘 2cm 处,钉距不大于 50cm。钉长不小于 27mm,且配合垫片将防水层固定在基层表面,垫片直径不小于 2cm,厚度不小于 1.0mm;底板除阴阳角等特殊部位需要机械固定外,大面积防水层可以直接搭接,搭接宽度不小于 100mm。

d. 防水层铺设完毕并且验收合格后,及时施作防水层的保护层,底板采用 50mm 的细石混凝土保护,预留搭接保护的部位。

④顶板防水层施工

a. 顶板防水层的施工步骤为:施作施工缝、变形缝防水结构—浇筑结构顶板—涂抹聚氨酯涂料—粘贴纸胎油毡—铺筑 70mm 厚细石混凝土。

b. 基层处理:

顶板结构混凝土浇筑完毕后,应采用木抹子反复收水压实(当采用钢抹子压光时,会造成基层表面过于光滑,降低涂膜与基层之间的黏结强度),使基层表面平整。其平整度用 2m 靠尺进行检查,直尺与基层的间隙不得超过 5mm,且只允许平缓变化。

基层表面应坚实,不得有明水、起皮、掉砂、油污等不良现象出现。基层表面的突出物须从根部凿除,并在凿除部位用聚氨酯密封膏刮平压实;当基层表面出现凹坑时,先将凹坑内酥松表面凿除后,用高压水冲洗,待槽内干燥后,用聚氨酯密封膏填充密实;当基层上出现大于 0.3mm的裂缝时,应在裂缝部位凿出深 1cm,上口宽 1cm 的三角形凹槽,然后用聚氨酯密封膏进行嵌缝密封。

所有阴角部位均应采用聚氨酯密封膏做 50mm×50mm 倒角处理。

c. 顶板防水层的施工顺序及方法:

基层处理完毕并经过验收后,先在阴阳角和施工缝等特殊部位涂刷防水涂膜加强层(加强层厚 1mm),并立即在加强层涂膜表面粘贴聚酯布增强层,严禁涂膜防水层表面干燥后再铺设聚酯布增强层。然后开始进行大面积的涂膜防水层施工。防水层采用3～4道涂刷，上下两道涂层涂刷方向应相互垂直。当上道涂膜表面完全干燥（不黏手）后，方可进行下道涂膜的施工。顶板反梁阴阳角的处理方法如图1.7-6所示。

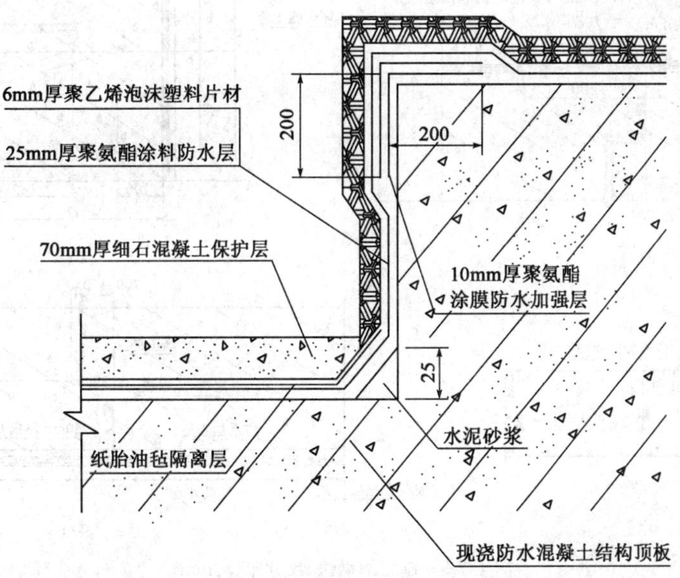

图1.7-6　顶板反梁阴阳角部位处理（尺寸单位：mm）

结构侧墙防水卷材与结构顶板聚氨酯涂膜及纸胎油毡之间须进行过渡连接，其做法详见图1.7-7。

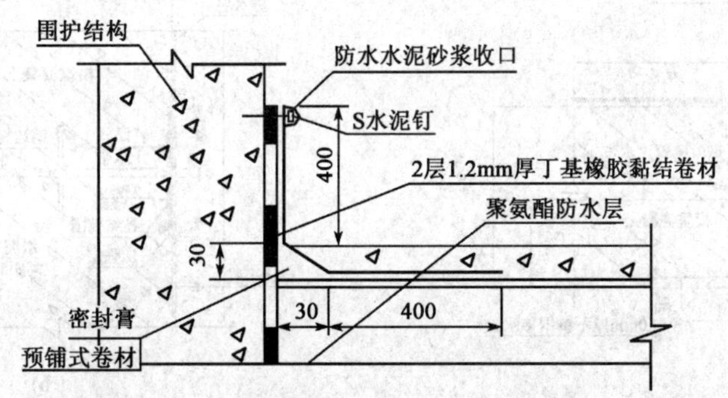

图1.7-7　顶板、侧墙防水层过渡做法（尺寸单位：mm）

(3)接缝防水施工

车站主体结构施工缝采用止水胶并预埋注浆管的方法进行防水处理，具体做法如图1.7-8～图1.7-10所示。

(4)车站与其他结构连接处防水施工

由于车站主体结构先施工，而车站主体结构和附属结构和盾构区间须进行防水层的过渡连接，因此要对车站防水层在洞口部位的预留搭接卷材进行有效的保护，其做法见图1.7-11。

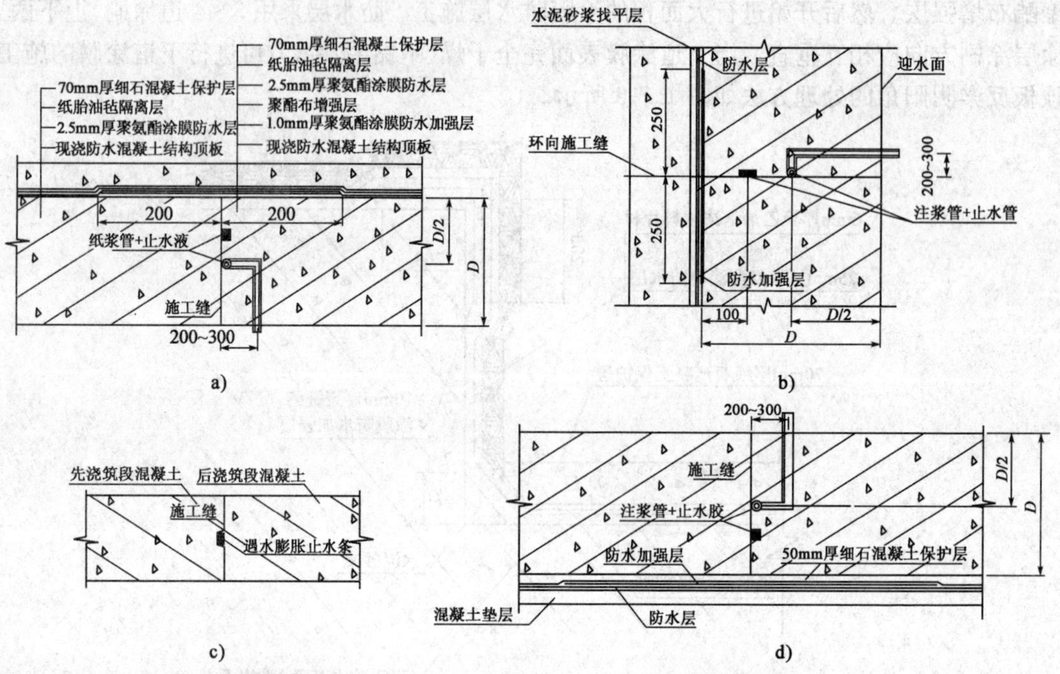

图 1.7-8　施工缝做法(尺寸单位:mm)

a)车站顶板环向施工缝;b)环、纵向施工缝防水构造;c)楼板施工缝;d)车站底板环向施工缝

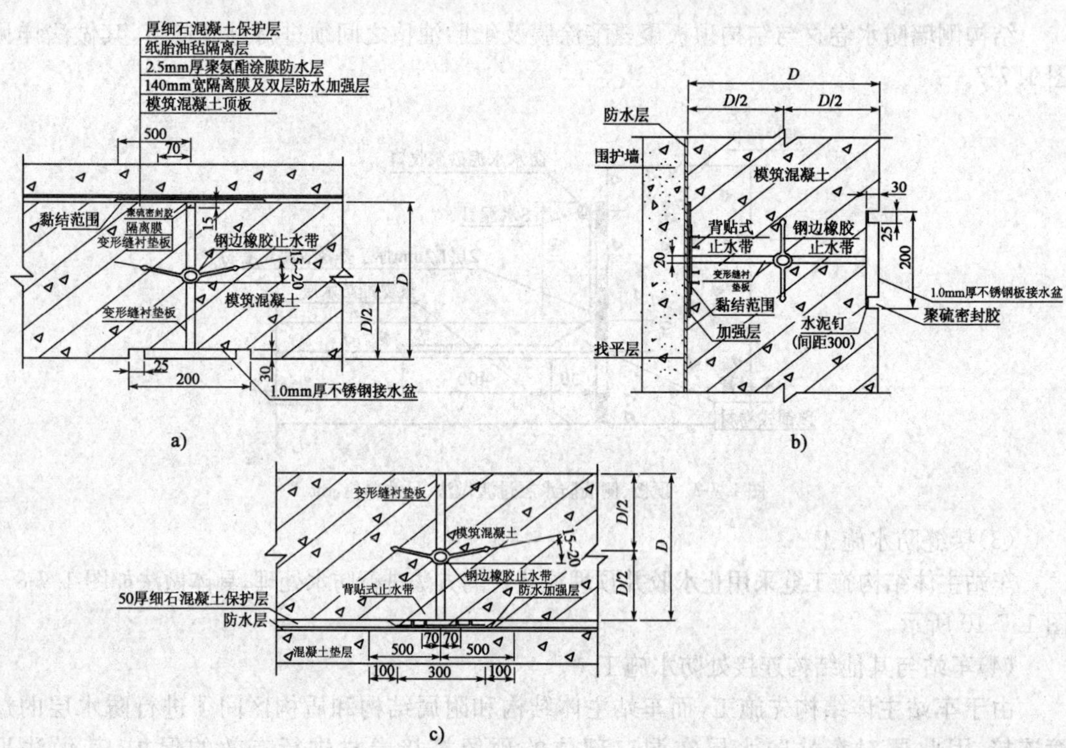

图 1.7-9　变形缝做法(尺寸单位:mm)

a)顶板变形缝;b)车站侧墙变形缝;c)底板变形缝

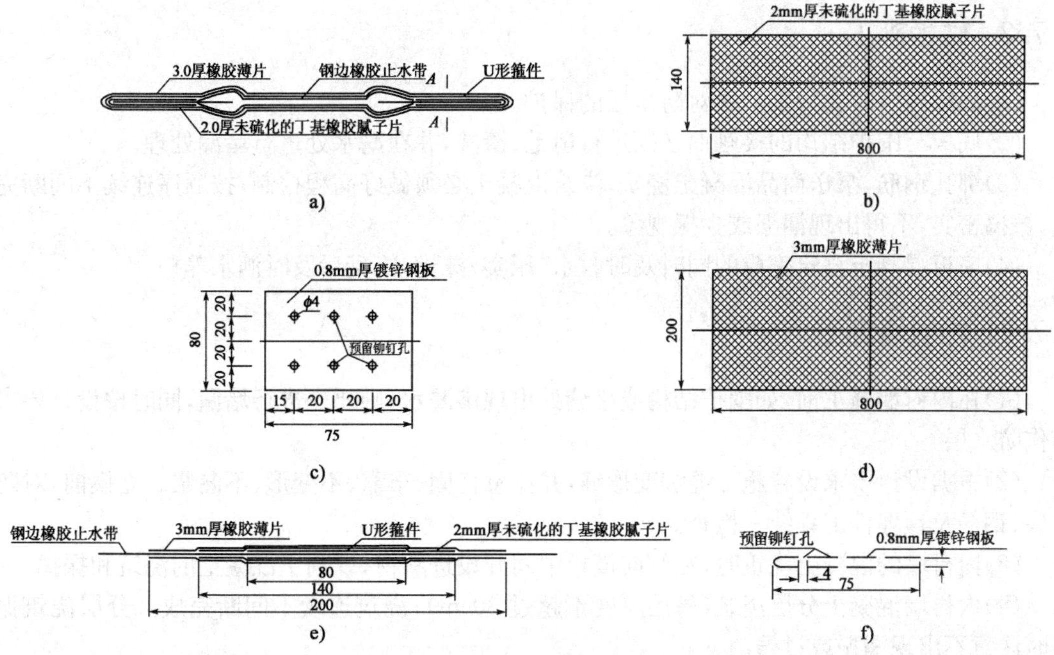

图 1.7-10 钢边橡胶止水带对接做法(尺寸单位:mm)

a)钢边橡胶止水带对接做法横剖面图;b)未硫化的丁基橡胶腻子片尺寸图;c)镀锌钢板;d)橡胶薄片的尺寸图;e)A—A钢边橡胶止水带对接做法纵断面图;f)U形箍件尺寸详图

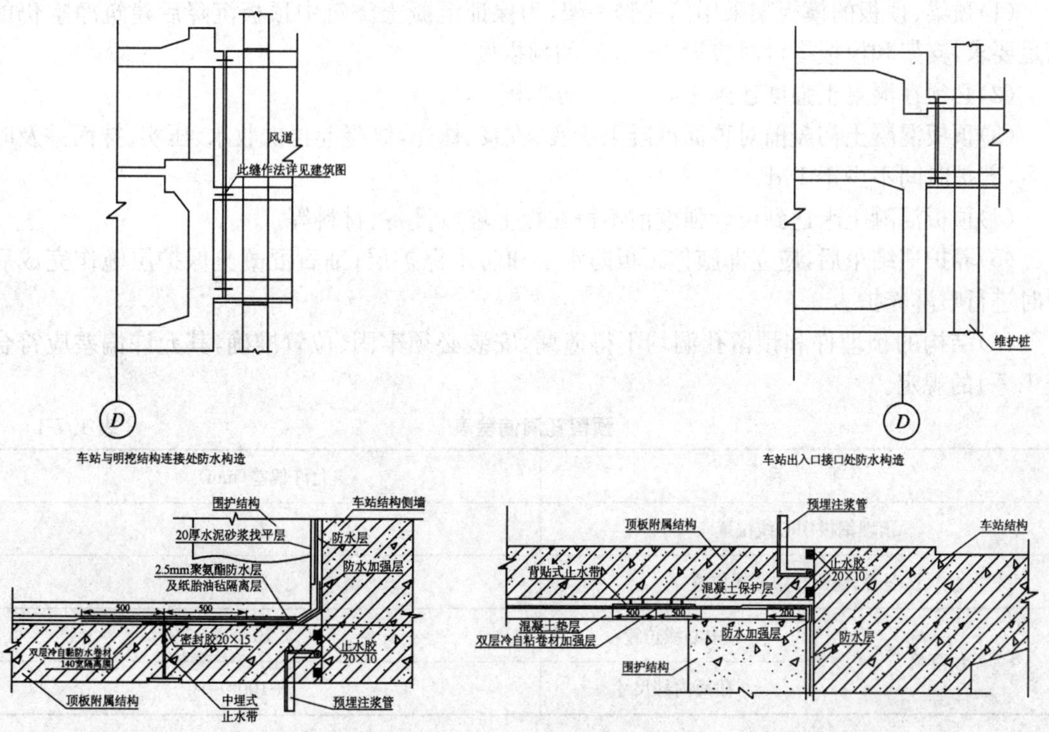

图 1.7-11 车站与明挖结构连接处防水层预留做法(尺寸单位:mm)

1.7.2 底板施工

(1)底板施工时要特别加强对防水层的保护。

(2)底板与围护结构的接触面必须进行凿毛、清洗,并在漏水处进行堵漏处理。

(3)绑扎钢筋,泵送商品混凝土浇筑,浇筑混凝土必须做好高程控制,按顺序连续不间断完成,振捣密实,不得出现漏振或少振现象。

(4)底板混凝土浇筑完成的同时及时收水、压实、抹光,终凝后及时洒水养护。

1.7.3 内衬墙施工

(1)在内衬墙施工前,如围护结构或接缝处出现渗漏水,则要先进行堵漏,同时按设计要求施作防水层。

(2)根据设计要求设置施工缝和变形缝,并注意稳固、牢靠、不变形、不漏浆。立模前,对防水层、钢筋及预埋件工程统一检查。

(3)内衬墙的混凝土浇筑时,在侧向模板中间开设进料窗,以利于混凝土的浇筑和振捣。

(4)内衬墙混凝土分层浇筑(每层厚度不超过 30cm),浇筑连续不间断完成。分层浇筑振捣时注意不出现漏振或过振。

(5)混凝土浇筑完成后应及时喷淋养护。

1.7.4 顶板施工

(1)顶梁、顶板的模板架采用门式脚手架,为保证混凝土浇筑中顶板沉降后建筑净空仍能满足要求,支架和模板搭设时应设 1～2cm 的预拱度。

(2)必须在混凝土强度达到 100%后方可拆模。

(3)顶板混凝土初凝前对顶面混凝土压实、收浆、抹光,终凝前再次收水、压实、抹面并及时养生,养护时间不少于 14d。

(4)顶板混凝土未达到设计强度前不得在板上堆放设备、材料等。

(5)养护期结束后,应立即施作顶板防水层和防水保护层;细石混凝土保护层施作完成后及时进行喷淋养护。

(6)结构的预埋件和预留孔洞均不得遗漏,安装必须牢固、位置准确,其允许偏差应符合表 1.7-1的规定。

预留孔洞偏差表 表 1.7-1

项目		允许偏差(mm)
预埋钢板中心线位置		3
预埋管、预留孔中心线位置		3
预留洞	中心线位置	10
	截面内部尺寸	+100

1.7.5　模板工程

为了达到混凝土质量外美内实的效果，将结合工程结构的实际特点，并满足业主对于控制模筑混凝土质量的要求，有针对性地制订出模板的工艺要求，以确保混凝土的质量。

1.7.6　模板工程的主要技术措施

1)常规构件支模

(1)垫层混凝土施工缝部位采用方木支模施工，保证施工缝顺直以及施工缝处混凝土的密实性。

(2)混凝土中立柱的钢模采用组合钢模板，组合钢模板的接缝和拐角处打磨平整。

(3)内衬墙模板综合考虑强度、刚度、整体性、抗浮以及不留孔洞、合理留置施工缝等方面的要求，采用组合钢模板，横竖龙骨采用槽钢加工。

(4)梁、板的模板采用门式支架搭设满堂红支撑体系，横竖龙骨采用 100mm×100mm 方木，面板为全新组合钢模板，每块面积不少于 $1m^2$。特殊部位采用异型定型模板。

(5)柱、墙、梁、板模板的拼缝统一设计，做到内实外美。

(6)为提高混凝土表面的光泽度，采用优质的脱模剂。

2)特殊构件支模

(1)大模板确定

侧墙模板选用全新组合钢模板，每块模板尺寸不小于 $1m^2$，模板材料质量符合现行国家标准和规定。

(2)大模板支撑体系

侧墙模板支撑采用 ϕ150mm 钢管支撑加扣件加螺旋加紧装置，具体支撑节点按照模板横竖向槽钢的间距(0.5m×1.2m)布置。为防止在浇筑施工中模板上浮，用 ϕ22mm 钢筋作拉杆将三道支撑同事先预埋的地锚紧固成一体，如图 1.7-12 所示。

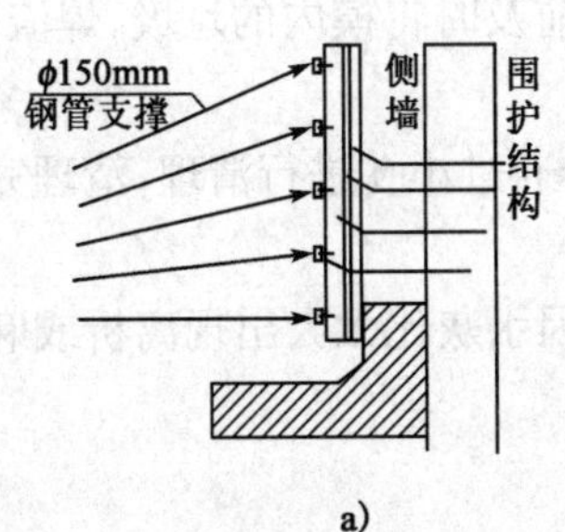

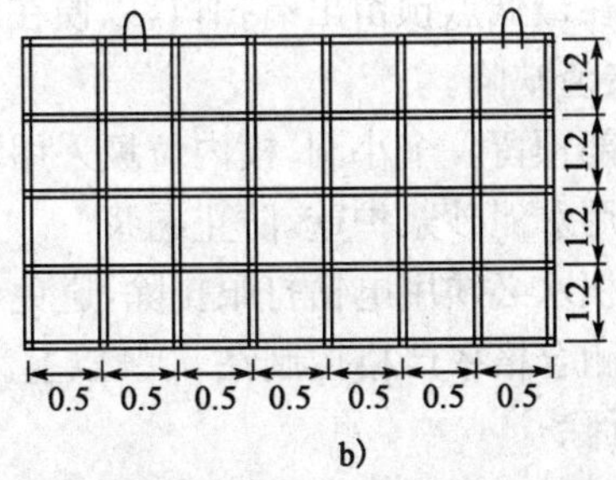

图 1.7-12　单面墙模板示意图(尺寸单位：m)

a)侧视；b)正视

(3)端头模板

为保证内衬墙环向施工缝的质量，同时为了避免普通的堵头方法焊伤结构钢筋，计划利用大块模板的横龙骨作为侧模的受力体，加工特殊的传力杆件，如图 1.7-13 所示。

(4)顶板模板

采用组合模板,加3cm厚的木板,用纵、横两个方向的方木作楞,楞纵横间距均为0.7m,如图1.7-14所示。

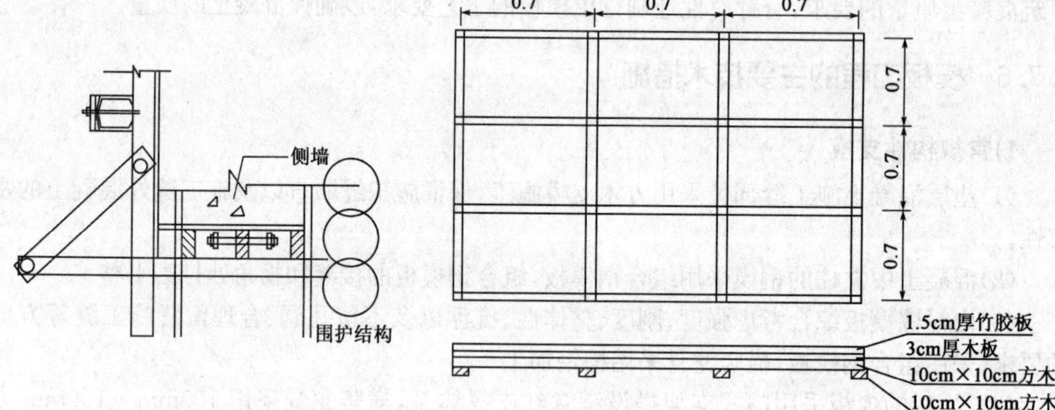

图1.7-13 端头模板示意图

图1.7-14 顶板模板示意图(尺寸单位:m)

(5)模板质量要求

本工程采用泵送商品混凝土浇筑施工,对模板工程施工的质量尤其是防漏浆、防跑浆等提出了更高的要求,结合本工程的实际特点,为了确保工程创优,模板工程施工质量将按如下要求执行:

①支模前应先根据设计图纸弹出模板边线及模板的控制线,电梯井的内墙面不但要弹出模板边线和模板的控制线,而且还要在上下设多个控制点,上下对应控制点连线的垂直度应通过测量仪器检查。

②模板的支撑体系必须具有足够的强度、刚度和稳定性。

③模板的拼缝严格控制在2mm以内,模板接缝处挤压10mm宽海棉条,以避免漏浆现象。

④支模时在最低点预留出清扫口,以便在浇筑混凝土前及时将模内的垃圾、焊渣等杂物清除,避免出现夹渣缺陷。

⑤柱模下部预留一个小洞,模内垃圾采用水冲,吸尘器通过小孔进行清理;清理完毕后,柱模下脚外侧采用水泥砂浆护壁,防止漏浆。

⑥模内的积水必须用电钻打眼排除,避免局部混凝土因水灰比太大出现离析或麻面缺陷。

⑦模板实测合格率严格控制在90%以上。

(6)模板拆除

①模板拆除时间应满足相关规范要求。非承重模板拆除时,其结构强度应不低于2.5MPa,承重模板拆除时,跨度为8m以上的结构,必须在混凝土强度达到100%后方可进行。

②拆模顺序为:后支先拆、先支后拆;先拆非承重模板、后拆承重模板。拆除跨度较大的梁底模时,应先从跨中开始,分别拆向两端。

③拆模时不要用力过猛过急,拆下来的模板应及时运走、并清理干净,板面刷油按规格分类堆码整齐。

1.7.7 钢筋工程

1)原材料进场和材质检查

进场的钢筋原材料,必须具备出厂合格证或材质试验报告,经确认无误后,方可收货进场。

钢筋按批检查验收,每批由同牌号、同炉号、同加工方法、同交货状态的钢筋组成。现场取样做力学性能试验,经检验合格后方可用于施工。

钢筋堆放场地布置在现场空地处,下部用方木垫高上部用彩条布覆盖,用标志牌标明钢筋规格、产地、使用部位、检验状态,并设专人管理。

2)钢筋加工

钢筋加工前,由专业工程师编制钢筋制作方案和钢筋配料表,并向作业班组进行技术交底。

按照设计图纸,编制钢筋下料单,钢筋加工的形状、尺寸必须符合设计要求。钢筋表面洁净、无损伤,油渍、漆污和铁锈等在使用前清除干净,带有粒状和片状锈的钢筋不得使用。

所有钢筋制品由合格的专业人员制作,并对加工的产品、加工设备定期检查和不定期巡查,对加工人员的操作进行考核。

特殊部位和曲线形钢筋按1∶1的比例在制作台上放出大样、现场技术人员对加工者进行现场指导、验收。

钢筋弯曲成型采用钢筋弯曲机,钢筋的弯制和末端弯钩均严格按设计加工,弯曲后平面上没有翘曲不平现象,不能对钢筋反复弯曲。

钢筋切断和弯曲时要注意长度的准确,钢筋加工的允许偏差,须符合表1.7-2的规定。

钢筋加工允许偏差表 表1.7-2

序号	项目		允许偏差(mm)	检验频率		检验方法
				范围	点数	
1	冷拉率		不大于设计规定	每根(每一类型抽查10%且不少于5根)	1	用尺量
2	受力钢筋成型长度		+5,10		1	
3	弯起钢筋	弯起点位置	±20		2	
		弯起点高度	0,−10		1	
4	箍筋尺寸		0,5		2	用尺量,宽、高各计1点

钢筋加工成半成品后,经质检人员检查合格后,要按类别、直径、使用部位挂好标志牌,并分类堆放整齐,由专人管理,放置在方便运送至使用部位的地方;对检查不合格的产品返工、返修或作报废处理。

3)钢筋的焊接和连接

为保证钢筋接头的连接质量,并基于保护防水层的考虑,钢筋接头应尽可能地安排在加工场内连接;对于必须在现场连接的,可根据现场条件采用机械连接、焊接和人工绑扎相结合来施工。

钢筋焊接使用焊条、焊剂的牌号、性能以及接头使用的钢板和型钢必须符合设计要求。钢筋加工时，连接钢筋以闪光电弧焊为主，电弧焊焊接机械性能见表 1.7-3 所示。

钢筋电弧焊焊接机械性能与允许偏差表　　表 1.7-3

序号	项　目		允许偏差	检验频率		检验方法
				范围	点数	
1	抗拉强度		符合材料性能指标	每个接头（每批抽查 3 件）		参照《金属材料室温拉伸试验方法》（GB 228—2002）
2	受帮条沿接头中心线的纵向偏移		0.5d	每件（每批抽 10% 且不少于 10 件）	1	用焊接工具和尺量
3	接头处钢筋轴线的弯折		≤4°		1	
4	接头处钢筋轴线的偏移		0.1d 且≤3		1	
5	焊缝厚度/宽度		0.05d/0.1d		2	
6	焊缝长度/咬肉深度		−0.05d/0.1d		2	
7	焊接表面上气孔及夹渣数量	在 2d 长度上	不大于 2 个		2	
		直径	不大于 3			

注：d 为钢筋直径。

钢筋连接时的具体要求如下：

(1)直径≥25mm 的钢筋连接采用机械连接。

(2)钢筋的接头设置在受力较小处。同一纵向受力钢筋不宜设置两个或两个以上接头。接头末端至钢筋弯起点位置大于 10d。

(3)当受力钢筋采用机械连接接头或焊接接头时，设在同一构件内的接头要相互错开。在任一焊接接头中心至长度为 35d 且不小于 500mm 的区段内，同一根钢筋不得有两个接头；若该区段在受拉区内，接头的受力面积占受力钢筋总截面积不超过 50%。

(4)焊接接头距钢筋弯折处，不应小于钢筋直径的 10 倍，且不能位于构件的最大弯矩处。

(5)绑扎接头保证搭接长度不小于 35d，搭接时，中间和两端共绑扎 3 处，并必须单独绑扎后，再和交叉钢筋绑扎。绑扎接头受拉区不超过 25%。

(6)钢筋防杂散电流和防迷流焊接严格按设计图纸进行施工，杜绝点焊、虚焊、漏焊等现象。

4)钢筋安装

(1)底板钢筋绑扎

底板钢筋加工采用闪光对焊和现场焊接连接，横向钢筋全部采用加工场对焊连接，纵向钢筋同一施工段采用加工场对焊连接，相邻施工段纵向筋采用电弧焊连接。焊接时注意保护防水板，连接时注意接头位置符合规范要求。

要求四周钢筋交叉点每点扎牢，中间部位交叉点可相隔交错扎牢，绑扎时以受力钢筋不位移为主要控制手段。绑扎时应注意相邻绑扎点的铁丝扣要成八字形，以免钢筋歪斜变形。

根据底板的厚度，采用 ϕ20mm 的钢筋作为马蹬筋，来固定上层钢筋和保证两层钢筋间的间距。马蹬筋梅花形设置，间距为 1m×1m。

底板钢筋绑扎时弯钩应朝上，不得倒向一边，双层钢筋网的上层钢筋弯钩要求向下。

在钢筋和模板之间设置足够数量与强度的垫块，以保证钢筋的保护层达到设计要求。

(2)柱钢筋绑扎

柱主筋的每段长度为结构高度，采用闪光对焊接头，接头位置错开，满足设计要求。主筋在底板施工时，预埋并设置可靠加固措施，防止混凝土浇筑时移位倾斜。

先搭设绑扎柱钢筋用的临时脚手架，绑扎操作人员应配戴相应的安全器材，以防在绑扎钢筋时发生意外。

施工时将箍筋从柱顶逐根套在柱上，逐组绑扎牢固，箍筋的弯钩叠合处交错布置在四周竖向钢筋上，箍筋转角与竖向钢筋交叉点均扎牢，箍筋平直部分与竖筋交叉点可每隔一根互成梅花式扎牢。

(3)墙钢筋绑扎

墙水平钢筋采用搭接，水平钢筋每段长度不超过12m，以便于钢筋的绑扎。上下及两端两排钢筋交叉点每点扎牢，中间部分每隔一根梅花式扎牢。

(4)顶板钢筋绑扎

顶板钢筋绑扎在顶板底模安装完成后进行。

上层钢筋网片必须垫以足够的撑脚，间距1m，梅花形布置，以保证钢筋网高程的准确，钢筋网片绑扎必须弹好线，以保证钢筋顺直，间距均匀。

顶板钢筋绑扎时，配置的钢筋级别、直径、根数和间距应符合设计要求，绑扎的钢筋网不得有变形、松脱现象。

(5)钢筋施工注意事项

绑扎或焊接接头与钢筋弯曲处相距不应小于$10d$，也不宜位于最大弯矩处。

根据防迷流要求，严格按设计要求采用焊接贯通。

钢筋与模板间应设置足够数量与强度的垫块，确保钢筋的保护层达到设计要求。

在绑扎双层钢筋网时，应设置足够强度的钢筋撑脚，以保证钢筋网的定位准确。钢筋安装允许偏差如表1.7-4所示。

钢筋安装允许偏差表 表1.7-4

<table>
<tr><th rowspan="2">序号</th><th rowspan="2">项 目</th><th rowspan="2">允许偏差</th><th colspan="2">检验频率</th><th rowspan="2">检验方法</th></tr>
<tr><th>范围</th><th>点数</th></tr>
<tr><td>1</td><td>抗拉强度</td><td>符合材料性能指标</td><td rowspan="2">每个接头（每批抽查3件）</td><td></td><td>参照《金属材料室温拉伸试验方法》(GB 228—2002)</td></tr>
<tr><td>2</td><td>受帮条沿接头中心线的纵向偏移</td><td>$0.5d$</td><td>1</td><td rowspan="3">用焊接工具和尺量</td></tr>
<tr><td>3</td><td>接头处钢筋轴线的弯折</td><td>≤4°</td><td rowspan="2">每件（每批抽10%且不少于10件）</td><td>1</td></tr>
<tr><td>4</td><td>接头处钢筋轴线的偏移</td><td>$0.1d$且≤3mm</td><td>1</td></tr>
</table>

注：d为钢筋直径。

车站排流端子、连接端子、测量端子、接地网相关构件应按图纸设计要求制作安装，列表对查，以免遗漏。

1.7.8 混凝土工程

二七广场站和市体育广场车站防水等级为一级，防水要求高，混凝土自防水是防水工程的关键。混凝土采用业主指定供应商的预拌混凝土，施工时必须按配合比，经常检查坍落度，严格控制搅拌时间和路途运输时间，杜绝现场加水稀释，每班设专人值班，项目部技术质量管理人员对混凝土的工程质量要各负其责，责任到位，并与其经济利益挂钩，确保混凝土工程施工质量。

1)原材料及配合比要求

本工程各部位混凝土为：底板、顶板、侧墙、顶纵梁、底纵梁：C30、P10；中板、站台板、中纵梁：C30；柱：C50。

为保证混凝土的质量，首先需要对配合比进行优化，控制好用水量、水灰比、砂率、水泥用量及粉煤灰用量，使混凝土的入模温度、抗渗指标达到要求。本工程采用泵送混凝土，要求坍落度为10cm±2cm。

水泥：采用抗水性能好，泌水性小，水化热低的水泥，水泥进场时应该有出厂合格证并按要求进行抽检，检验合格后报监理，批准后方可使用，不合格者坚决退货。

砂：选用级配合格、质地坚硬、颗粒洁净的天然砂，粒径为0.16～5.0mm，级配为中砂，砂中含泥量应不大于3%，砂中的泥块含量应不大于1%，砂的坚固性重量损失率应小于8.0%，砂中云母、有机物、硫化物等有害物质含量应在规定标准之内。

碎石：碎石粒径不超过40mm，碎石中针片状颗粒含量不大于15%，所含泥土不得成块状或包裹碎石表面，含泥量不大于1%，泥块含量不大于0.5%，吸水率不大于1.5%，坚固性重量损失率不大于8%，强度和碱活性检验应合格。

水：采用生活饮用水。

外加剂：采用具有收缩补偿及缓凝作用的外加剂，可以分散水化热的峰值，减少水化热的总热能，有效防止混凝土裂缝的产生。

掺和料：采用Ⅰ级粉煤灰替代部分水泥，减小混凝土的水化热。

混凝土配合比必须经试验确定，抗渗等级应比设计要求提高0.2MPa，水灰比不大于0.55，砂率控制在40%～45%之间，单方混凝土水泥用量控制在280～320kg之间。

2)混凝土工程的施工准备

(1)做到班前交底明确施工方案，落实浇筑方案，对浇筑的起点及浇筑的进展方向应做到心中有数。

(2)对每次浇筑混凝土的用量计算准确，对所有机具进行检查和试运转，对备品备件和现场发电机有专人管理和值班，保证人力、机械、材料均能满足浇筑速度的要求。

(3)注意天气预报，不宜在雨天浇筑混凝土。在天气多变季节施工，为防止不测，应有足够的抽水设备和防雨物资。

(4)对模板及其支架进行检查。应确保尺寸正确，强度、刚度、稳定性及严密性均满足要求。对模板内杂物应进行清除，在浇筑前同时应对木模板浇水，以免木模板吸收混凝土中的水分。模板工程应经监理验收合格。

(5)对钢筋及预埋件进行检验。检查钢筋的级别、直径、位置、排列方式及保护层厚度是否符合设计要求，并认真做好隐蔽工程记录。钢筋隐蔽工程及水电等专业隐蔽工程经监理验收合格。

(6)实行混凝土浇筑许可证制度，由土建施工单位和其他专业工程施工单位汇签，然后得到监理公司土建、水、电工程师签字认可，签发浇筑许可证，才组织混凝土浇筑施工。

3)混凝土运输

(1)混凝土场外运输用混凝土运输车，场内以进口输送泵泵送为主。

(2)底板、中板、顶板、侧墙、柱混凝土浇筑时使用进口输送泵。

(3)派熟练工人安装泵管接至浇筑地点，泵管线要直，转弯要缓。接头必须严密，防止混入空气产生阻塞。

4)混凝土浇筑

(1)本工程主体结构构件尺寸较大，必须充分考虑到浇筑混凝土时因构件内外温差较大而带来的不利影响，并采取相应措施。

①降低水化热升温、降低混凝土温度的技术措施。

②混凝土配料中掺加粉煤灰以减少水泥用量和降低水化热。通过掺加粉煤灰可以减少水泥用量15%～20%，是降低水化热升温使底板顺利施工最有效的安全保障。

③混凝土配料中使用高效外加剂，连同粉煤灰的使用，可使每立方米混凝土的水泥用量有效降低，但要保证最小水泥用量不小于280kg/m³。这样，对温差的控制更为有利。

④有效的混凝土养护、保温措施。

⑤测温、养护、保温。

⑥在浇筑大体积混凝土板时，每隔10m设置测温点，每隔1h测温一次，测温5d。为混凝土升温阶段创造散热条件，不立即进行保温；升温阶段结束，改散热为保温，立即进行保温养护。在升温与降温阶段均要有专人洒水，加强养护14d。

(2)底、顶板混凝土浇筑

采用商品混凝土，混凝土运输车运送至施工现场，经检验合格后再用输送泵泵送入模，插入式振捣器振捣密实。由于板块厚度较大，混凝土采用分层分段浇筑法，分层厚度为30～50cm，浇筑步距为3m，采用斜面分层法施工，见图1.7-15所示。

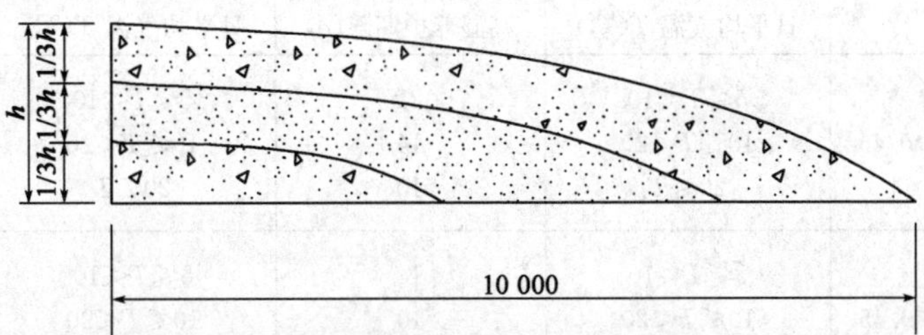

图1.7-15 底板混凝土浇筑斜面分层示意图(尺寸单位:mm)

(3)中板、顶板浇筑

浇筑流程同底板，混凝土用输送泵泵送，混凝土浇筑应连续进行，采用平铺法施工一次浇筑成型。

(4)侧墙、柱浇筑

柱子和侧墙浇筑混凝土时，采用输送泵泵送混凝土入模，混凝土自由倾落不超过2m，以防止混凝土离析。做到分层浇筑混凝土，分层振捣。混凝土浇筑前，柱和墙后浇施工缝位置先浇筑一层 5cm 厚同强度等级水泥砂浆。

5)混凝土振捣

采用插入式振捣器。因本工程防水要求严,尤其注意结构自防水,混凝土振捣按照以下要求施工:

(1)混凝土振捣操作人员必须是有经验的技工,保证不漏振和过振。

(2)振捣与浇筑同时进行,方向与浇筑方向相同。插点采用“行列式”或“交错式”,移动间距不应大于振动半径的 1.5 倍,不能碰撞钢筋和预埋件。

(3)如纵横交错处钢筋很多、很密,在顶部无法下棒时,必须从侧面入棒逐层振捣密实,每棒插点不大于 25cm,保证每个棒点间混凝土能全部振捣密实。

(4)侧墙振捣要掌握好时间,振捣时间为 10～30s,以混凝土表面呈水平不显著下沉、不出气泡、表面泛灰浆为准,且每棒要插入下部混凝土不少于 50～100mm;振捣棒要在墙中插入,不准靠墙放置,振捣棒须与模板保持一定距离,一般为 5～10cm,防止墙模脱离。

(5)板由于面积大,振捣时要特别注意每棒的插点位置,不能距离太远,以防止漏振,每棒间距 30cm 为宜。

(6)板浇筑完后,均做拉线找平,用刮杠按线刮平,用木抹子搓平,在表面终凝前,再用铁抹子进行二次抹压,以消除混凝土表面塑性收缩裂缝。

6)混凝土养护

(1)本工程混凝土采取以下养护方法:

①编制混凝土养护作业指导书,并报监理批准后严格执行。

②指派专人负责养护。

③混凝土浇筑后,应在 12h 内开始养护。混凝土养护时间参照表 1.7-5 执行。

不同混凝土潮湿养护的最低期限　　表 1.7-5

混凝土类型	水胶比	大气潮湿(50%<RH<75%),无风,无阳光直射		大气干燥(RH<50%),有风或阳光直射	
		日平均气温 T(℃)	潮湿养护期限(d)	日平均气温 T(℃)	潮湿养护期限(d)
胶凝材料中掺有矿物掺和料	≥0.45	5≤T<10	21	5≤T<10	28
		10≤T<20	14	10≤T<20	21
		20≤T	10	20≤T	14
	<0.45	5≤T<10	14	5≤T<10	21
		10≤T<20	10	10≤T<20	14
		20≤T	7	20≤T	10
胶凝材料中未掺矿物掺和料	≥0.45	5≤T<10	14	5≤T<10	21
		10≤T<20	10	10≤T<20	14
		20≤T	7	20≤T	10
	<0.45	5≤T<10	10	5≤T<10	14
		10≤T<20	7	10≤T<20	10
		20≤T	7	20≤T	7

④底板、中板、顶板混凝土采用蓄水养护，侧墙、柱混凝土未拆模前，对模板浇水进行养护，拆模后采取自动喷淋养护方式养护。墙及柱混凝土施工完成后利用所搭设的满堂红支架平台架设喷淋水管，墙身高度范围内架设三道环向喷淋水管，采用自来水作为养护水源，在基坑上面设置一蓄水池，池内用增压泵向喷淋水管内送水。喷淋水管布置如图 1.7-16 所示。

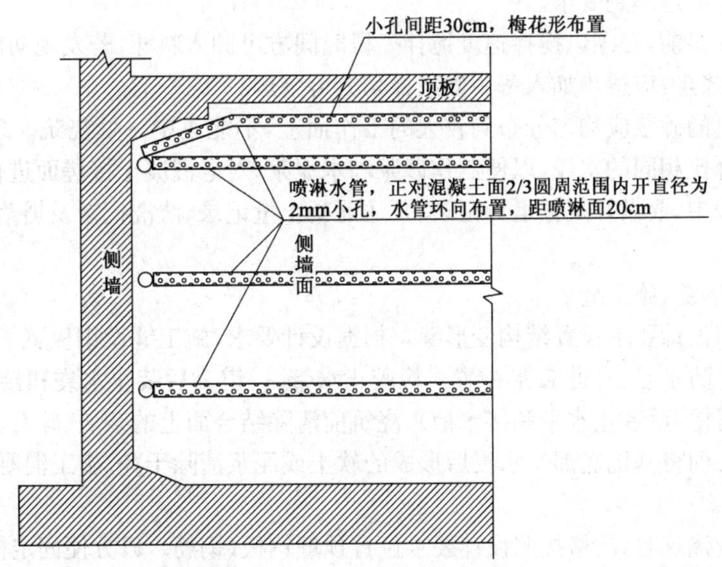

图 1.7-16 侧墙、中板及顶板喷淋水管布置图

⑤每天浇水和喷淋的次数，以能保持混凝土表面一直处于湿润状态为标准。养护天数不少于 14d。养护的主水管采用 $\phi48\times3.5$mm 钢管，在下一层、下二层处设分支阀门，用高压塑胶管接至养护部位。养护龄期参照表 1.7-5。

(2)混凝土施工的注意事项

①混凝土应能在最短的时间内无离析地泵至浇筑作业面，出料干净、方便，能满足施工要求。

②输送管道的直管布置应顺直，要少弯、慢弯，以减少阻力。如管道向下倾斜，应防止混入空气而阻塞管道。管道接头应结实不漏浆，转弯位置的锚固应可靠。

③本工程均为向下泵送，混凝土泵前应有一段水平管或上弯管道才折向下方，应避免直接垂直向下装置方式，以防止离析和混入空气，对泵送不利。凡管道经过的位置要平整，管道应用支架或木方等垫稳，不得直接与模板、钢筋接触。若放在脚手架上，应采取加固措施。

④垂直管穿越中板或顶板时，应用木方或预埋螺栓加固。对施工中途新接驳的输送管应先清除管内杂物，并用水或水泥砂浆润滑管。泵送前应先用适量与混凝土内成分相同的水泥砂浆润滑输送管内壁，预计泵间歇时间 45min 或当混凝土出现离析现象时，应立即用压力水或其他方法冲洗管内残留的混凝土。

⑤混凝土运输车到场后，在卸出混凝土前，要每车通过取样操作平台的取样及时测定混凝土的坍落度，若发现混凝土坍落度损失不大，经过现场技术人员及监理同意，可向搅拌车内加入与混凝土水灰比相同的水泥浆或与混凝土配合比相同的水泥砂浆，经充分搅拌后才能卸入

泵机内。严禁向储料斗或搅拌车内直接加水。超差过大，应坚决退货，以防止堵塞、爆管现象出现，并影响混凝土质量。

⑥混凝土厂应保证混凝土运输车辆适当，不宜过多或过少。车辆过少，不能保证输送泵的及时进料，延误混凝土浇灌进度，也容易造成冷缝；过多则造成车辆等待卸混凝土的时间太长，坍落度损失过大而达不到要求。

⑦搅拌车卸料前，必须以搅拌速度搅拌一段时间方可卸入料斗；若发现初出的混凝土拌和物石子多，水泥浆少，应适当加入备用砂浆拌匀方可泵送。

⑧最初泵出的砂浆应均匀分布到较大的工作面上，不能集中一处浇筑。现场必须适当储备与混凝土配合比相同的水泥，以便制作砂浆和水泥浆，对老混凝土接槎面进行处理。

⑨泵送过程中，要做好机械运行记录、泵送混凝土量记录、清洗记录及坍落度抽查记录，检修时做检修记录。

(3)结构变形缝、施工缝

①严格遵照设计要求设置结构变形缝。根据设计要求，施工缝设钢板腻子止水带，变形缝处设一道结构外防水层、一道Ω形中置式橡胶止水带、一道为后装止水袋和接水槽(结构设计时变形缝两边留槽，后装止水带和接水槽)，浇筑前清除结合面上的杂屑、碎石，并冲洗干净。

②底板施工前将基坑底部受水浸后形成的软土或泥浆清除干净，施工混凝土垫层，确保底板承载力。

③进行底板浇筑时，严格按照设计要求位置预埋钢板(钢筋)，以方便固定模板使用。

④施工前先按照设计要求处理围护结构的接缝渗漏，再铺设外包防水层，并认真保护，确保在混凝土浇筑过程中不得破损。无设计要求时按照下列方法处理：仅有少量渗漏水时用防水砂浆抹面；有明显漏水点时，采取注浆方式进行封堵。

⑤为保证沉降后下部建筑净空仍能满足要求，顶板底高程考虑支架系统沉降及施工误差预高2cm。

⑥切实做好顶板混凝土在终凝前的压实、收浆、抹光和养护工作，顶板混凝土强度未达到设计强度前不得在板上堆放设备和材料等。

⑦顶板浇筑完毕，经养护后，再按设计要求进行外包防水层施工，并浇筑混凝土保护层。

1.7.9 车站主体各结构施工工艺

本标段主体结构的中柱为现浇混凝土方柱，二七广场站为两层三跨车站，设两排中柱，中柱尺寸为1 000mm×800mm，市体育馆站为三层三跨车站，只设单排中柱，中柱尺寸为800mm×800mm。

1)混凝土柱施工

(1)混凝土柱施工流程

车站混凝土柱施工流程见图1.7-17。

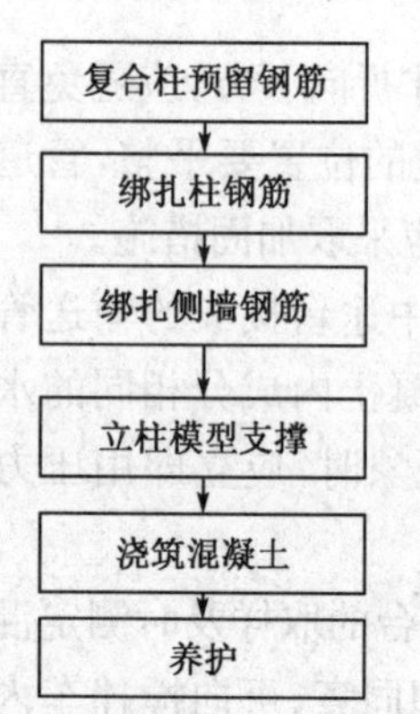

图1.7-17 柱施工流程示意图

(2)车站混凝土柱模板及支撑施工

混凝土柱模板及支撑见图1.7-18。

方形混凝土柱子的模板采用厚18mm木胶板，支撑采用“井”字架和定位斜撑。

柱施工时，对柱脚边不平整处，应用人工凿除松动混凝土，柱模固定时，应对准下面控制线，上部拉线，进行水平垂直校正。

对同排柱模板应先装两端柱模板校正固定，拉通长线，校正中间各柱模板。

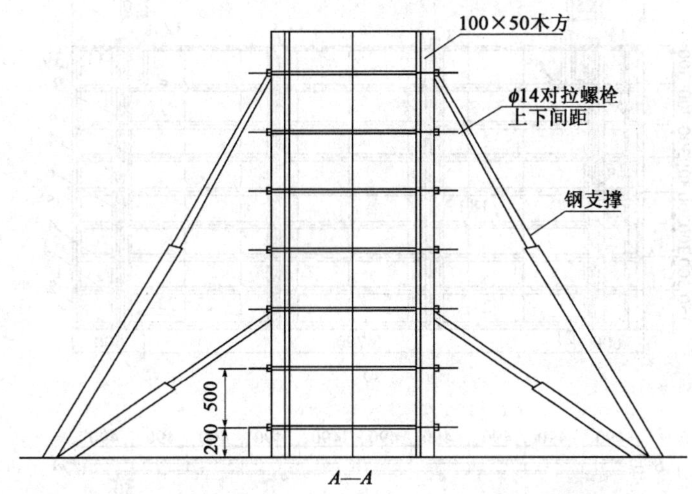

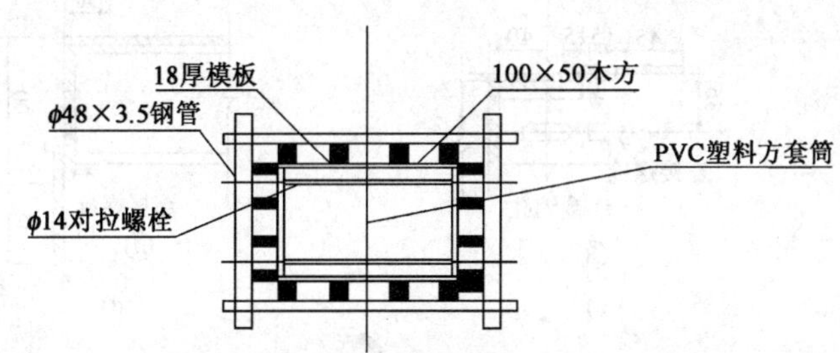

图 1.7-18 柱体支撑体系图(尺寸单位：mm)

2)车站侧墙施工方法

墙板模板固定：预先在基础地板面留设短钢管作为模板支撑支承点及结合中楼板的整体内排架的支撑。施工流程、模板及支撑见图 1.7-19、图 1.7-20。

(1)对于地下车站剪力墙模板固定，除使用整体满堂红钢管排架作支撑外，在剪力墙内垂直向@900、水平向@1 200 设置 ϕ12mm 对拉螺栓进行固定。

(2)必须对支护结构的接缝及墙面渗漏按设计要求处理。无设计要求时可按下列办法处理：

①仅有少量渗漏水时，可用防水砂浆抹面。

②有明显漏水点时，应用注浆堵漏进行封堵。

③特别严重渗漏水现象时，应由专业防水队伍处理后，才能进行内衬混凝土施工。

④挡头模板应根据施工缝、变形缝所采用的止水材料进行设置，并注意稳固、可靠、不变形、不漏浆。

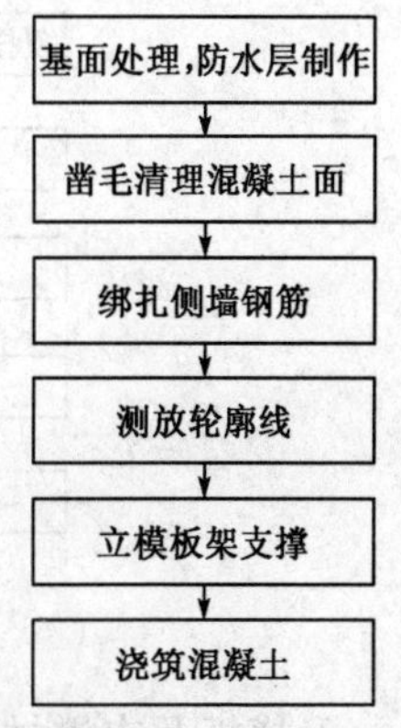

图 1.7-19 侧墙施工流程图

(3)立内模之前,应对防水层、钢筋及预埋件工程进行检查,合格后办理隐蔽工程验收,进行下道工序施工。

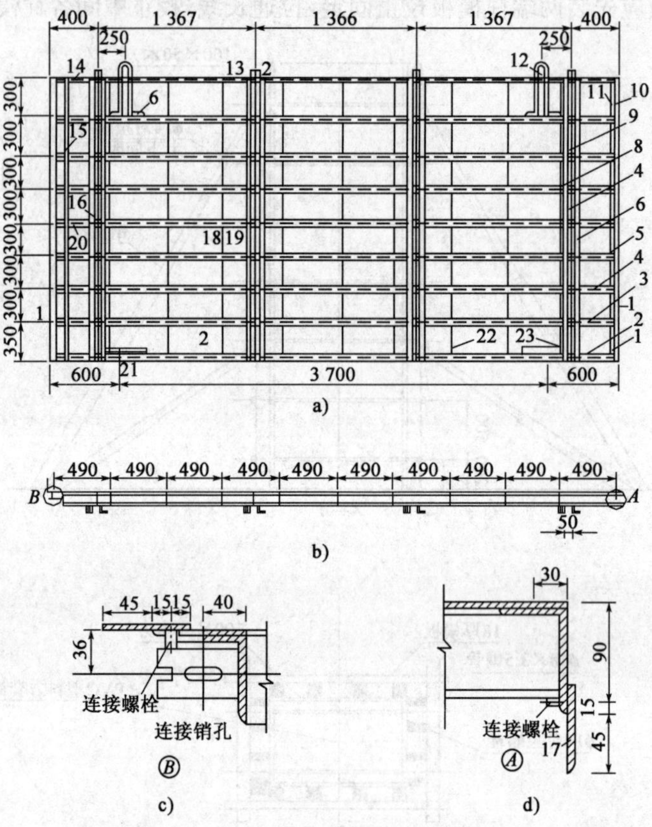

图 1.7-20　侧墙模板板面系统图(尺寸单位:mm)

3)梁、板

(1)梁、板施工流程

车站梁、板施工流程见图 1.7-21。

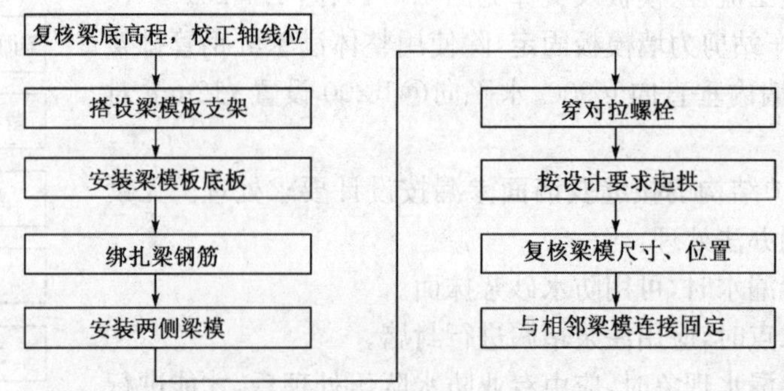

图 1.7-21　梁模板安装流程图

(2)模板及支撑材料

中层板上、下两面预埋件的设置、预留孔洞的位置,必须经监理检查验收无误后,方可浇筑中层板混凝土。

为保证下部建筑限界、沉降后净空仍能满足要求，楼板底高程应考虑支架、搭板沉降及施工误差。拆模时间应在顶板达到拆模强度后进行，不得过早拆模而发生下垂、开裂等现象；浇筑混凝土必须做好高程控制桩，并严格按有关技术规范的要求进行。

(3)立模方法

中层梁、板、楼梯的模板支架采用满堂红支架，待侧墙模板拆下吊出后，在原支撑顶端加顶托即可，如图1.7-22、图1.7-23所示。板垂直支撑选用 ϕ48mm×3.5mm 扣件式钢管脚手架，立杆是1m×1m梁垂直支撑，立杆纵横向间距通过计算确定。搭设时一般设3道水平拉杆和剪力撑，并留出检查通道。

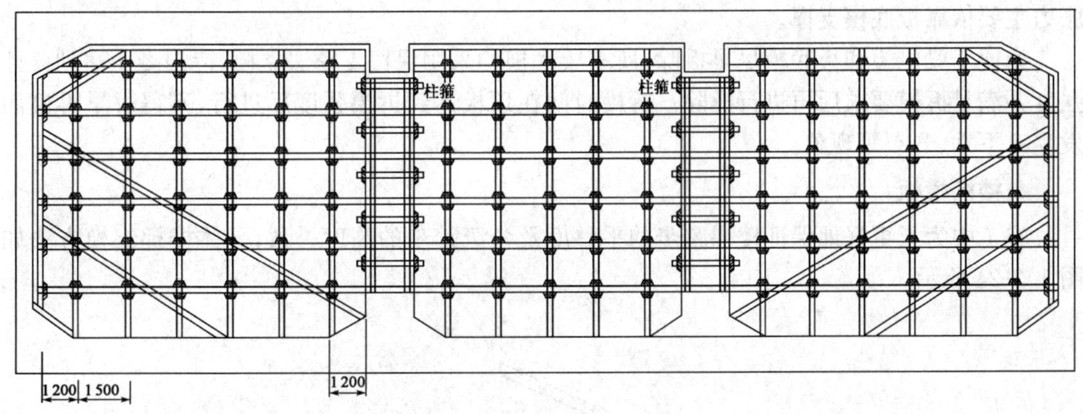

图1.7-22　顶板及中柱模板支设示意图(尺寸单位:mm)

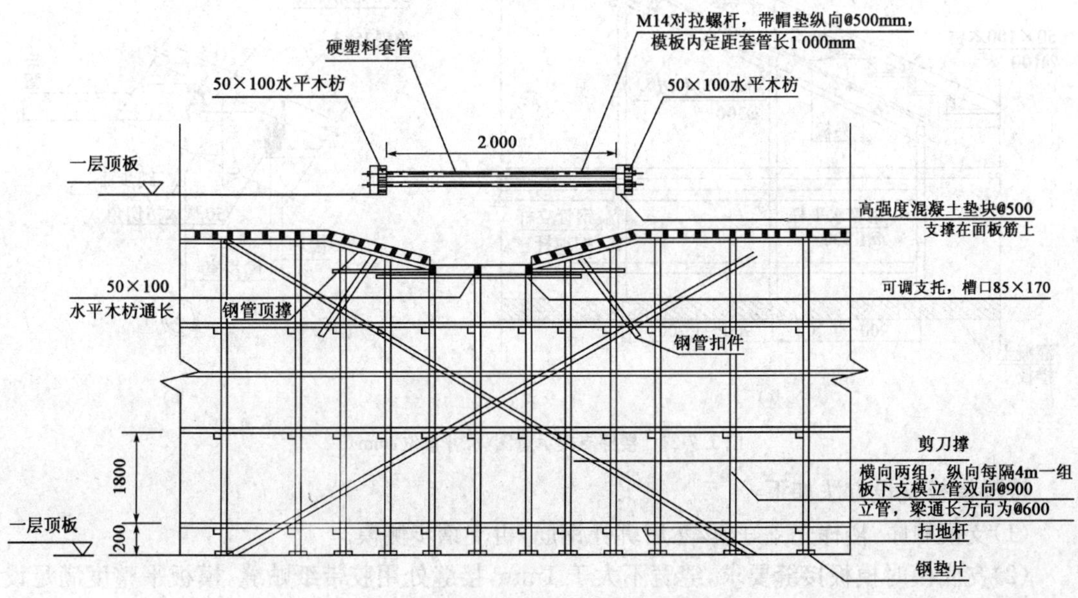

图1.7-23　车站二层顶板梁板支模示意图(尺寸单位:mm)

经过计算，此类梁立杆选用 ϕ48mm×3.5mm 钢管(无接头)，纵向间距为300mm，横向间距为600mm。梁下横杆设两道，扫地杆间距为1 800mm，扫地杆距地面为300mm，设对称剪刀撑，间距为 4m。

(4)施工方法及要求

在柱子上弹出轴线、梁位置线和水平线，钉柱头模板找平。按设计高程调整支柱的高程，然后安装底模板，并拉线找平。中层梁、板的模支架采用满堂红支架，满足强度和变形要求。为保证下部建筑限界、沉降后净空仍能满足要求，顶板底高程应考虑支架、搭板沉降及施工误差。板上、下两面预埋件的位置及预留孔洞的位置必须监理检查验收无误后，方可浇筑中层板混凝土。施工中应根据墨线安装模板、压脚板、斜撑等。

梁模板用螺栓加固，次梁模板用夹具在梁底处夹紧，夹具用木枋螺栓制作，间距为 1 000mm，夹管用新脚手架管；使用旧钢管时，应认真挑选，不得使用弯曲的钢管，梁模板上口胀力主要依靠板底模支撑。

为便于梁侧模和板底模尽早拆除，所有梁底模均采用保留支撑法立模，待混凝土达到设计强度并满足拆模要求后再进行拆除。拆模时间在顶板达到拆模强度后进行，不得过早拆模而发生有下垂、开裂等现象。

4)楼梯模板

施工中为了更好地保证楼梯踏步的平整度及各级踏步的高度一致，具体楼梯支模方法如图 1.7-24 所示。

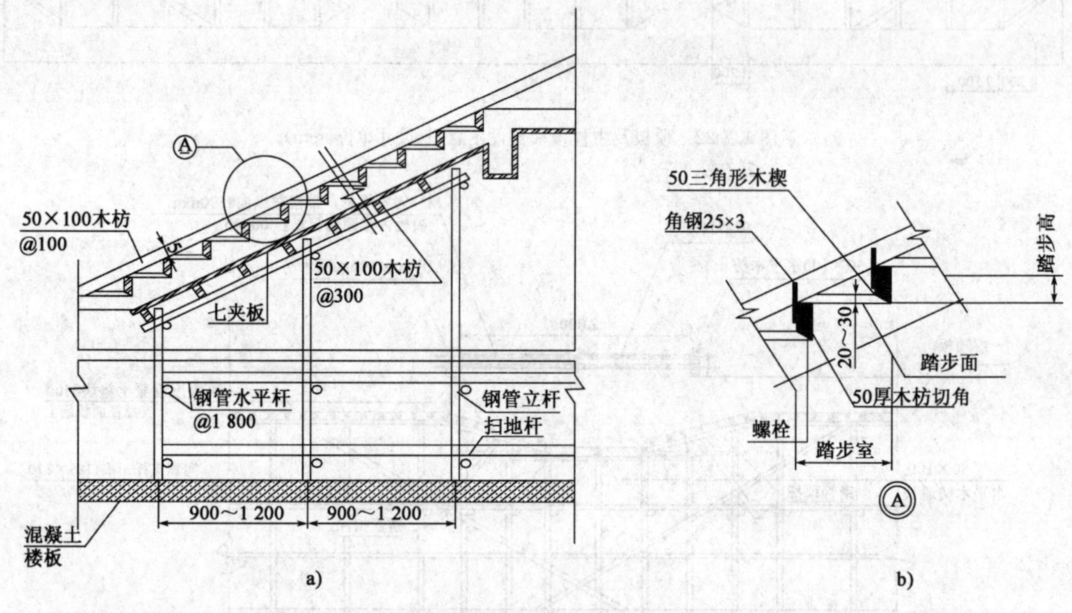

图 1.7-24　楼梯支模示意图(尺寸单位：mm)

楼梯模板支设方法如下：

(1)支模顺序：楼梯先支好模，然后绑扎钢筋，再支踏步侧模。

(2)支底模时模板接缝要求，缝宽不大于 1mm，接缝处用胶带纸贴缝，模板平整度满足设计和规范要求。

(3)底模下设置 50mm×100mm 木枋(间距为 300mm)，木枋下按楼梯的斜度设置钢管，且楼梯竖向支撑间距不大于 1 200mm。

(4)踏步侧模采用50mm厚木枋,木枋高度与楼梯踏步高度相同。木枋下部切角,以保证混凝土抹面时能抹到边角。

(5)踏步侧模通过角钢与楼梯上部设置的50mm×100mm木枋固定(木枋下部均按楼梯级数及踏步形状设置50mm厚三角形木楔,与木枋连接在一起,以保证各级踏步的宽度一致)。浇筑混凝土时,楼梯侧模的侧向压力由楼梯上部设置的木枋承受,木枋按间距不超过1m设置。

(6)楼梯上部木枋固定在已浇筑完的混凝土楼面上,用木块顶在端部,上部各处用斜木枋固定已浇筑好的混凝土墙体上,再在两根斜支撑木枋下部用一根木枋拉起来,以增加其稳定性;将楼梯上部木枋的上下部分各用一条木枋连接起来,形成一个整体。

5)立、拆模的其他施工技术要求

(1)模板的拆除

①板的拆除:先拆除柱斜支撑,再卸掉柱围檩、对拉螺栓,然后用撬棍轻轻撬动模板,使模板与混凝土脱离。

②墙模板的拆除:先拆除附件,再拆除斜撑,用撬棍轻轻撬动模板,使模板离开墙体即可把模板吊走。

③台板、梁模板的拆除:先拆梁侧模,再拆除平台板,平台板模板先拆水平杆,然后拆模板支撑。每个格栅留1~2根支撑暂时不拆;用钩子将模板拆下起吊走,等该段的模板全部脱模后集中运出、集中堆放。

(2)模板工程质量措施

①为了保证结构尺寸、位置的正确性,支模前要放好模板线及检查线;梁板模板安装完后,要检查梁柱位置、尺寸。

②木枋及对拉螺栓的设置要严格按施工方案进行,不允许随意改变间距,且注意木枋要立放;对拉螺栓用的钢筋要经过检验,合格后才能使用,以免出现胀模现象。

③为了保证木枋规格一致,所有背枋都要经过木工压刨加工裁制成统一尺寸,以防止模板翘曲不平。

④浇筑混凝土前,用高压风管清理模板内木屑等杂物。用水管冲洗湿润模板,要保证模板内洁净、用水浇透。

⑤为防止模板漏浆,模板接缝宽度不大于1mm时,板缝用包装胶带纸贴缝。在混凝土浇筑过程中,要经常检查,如发现变形、松动等情况,及时修补加固。

(3)安全技术措施

①支模过程中应遵守安全操作规格;如遇中途停歇,应将就位的支顶,模板连接稳固,不得空架浮搁。拆模间歇时应将松开的部件和模板运走,防止坠下伤人。

②拆模时应搭设脚手架。

③应设有防止模板向外倒跌的措施。

④在4m以上高空拆除模板时,不得让模板、材料自由下落,更不得大面积同时撬落,操作时必须注意警戒。

⑤在施工浇筑模板的下一层模板的支顶不准拆除。

⑥安装外围柱、梁模板时,应先搭设脚手架或安全网。

6)预埋件和预留孔洞施工

预埋件和预留孔洞设置方法有如下几种：

(1)竖向构件的预埋件设置

①焊接固定。焊接时先将预埋件外露面紧贴钢模板,锚脚与钢筋骨架焊接。当钢筋骨架刚度较小时,可将锚脚加长,顶紧对面的钢模,焊接不得咬伤钢筋。

②绑扎固定。用铁丝将预埋件锚脚与钢筋骨架绑扎在一起。为了防止预埋件位移,锚脚应尽量长一些。

(2)水平构件预埋件的设置

①梁顶面预埋件。可采用圆钉加木条固定。

②板顶面预埋件。将预埋件锚脚做成八字形,与板钢筋焊接。用改变锚脚的角度,调整预埋件的高程。

(3)预留孔的设置

①梁、墙侧面,预留孔采用钢筋焊成的井字架卡住孔模,井字架与钢筋焊牢。

②板底面,预留孔可采用在底模上钻孔,用铁丝固定在定位木块上,孔模与定位木块之间用木楔塞紧。当板面上留设较大孔洞时,留孔处留出模板空位,用斜撑将孔模支在孔边上。

第 2 章　地铁施工超前地质预报与围岩分级

2.1　地铁施工超前地质预报的基本内容

在地铁施工中，一个常见问题是"如何爱护围岩，如何保护围岩"，确保施工安全。要达到这个目的，在施工之前，必须充分认识和了解围岩，进行地质超前预报。

2.1.1　地铁施工超前地质预报的目的

(1)进一步查清地铁开挖工作面前方的工程地质与水文地质条件，指导工程施工的顺利进行。

(2)降低地质灾害发生的几率和危害程度。

(3)为优化工程设计提供地质依据。

(4)为编制竣工文件提供地质资料。

2.1.2　超前地质预报的主要内容

(1)地层岩性预测预报，特别是对软弱夹层、破碎地层、煤层及特殊岩土的预测预报。

(2)地质构造预测预报，特别是对断层、节理密集带、褶皱轴等影响岩体完整性的构造发育情况的预测预报。

(3)不良地质预测预报，特别是对岩溶、人为坑洞、瓦斯等发育情况的预测预报。

(4)地下水预测预报，特别是对岩溶管道水及富水断层、富水褶皱轴、富水地层中的裂隙水等发育情况的预测预报。

2.1.3　超前地质预报的原则

地铁超前地质预报应进行地质复杂程度分级，确定重点预报地段，并遵循动态设计原则，根据预报实施工作中掌握的地质情况，及时调整地铁区段的地质复杂程度分级、预报方法和技术要求等。

2.1.4　地铁施工超前地质预报工作程序

地铁施工超前地质预报工作程序如图 2.1-1 所示。

2.1.5　超前地质预报方法

地铁超前地质预报，可采用地质调查与勘探相结合、物探与钻探相结合、长距离与短距离相结合、地面与地下相结合、超前导坑与主洞探测相结合的方法，并对各种方法预报结果综合分析，相互验证，以提高预报的准确性。

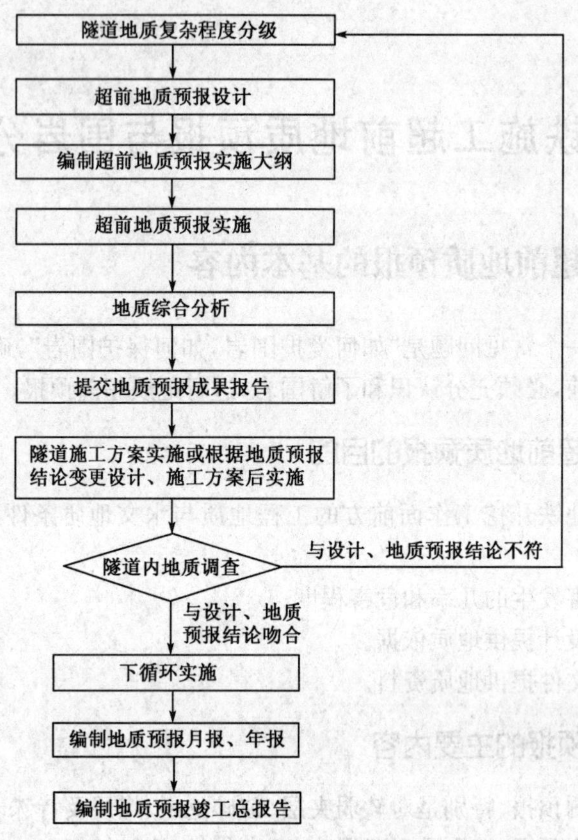

图 2.1-1　地铁施工超前地质预报工作程序

2.1.6　超前地质预报要求

地铁若设有平行导坑、正洞超前导坑或为线间距较小的两座地铁，应充分利用平行超前导坑、正洞超前导坑以及先行施工的地铁开展地铁超前地质预报工作。改建及增建二线地铁应在充分利用既有地铁工程地质资料及施工地质资料的基础上，结合改建及增建二线地铁与既有地铁的空间关系，比照新建地铁的要求做好超前地质预报工作。超前地质预报的结果应体现及时性，超前地质预报实施单位应及时将预报成果报送有关各方。超前地质预报是勘察设计阶段工程地质工作的延续，应进行实际地质状况与设计的对比分析，总结经验教训，不断提高地铁工程地质勘察质量。

2.1.7　职责与分工

地铁工程参建各方在超前地质预报工作中职责与分工的划分应符合下列规定：

(1)建设单位应负责地铁超前地质预报实施大纲的审批，并对地质预报工作的实施情况进行监督和检查。

(2)勘察设计单位应研究提出地铁地质复杂程度分级，进行超前地质预报方案设计，编制工程概预算；施工中应分析和研究超前地质预报成果，发现地质情况与设计不符的，要按程序及时进行变更设计。

(3)施工单位在开工前应编制超前地质预报实施大纲,并纳入实施性施工组织设计,按程序审查和批准后负责组织实施;应及时将超前地质预报成果报监理、勘察设计、建设单位,并对超前地质预报成果及数据的真实性负责。

(4)监理单位应对地铁超前地质预报实施过程进行监理,负责监督检查施工单位现场专业技术人员(地质、物探)数量及能力、设备类型及数量、超前地质预报的实施和数据采集以及相关协调工作等。

2.1.8 对施工单位的要求

承担复杂地质条件的地铁施工单位,应具有实施超前地质预报的工作能力或委托有经验的超前地质预报专业化队伍实施,并纳入现场施工组织管理;超前地质预报实施单位,应根据预报方案和合同规定配备足够的专业人员和仪器设备,仪器设备的性能、精度及效率应能满足预报和工期的要求。

2.2 超前地质预报设计

2.2.1 超前地质预报内容

地铁工程在各设计阶段均应进行超前地质预报设计,预报方法的选择应与施工方法相适应。超前地质预报可采用地质调查法、超前钻探法、物探法和超前导坑预报法,各预报方法应包括下列内容。

(1)地质调查法:包括地铁地表补充地质调查、洞内开挖工作面地质素描和洞身地质素描、地层分界线及构造线地下和地表相关性分析、地质作图等。

(2)超前钻探法:包括超前地质钻探、加深炮孔探测及孔内摄影等。

(3)物探法:包括弹性波反射法(地震波反射法、水平声波剖面法、负视速度法和陆地声纳法等)、电磁波反射法(地质雷达探测)、红外探测及高分辨直流电法等。

(4)超前导坑预报法:包括平行超前导坑法、正洞超前导坑法等。

2.2.2 超前地质预报分类

超前地质预报可采用长距离预报、中长距离预报和短距离预报,预报长度的划分和预报方法的选择如下。

(1)长距离预报:预报长度为100m以上。可采用地质调查法、地震波反射法及100m以上的超前钻探等。

(2)中长距离预报:预报长度为30~100m。可采用地质调查法、弹性波反射法及30~100m的超前钻探等。

(3)短距离预报:预报长度为30m以内。可采用地质调查法、弹性波反射法、电磁波反射法(地质雷达探测)、红外探测及小于30m的超前钻探等。

2.2.3 地铁超前地质预报设计

地铁超前地质预报设计前，应根据地铁的工程地质与水文地质条件、地质因素对地铁施工影响程度及诱发环境问题的程度等，对地铁分段进行地质复杂程度分级。地铁地质复杂程度分为复杂、较复杂、中等复杂和简单四级。

地铁地质复杂程度分级是动态变化的过程，可根据开挖过程中的超前地质预报成果和实际地质条件进行调整。地铁超前地质预报应根据不同的地质复杂程度分级，针对不同类型的地质问题，选择不同的方法和手段进行，并贯穿于地铁施工的全过程。对含天然气、瓦斯、放射性物质等特殊地层的地铁及深埋地铁内的地温、地应力等地质问题，应按国家现行有关标准进行监测测试。

超前地质预报设计应编制超前地质预报设计文件，主要应包括下列内容：

(1)地铁工程地质及水文地质条件，着重说明不良地质与特殊岩土、可能存在的主要工程地质问题及地质风险。

(2)地质复杂程度分级。

(3)超前地质预报的目的。

(4)超前地质预报的设计原则、预报方案、(分段)预报内容、方法选择及不同方法的组合关系、技术要求(同一种预报方法或不同预报方法间的重叠长度、超前钻孔的角度及长度等)；需要时应编制气象、重要泉点和洞内主要出水点(流量大于 1L/s 的出水点)、暗河流量等观测计划和观测技术要求等。

(5)超前地质预报实施工艺要求(必要时提出)。

(6)超前地质预报工作安全措施。

(7)超前地质预报工作占用工作面的时间。

(8)超前地质预报概预算。

(9)其他需要说明的问题。

2.3 超前地质预报实施

2.3.1 一般规定

(1)实施超前地质预报，应全面了解区间隧道地质情况，分析和掌握存在的主要工程地质问题、主要地质灾害隐患及其分布范围等，核实地质复杂程度分级、超前地质预报方案的内容。

(2)针对地铁工程的超前地质预报，应编制实施大纲，其内容应包括：

①编制依据。

②工程概况。

③地质概况，与地质预报相关的地形地貌、气象特征、地层岩性、地质构造、水文地质情况简述，着重说明不良地质与特殊岩土、可能存在的主要工程地质问题及地质风险。

④地质复杂程度分级。

⑤实施超前地质预报的目的。

⑥超前地质预报方案、分段预报内容及具体预报方法、技术要求、预报工作量；必要时应编制气象、重要泉点和洞内主要出水点(流量大于1L/s的出水点)、暗河流量等观测计划和观测技术要求。

⑦超前地质预报工艺流程及操作要点。

⑧超前地质预报组织机构设置及投入的人力、设备资源。

⑨质量要求。

⑩安全措施。

⑪成果资料编制的内容与要求。

⑫工作制度，包括与监理、勘察设计、建设单位的联系制度，地质预报成果报告提交的时限，信息传递方式等。

⑬地质预报成果的验证及技术总结的要求。

⑭其他需要说明的问题。

(3)采用综合超前地质预报方法时，应将各预报手段所获得的资料进行综合分析与判断，并编制地质综合分析成果报告，内容应包括：工作概况、采用的各种预报手段及预报结果、相互印证情况、综合分析预报结论、施工措施建议及下一步预报工作计划等。

(4)施工过程中应将实际开挖的地质情况与预报结果进行对比分析，及时总结经验教训，指导和改进地质预报工作；超前地质预报方案应根据实际地质情况及时进行调整，并按有关程序经批准后执行。

(5)超前地质预报工作应编制各预报方法预测报告、地质综合分析报告、月报、年报、超前地质预报竣工总报告。

(6)地铁超前地质预报竣工总报告应包括下列内容：

①工程概况。

②地质概况，包括原有地质资料的概略情况及其结论，施工开挖过程中揭示的不良地质、特殊岩土及存在的主要工程地质问题。

③设计预报方案和根据实际地质情况调整后的预报实施方案。

④统计各预报方法实际工作量，并与超前地质预报设计工作量进行对比，分析增减的原因。

⑤预报与施工验证对比情况，包括预报准确率统计结果，对预报绩效进行评价。

⑥设计与施工地质资料对比情况，并对勘察资料进行评价。

⑦施工过程中遇到的重大工程地质问题及其处理的经过、措施、效果，运营中应注意的事项。

⑧超前地质预报工作的经验与教训，采用新技术、新设备、新方法的情况及推广应用的建议。

⑨其他需要说明的问题。

⑩附图和附件：

a. 各种预报方法的预报报告及图件，其内容按有关章节要求编制。

b. 地铁及平行导坑洞身竣工工程地质纵断面图，内容包括设计与施工地质条件对比、分段围岩级别的对比、不良地质与特殊岩土发育部位与规模的对比及地质纵断面图常规项目(如地层岩性、褶曲、断裂的分布与产状，破碎带及坍塌和变形地段的位置、性质及规模，地下水出露的位置、水质、水量等)，地质纵断面图的横向比例为1∶500～1∶5 000，竖向比例为1∶200～1∶5 000。

2.3.2 断层预报

(1)断层预报应探明断层的性质、产状、富水情况、在地铁中的分布位置、断层破碎带的规模、物质组成等，并分析其对地铁的危害程度。

(2)断层预报应以地质调查法为基础，以弹性波反射法探测为主，必要时可采用红外探测、高分辨直流电法探测断层带地下水的发育情况，并采用超前钻探法验证。

(3)当地铁施工接近规模较大的断层时，多具有明显的前兆，可通过地表补充地质调查、洞内地质调查、地表与地下构造相关性分析、断层趋势分析等手段预报断层的分布位置。

(4)断层破碎带与周围介质多存在明显的物性差异，可采用弹性波反射法探测破碎带的位置及分布范围。

(5)断层为面状结构面，可采用超前钻探法较准确预报其位置、宽度、物质组成及地下水发育情况等。

(6)断层预报可按下列步骤进行：

①根据区域地质资料、工程地质平面图与纵断面图以及必要的地表补充地质调查，进一步核实断层的性质、产状、位置与规模等。

②采用弹性波反射法确定断层在地铁内的大致位置和宽度。

③必要时可采用红外探测、高分辨直流电法探测断层带地下水的发育情况。

④必要时可采用超前钻探预报断层的确切位置和规模、破碎带的物质组成及地下水的发育情况等。

⑤采用地铁内地质素描、断层趋势分析等手段预报断层的分布位置。

⑥地质综合判析，提交地质综合分析成果报告。

2.3.3 岩溶预报

岩溶是指可溶性岩石受水体以化学溶蚀为主、机械侵蚀和崩塌为辅的地质营力综合作用，以及由此所产生的地质现象的统称。

岩溶预报应探明岩溶在地铁内的分布位置、规模、充填情况及岩溶水的发育情况，分析其对地铁的危害程度。岩溶预报应以地质调查法为基础，以超前钻探法为主，结合多种物探手段进行综合超前地质预报，并应采用宏观预报指导微观预报、长距离预报指导中短距离预报的方法。

岩溶预报可按下列步骤进行。

1)研究区间隧道岩溶发育规律

充分收集、分析、利用已有区域地质和工程地质资料，辅以工程地质补充调绘，查明区间隧道工程地质与水文地质条件，分析岩溶发育的规律，宏观掌握区域地质条件，指导超前地质预报工作。应着重查明和分析以下内容。

(1)地层岩性：可溶性岩层与非可溶性岩层的分布与接触关系，可溶性岩层的成分、结构和溶解性,特别是强溶岩(质纯层厚的灰岩、盐岩)的地层层位和分布范围,以及其与地铁线路中线的相互关系。

(2)地质构造:区间隧道的构造类型,褶皱轴的位置、两翼岩层产状;断裂带的位置、规模、性质、产状,特别是两条或两条以上断层交汇的位置(侵蚀性地下水的有利通道);主要节理裂隙的性质、宽度、间距、延伸方向、贯通性及充填情况等;新构造运动的性质、特点等。分析上述构造与岩溶发育的关系及不同构造部位岩溶发育特征和发育程度的差异性,划分岩溶发育带;分析上述构造与地铁线路中线的相互关系。

(3)岩溶地下水:地下水的埋藏、补给、径流和排泄情况、水位动态及水力连通情况,分析地铁受岩溶地下水影响的程度。

(4)地铁处于岩溶垂直分带的部位:根据地铁线路高程、穿越山区地形、地表岩溶发育情况、区域和区间隧道侵蚀基准面等,判断地铁处于岩溶垂直分带的部位。

(5)岩溶发育的层数:根据岩性、新构造运动和水文地质条件,结合地表测绘,查明岩溶发育的层数及与地铁的关系。

(6)依据岩溶发育的垂直分带性、地铁高程和地下水季节的变化,判断那些可能与地铁相遇的溶洞、暗河的含水量,或分析那些不与地铁相遇的有水溶洞或暗河对地铁施工的影响程度。

(7)岩溶形态:岩溶形态的类型、位置、大小、分布规律、形成原因及与地表水、地下水的联系,以及地表岩溶形态和地下岩溶形态的联系。

(8)结合有利于岩溶发育的岩层层位和构造位置,在大小封闭的洼地内、当地河流岸边或其他部位,查明大型溶洞或暗河的入口、出口的位置及高程,并结合可能成为暗河通道的较大断层或较紧闭背斜褶皱的核部位置、产状,推断暗河大致通道,确定能否与地铁相遇或与地铁的大概空间位置关系。

(9)根据褶皱轴、断层、节理密集带、可溶岩与非可溶岩接触带、陡倾角可溶性岩、质纯层厚可溶性岩层的位置与产状,用地表与地下相关性分析法,分析地铁内可能出现大型溶洞、暗河的位置。

2)核查、领会设计中地质复杂程度分级和超前地质预报方案设计

根据对区域地质和工程地质资料的调查和分析,核查、领会设计文件中地质复杂程度分级和超前地质预报方案。

3)地铁内地质素描

根据地铁内地质素描结果,验证、调整地质复杂程度分级和超前地质预报方案。

4)物探探测

根据地质条件,可采用弹性波反射法进行长、中长距离探测,以探明断层等结构面和规模较大、可足以被探测的岩溶形态;采用高分辨直流电法、红外探测进行中长、短距离探测,可定性探测岩溶水;采用地质雷达进行短距离探测,以查明岩溶位置、规模和形态。

5)超前地质钻探

根据地质复杂程度分级、地铁内地质素描、物探异常带进行超前地质钻探预报和验证,对富水岩溶发育地段,超前地质钻探必须连续重叠式进行。超前钻探揭示岩溶后,应适当加密,必要时采用地质雷达及其他物探手段进行短距离的精细探测，配合钻探查清岩溶规模及发育特征。

6)加深炮孔探测

岩溶发育区必须进行加深炮孔探测，其具体要求应符合有关规定。

7)地质综合判析，提交地质综合分析成果报告

各种预报手段的组合不是一成不变的，应根据地质条件和各种预报手段的优缺点灵活运用，以达到预报目的和解决实际问题为宗旨。

岩溶地区应开展岩溶重点发育地段地铁周边隐伏岩溶探测工作并应符合以下要求：

(1)采用综合物探查明区间隧道隐伏岩溶洞穴的位置、规模。

(2)根据物探资料布置验证钻孔。

(3)根据钻探验证结果修订物探异常成果图，作出预测隐伏岩溶图。

(4)隐伏岩溶图，比例为 1∶100～1∶500，应标明隐伏岩溶的位置、规模、埋藏深度、类型和验证钻孔。

2.3.4 煤层瓦斯及涌水突泥预报

(1)煤层瓦斯预报应探明煤层分布位置、煤层厚度，测定瓦斯含量、瓦斯压力、涌出量、瓦斯放散初速度、煤的坚固性系数等，判定煤的破坏类型，分析判断煤的自燃及煤尘爆炸性、煤与瓦斯突出危险性，评价地铁瓦斯严重程度及对工程的影响，提出技术措施建议等。

(2)煤层瓦斯预报应以地质调查法为基础，以超前钻探法为主，结合多种物探手段进行综合超前地质预报。

(3)煤层瓦斯预报可按下列步骤进行。

①根据区域地质资料、工程地质勘察报告、工程地质平面图与纵断面图、煤层地表钻探资料和必要的地表补充调查，通过地质作图进一步核实煤层的位置与厚度等。

②采用物探法确定煤层在地铁内的大致位置和厚度。

③采用洞内地质素描，利用地层层序、地层厚度、标志层和岩层产状等，通过作图分析确定煤层的里程位置。

④接近煤层前，必须对煤层位置进行超前钻探，标定各煤层准确位置，掌握其储存情况及瓦斯状况，并应符合下列规定：

a. 应在距煤层 15～20m(垂距)处的开挖工作面钻 1 个超前钻孔，初探煤层位置。

b. 在距初探煤层 10m(垂距)处的开挖工作面上钻 3 个超前钻孔，分别探测开挖工作面前方上部及左右部位煤层位置，并采取煤样和气样进行物理、化学分析和煤层瓦斯参数测定，在现场进行瓦斯及天然气含量、涌出量、压力等测试工作。

c. 按各孔见煤、出煤点计算煤层厚度、倾角、走向及与地铁的关系，并分析煤层顶、底板岩性。

d. 掌握并收集钻孔过程中的瓦斯动力现象。

(4)揭煤前应进行瓦斯突出危险性预测，并应符合下列规定：

①在瓦斯突出工区施工时，应在距煤层垂距 5m 处的开挖工作面打瓦斯测压孔，或在距煤

层垂距不小于 3m 处的开挖工作面进行突出危险性预测。

②瓦斯突出危险性预测应从瓦斯压力法、综合指标法、钻屑指标法、钻孔瓦斯涌出初速度法、“R”指标法等五种方法中选用两种方法，并相互验证。石门揭煤可采用瓦斯压力法、综合指标法或钻屑指标法，煤巷掘进宜采用钻孔瓦斯涌出初速度法、钻屑指标法或“R”指标法。

③突出危险性预测方法中有任何一项指标超过临界指标，该开挖工作面即为有突出危险工作面。预测时的临界指标应根据实测数据确定，当无实测数据时，可参照表 2.3-1 中所列突出危险性临界值。

突出危险性预测指标临界值　　表 2.3-1

序号	预 测 类 型	预 测 方 法	预 测 指 标	突出危险性临界值
1	石门揭煤突出危险性预测	瓦斯压力法	P(MPa)	0.74
		综合指标法	D	0.25
			K	20(无烟煤)、15(其他煤)
		钻屑指标法	Δh_2(Pa)	160(湿煤)、200(干煤)
			K_1[mL/(g·min$^{1/2}$)]	0.4(湿煤)、0.5(干煤)
2	煤巷开挖工作面突出危险性预测	钻孔瓦斯涌出初速度法	Q	4
		“R”指标法	R_m	6
		钻屑指标法	Δh_2(Pa)	160(湿煤)、200(干煤)
			K_1[mL/(g·min$^{1/2}$)]	0.4(湿煤)、0.5(干煤)
			最大钻屑量(kg/m)	6

④钻孔过程中出现顶钻、夹钻、喷孔等动力现象时，应视该开挖工作面为突出危险工作面。

(5)综合分析，提交地质综合分析成果报告。

(6)地铁涌水、突泥预报应探明可能发生涌水、突泥地段的位置、规模、物质组成、水量、水压等，分析评价其对地铁的危害程度。涌水、突泥预报应以地质调查法为基础，以超前钻探法为主，结合多种物探手段进行综合超前地质预报。在可能发生涌水、突泥的地段必须进行超前钻探，且超前钻探必须设有防突装置；地铁通过煤系地层、金属和非金属等矿区中的采空区时，应查明在采及废弃矿巷与地铁的空间关系，分析评价其对地铁的危害程度。斜井工区、地铁反坡施工地段处于富水区时，超前钻探作业前应做好钻孔突涌水处治的方案，确保人员与设备的安全，避免淹井事故的发生。

2.4　地质调查法

(1)地质调查法是根据地铁已有勘察资料、地表补充地质调查资料和地铁内地质素描，通过地层层序对比、地层分界线及构造线地下和地表相关性分析、断层要素与地铁几何参数的相关性分析、临近地铁内不良地质体的前兆分析等，利用常规地质理论、地质作图和趋势分析等，推测开挖工作面前方可能揭示地质情况的一种超前地质预报方法。

(2)地质调查法适用于各种地质条件下地铁的超前地质预报。

(3)地质调查法包括地铁地表补充地质调查和地铁内地质素描等。

2.4.1 地铁地表补充地质调查

地铁地表补充地质调查应包括下列主要内容:

(1)对已有地质勘察成果的熟悉、核查和确认。

(2)地层、岩性在地铁地表的出露及接触关系,特别是对标芯层的熟悉和确认。

(3)断层、褶皱、节理密集带等地质构造在地铁地表的出露位置、规模、性质及其产状变化情况。

(4)地表岩溶发育位置、规模及分布规律。

(5)煤层、石膏、膨胀岩、含石油(天然气)、含放射性物质等特殊地层在地表的出露位置、宽度及其产状变化情况。

(6)人为坑洞位置、走向、高程等,分析其与地铁的空间关系。

(7)根据地铁地表补充地质调查结果,结合设计文件、资料和图纸,核实和修正超前地质预报重点区段。

2.4.2 地铁内地质素描

地铁内地质素描是将地铁所揭露的地层岩性、地质构造、结构面产状、地下水出露点位置及出水状态、出水量、煤层、溶洞等准确记录下来并绘制成图表,是地质调查法工作的一部分,包括开挖工作面地质素描和洞身地质素描。地铁内地质素描应包括下列主要内容。

1)工程地质

(1)地层岩性:描述地层时代、岩性、层间结合程度、风化程度等。

(2)地质构造:描述褶皱、断层、节理裂隙特征、岩层产状等。断层的位置、产状、性质、破碎带的宽度、物质成分、含水情况以及与地铁的关系。节理裂隙的组数、产状、间距、充填物、延伸长度、张开度及节理面特征、力学性质,分析组合特征、判断岩体完整程度。

(3)岩溶:描述岩溶规模、形态、位置、所属地层和构造部位,充填物成分、状态,以及岩溶展布的空间关系。

(4)特殊地层:煤层、沥青层、含膏盐层、膨胀岩和含黄铁矿层等应单独描述。

(5)人为坑洞:影响范围内的各种坑道和洞穴的分布位置及其与地铁的空间关系。

(6)地应力:包括高地应力显示性标志及其发生部位,如岩爆、软弱夹层挤出、探孔饼状岩芯等现象。

(7)塌方:应记录塌方部位、方式与规模及其随时间的变化特征,并分析产生塌方的地质原因及其对继续掘进的影响。

(8)有害气体及放射性危害源存在情况。

2)水文地质

(1)地下水的分布、出露形态及围岩的透水性、水量、水压、水温、颜色、泥沙含量测定,以及地下水活动对围岩稳定的影响,必要时进行长期观测。地下水的出露形态分为:渗水、滴水、滴水成线、股水(涌水)、暗河。

(2)水质分析,判定地下水对结构材料的腐蚀性。

(3)出水点和地层岩性、地质构造、岩溶、暗河等的关系分析。

(4)必要时进行地表相关气象、水文观测,判断洞内涌水地表径流、降雨的关系。

(5)必要时应建立涌突水点地质档案。

3)围岩稳定性特征及支护情况

记录不同工程地质、水文地质条件下地铁围岩稳定性、支护方式以及初期支护后的变形情况。发生围岩失稳或变形较大的地段,详细分析、描述围岩失稳或变形发生的原因、过程、结果等。

4)地铁施工围岩分级情况

5)影像

地铁内重要的和具代表性的地质现象应进行摄影或录像。

2.4.3 地铁开挖工作面地质素描和洞身地质素描技术要求

(1)开挖工作面地质素描,主要描述工作面立面围岩状况,应使用统一格式,并统一编号。

(2)洞身地质素描是对地铁拱顶、左右边墙进行的地质素描,直观反映地铁周边地层岩性及不良地质体的发育规模、在空间上对地铁的影响程度等,通过地铁地质展视图形式表示。

(3)地质素描应随地铁开挖及时进行,对地层岩性变化点、构造发育部位、岩溶发育带附近等复杂、重点地段,应每开挖循环进行一次素描,其他一般地段不应超过10m进行一次素描。

2.4.4 地质调查法工作要求

(1)地铁地表补充地质调查应在实施洞内超前地质预报前进行,并在洞内超前地质预报实施过程中根据需要随时补充,现场应做好记录,并于当天及时整理。

(2)地质素描图应采用现场绘制草图、室内及时誊清的方式完成,必须在现场根据实际情况记录,不得回忆编制或室内制作。地质素描原始记录、图、表应当天整理。

(3)地铁地表补充地质调查和洞内地质素描资料,应及时反映在地铁工程地质平面图和纵断面图上,并应分段完善、总结。

(4)标本应按要求采集,并及时整理。

2.4.5 地质调查法地铁超前地质预报编制资料

(1)地质调查法预报报告。

(2)开挖工作面地质素描图,比例尺根据需要确定。

(3)地铁洞身地质展视图,比例为1∶100~1∶500。

(4)地层分界线及构造线地铁内和地表相关性分析预报图(必要时作),比例尺根据需要确定。

(5)地质复杂地段纵、横断面图,比例为1∶100~1∶500。

(6)地质监测与测试资料。

(7)有关影像资料。

2.5 超前钻探法

2.5.1 超前地质钻探

超前地质钻探是利用钻机在地铁开挖工作面进行钻探获取地质信息的一种超前地质预报方法。超前地质钻探法适用于各种地质条件下的地铁超前地质预报，在富水软弱断层破碎带、富水岩溶发育区、煤层瓦斯发育区、重大物探异常区等地质条件复杂地段必须采用。

超前地质钻探主要采用冲击钻和回转取芯钻，两者应合理搭配使用，以提高预报准确率和钻探速度，减少占用开挖工作面的时间。

(1)一般地段采用冲击钻。冲击钻不能取芯，但可通过冲击器的响声、钻速及其变化、岩粉、卡钻情况、钻杆振动情况、冲洗液的颜色及流量变化等粗略探明岩性、岩石强度、岩体完整程度、溶洞暗河及地下水发育情况等。

(2)复杂地质地段采用回转取芯钻。回转取芯钻岩芯鉴定准确可靠，地层变化里程可准确确定，一般只在特殊地层、特殊目的地段、需要精确判定的情况下使用。比如煤层取芯及试验、溶洞及断层破碎带物质成分的鉴定、岩土强度试验取芯等。

1)超前地质钻探技术要求

(1)孔数

①断层、节理密集带或其他破碎富水地层每循环可只钻 1 孔。

②富水岩溶发育区每循环宜钻 3～5 个孔；揭示岩溶时，应适当增加，以满足安全施工和溶洞处理所需资料为原则。

(2)孔深

①不同地段不同目的的钻孔应采用不同的钻孔深度。

②钻探过程中应进行动态控制和管理，根据钻孔情况可适时调整钻孔深度，以达到预报目的为原则。

③在需连续钻探时，一般每循环可钻 30～50m，必要时也可钻 100m 以上的深孔。

④连续预报时前后两循环钻孔应重叠 5～8m。

(3)孔径

钻孔直径应满足钻探取芯、取样和孔内测试的要求，并应符合铁道部现行《铁路工程地质钻探规程》(TB 10014—1998)的规定。

(4)富水岩溶发育区超前钻探应终孔于地铁开挖轮廓线以外 5～8m。

2)超前地质钻探工作要求

(1)实施超前地质钻探的人员应经技术培训和考核，经考核合格后方可上岗。

(2)钻探前地质技术人员应进行技术、质量交底。

(3)超前钻探过程中应在现场做好钻探记录，包括钻孔位置、开孔时间、终孔时间、孔深、钻进压力、钻进速度随钻孔深度变化情况、冲洗液颜色和流量变化、涌沙、空洞、振动、卡钻位置、突进里程、冲击器声音的变化等。

(4)超前钻探过程中应及时鉴定岩芯、岩粉,判定岩石名称,对于断层带、溶洞填充物、煤层、代表性岩土等应拍摄照片备查,并选择代表性岩芯整理保存,重要工程钻探过程监理应进行旁站。

(5)在富水地段进行超前钻探时必须采取防突措施;测钻孔内水压时,需安装孔口管,接上高压球阀、连接件和压力表,压力表读数稳定一段时间后即可测得水压。

(6)应加强钻进设备的维修与保养,使钻机处于良好状态;强化协调和管理,各方应积极配合,减少和缩短施钻时间。

3)钻孔质量控制措施

(1)采用系统的钻探程序。

①测量布孔:施钻前应按孔位设计图设计的位置用经纬仪准确测量放线,将开孔孔位用红油漆标注在开挖工作面上。

②设备就位:孔位布好后,设备就位,接通各动力电源和供风、供水管路。安装电路要由专业电工操作,确保安全。供风管路要连接紧密,无漏气现象。

③对正孔位,固定钻机:将钻具前端对准开挖工作面上的孔位,调整钻机方位,将钻机固定牢固。

④开孔、安装孔口管:孔口管必须安设牢固。

⑤成孔验收:施钻满足设计要求,经现场技术人员确认签收后方可停钻终孔。

(2)控制钻进方向。

①钻机定位完毕后,对钻机进行机座加固,使钻机在钻进过程中位置不偏移,做到钻孔完毕钻机位置不变。在钻进过程中应定期检查机器的松动情况,及时调整固定。

②对钻具的导向装置尽可能加长,并且选用刚度较强的钻杆,从而提高钻具的刚度,减少钻具的下沉量,达到技术的要求。钻探过程中不得使用弯曲钻具。

③当岩层由软变硬时应采用慢速、轻压钻进一定深度后,改用硬岩层的钻进参数,钻进中应减少换径次数。

④本循环钻孔完毕后,根据测量结果总结出钻具的下沉量,下一循环钻探时通过调整孔深、仰俯角等措施控制下沉量在设计要求的范围内,达到技术要求的精度。

(3)准确鉴定岩性及其分布位置。

4)防止地下水突出安全措施

超前钻探钻进中应防止地下水突出,可采取安设孔口管和控制闸阀等措施,确保工作人员和机械设备的安全,同时应使地下水处于可控状态。

(1)在富水区实施超前地质预报钻孔作业,必须先安设孔口管,并将孔口管固定牢固,装上控制闸阀,进行耐压试验,达到设计承受的水压后,方可继续钻进。特别危险的地区,应有躲避场所,并规定避灾路线。当地下水压力大于一定数值时,应在孔口管上焊接法兰盘,并用锚杆将法兰盘固定在岩壁上。

(2)富水区地铁超前地质钻探时,发现岩壁松软、片帮或钻孔中的水压、水量突然增大,以及有顶钻等异状时,必须停止钻进,立即上报有关部门,并派人监测水情。当发现情况危急时,必须立即撤出所有受水威胁地区的人员,然后采取措施,进行处理。

(3)孔口管锚固可采用环氧树脂、锚固剂,亦可采用快凝高强度微膨胀的浆液锚固,锚固长度宜为 1.5～2.0m,孔口管外端应露出工作面 0.2～0.3m,用以安装高压球阀。

5)编制探测报告

超前钻探法应编制探测报告,内容包括:工作概况、钻孔探测结果、钻孔柱状图,必要时应附以钻孔布置图、代表性岩芯照片等。

2.5.2 加深炮孔探测

(1)加深炮孔探测是利用风钻或凿岩台车等在地铁开挖工作面钻小孔径浅孔获取地质信息的一种方法。

(2)加深炮孔探测适用于各种地质条件下地铁的超前地质探测,尤其适用于岩溶发育区。

(3)加深炮孔探测应符合下列要求:

①孔深应较爆破孔(或循环进尺)深 3m 以上。

②孔径宜与爆破孔相同。

③孔数、孔位应根据开挖断面大小和地质复杂程度确定。

④在富水岩溶发育区每循环必须按设计认真实施,发现异常情况应及时反馈信息,严禁盲目装药放炮。

⑤钻到溶洞和岩溶水时,应视情况采用超前地质钻探和其他探测手段,查明情况,确保施工安全,为变更设计提供依据。

⑥加深炮孔探测严禁在爆破残眼中实施。

⑦揭示异常情况的钻孔资料应作为技术资料保存。

2.6 物探法

2.6.1 一般规定

物探法超前地质预报应具备下列条件:①探测对象与其相邻介质必须存在一定的物性差异,并具有足以被探测的规模;②存在电、磁、振动等外界干扰时,探测对象的异常能够从干扰背景中区分出来。

地质条件复杂的地铁和存在多种干扰因素的地铁,应根据被探测对象的物性条件开展综合物探,并与其他探测方法相配合,对所测得的物探资料进行综合分析。

物探应按搜集资料、踏勘、编制计划、施测、初步解释、最终解释、成果核对、报告编制的程序进行。物探仪器及其附属设备必须满足性能稳定、结构合理、构件牢固可靠、防潮、抗震和绝缘性良好等要求。仪器应定期检查、标定和保养。

1)物探原始资料的规定

(1)原始资料应包括下列内容:

①与地铁有关的工程地质资料和钻探资料。

②物探施测的各种原始记录和检查记录。

③物探仪器校验、标定及一致性检查的记录。

(2)原始记录必须完整、真实、清晰,标示清楚,签署齐全,不得随意涂改或重抄。

2)物探资料解释的规定

(1)在分析各项物性参数的基础上,按从已知到未知、先易后难、点面结合、反复认识、定性指导定量的原则进行。宜采用两种以上的方法进行定量解释,并选用典型断面作正演计算。

(2)结论应明确,符合区间隧道的客观地质规律。各物探方法的解释应相互补充、相互印证。解释结果不一致时,应分析原因,并对推断的前提条件予以说明。

(3)解释结果应说明探测对象的形态、产状、延伸等要素;若已知资料不足,暂时不能得出具体结论的异常,应说明原因。

(4)解释应充分利用各种探测方法的成果;有钻孔验证的地铁,应充分利用钻探资料对解释结果进行全面的修正。

3)物探成果资料的编制的规定

(1)物探成果资料应包括下列内容:

①物探测线布置图。

②各种定性分析图件。

③各种定量解释图件。

④平面、断面成果图表。

⑤质量检查数据和质量评定表。

(2)物探成果报告应包括下列内容:

①任务依据和要求。

②地质和物性特征。

③物探方法的选择原则及采取的技术措施。

④测线布置和数据采集。

⑤资料整理与解释。

⑥质量评价。

⑦结论和建议,包括建议验证钻孔等内容。

(3)物性地质图件应结合地质资料综合分析后编制,图上应标出异常分布位置、推断地质界线及地质构造位置和产状等,标明与地铁里程的关系。

2.6.2 弹性波反射法

弹性波反射法是利用人工激发的地震波、声波在不均匀地质体中所产生的反射波特性来预报地铁开挖工作面前方地质情况的一种物探方法,它包括地震波反射法、水平声波剖面法、负视速度法和极小偏移距高频反射连续剖面法(简称“陆地声纳法”)等。在实际工作中,地震波反射法的应用相对普遍和成熟。

弹性波反射法适用于划分地层界线、查找地质构造、探测不良地质体的厚度和范围,并应符合下列要求:

(1)探测对象与相邻介质应存在较明显的波阻抗差异并具有足以被探测的规模。

(2)断层或岩性界面的倾角应大于35°,构造走向与地铁轴线的夹角应大于45°。

地震记录应符合下列规定:干扰背景不应影响初至时间的读取和波形的对比;反射波同相轴必须清晰;不工作道应小于20%,且不连续出现;弹性波反射法质量检查记录与原观测记录的同相轴应有较好的重复性和波形相似性。

数据采集时应尽可能减少地铁隧道内其他震源振动产生的地震波、声波的干扰,并应采取压制地震波、声波干扰的措施。

弹性波反射法连续预报时前后两次应重叠10m以上,预报距离应符合下列要求:

(1)地震波反射法预报距离

①在软弱破碎地层或岩溶发育区,一般每次预报距离应为100m左右,不宜超过150m。

②在岩体完整的硬质岩地层每次可预报120~180m,但不宜超过200m。

(2)水平声波剖面法和陆地声纳法预报距离

①在软弱破碎地层或岩溶发育区,一般每次预报距离应为20~50m,不宜超过70m。

②在岩体完整的硬质岩地层每次可预报50~70m.但不宜超过100m。

(3)负视速度法预报距离

①在软弱破碎地层或岩溶发育区,一般每次预报距离应为30~50m,不宜超过70m。

②在岩体完整的硬质岩地层每次可预报50~80m,不宜超过100m。

(4)地铁隧道位于曲线上时,预报距离不宜太长。

弹性波反射法的数据处理与资料解释应符合下列规定:

(1)采用计算机处理的记录目的层反射波特征应明显、信噪比高、同相轴清晰、能进行追踪和相位连续对比。

(2)依据时间剖面图、瞬时振幅图结合地质资料进行分析,对比和追踪波组的相似性、波振幅的衰减程度、振动的同相性和连续性等特征,判释和确定反射波组对应的层位、被测地质体的接触关系、构造形态等。

(3)根据上行波和下行波视速度的差异,确定反射界面在地铁轴向前方的距离、反射界面与洞轴方向的夹角。

弹性波反射法超前地质预报应编制探测报告,内容主要包括:

(1)概况:地铁工程概况、地质概况、探测工作概况等。

(2)方法原理及仪器设备:方法原理及采用的仪器型号等。

(3)野外数据采集:观测系统、采集方法、数据质量等。

(4)数据处理:采用的软件及处理流程、参数选择说明、处理成果及质量等。

(5)资料分析与判释:采用地震波反射法时,应附上反射波分析成果显示图、物探成果地质解释剖面或平面图,必要时可附上分析处理波形图、频谱图、深度偏移剖面图及岩体物理力学参数表,以及地质判释、推断的地球物理准则;采用水平声波剖面法、负视速度法时,应附上原始记录波形图、经过处理用于解释的波形曲线、物探成果地质解释剖面或平面图等;采用陆地声纳法时,应附上原始记录波形图、经过处理用于解释的波形曲线、时间剖面图及图上定性解释标示、预报平面图等。

(6)结论及建议:提出地铁开挖工作面前方的工程地质与水文地质条件,特别是影响施工方案调整、具有安全隐患的地质条件,以及施工过程中应采取的措施等结论和进一步开展地质预报工作的建议。

(7)其他需要说明的问题。

1)地震波反射法

(1)观测系统设计

①收集地铁相关地质勘察和设计资料。

②根据地铁施工情况及地质条件,确定接收器(检波器)和炮点在地铁左右边墙的位置。

③接收器和炮点位置应在同一平面和高度上。

④地铁情况特殊或需要探测复杂地质隐患时,观测系统设计灵活应用,但必须根据相关理论来设计观测系统。

(2)现场数据采集

①在地铁现场,根据设计的观测系统,确定所有接收点和炮点的位置,并设置相应的标志。

②钻孔应按设计的要求(位置、深度、孔径、倾角等)钻孔;一般情况下,钻孔位置不应偏离设定的位置;特殊情况下,以设定的位置为圆心,可在半径0.2m的范围内移位;孔身应平直顺畅,能确保耦合剂、套管或炸药放置到位;在不稳定的岩层中钻炮孔时,可采用外径与孔径相匹配的薄壁塑料管或PVC管插入钻孔,防止塌孔。

③安装套管

a.用环氧树脂、锚固剂或加特殊成分的不收缩水泥砂浆作为耦合剂,安装接收器套管。

b.用电子倾角测量仪测量接收器孔的几何参数,并做好记录。

④装填炸药

a.装填炸药前,用电子倾角测量仪和钢卷尺测定炮孔的倾角和深度,并做好记录。

b.炸药量的大小应通过试验确定。

c.用装药杆将炸药卷装入炮孔的最底部。

d.在激发前,炮孔应用水或其他介质充填,封住炮口,确保激发能量绝大部分在地层中传播。

⑤仪器安装与测试

a.用清洁杆清洗套管内部。

b.将接收单元插入套管,并应确保接收器的方向正确。

c.采集信号前应对接收器和记录单元的噪声进行测试。

⑥数据采集

a.设置采集参数:采集参数主要包括采样间隔、采样数、传感器分量(应用X、Y、Z三分量接收)以及接收器。

b.噪声检查:数据采集前,应对仪器本身及环境的噪声进行检测。仪器工作正常,噪声振幅峰值小于-78dB时,方可引爆雷管炸药接收记录。

c.数据记录:放炮时,准确填写地铁隧道内记录,在放炮过程中应采用炮点序号递增或递减的方式进行,确保炮点号正确。

⑦质量控制应符合下列要求

通过检查显示地震道的特征进行数据质量控制。

a.在每一炮数据记录后,应显示所记录的地震道,据此对记录的质量进行控制。

b. 用直达波的传播时间来检查放炮点的位置是否正确，以及使用的雷管是否合适。

c. 根据信号能量，检查信号是否过强或过弱。若直达波信号过强或过弱，应将炸药量适当减少或增加。

d. 根据初至波信号特性，对信号波形进行质量控制。若初至后出现鸣振，表明接收器单元没有与围岩耦合好或可能是由于套管内污染严重造成。这时应清洁套管和重新插入接收器单元，直至信号改善为止。

e. 根据每一炮记录特征，了解存在的噪声干扰，必要时可切断干扰源，同时也可检查封堵炮孔的效果。

f. 对记录质量不合格的炮，应重新装炸药补炮，接收和记录合格的地震道。

(3)采集信号的评价

①单炮记录质量评价：单炮记录质量评价分为合格、不合格两种。凡有下列缺陷之一的记录，应为不合格记录。

a. X、Y、Z 三分量接收器接收时，存在某一分量不工作或工作不正常。

b. 初至波时间不准或无法分辨。

c. 信噪比低，干扰波严重影响到预报范围的反射波。

d. 记录序号(放炮序号)与炮孔号对应关系错误。

除上述规定的不合格记录外的记录为合格记录。

②总体质量评价。总体质量评价依据所有的单炮记录，按偏移距大小重排显示(地震显示)进行。总体质量评价可分为合格、不合格两种。

当符合下列要求时为总体合格：

a. 观测系统(炮点、接收点等设计)正确，采集方法正确。

b. 记录信噪比高，初至波清晰。

c. 单炮记录合格率大于 80%。

当有下列缺陷之一时，为总体不合格：

a. 地铁隧道内记录填写混乱，记录序号(放炮序号)与炮孔号对应关系不清。

b. 采用非瞬发电雷管激发，或者初至波时间出现无规律波动(延迟)。

c. 连续 2 炮以上(含 2 炮)记录不合格或空炮，或者存在相邻的不合格记录和空炮。

d. 空炮率大于 15%。

(4)资料分析与判释

①采用仪器配套的处理软件进行分析。

②总体质量不合格的资料不得用于成果分析。

③准确输入野外采集参数，包括隧道、接收器和炮点的几何参数等。

④剔除不合格的地震道，只有合格的才能参与处理。

⑤应根据预报长度选择合适的用于处理的时间长度；带通滤波参数合理，避免波形发生畸变；提取的反射波，应确保波形能量足够；速度分析时，建立与预报距离相适应的模型；反射层提取时，应根据地质情况和分辨率选择提取的反射层数目。

⑥资料判释应结合地铁地质勘察资料、设计资料、施工地质资料、反射波分析成果显示图及岩体物理力学参数等进行。综合上述成果资料，推断地铁开挖工作面前方围岩的工程地质

与水文地质条件，如软弱夹层、断层破碎带、节理密集带等地质体的性质、规模和位置等。结合岩体物理力学参数、围岩软硬、含水情况、构造影响程度、节理裂隙发育情况等资料，可对围岩级别进行初步评估。

2)水平声波剖面法

(1)探测仪器

①应采用通道数不低于 4 道的智能工程声波探测仪或不低于 12 道的地震仪，且具有良好的一致性。

②应选择适当主频的高灵敏度检波器，各道检波器相位允许误差为±0.5ms，振幅允许误差为±10%，检波器内阻应符合产品说明书规定的指标。

③电缆不应有破损、断道、串道、短路等故障，绝缘电阻应大于 1MΩ。

④仪器系统应通过国家认可的权威检定机构检定。

(2)水平声波剖面法布设发射与接收点的方式

①在开挖工作面后方两侧边墙脚位置分别布设发射钻孔和接收钻孔的方式(简称“地铁两侧边墙脚布设钻孔方式”)。在开挖工作面后方两侧边墙脚位置，等间距各布置一排 5～12 个钻孔，孔深为 1～1.5m；一侧钻孔用做声波发射，采用电火花发射源或炸药进行声波发射，与孔壁耦合严密，使用炸药时药量应在 50g 左右，最大不超过 75g；另一侧钻孔中安设接收检波器，采用水作耦合剂，接收由声波发射源发射经隧道底围岩到达的直达波和经隧道开挖工作面前方界面(断层、岩性分界面等)反射回来的声波信号；利用直达波速度和反射波走时计算确定开挖工作面前方反射界面距开挖工作面的距离。

②在开挖工作面上布设发射与接收点的方式(简称“贴开挖工作面布置方式”)。在开挖工作面布置 3～7 个测区，原则上交错布置，每测区布置 1～3 对测点，采取“一发一收”或“一发三收”的方式；在发射检波器与接收检波器的延长线、靠发射检波器的外侧，采用大锤敲击木桩(或直接敲击岩体)以激发声波信号；此种布置方式需单独进行开挖工作面岩体声波纵波速度测试；利用开挖工作面上测得的岩体声波纵波速度和反射波走时，来计算确定开挖工作面前方反射界面距开挖工作面的距离。

(3)数据采集时量程的设置以采集到的信号占显示屏的 80%为宜，采样间隔可根据测试开挖工作面岩性及岩体破碎情况进行调整。

(4)资料分析与判释

①采用仪器配套的处理软件进行分析。

②对单道记录进行滤波、压制干扰和指数增益调整。

③对于每一道不同炮的记录和每一炮不同道的记录进行对比分析，以规律性好、重复性好的记录道进行解释。

④对现场采集的原始波形进行时域、频域分析，并根据波谱时域、频域分析结果，结合开挖工作面岩体声波纵波速度、地质素描和区域地质资料，进行开挖工作面前方的地质判释和预报。

⑤必要时应进行正演计算。

3)负视速度法

(1)探测仪器

①地震仪：应具有高灵敏度、高信噪比、滤波、数字采集等功能。宜选用12道或24道及以上道数数字地震仪；最小采样间隔不应大于0.05ms；每道样点记录长度不应小于1 024点；模/数转换的数据位不应低于16位。放大器内部噪声应小于1μV；动态范围应大于96dB。

②检波器：宜选用固有频率100Hz检波器；应具有良好的防水性能。

③电缆：应采用与地震仪相匹配的防水地震电缆。

(2)观测系统宜采用"一点激发、多点接收"的方式，数据分析宜采用时距曲线分析法。

(3)震源可采用激发锤、炸药等方式产生。

(4)现场测试：

①沿地铁轴向布置观测排列，观测排列可布设于边墙、墙脚、隧道底面等部位，各检波点偏离观测排列中心轴线不得大于0.3m。

②检波距一般为2～5m；当采用24道及以上道数地震仪时，可选用1～2m。

③检波器宜安置于1～2m深的浅孔中；不具备条件时，可根据现场情况将检波器安置于边墙、墙脚、隧道底面的表面上；检波器与岩土体必须耦合良好，不得悬空；检波器安置应避开有干扰的位置(如滴水、流水、漏气等)。

④排列长度$L=(n-1)\Delta X$，其中n为记录道数，ΔX为检波距，排列长度$L\geqslant 20$m。

⑤炮检距$d>2(L+h)/(v/v_G-l)$，其中v、v_G分别为有效波与干扰波速度，h为开挖工作面至反射界面的距离(预估值)，L为观测排列的长度。

⑥当用炸药激发时，在边墙、墙脚、隧道底面打1～2m深的浅孔；边墙、墙脚打孔时，应向下倾斜30°～45°，可注水作耦合剂。

⑦参数设置与记录：排列编号、炮检距、激发、接收点位置(里程)、数据采集时间、记录长度、采样间隔、延迟时间、滤波、增益等。

⑧宜进行多次激发，进行多次叠加以压制不规则干扰波，突出有效波。

(5)改善原始采集数据质量的措施

①宜适当扩大炮间距，将强烈的声波、面波移出记录区，提高有效波组间的分辨率。

②宜采取孔内激发、孔内接收，减弱面波干扰，抑制声波与微震的影响。

③改善检波器的耦合条件，消除自振。

④改进激发、接收装置，可采用定向激发、基于震检波器、三分量检波器、组合激发、接收等，提高信噪比。

⑤改善与开发多种数据处理手段，进一步提高信噪比。

⑥避免施工振动干扰，保持记录背景宁静。

(6)资料分析与判释

①数据处理应根据试验确定最佳处理流程。

②资料分析与判释可按下列流程进行：按常规方法处理记录仪所记录的一系列信息，波场分离，拾取直达波，确定反射波校正时、滤掉直达波，拉平反射波(静态时移和排齐)，叠加拉平的反射波成一道，重复显示地震道，确定第一个反射波，恢复直达波与反射波，延长直达波与反射波延长线交汇于一点(反射界面位置)，利用反射波速度及反射时间计算反射界面的距离，采用相同方法找出开挖工作面前方的一系列反射界面。

③当处理效果不佳、反射信号极弱时，可采用叠加处理措施等。

4)陆地声纳法

(1)探测仪器

①采用陆地声纳仪或性能基本相同的其他仪器。

②检波器:使用超宽频带检波器,在10～4 000Hz范围内不压制任何频率,增益随频率变化不大于10%。

(2)探测方式

①可在开挖工作面上向前方探测,亦可在地铁隧道边墙向地铁两侧探测、在隧道拱部向上探测、在隧道底板向下探测。

②采用十字剖面的布置方法可进行反射体的空间定位。

③一般采用锤击振源,不固定检波器,不打孔。

(3)现场数据采集

①在地铁开挖工作面上一般应布设两条测线(一条为水平测线,一条为铅垂向测线),测线上每25～30cm设一测点,必要时可布设多条测线。

②记录测线在地铁中的准确位置及测线间的几何关系。

③通过激发杆,用锤击法在测点n上激振($n=1,2,3,4\cdots$),其两侧测点($n-1$)和($n+1$)设检波器。检波器用黄油或凡士林与岩面耦合,用手按紧。一般情况下,每一测点应激振2～3次作垂直叠加。

④一个测点结束后,数据存入主机,激振器隔一个测点移至下一个激振点($n+2$)点,进行下一测点的采集,采集软件可自动将各测点资料汇集形成剖面。

⑤在地铁隧道边墙测试岩体波速。

(4)质量控制

①按仪器用户手册和操作使用说明书的规定做好施测前的准备和操作的各项注意事项。

②工作前检查各连接线的通段,确保仪器主机和各配件处于正常工作状态。

③第一个点采集时检查所设定的参数是否正确,检查其他各测点检波器是否正确地安设在岩面上。

④检查测线位置、里程及其他应记录的内容是否记录完整。

(5)室内数据处理

①应用处理软件进行数据处理,内容包括调出剖面、道间均衡、滤波、显示及其他高级处理等。

②通过计算机将一条测线上若干测点的时间曲线通过归一化处理汇成一张时间剖面图,根据图上的反射波同相轴作定性、定量解释。

(6)资料分析与判定

①追踪同相轴,根据岩性、地质构造和正演理论作同相轴的定性解释:在整个剖面上可以追踪的近于直线的同相轴反映的是岩层界面、断层面、岩脉或大的溶洞等;延续不太长的近于直线的同相轴反映的是大节理;呈双曲线形状的同相轴是有限大小地质体(如溶洞)的反映。

②根据频谱和节理、小断裂的密集程度,判定破碎带及岩体破碎情况。若某一段岩体高频成分明显增多,表明节理密集、岩体破碎;若某段岩体反射同相轴明显增多,表明节理及小断裂密集,岩体破碎,此时岩体波速也会明显降低。

③根据所测波速及从陆地声纳时间剖面上得到的各反射体的反射时间，计算反射体的空间位置，平面形反射界面：从水平剖面上任选两点 n 和$(n+m)$，读出其对某反射界面的反射时间 t_n 和 t_{n+m}，计算出 L_n 和 L_{n+m}，即可得到反射界面与测线的距离和走向夹角；从铅垂向剖面上任选两点 a 和$(a+p)$，读出其对某反射界面的反射时间 t_a 和 t_{a+p}，计算出 L_a 和 L_{n+p}，即可得到反射界面与铅垂线的距离和夹角；由此可定出反射界面与开挖工作面的相对几何关系；得知开挖工作面的方位角，即可计算出反射界面的产状。对于溶洞等有限大小物体，双曲线顶点对应的就是它的顶点，据其反射时间即可确定其距离，而其直径约为双曲线范围的 1/5～1/4。

④开挖工作面前方几米范围内岩体受开挖爆破破坏，不应采用距开挖工作面 5～10m 的资料。

2.6.3 电磁波反射法

电磁波反射法超前地质预报主要采用地质雷达探测。地质雷达探测是利用电磁波在地铁开挖工作面前方岩体中的传播及反射，根据传播速度和反射脉冲波走时进行超前地质预报的一种物探方法。

地质雷达探测主要用于岩溶探测，亦可用于断层破碎带、软弱夹层等不均匀地质体的探测，并应符合下列要求：

(1)探测目的体与周边介质之间应存在明显介电常数差异，电磁波反射信号明显。

(2)探测目的体具有足以被探测的规模。

(3)不能探测极高电导屏蔽层下的目的体。

1)地质雷达探测仪器的技术指标

(1)系统增益不应低于 150dB。

(2)信噪比应大于 60dB。

(3)采样间隔不应大于 0.5ns、模数转换器不应低于 16 位。

(4)具有可选的信号叠加、实时滤波、点测与连续测量、手动与自动位置标记等功能。

2)地质雷达探测的数据采集及基本技术要求

(1)通过试验选择雷达天线的工作频率、确定介电常数。当探测对象情况复杂时，应选择两种及以上不同频率的天线。当多个频率的天线均能符合探测深度要求时，应选择频率相对较高的天线。

(2)测网密度、天线间距和天线移动速度应反映出探测对象的异常，测线宜采用十字或网格形式布设。

(3)选择合适的时间窗口和采样间隔，并根据数据采集中的干扰变化和效果及时调整工作参数。

(4)采用连续测量的方式，不能连续测量的地段可采用点测。

(5)区间隧道内不应有较强的电磁波干扰；现场测试时应清除或避开测线附近的金属物等电磁干扰物；当不能清除或避开时应在记录中注明，并标出位置。

(6)支撑天线的器材应选用绝缘材料，天线操作人员应与工作天线保持相对固定的位置。

(7)测线上天线经过的表面应相对平整，无障碍，且天线易于移动；测试过程中，应保持工作天线的平面与探测面基本平行，距离相对一致。

(8)现场记录应注明观测到的不良地质体与地下水体的位置与规模等。

(9)重点异常区应重复观测，重复性较差时应查明原因。

地质雷达探测质量检查的记录与原探测记录具有良好的重复性，波形一致，异常没有明显的位移。

地质雷达在完整灰岩地段预报距离宜在30m以内，在岩溶发育地段的有效探测长度则应根据雷达波形判定。连续预报时前后两次重叠长度应在5m以上。

3)地质雷达探测的资料整理与解释

(1)参与解释的雷达剖面应清晰。

(2)解释前宜做编辑、滤波、增益等处理。情况较复杂时，还宜进行道分析、FK滤波、正常时差校正、褶积、速度分析、消除背景干扰等处理。

(3)结合地质情况、电性特征、探测体的性质和几何特征综合分析。必要时应考虑影响介电常数的各种因素，制作雷达探测的正演和反演模型。

(4)地质雷达法预报应编制探测报告，内容包括探测工作概况、采集及解释参数、地质解译结果、测线布置图(表)、探测时间剖面图等，其中时间剖面图中应标出地层的反射波位置或探测对象的反射波组。

2.6.4 红外探测

红外探测是根据红外辐射原理，即一切物质都在向外辐射红外电磁波的原理，通过接收和分析红外辐射信号进行超前地质预报的一种物探方法。红外探测适用于定性判断探测点前方有无水体存在及其方位，不能定量给出水量大小等参数。

1)红外探测的技术要求和工作要求

(1)探测时间：应选在爆破及出渣完成后进行。

(2)测线布置：

①全空间全方位探测地下水体时，需在拱顶、拱腰、边墙、隧底位置沿地铁轴向布置测线，测点间距一般为5m，发现异常时，应加密点距；测线布置一般自开挖工作面往洞口方向布设，长度通常为60m，不得少于50m。

②开挖工作面测线布置，一般为3～4条，每条测线布3～5个测点。

③应做好数据记录，并绘制红外探测曲线图。

④有效预报距离应在30m以内，连续预报时前后两次重叠长度应大于5m。

⑤下列情况下所采集的探测数据为不合格：

a. 仪器已显示电池电压不足，未更换电池而继续采集的数据。

b. 开挖工作面炮眼、超前探孔等钻进过程中所采集的数据。

c. 喷锚作业后水泥水化热影响明显的部位所采集的数据。

d. 爆破作业后测线范围内温差明显时所采集的数据。

e. 测线范围内存在高能热源场(如电动空压机等)时所采集的数据。

2)探测数据和曲线的分析与判定

(1)探测数据和曲线的分析与判定应以地质学为基础，并结合现场的工程地质和水文地质条件。

(2)通过探测与施工开挖验证，总结出正常场的特点，才能分辨出异常场。

(3)分析由探测数据绘制的探测曲线前，必须认真检查探测数据的可靠性。

(4)分析解释时应先确定正常场，再确定异常场，由异常场判定地下水体的存在。

(5)在分析单条曲线的同时，还应对所有探测曲线进行对比，比如两边墙探测曲线的对比、顶底探测曲线的对比，依此确定隐蔽水体或含水构造相对地铁隧道的所在空间位置。

(6)沿地铁隧道轴向的红外探测曲线和开挖工作面红外探测数据最大差值应结合起来分析，在实践中不断总结经验，作出符合实际的分析判断。

3)仪器的维护与保养

(1)仪器应由专人保管。

(2)仪器受潮后，应放在通风处晾干，不应用碘钨灯或其他热源去烘烤。

(3)应保护好仪器不得进水，探头一旦进水，应把水倒出并在通风处晾干。

(4)不得用仪器去探测点燃的香烟头、通电的电炉丝、电焊的电火花等热源。

(5)仪器出现故障后应送至厂家维修，不应自行拆卸。仪器的辐射率出厂时已调整好，使用者不应随意调整。

4)红外探测预报报告编写

探测报告内容包括探测工作概况、地质解译结果、开挖工作面探测数据图、左右边墙及拱顶等测线的探测曲线图等。

2.6.5 高分辨直流电法

高分辨直流电法是以岩石的电性差异(即电阻率差异)为基础，在全空间条件下建立电场，电流通过布置在地铁内的供电电极在围岩中建立起全空间稳定电场，通过研究电场或电磁场的分布规律预报开挖工作面前方储水、导水构造分布和发育情况的一种直流电法探测技术。

高分辨直流电法适用于探测任何地层中存在的地下水体位置及相对含水量大小，如断层破碎带、溶洞、溶隙、暗河等地质体中的地下水。

现场采集数据时必须布设三个以上的发射电极，进行空间交汇，区分各种影响，并压制不需要的信号，突出地铁隧道前方地质异常的信号，该方法也称为“三极空间交汇探测法”。

现场数据采集应严格按照测试要求进行，保证数据采集的质量，并应符合下列要求：

(1)开机检测仪器是否工作正常。

(2)发射、接收电极间距测量准确，误差应小于5cm。

(3)无穷远电极应大于4～5倍的探测距离。

(4)发射、接收电极接地良好。

(5)电池电量充足。

(6)数据重复测量误差应小于5%，否则应检查电极和仪器电原是否正常、工频干扰是否过大等。

高分辨直流电法有效预报距离不宜超过80m，连续探测对前后两次应重叠10m以上。

资料处理与分析应符合下列要求：

(1)资料处理应使用仪器配套的处理软件系统。在数据处理过程中，应采用增强有效信号、压制干扰信号、提高信噪比等手段，使视电阻率等值线图能够清晰成像。

(2)地质异常体(储、导水构造)判断标准应以现场多次采集分析验证的数据为依据，总结规律，找出区间隧道异常标准值。根据经验，归一化视电阻率在40～60之间时多存在地质异常体(储、导水构造)。

高分辨直流电法预报应编制探测报告，内容包括探测工作概况、地质解译结果、电阻率等值线图等。

2.6.6 超前导坑预报法

超前导坑预报法是以超前导坑中揭示的地质情况，通过地质理论和作图法预报正洞地质条件的方法。超前导坑预报法可分为平行超前导坑法和正洞超前导坑法。线间距较小的两座地铁可互为平行导坑，以先行开挖的地铁隧道预报后开挖的地铁地质条件。超前导坑预报法适用于各种地质条件。

根据超前导坑与地铁位置关系按一定比例作超前导坑预报地铁地质平面简图，由超前导坑地质情况推测未开挖地段地铁地质条件，预报内容主要包括下列各项：

(1)地层岩性、地质构造的分布位置、范围等。

(2)岩溶的发育分布位置、规模、形态、充填情况及其展布情况。

(3)在采及废弃矿巷与地铁的空间关系。

(4)有害气体及放射性危害源分布层位。

(5)涌泥、突水及高地应力现象出现的地铁里程段。

(6)其他可以预报的内容。

超前导坑预报法对煤层、断层、地层分界线等面状结构面预报比较准确，对岩溶等有预报不准(漏报)的可能。在岩溶发育可能性较大的地段可利用物探、钻探手段由导坑向正洞探测预报。超前导坑中探测正洞地质条件的物探方法可采用地质雷达探测、陆地声纳法、水平声波剖面法等，探测方法的有效探测长度应达到或超过地铁隧道被探测的范围。

(7)地铁中出现的涌泥、突水、瓦斯爆炸等地质灾害在超前导坑施工中同样会发生，必须引起足够重视。超前导坑开挖过程中应做好超前地质预报，可采用地质调查、物探、钻探等方法，防止导坑地质灾害的发生。

超前导坑法地质预报应编制下列预报资料：

(1)地质调查法预测报告。

(2)采用的各种物探预报方法探测报告。

(3)超前钻探法探测报告。

(4)导坑地质展视图，比例为1∶100～1∶500。

(5)导坑预测正洞预报报告，包括导坑预报正洞平面简图，比例为1∶100～1∶500。

(6)导坑竣工工程地质纵断面图，包括地层岩性、褶曲、断裂的分布与产状，破碎带及坍塌和变形地段的位置、性质及规模，地下水出露的位置、水质、水量，分段围岩分级等，横向比例为1∶500～1∶5 000，竖向比例为1∶200～1∶5 000。

2.7 应用举例(TGP 地铁地质超前预报系统)

鉴于地质雷达、红外线及地质钻孔超前预报实施较为简单,本书限于篇幅,对此不做介绍。TSP 和 TGP 原理相同,这里仅对 TGP 用于超前地质预报做详细介绍。

2.7.1 TGP 预报仪器的主机

地铁地质超前预报仪器的主机是现场地震波采集的主要设备,国内有 TGP12 和 TGP206 两种型号的主机供应市场。目前国内外地铁预报仪器有两种结构:进口的 TSP203 采用分离插装式结构,其控制单元和存储显示使用笔记本电脑,通过电脑接口连接地震信号放大电路。国产 TGP206 和 TGP12 采用整体机箱式结构,其 CPU 控制单元、存储、显示单元与放大电路,整体结构安装在仪器机箱内,仪器箱体具有防静电、防电磁、防水、防震,并且牢固轻便。从应用环境分析,地铁内粉尘多、湿度大、也存在渗漏滴水条件,笔记本电脑的开放式键盘不适宜;从电器参数分析,笔记本电脑的杂散感应电压影响仪器的噪声水平;笔记本电脑的硬盘在地铁内外温差大和湿度大条件下,硬盘结雾影响数据存储的安全。所以,TGP 预报仪器整机性能高,适应地铁环境条件的功能强。TGP206 仪器的结构见图 2.7-1。

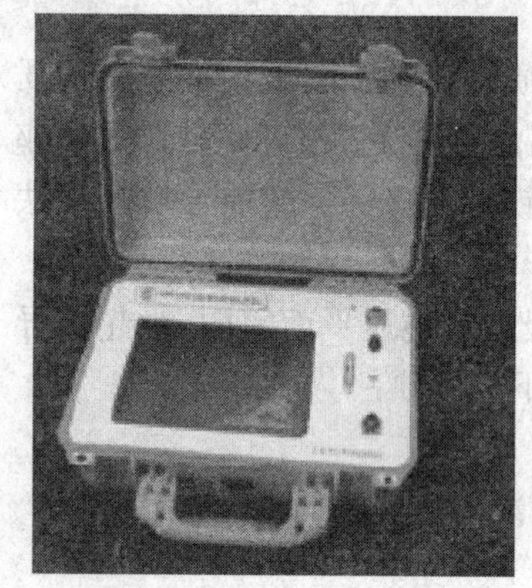

图 2.7-1　TGP206 结构图

2.7.2 接收传感器

接收传感器是地铁地震数据采集关键的设备之一,其性能直接关系到地震数据的质量和地震波资料成果图的质量。地铁地震波预报需要精密三分量检波器,检波器应具有高保真和高指向性性能,应具有高灵敏度和相对较高频率的宽带频响特性。检波器性能是保证地震波波形完整、纵横波信息丰富明确的重要环节。

TGP 型地铁地震波预报系统采用速度型检波器,TGP 速度型检波器在高灵敏度、高指向性方面具有突出的优势和适应岩体地震波检测的高频宽带特性。地震波在非均质、非连续、各向异性的地质体中传播时,由结构面、构造面产生的地震反射波具有椭球体性质,椭球体携带有反射面空间分布重要信息和反射面的性质信息,定位明确的三分量检波器可以实现上述信息的采集,实现地震波的极化分析、计算和多波预报的目的。

地铁预报要求检波器具有较高频率和宽频带的频响特性,地铁围岩介质的范围较广,有松散的覆盖层介质,有岩体介质,二者传播地震波的频率具有较大的差异,纵横波的传播频率也存在差异,因此预报系统需要检波器具有与检测对象相适应的频响特性。据统计 TGP 型仪器的大量预报资料说明,不同岩性地震波传播的频率:一般软岩为 200～400Hz;硬岩为 400～1 000Hz,完整新鲜的坚硬岩 1 000～1 500Hz。这些频带范围与 TSP203 采集记录中具有的几千赫兹频率具有较大的差别,通过频谱分析,发现 TSP203 几千赫兹的高频属于高频干扰波。

为方便大家实际了解地铁地震波的记录面貌,列举以下 TGP 型地铁地质超前预报仪器采集的地震波数据，供参考，见图 2.7-2。

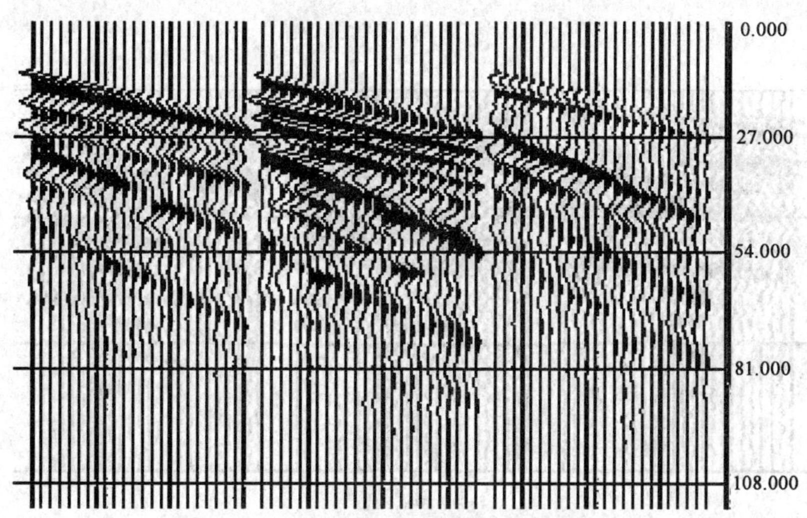

图 2.7-2 TGP 地铁地质超前预报仪器采集的记录

图 2.7-2 中记录上从波序、波形幅度和频率均可以明确看到纵、横波同相轴明确，纵、横波分离清晰。地震子波波形清晰完整，记录波形无毛刺(寄生振荡的高频杂波)。

图 2.7-3 为天宝高速公路某隧道，岩性为砂页岩，其纵波主频频率为 173Hz，横波主频频率为 96Hz。

图 2.7-4 为铁路武广客运专线大瑶山某隧道，灰岩岩性，其纵波主频频率为 960Hz，横波主频频率为 260Hz。采集的偏移距离为 20m，道间距离为 2m。

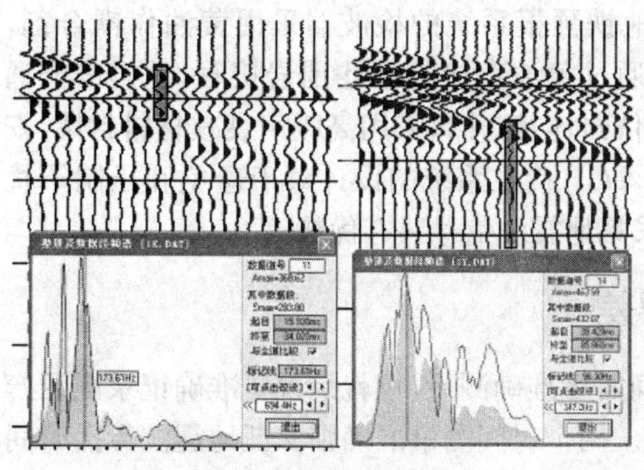

图 2.7-3 天宝砂页岩纵横波主频

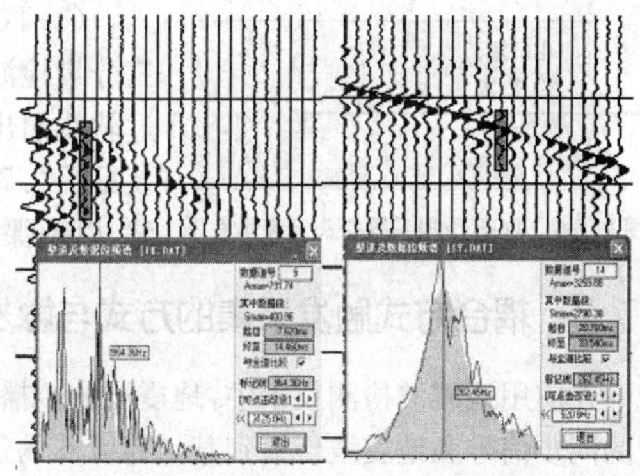

图 2.7-4 大瑶山灰岩地铁纵横波主频

图 2.7-5 为纵横波反射的回波记录，由图可见纵横波反射回波具有较强的信噪比，纵波频率高于横波的频率，而且横波 v_{sh}与横波 v_{sz}具有差异性，反映出岩体的各向异性性质。

2.7.3 耦合方式

地震波勘察检测工作中，需要检波器与被测物牢固接触。在地表是依靠检波器尾锥插入地面，在钻孔中检波器不能采用插入方式，一般则通过某种方式或者介质实现检波器的良好接

收。采取的方式称为耦合方式,使用的介质称为“耦合剂”。钻孔中采用的耦合方式和接收的效果分别如下:

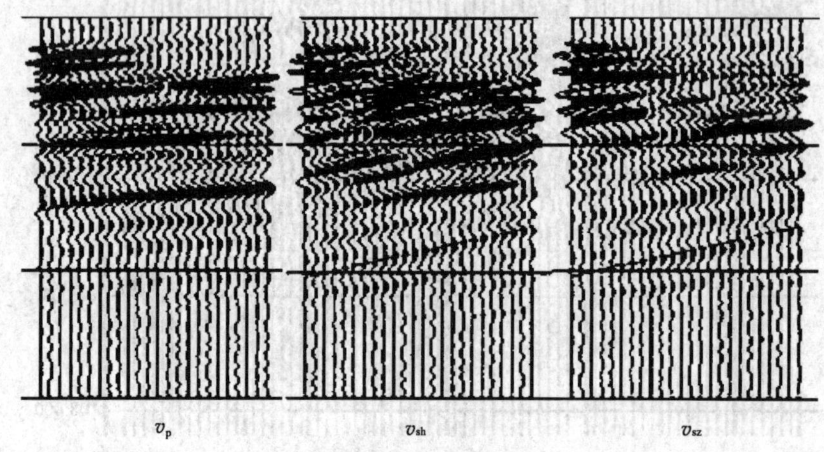

图 2.7-5 纵横波反射的回波记录

(1)采用与钻孔岩体声阻抗一致的材料灌浆固结,实现检波器与岩体的无声阻抗界面固结,效果最好,但是检波器为一次性使用,成本高,同时现场固结需要较长时间。

(2)挤压检波器贴紧钻孔壁,即物探测井的贴壁方式,效果好,但是在孔径小的钻孔中难操作。

(3)TGP 型预报仪器的传感器通过耦合剂实现与钻孔岩体的直接耦合,并且采取软线引出信号,减少干扰环节,波形可靠,操作便捷,成本低。

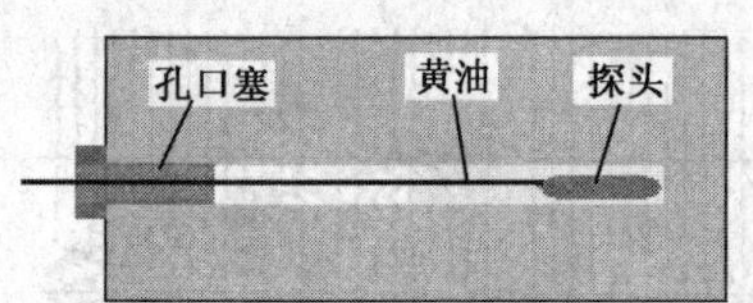

图 2.7-6 TGP 预报系统探头安装示意图

(4)TGP 地铁预报系统的检波器采用黄油作耦合剂,三分量检波器通过黄油直接与钻孔围岩接触,地震信号通过软线引出与仪器连接,孔口采用高吸声衰减材料封堵,安装见图 2.7-6。TGP 接收系统的设计对于避免和压制干扰波,以及保真采集地震波信号具有优势。

2.7.4 耦合方式触发采集的方式与触发误差

在应用地震波检测技术中,地震波的传播时间需要准确测量,也就是说要准确记录震源产生的同步信号和地震波传播到某点检波器的信号。两个时间测量准确则保证地震波传播时间的准确测量。

触发方式是指如何采集震源产生的同步信号,在弹性波检测工作中,一般采用回线开路触发计时方式和脉冲内触发计时方式。回线开路触发计时方式是把回线绑扎在震源上,震源爆炸产生振动传播的同时炸断回线触发采集,与爆炸产生过程中的雷管延迟没有关系,这种方式在绑扎回线不松脱条件下基本上不存在触发时间误差。我国的地震波勘查规范推荐回线记时方式。脉冲内触发计时方式一般送出两路脉冲信号:一路脉冲信号触发仪器开始记时;另一路脉冲信号引爆震源。在引爆震源的过程中需要时间,该时间的大小与电路器件有关。

图 2.7-7 是不同触发方式采集的地震波记录:TGP12 仪器采集的记录上地震波初至波

(最前面的同向轴)排序成基本线性的时间增加。

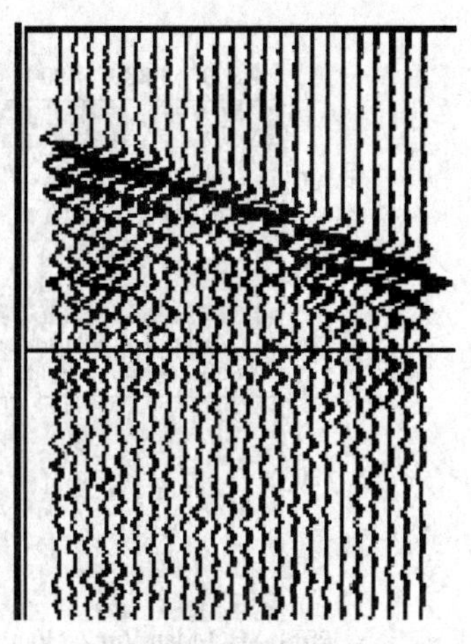

图 2.7-7 不同方式的触发时间误差

2.7.5 地震反射波衰减参数的综合利用

偏移成果图中彩色条的颜色由红到紫,依据由最大正反射到最小负反射而变化。色条存在是地质界面存在的反映,正、负反射由地质界面两边介质的性质决定。正反射表明界面后方声阻抗高,负反射表明界面后方声阻抗低。偏移成果图上偏移条带的多寡反映地质界面的频度(即单位长度上界面的多少)。在存在多个界面情况下,岩体的整体性质变化较大,如何评价具有组合界面地质体的性质是问题的关键。TGP 处理系统增加反射波通过各界面过程中的反射波衰减参数的记录,绘制衰减的整体反应曲线,为推断组合界面的地质体性质提供方便。这是本节阐述的“综合利用地震反射波衰减参数”的内容,见图 2.7-8。

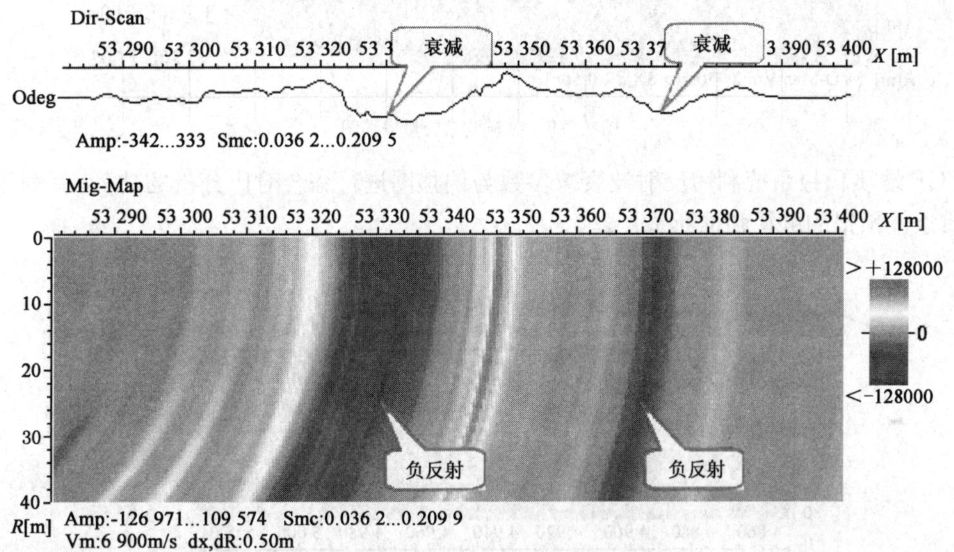

图 2.7-8 反射衰减与偏移综合成果图

图 2.7-8 中的上半图曲线记录传播过程中地震波衰减的变化过程。以中线为“0”,向上反映为正的反射,向下反映为负的反射。曲线上的起伏程度可以通过比例箭头调节,据此可以帮助推断地铁前方地质围岩的性质。该成果采集地点为宜万线某隧道,图中两处负反射曲线段为构造破碎带,前者严重破碎、宽度也较大,后者一般破碎,宽度较小。

图 2.7-9 为纵、横波三分量偏移图,根据相同地质界面纵、横波偏移成果的不同反应,进行地质属性方面的推断和解释。一般情况下,横波反射强反映界面具有充水和夹泥的可能性。客观地质体是错综复杂的,纵、横波成果既有共性,也有差异性,应用中应不断总结经验。

图 2.7-10 为两侧同分量偏移对照成果,图中出现同一地质界面的偏移存在位置错开现象,一般属于地质界面与地铁不正交情况的反映。

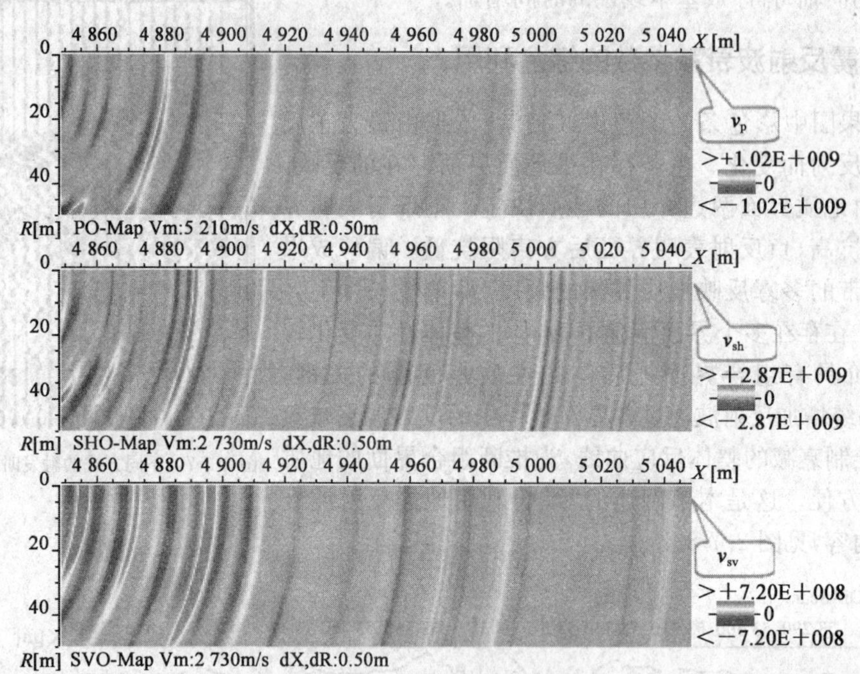

图 2.7-9 纵横波三分量偏移图

TGP 地质预报系统利用反射波衰减参数与偏移图进行综合对比分析的功能，有利于对复杂地质条件预报的解释和推断工作。

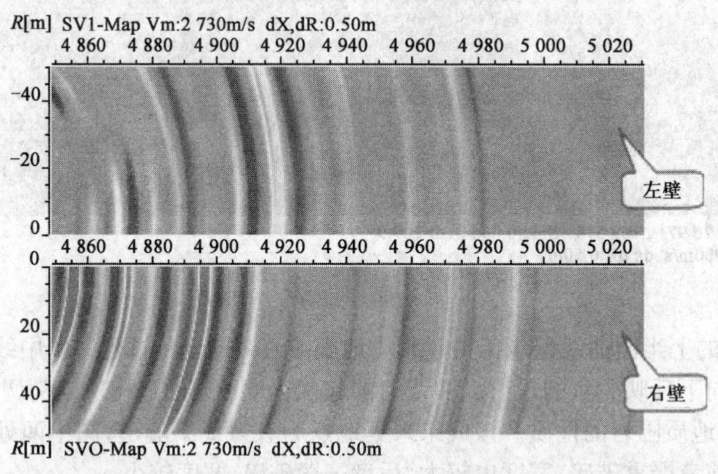

图 2.7-10 两侧同分量偏移对照

2.7.6 偏移成果的可靠性分析

偏移成果是判断岩体不连续的关键资料，因此偏移成果的可靠性程度是应用者非常关心的问题。因此检查偏移成果是否由有效地震波生成的是非常必要的。TGP 处理系统增加“偏移成果的可靠性分析”功能。程序中设计在偏移成果的色带上点击，可以显示和标记出生成对应成果的地震回波同向轴。根据地震回波同向轴的连续性和形态可以判断地震回波的有效性和来源方向。例如地震回波同向轴中，各道地震波幅度显示由前向后的衰减变化，则可以容易的判断回波来源在隧道的前方。如果显示由中间向两边道的衰减变化，说明构造面与隧道存在夹角关系或者是不良地质体的反应。地震回波还具有通过标记回波时间，返回到原始记录中检查记录面貌的功能，该功能有助于分析成果来源是否由有效波生成。例如由地铁管波生成的偏移，点击后显示标记的回波，返回到原始记录的相同位置，分析原始记录上地震波的属性，逐步查实分析，可以达到评估成果图的真实性和可靠性的目的。

图 2.7-11 和图 2.7-12 均是偏移成果的评估分析图，事实证明这种利用生成的结果反向追踪到原始记录进行检查的功能，有助于在错综复杂的地震波场中，分析来自隧道工作面前方的反射波，同时方便识别由干扰波生成的偏移假象。图 2.7-11 中箭头部位的偏移色带长度延展好，可以明确推断为面状(构造面)的反映。

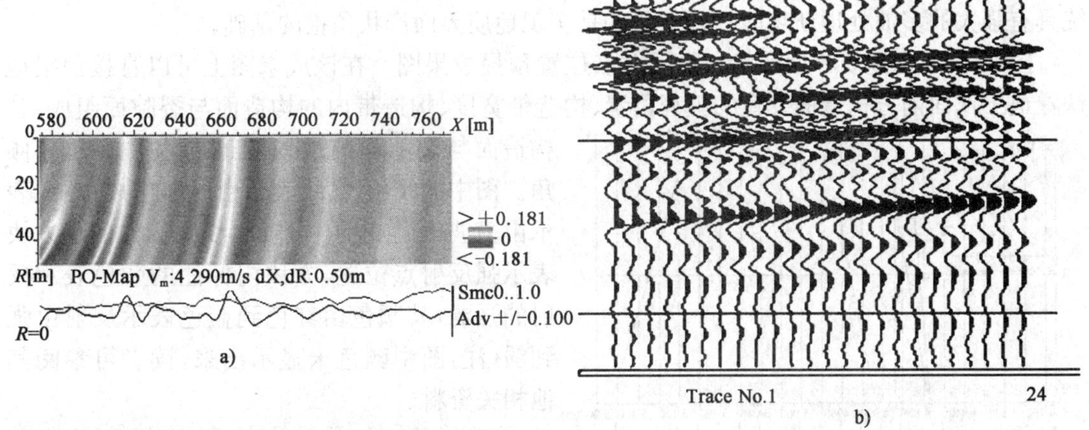

图 2.7-11 偏移成果的评估分析

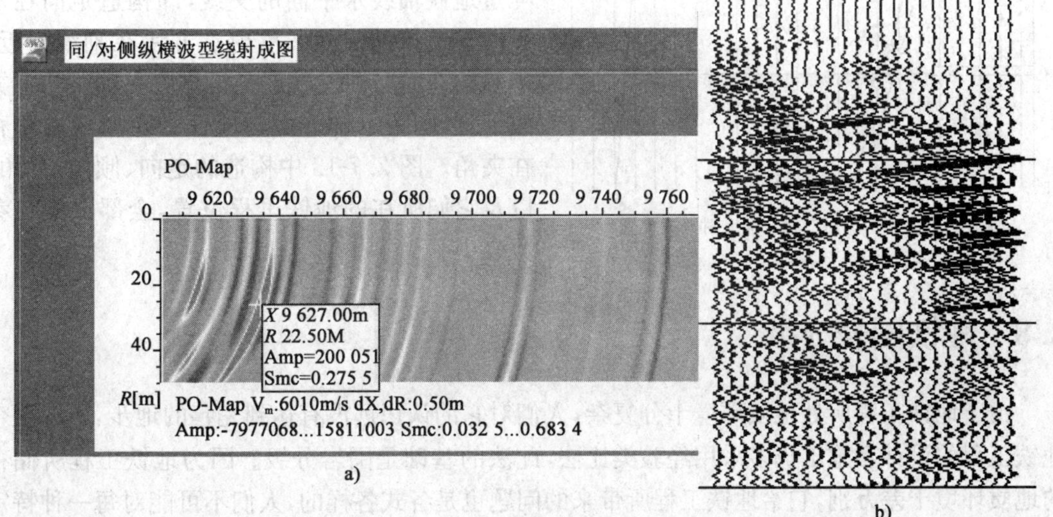

图 2.7-12 病害地质体分析图

图 2. 7-12 中的偏移色带延展较短、颜色变化也较快者，同时回波同向轴呈现向两头衰减趋势，而且不连续的特征，可以作为“体”状地质体（岩溶洞穴和溶腔）推断的依据。

TGP 处理系统增加“偏移成果的可靠性分析”功能，有利于追索到原始记录中，通过检查原始记录的质量，通过有效波和干扰波分析，实现对偏移成果图质量的评估，有益于提高预报成果图的可靠性。

2. 7. 7 地质界面产状和强反射点位置的分析功能

本节内容是在总结研究国外地震波超前预报技术的基础上，根据国内外地铁施工对地质预报工作的要求，TGP 型地铁地质超前预报仪器系统增加“地质界面产状和强反射点位置”预报的功能。该功能具有预报地质构造面产状的功能，即预报地铁前方地质界面与地铁隧道的水平方向夹角和倾角的功能，并且预报地质界面上强反射点的位置，推断地质构造面和地质体与地铁隧道围岩的位置关系，评估地质构造或者病害地质体对地铁的影响程度。TGP 型预报系统对于空间地震波三个分量的采集具有高质量的性能，纵横波分离明晰，同时 TGP 处理系统具有强大的多波处理新功能。以上条件是实现地质界面产状预报的基础。

图 2. 7-13 为地质界面产状和强反射点位置预报成果图。在该成果图上可以直接预报地铁隧道工作面前方构造面发育的里程位置、构造带宽度、构造带内的构造面与裂隙面组成、各构造面与裂隙面与地铁隧道的水平夹角和倾角。图中的线条（实线表示由纵波生成；虚线表示由横波生成）表示构造面，线旁标注的小方块表示强反射点位置，方块内标注的颜色表示反射的强弱，其颜色由红色到蓝色表示反射由强到弱（注：图中颜色未显示出来，读者可参阅其他相关资料）。

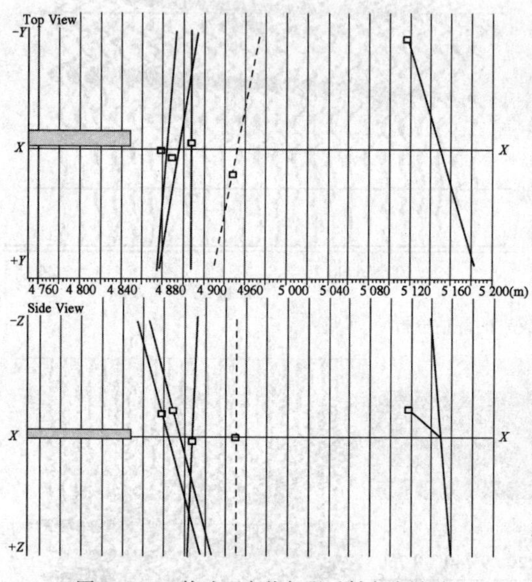

图 2. 7-13　构造面产状与强反射点成果图

图 2. 7-13 中上半图显示的线表示构造面与过地铁轴线水平面的交线，即构造走向在水平向与地铁的夹角。反射点方块在轴线附近，表示构造面与轴线近正交。方块在轴线的上方或下方，则表示构造面与地铁的左壁或右壁存在夹角。图 2. 7-13 中构造的走向、倾向、夹角，以及它们所在的地铁里程位置，全部汇集在参数表中。

2. 8 地铁围岩分级

由于地铁工程所处地质环境十分复杂，人们对它的认识远没有达到完善的地步，所以至今地铁工程的设计和施工仍多采用经验类比法，此法的基础是围岩分级。因为地铁工程所储存的地质环境千差万别，它给地铁工程所带来的问题也是各式各样的，人们不可能对每一种特定情况都有现成的经验和行之有效的处理方法。根据长期的工程实践，工程师们认识到各种围岩的物理性质之间存在着一定的内在联系和规律。因此,有必要根据一个或几个主要指标将无限的岩体序列划分为具有不同稳定程度的有限个级别,即将稳定性相似的一些围岩划归为一类,将全部的围岩划分为若干类,这就是地铁围岩稳定性分级,或简称为围岩分级。在围岩分级的基础上再依照每一类围岩的稳定程度进行施工方法和支护结构设计。可以说,围岩分级是选择施工方法的依据,是进行科学管理及正确评价经济效益、确定结构上的荷载(松散荷载)、确定衬砌结构的类型及尺寸制订劳动定额与材料消耗标准等的基础。

2.8.1 围岩分级的方法

围岩分级的原则有多种,它是在人们对地铁工程的不断实践和对围岩的地质条件逐渐加深了解的基础上发展起来的。不同的国家、不同的行业都根据各自的工程特点提出了各自的围岩分级原则。现行的许多分级方法中,作为分级的基本要素大致有三大类。

第一类,与岩性有关的要素,例如分为硬岩、软岩、膨胀性岩等,其分级指标是采用岩石强度和变形性质等,如岩石的单轴抗压强度、岩石的变形模量或弹性波速度等。

第二类,与地质构造有关的要素,如软弱结构面的分布与形态、风化程度等。其分级指标采用岩石质量指标、地质因素评分法等。这些指标实质上是对岩体完整性或结构状态的评价。这类指标在划分围岩的级别中一般占有重要的地位。

第三类,与地下水有关的要素。

目前国内外围岩的分级方法,考虑上述三大基本要素,按其性质主要有下列几种。

1)以岩石强度或岩石的物性指标为代表的分级方法

(1)以岩石强度为基础的分级方法

这种围岩分级单纯以岩石的强度为依据,例如我国新中国成立前及新中国成立初期(如修建成渝线时)的土石分级法,即把岩石分为坚石、次坚石、松石及土四类,并设计出相应的四种隧道衬砌结构类型。在国外,有日本初期采用的"国铁土石分级法"。这种分级方法认为坑道开挖后,它的稳定性主要取决于岩石的强度,岩石愈坚硬,坑道愈稳定;反之,岩石愈松软,坑道的稳定性就愈差。实践证明,这种认识是不全面的,例如我国陕北的老黄土,无水时直立性很强,稳定性相当高,在无支护条件下能维持十几年、甚至几十年之久,但其单轴抗压强度却很低。又如江西、福建一带的红砂岩,整体性强,坑道开挖后的稳室性较好,但其强度却不高,因此单纯以岩石强度为基础的分级方法需要改进并完善。

(2)以岩石的物性指标为基础的分级方法

在这种分级方法中,具有代表性的是前苏联普洛托季雅柯诺夫教授提出的"岩石坚固性系数"分级法(或称"f"值分级法,也叫普氏分级法)。它把围岩分成 10 类。这种分级法曾在我国的隧道工程中得到广泛应用。"f"值是一个综合的物性指标值,它表示岩石在采矿中各个方面的相对坚固性,如岩石的抗钻性、抗爆性、强度等。但以往人们确定"f"值主要采用强度试验方法,即 $f_{岩石}=R_c/(100\sim150)$(R_c——岩石饱和单轴极限抗压强度),再兼顾其他指标,它仍是岩石强度指标的反映。

我国把"f"值应用到地铁工程的设计、施工时,考虑了地质条件的影响,即考虑围岩的节理、裂隙、风化等条件,实质上是把由强度决定的"f"值适当降低,即:岩石 $f_{岩石}=k\cdot f_{岩石}$(k——地质条件折减系数)。这样的"f"值就是岩体坚固性系数。

2)以岩体构造、岩性特征为代表的分级方法

(1)这种分级方法以太沙基分级方法为代表

此法是在早期提出的，限于当时的条件仅把不同岩性、不同构造条件的围岩分成九类，每类都有一个相应的地压范围值和支护措施。在考虑问题时以坑道有水的条件为基础，当确认无水时，4～7类围岩的地压值应降低50%。这一类方法曾长期被各国所采用，至今仍有广泛的影响。

(2)以岩体综合物性为指标的分级方法

20世纪60年代我国在积累大量铁路隧道修建经验的基础上，提出了以岩体综合物性指标为基础的"岩体综合分级法"，并于1975年经修正后正式作为铁路地铁围岩分级方法，1986年再作修订后列入我国现行的《铁路隧道设计规范》(TB 10003—2005)。

3)与地质勘探手段相联系的分级方法

(1)按弹性波(纵波)速度的分级方法

随着工程地质勘探方法，尤其是物探方法的进展，1970年前后，日本提出了按围岩弹性波速度进行分级的方法。围岩弹性波速度是判断岩性、岩体结构的综合指标，它既可反映岩石软硬，又可表明岩体结构的破碎程度。根据岩性、地质状况及土压状态，将围岩分成七类。我国从1986年起也开始将围岩弹性波(纵波)速度引入我国分级法中。

(2)以岩石质量为指标的分级方法——RQD方法

所谓岩石质量指标是指钻探时岩芯的复原率，或称岩芯采取率。这是美国伊利诺大学迪尔等人提出的，认为钻探获得的岩芯其完整程度与岩体的原始裂隙、硬度、均质性等状态有关，因此可用岩芯复原率来表达岩体质量。所谓岩芯复原率即单位长度的钻孔中10cm以上的岩芯占有的比例，可写为：

$$\mathrm{RQD}=\frac{10\mathrm{cm}\text{以上岩芯累计长率}}{\text{单位孔长度}}\times 100\% \tag{2.8-1}$$

这一分级方法将围岩分成五类，认为：RQD＞90%为优质，70%＜RQD＜90%为良好，50%＜RQD＜75%为好，25%＜RQD＜50%为差，RQD＜25%为很差。

4)组合多种因素的分级方法

比较完善的是1974年挪威地质学家巴顿等人提出的"岩体质量—Q"的分级方法。此分级方法是把表明岩体质量的六个地质参数之间的关系表达为：

$$Q=\frac{\mathrm{RQD}}{J_\mathrm{h}}\cdot\frac{J_\mathrm{r}}{J_\mathrm{a}}\cdot\frac{J_\mathrm{w}}{\mathrm{SRF}} \tag{2.8-2}$$

式中：RQD——岩石质量指标；

J_h——节理组数目，岩体愈破碎，J_h取值愈大。例如，整体没有或很少有节理的岩体$J_\mathrm{h}=0.5\sim1.0$；两个节理组时$J_\mathrm{h}=4$；破碎岩体，类似土的$J_\mathrm{h}=20$；

J_r——节理粗糙度，节理愈光滑，J_r取值愈小。例如，不连续节理$J_\mathrm{r}=4$；平整光滑的$J_\mathrm{r}=0.5$；

J_a——节理蚀变值，蚀变愈严重，J_a取值愈大。例如，节理面紧密结合，夹有坚硬不软化的充填物时，J_a=0.75；节理中夹有膨胀性黏土，如蒙脱土时，J_a=8～12；

J_w——节理含水折减系数，节理渗水量愈大，水压愈高，J_w 取值愈小。例如，干燥或微量渗水，水压<0.1MPa，J_w=1.0；渗水量特别大，或水压特别高，持续无明显衰减的 J_w=0.1～0.5；

SRF——应力折减系数，围岩初始应力愈高，SRF 取值愈大。例如，脆性而坚硬的岩石，有严重岩爆现象时 SRF=10～20；坚硬岩石有单一剪切带的，SRF=2.5。

关于以上六个参数的详细说明和取值标准可参阅有关专著。

通过进一步的分析发现，J_h 表示岩块的大小，J_a 表示岩块间的抗剪强度，SRF 表示作用应力。所以岩体质量评为九等，即：Q=400～1 000 为特别好，Q=100～400 为极好，Q=40～100 为良好，Q=10～40 为好，Q=4～10 为中等，Q=1～4 为不良，Q=0.1～1 为坏，Q=0.01～0.1 为极坏，Q=0.001～0.01 为特别坏。

综上所述，围岩分级是多种多样的，至今还没有一个统一的分级方法，但从发展趋势看，围岩的分级方法应向以下几个方面发展：

(1)分级应主要以岩体为对象。单一的岩石只是分级中的一个要素，岩体则包括岩块和各岩块之间的软弱结构面，因此分级的重点应放在岩体的研究上。

(2)分级宜与地质勘探手段有机地联系起来，这样才有一个方便而又较可靠的判断手段，随着地质勘探技术的发展，将使分级指标更趋定量化。

(3)分级要有明确的工程对象和工程目的。目前多数的分级方法都与坑道支护相联系。坑道围岩的稳定性，坑道开挖后暂时稳定时间等与支护方法和类型密切相关。因而进行分级时以此来体现工程目的是不可缺少的。

(4)分级宜逐渐定量化。目前大多数的分级指标是经验或定性的，只有少数分级是半定量的，这是由于地质体非常复杂的缘故。近几年来国内外对围岩分级定量化的研究取得了一定的进展，已提出了一些定量评价围岩分级的指标值。

近年来国内外有关学者提出了采用模糊数学分级、根据坑道周边量测的收敛值分级、采用人工智能——专家系统分级等的建议，这些设想都将使围岩分级方法日趋完善。

2.8.2 我国公路与铁路隧道的围岩分级方法

我国公路与铁路及地铁的围岩分级方法在我国 1986 年修订的《铁路隧道设计规范》中，明确规定了目前铁路隧道围岩分级所采用的两种方法，即以围岩稳定性为基础的分级方法和按弹性波(纵波)速度的分级方法。交通运输部于 2004 年制订的《公路隧道设计规范》中，围岩分级采用了与铁路隧道完全相同的分级方法。

1)以围岩稳定性为基础的分级方法

该方法主要考虑如下三个基本因素。

(1)岩体的结构特征与完整状态

对于受软弱面控制的岩体，按软弱面的产状、贯通性、充填情况分为整体结构、块状结构、碎裂(镶嵌)结构、疏松结构、松软结构等五类。由于围岩的完整性与其所受的构造变动程度直接相关，所以，将围岩分为构造变动轻微、较重、严重、很严重等四级，作为岩体受地质构造作用影响程度的定性描述，详细说明见表 2.8-1；同时，还采用了节理(裂隙)发育程度，作为围岩完整性的定量指标。根据节理(裂隙)发育程度的不同，将围岩分为节理不发育、节理较发育、节理发育、节理很发育等四级，见表 2.8-2。风化作用使岩体结构发生变化时，应结合因风化作用造成的各种状态，综合考虑确定围岩的结构完整状态；对于层状岩体，以厚度大于 0.5m 的为厚层，0.1～0.5m 之间的为中层，小于 0.1m 的为薄层。

围岩受地质构造影响程度等级 表 2.8-1

等级	地质构造作用特征
轻微	围岩地质构造变动小，无断裂(层)；层状岩体一般呈单斜构造；节理不发育
较重	围岩地质构造变动较大，位于断裂(层)或褶曲轴的邻近地段；可有小断层，节理较发育
严重	围岩地质构造变动较强烈，位于褶曲轴部或断裂影响带内；软岩多见扭曲及拖拉现象；节理发育
很严重	位于断裂(层)破碎带内；节理很发育；岩体呈碎石、角砾状有的甚至呈粉末泥土状

围岩节理(裂隙)发育程度划分 表 2.8-2

等　级	地质构造作用特征
节理不发育	节理(裂隙)1～2 组，规则，为原生型或构造型，多数的间距在 1.0m 以上，为密闭型。岩体被切割成块状
节理较发育	节理(裂隙)2～3 组，呈 X 形，较规则，以构造型为主，多数的间距大于 0.4m，多密闭，部分微张开，少有填充物。岩体被切割成大决状
节理发育	节理(裂隙)3 组以上，不规则，呈 X 形或米字形，以构造型或风化型为主，多数间距小于 0.4m，大部分张开，大部分为黏性土充填。岩体被切割成块、碎石状
节理很发育	节理(裂隙)3 组以上，杂乱，以风化型和构造型为主，多数间距小于 0.2m，微张开或张开，部分为黏土充填。岩体被切割成碎石状

(2)岩石强度

将岩浆岩、沉积岩、变质岩按岩性、物理力学参数、耐风化能力和作为建筑材料的要求划分为硬质岩石和软质岩石。根据单轴饱和极限抗压强度 R_b 与工程的关系(例如与开挖工作的关系)分为四种，其标准及代表性岩石见表 2.8-3。当风化作用使岩石成分改变、温度降低时，应按风化后的强度确定岩石的等级。

(3)地下水

在隧道围岩分级中，对地下水的处理采用降级的方法。在整体状的硬质岩石中，一般的地下水对它的稳定性影响不大，可不考虑降级。在块状硬质岩石和整体状软质岩石中，可根据地下水的类型、水量和危害程度调整围岩级别。当地下水影响围岩稳定，产生局部坍塌或软化软弱结构面时，可酌情降低 1 级。在碎石状松散结构的岩体中，当裂隙中夹有泥质充填物时，地下水对稳定性的影响很大，可根据地下水类型、水量、渗水条件、动水和静水压力等条件，判断它对围岩稳定的影响程度，可酌情降低 1～2 级。在强烈的断裂带内或软塑状黏性土和潮湿的粉细砂中，分级已经考虑了一般的含水状态可不再降级。若遇特殊含水地层，如已达饱和状态或具有较大承压水流时,需另作处理。

岩石强度划分 表 2.8-3

岩石级别		单轴饱和极限抗压强度 R_b(MPa)	代表性岩石
硬质岩石	极硬岩	>60	①花岗岩,闪长岩,玄武岩等; ②硅质、钙质胶结的砾岩及砂岩,石灰岩,云岩等; ③片麻岩,石英岩,大理岩,板岩,片岩等
	硬质岩	30~60	①凝灰岩等; ②泥砾岩,泥质砾岩,泥质页岩,泥灰岩,泥岩,煤等; ③云母片岩或千枚岩等
软质岩石	软质岩	5~30	
	极软岩	<5	

2)弹性波速度的分级方法

在铁路隧道围岩分级中还指出,如有弹性波(纵波)传播速度的测试资料,亦可作为判断围岩级别的根据。弹性波纵波速度 v_p 与围岩级别的关系见表 2.8-4。

弹性波(纵波)速度分级 表 2.8-4

围岩级别	Ⅰ	Ⅱ	Ⅲ	Ⅳ	Ⅴ	Ⅵ
弹性波(纵波)速度 v_p(km·s^{-1})	>4.5	3.5~4.5	2.4~4.0	1.5~3.0	1.0~2.0	<1.0

注:饱和状土:v_p<1.5km·s^{-1}。

3)公路与铁路隧道围岩的分级

根据以上对分级因素和指标的分析,本分级中将隧道围岩共分为六级,并给出了各类围岩的主要工程地质特征、结构特征和完善性等的指标,并预测了地铁隧道开挖后,可能出现塌方、滑动、膨胀、挤出、岩爆、突然涌水及瓦斯突出等失稳的部位和地段,给出了相应的工程措施的意见。具体分级见表 2.8-5。

公路与铁路隧道围岩分级 表 2.8-5

级别	围岩主要工程地质条件		围岩开挖后的稳定状态
	主要工程地质特征	结构特征和完整状态	
Ⅰ	硬质岩石(饱和抗压极限强度 R_b>60MPa),受地质构造影响轻微,节理不发育,无软弱面(或夹层);层状岩层为厚层,层间结合良好	呈巨块状整体结构	围岩稳定,无坍塌,可能产生岩爆
Ⅱ	硬质岩石(R_b>30MPa)受地质构造影响严重,节理发育,有少量软弱面(或夹层)和贯通微张节理,但其产状及组合关系不致产生滑动;层状岩层为中层或厚层,层间结合一般,很少有分离现象;或为硬质岩石偶夹软质岩石	呈大块状砌体结构	暴露时间长,可能会出现局部小坍塌,侧壁稳定;层间结合差的平缓岩层,顶板易塌落
	软质岩石(R_b≈30MPa),受地质构造影响轻微,节理不发育,层状岩层为厚层,层间结合良好	呈巨块状整体结构	

续上表

级别	围岩主要工程地质条件		围岩开挖后的稳定状态
	主要工程地质特征	结构特征和完整状态	
Ⅲ	硬质岩石(R_b>30MPa)受地质构造影响严重,节理发育,有少量软弱面(或夹层),但其产状及组合关系尚不致产生滑动;层状岩层为薄层或中层,层间结合差,多有分离现象;或为硬、软质岩石夹层	呈块(石)、碎(石)状镶嵌结构	拱部无支护时刻产生小坍塌,侧壁基本稳定,爆破振动过大易坍塌
	软质岩石(R_b=5～30MPa)受地质构造影响较重,节理发育;层状岩层为薄层、中层或厚层,层间结合一般	呈大块状砌体结构	
Ⅳ	硬质岩石(R_b>30MPa)受地质构造影响严重,节理发育,层状软弱面(或夹层)已基本被破坏	呈碎石状压碎结构	拱部无支护时可产生加大的坍塌,侧壁有时失去稳定
	软质岩石(R_b=5～30MPa)受地质构造影响严重,节理发育	呈块(石)、碎(石)状镶嵌结构	
	①略具压密或成岩作用的黏土及砂类土; ②黄土(Q_1,Q_2); ③一般钙质、铁质胶结的碎、卵石土、大块石土	①,②呈大块状压密结构;③呈巨块状整体结构	
Ⅴ	石质围岩位于挤压强烈的断裂带内,裂隙杂乱,呈石夹土或土夹石状	呈角(砾)碎(石)状松散结构	围岩易坍塌,处理不当会出现大坍塌,侧壁经常小坍塌,浅埋时易出现地表下沉(陷)或坍塌至地表
	一般第四系的半干硬～硬塑的黏性土及稍湿至潮湿的一般碎、卵石土、圆砾、角砾及黄土(Q_3,Q_4)	非黏性土呈松散结构;黏性土及黄土呈松软结构	
Ⅵ	石质围岩位于挤压极强烈的断裂带内,呈角砾、砂、泥松软体状	呈松软结构	围岩极易坍塌变形,有水时土砂常与水一齐涌出,浅埋时易坍塌至地表
	软塑状黏性土及潮湿的粉细砂等	黏性土呈易蠕动的松软结构,砂性土呈潮湿松散结构	

在地铁施工过程中,根据对地铁围岩的直接观察,测量和试验结果,可进一步核定岩层构造、岩性及地下水等情况,从而可以判断围岩的稳定程度。而当发现设计文件与实际情况不相符合时,应及时修改围岩级别,并变更支护设计。

第3章　盾构机选型

3.1　盾构选型

盾构选型是盾构法施工的关键环节，直接影响盾构隧道的施工安全、施工质量、施工工艺及施工成本。

下面以郑州地铁1号线3合同段为例，介绍如何选择盾构机。郑州地铁1号线3合同段地层主要为粉土、粉细砂、粉质黏土、黏土局部夹有淤泥质粉质黏土等。由于该松软土承载力较低、容易发生变形，同时具有震陷性和液化性。根据该合同段的工程条件、地质特点、水文特点、线路、方向控制、地表沉降、工期、环保及施工要求，结合类似工程盾构的选型经验和工程实例。本工程确定采用配备加膨润土、泡沫装置的土压平衡盾构。

3.2　拟选盾构机对本工程的适应性

3.2.1　对方向控制的适应性

盾构方向的控制包括两个方面：一是盾构本身能够进行纠偏、转向；二是采用先进的导向系统，保证盾构掘进方向的正确。

激光导向系统能够对盾构在掘进中的各种姿态，以及盾构的线路和位置关系进行精确的测量和显示。操作人员可以及时根据推进油缸行程指示和导向系统提供的信息，快速、实时地对盾构的掘进方向及姿态进行调整，以保证盾构掘进方向的准确控制。

3.2.2　对地表沉降的适应性

本工程盾构穿越的地层主要为粉土、粉细砂、粉质黏土、黏土局部夹有淤泥质粉质黏土等。由于松软土，承载力较低，容易发生变形，同时松软土具有震陷性、粉土和粉细砂具有液化性，易造成土仓压力不易控制，盾构穿越这些不同的地层时，因埋深不同，水土压力也不同，盾构应有良好的土压调整功能，在土仓内设置有6个土压计，能精确控制土仓压力和进行土压管理，以满足地表沉降控制在允许范围内。

同步注浆技术是控制地层变形、地面沉降的重要措施，其关键技术是随着盾构的推进及时充分地充填土体与管片外径之间的建筑空隙。拟选的盾构机采用单液注浆的方式，通过配制合理的浆液，并及时调整注浆量和注浆压力，及时填充管片与土体的间隙控制注浆效果，同时将双液注浆作为补强注浆措施。

3.2.3　对掘进速度的适应性

盾构的掘进速度应能满足工程总工期的需求，盾构的平均完好率不低于90%，盾构有能力达到日进度 12 环，平均掘进速度不低于 4cm/min，最大掘进速度为 8cm/min，能确保平均月进度达 240m 的施工进度要求。

3.2.4 对土层的适应性

刀盘结构是针对郑州粉土、粉细砂、粉质黏土、黏土局部夹有淤泥质粉质黏土等地质条件设计的，采用面板式刀盘，开口率为 58%。安装了削土型刀具，中心刀具为抽芯型，渣槽布置与渣土开挖后的流动适应，提高开挖效率，使渣土顺利从切削面流入土舱内。在维修时刀盘面板对土体有一定的支护作用，可在气压下在土舱内安全工作，便于土压力平衡。

刀盘采用中间支承式结构，设置有固定搅拌翼和随刀盘转动的搅拌翼，对土舱中的渣土进行强制搅拌，对切削下来的渣土需要进行搅拌，使渣土具有塑性，并防止土体的滞留和粘附。

刀盘、土仓及螺旋输送机有泡沫、膨润土及水注入系统，通过刀盘和搅拌翼把注入在开挖面的添加剂与切削下来的渣土在土舱中进行充分搅拌。在不同的地层掘进时可通过控制泡沫、膨润土或水的注入量，有效调节渣土的塑性及黏度、降低透水性及内摩擦力，提高土体的流塑性，防止螺旋输送机喷涌或产生泥饼，同时可减少刀盘功率的消耗。

刀盘转速可调 0～3.4r/min，根据地层情况自动调节扭矩和速度，且旋转方向可改变。

3.2.5 对环境保护的适应性

环境保护主要体现在以下 3 个方面：

(1)盾构施工时对周围自然环境的保护，盾构施工时使用的辅助材料如油脂、添加剂等不对环境造成污染。

(2)使用的盾构及配套设备无大的噪声、振动等。

(3)盾构法施工的现场环境管理。

3.2.6 盾构的可靠性和安全性

盾构施工时应能保证人员及设备的安全。盾构的可靠性是工程施工的重要保障，盾构的可靠性表现在以下方面：对地质的适应性，整体设计的可靠性；设备本身的性能、质量、使用寿命等的可靠性。

为了满足必要时进行刀具检修更换及处理障碍物作业的特殊空间需要，采用盾构配备双气路的人舱，以便在压缩空气下带压进入开挖室和隧道掌子面，确保换刀或处理开挖面障碍物时的施工安全和快速作业。在土仓隔板上设置安全闸门，必要时可以关闭螺旋输送机。

3.3 拟选盾构机主要部件选型及性能简介

3.3.1 刀盘

刀盘采用面板式，维修或更换刀具时，刀盘面板对土体有一定的支护作用。渣槽布置与渣土开挖后的流动相适应，使渣土能顺利从切削面流入土仓内，提高掘进效率。

刀盘采用中间支承方式，设置有固定搅拌臂和随刀盘转动的搅拌臂，对土仓中的渣土进行强制搅拌,防止土体的滞留和粘附。

在刀盘、土仓及螺旋输送机设有泡沫、膨润土及水注入系统,能对开挖后的渣土进行改良,防止螺旋输送机喷涌或产生泥饼。回转中心通过刀盘中心的法兰和刀盘连接。

3.3.2 刀具

刀盘设有中心刀 1 把,切刀 90 把,刮刀 12 把,先行刀 42 把,保径刀 8 把。刀具采用合金钢制造而成,能够确保施工的进度。

3.3.3 刀盘驱动方式

刀盘采用液压驱动,双向旋转,转速可根据地层情况调节。

3.3.4 盾尾密封

盾尾用于保证盾尾壳体与管片之间的密封性,盾尾上配备三道钢丝刷密封如图 3.3-1 所示。为了提高盾尾密封的止水性和寿命,盾尾上配备有可注入油脂的注油孔。盾尾壳体上还配备同步注浆装置。

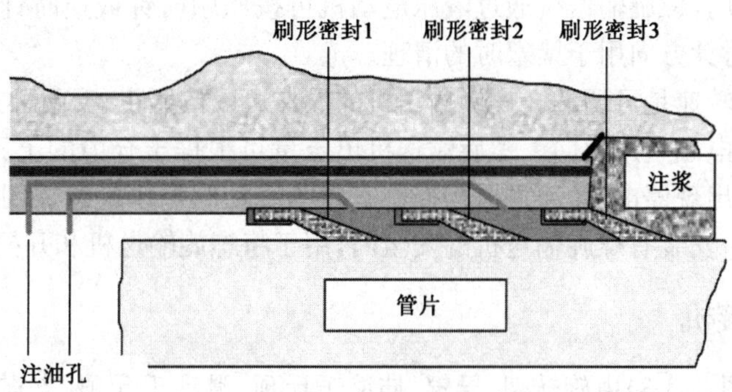

图 3.3-1 盾尾密封装置

3.3.5 铰接装置

装有铰接装置的盾构能在急性曲线施工时发挥巨大的作用。使用该装置还能有效地改善盾构的姿势控制,使盾构易于纠偏。

铰接装置连接盾构支撑环和盾尾,包括 14 根铰接油缸和铰接密封。在直线段掘进时铰接油缸一般处于锁定位置,盾尾在主机的拖动下被动前进。当盾构需要转弯时,将油缸处于浮动位置,盾尾可以根据调向的需要自动调整位置。设计参数如表 3.3-1 所示。

设计参数　　表 3.3-1

项　目	内　容	参　数	单　位
工况	水平曲线半径	250	m
	最大坡度	±3.5	%

完全可以满足本工程中最小曲线半径 310m 和最大线路坡度 2.1%的施工需要。

3.3.6 螺旋输送机

螺旋输送机的功能是将刀盘切削出的泥土从土仓送到皮带输送机，然后装入渣车中，螺旋输送机安装在盾构切口环的隔板下部。螺旋输送机可方便地对外护筒、螺旋叶片进行维修，同时螺旋输送机螺旋叶片和外护筒的内表面焊有耐磨层(图 3.3-2)。

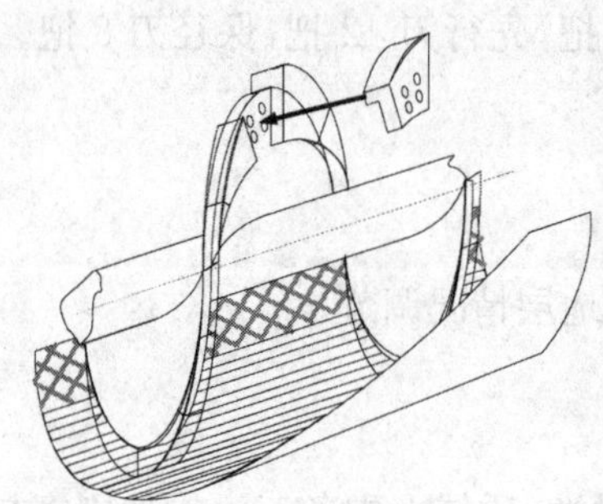

图 3.3-2　螺旋输送机结构示意图

螺旋输送机设有断电紧急关闭装置，密封可靠。在螺旋输送机外壳上装有 2 个添加剂注入口和 1 个排土闸门，螺旋输送机通过液压电动机可按照顺时针或逆时针方向旋转。顺时针方向用于排土，逆时针方向用于堵塞时的清理。

螺旋输送机的转速是可调的。螺旋输送机的操作可以按照正、反两种方向旋转，通过操作盘控制动力柜内的电磁阀来换向。螺旋输送机出土量可根据土仓内的土压力自动调节，也可进行手动操作。当出现停电时，通过盾构控制室内的手动阀可以紧急关闭螺旋输送机的排土门。在土仓隔板上，安装有螺旋输送机的安全门，用于将螺旋输送机和开挖土仓隔离。

3.3.7 管片拼装机

管片拼装机(图 3.3-3)由旋转架、导辊、伸缩千斤顶、滑动千斤顶、支撑千斤顶构成。旋转架通过液压电动机转动，旋转架为环形齿轮型，为焊接结构。管片拼装机的各种操作都可以单独进行。管片拼装过程中，通过线控或遥控两种控制方式可以对管片拼装机和推进千斤顶进行控制。管片拼装机的旋转角度设计为±220°，管片拼装机设置快、慢挡。管片拼装机具有足够的提升能力，并且可以确保拼装管片的平稳及安全。

3.3.8 同步注浆系统

盾构采用同步注浆，可以使管片外面的间隙及时得到充填，有效的保证隧道的施工质量及防止地面下沉。盾构机配有两台液压驱动的注浆泵，通过盾尾的注浆管道将砂浆注入到开挖直径和管片外径之间的环形间隙。

同步注浆系统可以实现分路注浆，能满足及时均匀填充盾尾间隙的要求。

同步注浆系统分四路进行注浆，在盾壳的上半部设有两处、下半部设有两处注浆口(突起型)，可以及时均匀填充盾尾间隙。注浆压力、流量计量能在注浆控制面板和操作室面板上实时显示。同步注浆系统可实现自动和手动调节两种控制方式。同步注浆系统的注浆量是由可与盾构掘进速度自动进行同步调整注浆量的机构来控制的。为防止注浆管路堵塞，同步注浆

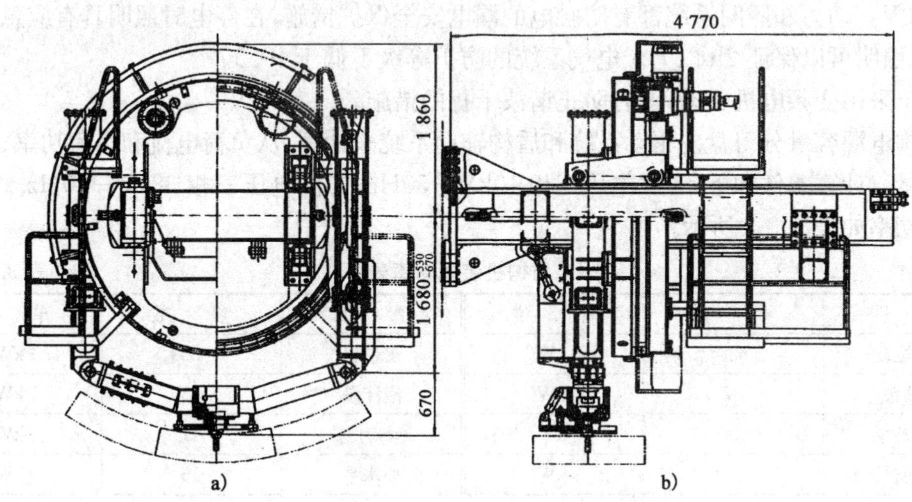

图 3.3-3 管片拼装机结构示意图(尺寸单位:mm)

系统设置了注浆管路清洗装置。注浆完成后该装置可以直接对注浆管路进行清洗。即使注浆管路发生堵塞,还设置了供维修的检查口。

3.3.9 后配套拖车

在盾构的后方设置有门架式的后配套拖车(图 3.3-4),在后配套台车上分别装有操作室、动力单元、液压油箱、液压阀类、电气控制盘、同步注浆设备、添加剂(稠泥浆、加泡沫剂)注入设备、空压机、高压变压器等设备。

拖车行走在钢轨上,拖车之间用拉杆相连。绝大部分的液压管、水管、泡沫管及油脂管从拖车内通过到盾构主机。在拖车的一侧铺设有人员通过的通道。拖车和主机之间通过一个连接桥连接,拖车在主机的拖动下前进。

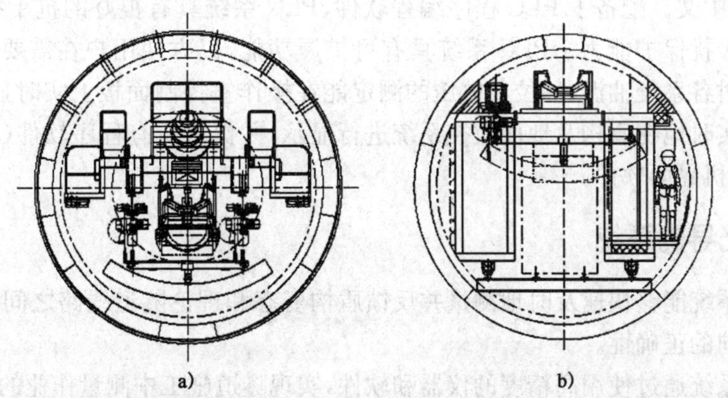

图 3.3-4 盾构后配套拖车结构示意图

3.3.10 电力系统

输入电压为 10kV、50Hz,电网电压波动率为 10%,变压器采用干式,次级电压为 400V,照明系统电压为 220V/24V,配置 220V 的电源插座,沿后配套拖车两侧按需要布置。动力系统采用380V。动力和照明系统都有防触电的漏电安全保护措施，在停电时照明具有应急照明设施，紧急照明可以保证2h以上。电气系统的防护等级不低于IP55。

由于采用变频电机驱动，设有防止谐波干扰的措施。

盾构电源容量分刀盘主驱动系统和盾构辅助系统来计算，从负荷电流和负荷功率、负荷率中求容量。计算条件如下：一次电压三相10kV－50Hz；二次电压三相380V－50Hz。盾构机的装配功率如表3.3-2所示。

盾构机装配功率表

表3.3-2

项　目	参　数	单　位	项　目	参　数	单　位
刀盘驱动	630	kW	皮带机	30	kW
注油泵	37	kW	泡沫泵	0.55	kW
控制油泵	5.5	kW	泡沫水泵	11	kW
液压油箱过滤泵	11	kW	加水泵	15	kW
螺旋输送机	160	kW	膨润土泵	18.5	kW
推进	75	kW	盾壳膨润土搅拌	4.4	kW
注浆	30	kW	盾壳膨润土泵	7.5	kW
辅助泵	22	kW	空压机1	37	kW
管片安装机	55	kW	空压机2	37	kW
齿轮油泵	4	kW	二次通风吊机	2.2	kW
砂浆搅拌	5.5	kW	总装配功率	1 204	kW
膨润土搅拌	5.5	kW			

3.3.11 PLC控制系统

电气系统采用PLC控制方式，PLC用户程序及解释程序为英文，并提供程序内部联锁关系，操作界面为中文。配备了PLC程序编程软件，PLC系统具有很好的抗干扰措施，PLC模板具备各种抗干扰保护能力。PLC系统具有可扩展功能，以方便用户在需要时增加PLC输入输出模块。对各系统油温、油位及电压的测定能在操作室控制面板上实时显示。盾构施工的各种参数能实时地在盾构及地面监控系统进行显示，并提供所有程序软件（英文）及说明书（中文），确保人机界面软件。

3.3.12 激光导向系统

激光导向系统能够快速及时地测量并反馈盾构姿态和理论隧道线路之间的关系，保证隧道施工线路方向的正确性。

激光导向系统通过使用高精度的仪器和软件，实现隧道施工中测量作业的省力化，并提高测量精度。通过使用本系统，可减少测量作业，节省测量时间。

盾构上安装了一套激光导向系统（图3.3-5）。本系统能够对盾构在掘进中的各种姿态以及盾构的线路和位置关系进行精确的测量和显示。操作人员可以及时的根据导向系统提供的信息，快速、实时地对盾构的掘进方向及姿态进行调整，保证盾构掘进方向的正确。激光导向系统使用高精度测量仪器，其测量精度高达为1s。

激光导向系统和隧道掘进软件全天候提供盾构的三维坐标和定向的连续的动态信息。隧道掘进软件是导向系统的核心，通过其附带的通信装置接收数据，由隧道掘进软件计算盾构的方位和坐标，并以图表和数字表格显示出来，使盾构姿态一目了然。导向系统的测量方式与瞄准 2 点目标的人工测量方式相同，在约 50s 的时间内就能进行精确的位置计算。在盾构的控制室内或地面的办公室，都可简单地进行测量指令的操作，实时掌握盾构的姿态。

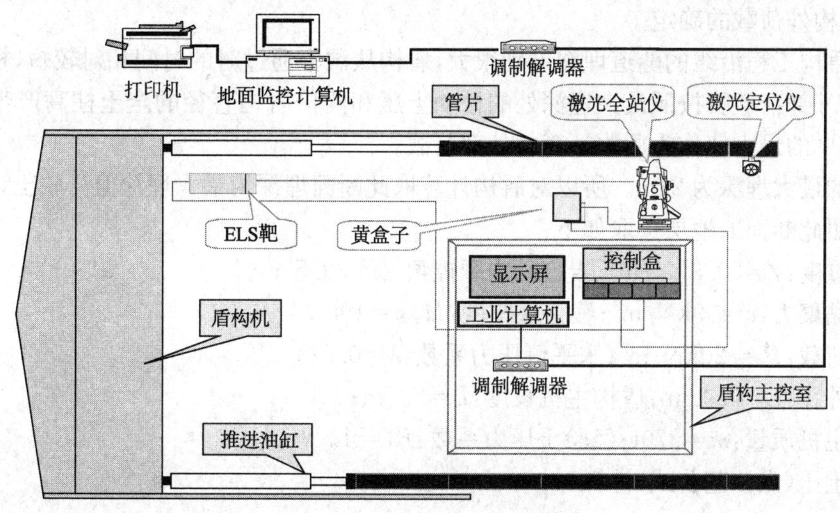

图 3.3-5　激光导向系统示意图

3.3.13　DV 数据采集系统

数据采集系统可采集、处理、储存、显示与盾构有关的数据。所有测量数据都通过被时钟脉冲控制的测量传感器连续的采集和显示。所有必须记录的测量值都以图形的形式显示在监测器上。如果 PC 和网络相联，不管从哪里都能看到管理系统的画面。系统能对千斤顶行程、排土量、注浆量、土压等掘进所必要的各种各样的数据进行监控管理，见图 3.3-6。

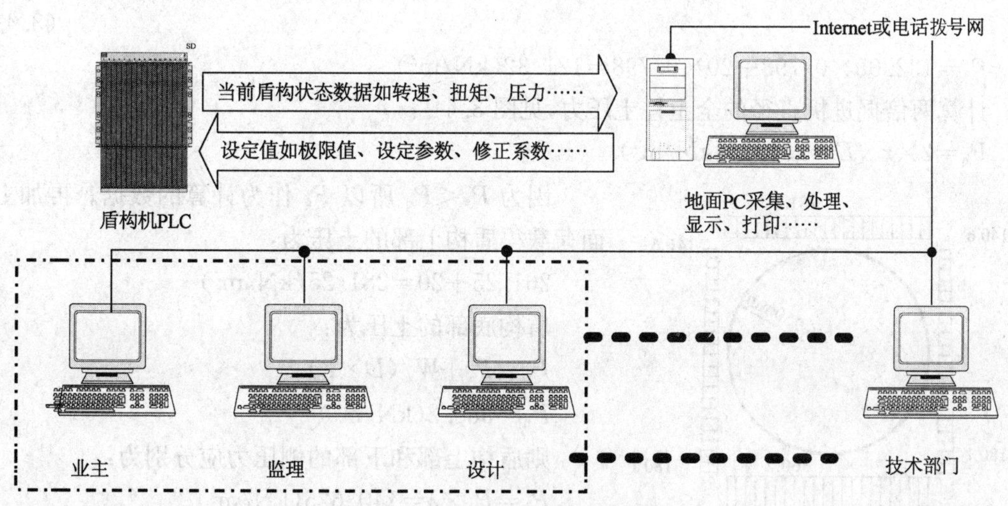

图 3.3-6　数据采集系统工作示意图

3.4 盾构关键参数的计算

3.4.1 推力计算

(1)盾构外荷载的确定

由于盾构工程沿线的隧道埋深差别很大,盾构从洞中通过时的时间相对较短,根据常用算法,盾构的外部荷载将按照最大埋深处的松动土压和两倍盾构直径的全土柱高产生的土压计算,并取其中的最大值作为盾构计算的外部荷载。

隧道的最大埋深为21m。所以对盾构计算取此断面埋深为最大埋深值。软土计算中地质参数均按照此断面的地层选取如下:

岩土重度:$\gamma=20.9\text{kN/m}^3$;岩土的内摩擦角:$\varphi=29.5°$;

土的黏聚力:$c=39\text{kN/m}^2$;覆盖层厚度:$H_{\max}=19\text{m}$;

地面荷载:$P_0=20\text{kN/m}^2$;水平侧压力系数:$\lambda=0.5$;

盾构外径:$D=6.25\text{m}$;盾构主机长度:$L=7.5\text{m}$;

盾构主机质量:$m=370\text{t}$;经验土压力系数:$K_0=1$。

松动土压(太沙基公式)计算:

$$P_s=\frac{B_1\times(\gamma-c/B_1)}{K_0\times\tan\varphi}\times(1-e^{-K_0\tan\varphi(H/B_1)})+P_0\times e^{-K_0\tan\varphi(H/B_1)} \tag{3.4-1}$$

其中:

$$B_1=(D/2)\times\cot[(45°+\varphi/2)/2] \tag{3.4-2}$$

$B_1=5.44\text{m}$

代入上式得:

$$P_s=\frac{2.44\times(20.9-39/5.44)}{\tan29.5°}\times(1-e^{-1\times\tan29.5°\times(15.4/5.44)})+20\times e^{-1\times\tan29.5°\times(15.4/5.44)} \tag{3.4-3}$$

$P_s=132.05\times0.798+20\times0.798=121.32(\text{kN/m}^2)$

计算两倍掘进机直径的全土柱土压力,见图3.4-1:

$P_q=2\times r\times D=261.25(\text{kN/m}^2)$

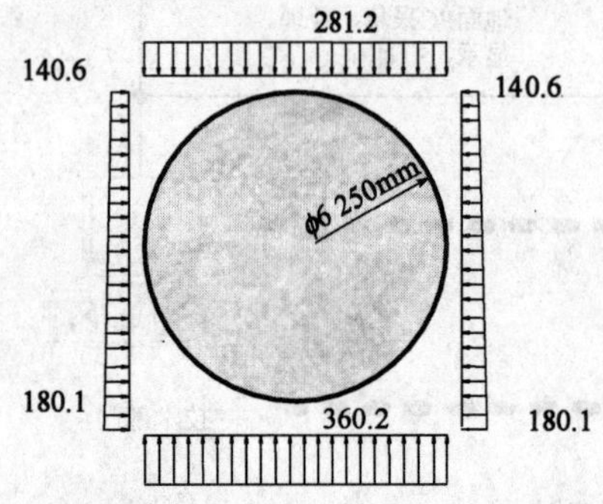

图3.4-1 盾构主体外荷载示意图(单位:kN)

因为 $P_s<P_q$ 所以 P_q 作为计算的数据。再加上地面荷载得盾构上部的土压为:

$261.25+20=281.25(\text{kN/m}^2)$

盾构底部的土压为:

$P_n=P_s+W/(D\times L)$

$P_n=360.2(\text{kN/m}^2)$

则盾构上部和下部的侧压力应分别为:

$P_\lambda=P_s\times\lambda=140.625(\text{kN/m}^2)$

$P_m=P_n\times\lambda=180.1(\text{kN/m}^2)$

(2)盾构的推力

盾构的推力应包含以下几个部分:

在土压平衡模式下:$\sum F = F_M + F_{BA}^{EPB} + F_S + F_{NL} + F_{SP}$

(3)盾壳和土层的摩擦力 F_M

$$F_M = 0.25 \times [\pi \times 6.25 \times 7.5(281.25 + 360.2 + 140.625 + 181.1)/4] \quad (3.4\text{-}4)$$

$F_M = 8\,865\text{kN}$

其中 μ 为盾壳和土体间的摩擦因数,根据经验值取 0.25。

(4)刀盘推进力 F_{BA}

刀盘上共安装了 90 把切刀和 12 把刮刀(按照经验计算,12 把刮刀的推力相当于 96 把切刀的推力),根据经验值每把切刀在软土中的推进力约为 5.6kN。

$$\begin{bmatrix} F = 0.22 v_c t_o \beta_1 \beta_2 V^{\frac{1}{2}} \\ F = v_c H \end{bmatrix}_{\min} \quad (3.4\text{-}5)$$

(5)盾尾密封的摩擦力

$F_{S1} = 10\text{kN/m}$(经验值,周向每米密封的摩擦力)

$t_o = \frac{200}{T+15} = \frac{200}{20+15} = 5.71$(管片外径 6m)

(6)拖拉后配套的力 F_{NL}(经验值)

$F_{NL} = 750\text{kN}$

(7)渣仓土压引起的前隔板反力

$$F_{SP} = 300\text{kN/m}^2 \times \frac{6.25^2 \times \pi}{4} = 9\,204\text{kN}(\text{土仓压力按 3000kPa 计算}) \quad (3.4\text{-}6)$$

(8)总推力计算

$$\sum F = F_M + F_{BA}^{EPB} + F_S + F_{NL} + F_{SP} \quad (3.4\text{-}7)$$

$$\sum F = 8\,865 + 1\,254.4 + 189 + 750 + 9\,204 = 20\,262.4\text{kN}$$

在盾构上坡和转弯时盾构的推力按直线水平段的 1.5 倍考虑,盾构的实际推力应为:

$$\sum_F = 20\,262.4 \times 1.5 = 30\,393.6\text{kN} \quad (3.4\text{-}8)$$

盾构机实际配备推力为 31 650kN,能够满足盾构的实际需要。

3.4.2 扭矩计算

盾构掘进机在软土中推进时的扭矩包括:切削扭矩、刀盘的旋转阻力矩、刀盘所受推力荷载产生的反力矩、密封装置所产生的摩擦力矩、刀盘的前端面的摩擦力矩、刀盘后面的摩擦力矩、刀盘开口的剪切力矩、土压腔内的搅动力矩等。随着土仓及掌子面渣土改良技术的发展,在软土开挖中刀盘的扭矩可以得到大幅度的降低。这里计算的只是在没有改良的情况下一种近似的理论扭矩,实际情况下一般要小于计算值。

(1)刀具切削扭矩

推进速度:$v_{max} = 4.8\text{m/h}$;

刀盘转速:$n = 1.2\text{r/min}$(根据类似工程选取经验值);

刀盘每转切深:$h_{max} = v/n = 6.67\text{cm}$;

岩土的抗压强度：$q_u=157\text{kPa}$（选用粉质黏土的抗压强度为计算依据）；

刀盘直径：$D_d=6.28\text{m}$

$$T_1=0.5\times[q_u\times h_{max}\times(D_d\times0.5)^2] \tag{3.4-9}$$

$T_1=0.5\times[157\times0.0667\times(6.28\times0.5)^2]=51.7\text{kN/m}$

(2)刀盘自重力产生的主轴承旋转反力矩

$$T_2=G\times R_1\times\mu_g \tag{3.4-10}$$

式中：G——刀盘自重力，$G=5\,700\text{kN}$；

R——主轴承滚动半径，$R=1.3\text{m}$；

μ_g——滚动摩擦因数，$\mu_g=0.004$；

$T_2=5\,700\times1.3\times0.004=29.6\text{kN}\cdot\text{m}$。

(3)刀盘推力荷载产生的旋转阻力矩

$$T_3=P_t\times R\times\mu_g \tag{3.4-11}$$

式中：P_t——推力荷载，$P_t=\alpha\times\pi\times R_2\times P_d$；

α——刀盘不开口率，$\alpha=66\%=0.66$；

R——刀盘半径，$R_2=3.14\text{m}$；

$P_d=(P_h+P_{h1})/2=160.36\text{kN/m}$；

$P_t=0.66\times\pi\times3.14\times160.36=1\,044\text{kN}$；

$T_3=1\,044\times1.3\times0.004=5.43\text{kN}\cdot\text{m}$。

(4)密封装置摩擦力矩

$$T_4=2\pi\times\mu_m\times F_m\times n\times R_{m1}^2 \tag{3.4-12}$$

式中：μ_m——密封与钢之间的摩擦系数，$\mu_m=0.2$；

F_m——密封的推力，$F_m=1.5\text{kPa}$；

n——密封数，$n=3$；

R_{m1}——密封的安装半径，$R_{m1}=1.25\text{m}$；

$T_4=2\pi\times0.2\times1.5\times3\times1.25^2_{m1}=8.8\text{kN}\cdot\text{m}$。

(5)刀盘前表面的摩擦力矩

$$T_5=\frac{2}{3}\times(\alpha\times\pi\times\mu_p\times R_2^3\times P_d) \tag{3.4-13}$$

式中：μ_p——土层和刀盘间的摩擦因数，$\mu_p=0.15$。

$$T_5=\frac{2}{3}\times(0.66\times\pi\times0.15\times3.14^3\times160.36)=1\,029.4\text{kN}\cdot\text{m} \tag{3.4-14}$$

(6)刀盘圆周的摩擦反力矩

$$T_6=2\pi\times D_d\times B\times P_z\times\mu_p \tag{3.4-15}$$

式中：B——刀盘边缘宽度，$B=0.45\text{m}$；

P_8——刀盘圆周土压力，$P_z=(P_{h1}+P_h+P_{v1}+P_v)/4=240.55\text{kPa}$；

$T_6=2\pi\times6.28\times0.45\times240.55\times0.15=640.7\text{kN}\cdot\text{m}$。

(7)刀盘背面的摩擦力矩

刀盘背面的摩擦力矩由土腔室内压力所产生，假定土腔室内的土压力为 P_d。

$$T_7 = \frac{2}{3} \times (\alpha \times \pi \times R_2^3 \times \mu_p \times P_d) = 1\,029.4\text{kN} \cdot \text{m} \tag{3.4-16}$$

(8)刀盘开口槽的剪切力矩

$$T_8 = \frac{2}{3} \times \pi \times C_\tau \times R_2^3 \times (1-\alpha) \tag{3.4-17}$$

式中：C_τ——土的抗剪应力：$C_\tau = c + P_d \tan\varphi = 15 + 160.36 \times \tan5° = 29\text{kPa}$。

在切削腔内，由于渣土含有水，取 $c=15\text{kPa}$，内摩擦角为 $\varphi=5°$。

$$T_8 = \frac{2}{3} \times \pi \times 29 \times 3.14^3 \times (1-0.66) = 639\text{kN} \cdot \text{m} \tag{3.4-18}$$

(9)刀盘土腔室内的搅动力矩

$$T_9 = \varphi_b \times L_z \times P_d \times (r_1 + r_2)/2 \times n_b \tag{3.4-19}$$

式中：φ_b——刀盘支撑柱直径，$\varphi_b=0.6\text{m}$；

L_z——刀盘支撑柱长度：$L_z=1.1\text{m}$；

n_b——支撑柱数量 $n_b=4$；

r_2——刀盘支撑柱外端半径，$r_2=1.4\text{m}$；

r_1——刀盘支撑柱内端半径，$r_1=0.7\text{m}$；

$T_9=0.6\times1.1\times160.36\times(1.4+0.7)/2\times4=444.5\text{kN}\cdot\text{m}$。

(10)刀盘总扭矩

$$T = \sum_{i=1}^{9} T_I = 51.7 + 29.6 + 5.43 + 8.8 + 1\,029.4 + 640.7 + 1\,029.4 + 639 + 444.5 = 3\,878.53\text{kN} \cdot \text{m} \tag{3.4-20}$$

按照日本土压平衡盾构扭矩估算公式计算：

$$T = \alpha \times D^3 \tag{3.4-21}$$

计算盾构的扭矩，其中 α 为土压平衡盾构系数，根据盾构直径的大小不同一般取值 14～23，这里取 $\alpha=18.79$ 计算扭矩得：$T=18.79\times6.28^3=5\,225\text{kN}\cdot\text{m}$，此扭矩值应为盾构机的脱困扭矩值。

盾构实际的刀盘驱动扭矩为 5 225kN·m，脱困扭矩为 4 377kN·m，大于前面的计算值，所以既有盾构配备的扭矩足够。

3.4.3 功率计算

1)主驱动功率

根据实际工况，取刀盘的驱动扭矩为 2 620kN·m，刀盘最大扭矩时的刀盘转速取 1.2r/min，计算刀盘驱动的实际需要功率为：

$$W_0 = T \times \omega = 3\,878 \times 1.2 \times 2\pi/60 = 487.3\text{kW} \tag{3.4-22}$$

主驱动系统的效率为：

$$\eta_d = \eta_{mc} \times \eta_{pm} \times \eta_{pv} \times \eta_l \times \eta_{mm} \times \eta_{mv} \times \eta_{mr} \tag{3.4-23}$$

其中：η_{mc}——联轴器机械效率；

η_{pm}——液压泵的机械效率；

η_{pv}——液压泵的容积效率；

η_l——系统回路效率；

η_{mm}——液压电动机机械效率；

η_{mv}——液压电动机容积效率；

η_{mr}——减速器机械效率；

$\eta_d = 0.95 \times 0.98 \times 0.95 \times 0.90 \times 0.95 \times 0.98 \times 0.98^3 = 70\%$。

所以盾构的实际主驱动功率应为：

$$W = W_0 / \eta_d = 696\text{kW} \tag{3.4-24}$$

盾构机的实际配备功率为630kW。

2)推进系统功率

由前面计算知，盾构推进时的最大推力取32 693kN，推进速度取80mm/mIn，计算推进功率为：

$$W_0 = F \times v \tag{3.4-25}$$

$$W_0 = 32\,693 \times 0.08/60\text{m/s} = 44\text{kW}$$

推进系统应配备的功率应为：

$$W = W_0 / \eta = W_0 / (\eta_{pm} \times \eta_{pv} \times \eta_c) \tag{3.4-26}$$

式中：η_{pm}——液压泵的机械效率；

η_{pv}——液压泵的容积效率；

η_c——联轴器机械效率；

$W = 44/(0.95 \times 0.97 \times 0.95) = 50\text{kW}$，推进系统实际配备功率为75kW。

盾构的主要性能参数如表3.4-1所示。

盾构主要性能参数 表3.4-1

项　目	内　容	参　数	单　位	备　注
工况	水平曲线半径	250	m	
	最大坡度	±3.5	%	
管片	内径	ϕ5 400	mm	
	外径	ϕ6 000	mm	
	厚度	300	mm	
	长度	1 500	mm	
	最大质量	3.8	t	
	每环数量	5+1		
盾构	最大工作压力	3	10^5Pa	
	直径(含耐磨层10mm)	ϕ6 280	mm	
	总长	75.5	m	
	总质量	约500	t	
	最大推进速度	80	mm/min	
	最大推进力	31 650	kN	

续上表

项　目	内　容	参　数	单　位	备　注
盾体	总长(不包括刀盘)	7 788	mm	
	钢结构材质	Q345B		
	注浆孔	8	个	(4对)
前体	外径,不含硬化层	ϕ6 250	mm	
	硬化层	2×5	mm	
	前体长度	1 740	mm	
	盾壳厚度	60	mm	
	压力板厚度	60	mm	
	钢结构质量	42.7	t	
	材质	Q345B		
	土压传感器	5		
	压力舱数量	1		
	搅拌桩	4		
中体	外径	ϕ6 240	mm	
	长度	2 795	mm	
	盾壳厚度	40	mm	
	钢结构质量	35.8	t	
	材质	Q345B		
盾尾	外径	ϕ6 230	mm	
	长度	3 633	mm	
	钢结构质量	20.3	t	
	盾尾厚度	25	mm	
	材质	Q690		
	钢丝刷密封数量	3	排	
	注脂点数量	2×6	路	
	注浆管路数量	8	路	
	注浆管直径	50	mm	
人舱	主舱人数	3		
	主舱直径	1 600	mm	
	主舱长度	1 800	mm	
	主舱体积	3.8	m^3	
	主舱门	ϕ600	mm	
	预备舱人数	2		
	预备舱直径	1 600	mm	
	预备舱长度	1 400	mm	

续上表

项　目	内　容	参　数	单　位	备　注
人舱	预备舱体积	2.1	m^3	
	预备舱门	950×600	mm	
	主舱和预备舱通道	800×600	mm	
	允许最大工作压力	3	10^5Pa	
	测试压力	4.5	10^5Pa	
	质量	5.5	t	
推进油缸	油缸	ϕ200/170	mm	
	行程	2 000	mm	
	推进缸数量	32		
	总推力	31 650	kN	
	推进缸方向调节	4	组	
	行程测量系统数量	4		
	回收速度(双缸)	5 800	mm/min	
铰接油缸	数量	14		
	油缸	ϕ160/80	mm	
	行程	150	mm	
	行程测量系统数量	4		
	总拉力	7 340	kN	
后配套拖车	拖拉数量	2		
	拖拉油缸直径	ϕ130/70	mm	
	行程	250	mm	
	设备桥	1	节	
	拖车数量	6	节	
刀盘	开挖直径	ϕ6 280	mm	
	质量	28	t	
	旋转方向	左/右		
	进渣通道(外圈)	6		
	搅拌臂	4		
	旋转接头接口	5/ϕ50	mm	
	注入孔接口	8/ϕ50	mm	
刀盘钢结构	材质	Q345B		
	开口率	58	%	
	防护环	耐磨焊丝		
刀具	切刀数量	90		
	伸出刀盘量	90	mm	

续上表

项目	内容	参数	单位	备注
刀具	双向刮刀	6+6		
	先行刀	42		
	伸出刀盘量	110	mm	
	保径刀	8		
	中心刀	1		
	扩挖刀	无		
	扩挖刀行程	0		
旋转接头	泡沫/膨润土注入管道	5/DN50		
	液压管道	无		
刀盘驱动	功率	630	kW	
	转速范围	0～3.4	r/min	
	一挡转矩	2 620	kN·m	
	二挡转矩	4 377	kN·m	
	脱困转矩	5 225	kN·m	
主轴承	小齿轮数量	8		
	主轴承直径	ϕ2 600	mm	
	水冷却行星齿轮数量	8		
	内密封系统数量	2		
	外密封系统数量	3		
管片安装机	类型	液压伸缩臂式		
	自由度	6		
	轴向移动	2 000	mm	
	径向移动	1 000	mm	
	旋转范围	+/−200°		
	安装头垂直摆动	+/−2.5°		
	安装头水平摆动	+/−2.5°		
	纵向移动力	50	kN	
	提升力	120	kN	
	最大转矩	150	kN·m	
	装配功率	55	kW	
	重量	150	kN	
	伸缩油缸	ϕ130/80	mm	
	行程	1 200	mm	
	摆动油缸	ϕ63/36	mm	
	行程	40	mm	

续上表

项　目	内　容	参　数	单　位	备　注
管片安装机	旋转油缸	φ63/36	mm	
	行程	40	mm	
	抓取油缸	φ130/70	mm	
	行程	50	mm	
螺旋输送机	装配功率	160	kW	
	直径	φ800	mm	
	速度	0～22	r/min	
	最大转矩	65	kN·m	
	注浆孔	6		
	开挖能力	300	m^3/h	
	允许工作压力	3	10^5Pa	
	测试压力	4.5	10^5Pa	
	旋转方向	左/右		
	后闸门1油缸数量	2		
	油缸尺寸	φ100/56	mm	
	行程	415	mm	
	工作压力	200	10^5Pa	
	后闸门2油缸数量	2		
	油缸尺寸	φ80/36	mm	
	行程	800	mm	
	工作压力	200	10^5Pa	
齿轮油供应	主驱动注油(一半)	220	L	
	行星齿轮驱动注油	8×12	L	
	液压油箱容积	4 000	L	
液压油供应	刀盘驱动流量	2×1 088	L/min	
	补油泵流量	648	L/min	
	推进泵流量	102	L/min	
	螺旋输送机油泵流量	363	L/min	
	安装机油泵流量	250	L/min	
	辅助泵流量	63	L/min	
	注浆泵流量	102	L/min	
	过滤油泵流量	650	L/min	
管片输送小车	承载管片数	3		
	输送油缸尺寸	φ100/70	mm	
	行程	1 760	mm	

续上表

项　目	内　容	参　数	单　位	备　注
管片输送小车	举升油缸尺寸	ϕ65/55	mm	
	行程	50	mm	
	总长	5 220	mm	
	总宽	1 660	mm	
	总高	481	mm	
管片吊机	提升功率	3.5	kW	
	下降功率	0.86	kW	
	承载力	3.2×2	kN	
	行走速度	10	m/min	
	起吊速度	4,1	m/min	
皮带机	功率	30	kW	
	速度	2.5	m/s	
	能力	750	t/h	
	宽度	800	mm	
	长度	54	m	
油脂供应	密封油脂驱动装置的油脂消耗(HBW Condat)	10	kg/环	
	刀盘和螺旋输送机驱动油脂用量(EP2)	20	kg/环	
	泵站驱动容积	200	L	
	盾尾油脂用量	26	mL/min	
	盾尾泵站容积	200	L	
注浆泵	数量	2		
	功率	30	kW	
	注浆孔数量	4+4		
	转运泵数量	1		
	注浆箱容积	6	m^3	
	搅拌器功率	5.5	kW	
膨润土泵	功率	18.5	kW	
	能力	16	m^3/h	
	压力	16	10^5Pa	
	管路数量	1		
	膨润土箱容积	4	m^3	
	搅拌器功率	5.5	kW	
空压机	功率	2×37	kW	
	压力	8	10^5Pa	
	能力	2×6.6	m^3/min	
	空气罐	1	m^3	

续上表

项　目	内　容	参　数	单　位	备　注
泡沫改良	刀盘注入点数	6		
	螺旋输送机注入点数	6		
	开挖舱注入点数	2		
膨润土改良	刀盘注入点数	2		
	螺旋输送机注入点数	3		
	开挖舱注入点数	2		
泡沫生产	泡沫管路数量	3		
	储存箱	1	m^3	
	泡沫泵能力	5～300	L/h	
	泡沫泵功率	0.55	kW	
	液体泵流量	3～133	L/min	
	液体泵功率	11	kW	
水系统	现场供水量	30	m^3/h	
	管路截面	DN80		
	进水温度	＜25	℃	
	工作压力	2～6	$10^5 Pa$	
盾壳膨润土	功率	7.5	kW	
	能力	8	m^3/h	
	压力	16	$10^5 Pa$	
	管路数量	1		
	盾壳膨润土罐容积	1.5	m^3	
	搅拌器功率	2×2.2	kW	
盾壳膨润土改良	中盾注入点数	6		
	尾盾注入点数	6		
风管储存箱	储存箱数量	2		
	能力	100	m	
	风管直径	DN1000		
二次通风	吊机功率	2.2	kW	
	管路截面	ϕ600	mm	
电气	初始电压	10 000	VAC	
	二级电压	400	VAC	
	驱动电压	24/230	VDC/VAC	
	照明	230	VAC	
	应急照明	24/230	VDC/VAC	
	阀组电压	24	VDC	

续上表

项　目	内　容	参　数	单　位	备　注
电气	电机保护装置	IP55		
	补偿单元	Cos0.9		
	变压器功率	1 600	kV·A	
	频率	50	Hz	
	高压电缆长度	250	m	
	高压电缆截面	3×50	mm^2	
装配功率	刀盘驱动	630	kW	
	注油泵	37	kW	
	控制油泵	5.5	kW	
	液压油箱过滤泵	11	kW	
	螺旋输送机	160	kW	
	推进	75	kW	
	注浆	30	kW	
	辅助泵	22	kW	
	管片安装机	55	kW	
	齿轮油泵	4	kW	
	砂浆搅拌	5.5	kW	
	膨润土搅拌	5.5	kW	
	皮带机	30	kW	
	泡沫泵	0.55	kW	
	泡沫水泵	11	kW	
	加水泵	15	kW	
	膨润土泵	18.5	kW	
	盾壳膨润土搅拌	4.4	kW	
	盾壳膨润土泵	7.5	kW	
	空压机1	37	kW	
	空压机2	37	kW	
	二次通风吊机	2.2	kW	
	总装配功率	1 204	kW	

第 4 章　暗洞开挖

地铁已经成为城市快速交通的一个重要组成部分，因其快速、正点、低能耗、少污染、运量大、乘坐舒适方便等优点，常被称为“绿色交通”。我国将进入地铁发展黄金期，目前，北京、香港、上海、天津、广州、深圳、沈阳、南京、武汉、成都、高雄等大中城市已经有地铁运行，并在继续建设新线。其他城市，如长沙、杭州、福州、苏州、宁波、哈尔滨、青岛、昆明等城市都在建地铁。然而在地铁高速发展的同时，我们更应该注意到地铁的安全施工，不断地完善地铁施工技术，保证我国地铁高质高量高速的发展。

地铁区间隧道施工方法选择主要受工程地质、水文地质、地形地貌、沿线环境要求、施工单位的技术水平、施工进度、经济条件等因素限制。地铁施工方法的选择，很大程度上要考虑环境的要求。例如，在施工中长时间中断交通，泥浆、粉尘、噪声、振动污染给居民生活带来的影响，地面沉降变形引起建筑物、构造物开裂导致工程事故等，均会造成经济损失和不良的社会影响。所以，我们在进行地铁施工时，施工工艺方案选择得当，施工机械配套合理，工程就已成功一半。在沿海城市，饱和软地层中修建隧道时，暗洞开挖最好的选择应是盾构法、顶管法；山区城市则应以新奥法，信息反馈施工，有更好的经济效益，在条件允许的情况下，则应推广TBM(Tunnel Boring Machine)施工方法。目前国内外常用的暗洞开挖方法有盾构法、矿山法(钻爆法)、暗挖法、顶管法、凿岩机法(TBM)等，在本章里我们将重点介绍盾构法和矿山法。

4.1　地铁工程盾构法开挖及支护

盾构法是建造城市地下隧道卓有成效的施工方法之一，自 1818 年法国工程师 Brunel 发明盾构法以来，经过一百多年的应用与发展，已使盾构法能够适用于任何水文地质条件下的施工，即松软，坚硬，有地下水，无地下水的地层中的暗挖隧道工程都可采用盾构法。

4.1.1　盾构法

盾构法(Shield Tunnelling Method)是暗挖法施工中的一种全机械化施工方法，它是将盾构机械在地中推进，通过盾构外壳和管片支承四周围岩防止发生往隧道内的坍塌，同时在开挖面前方用切削装置进行土体开挖，通过出土机械运出洞外，依靠千斤顶在后部加压顶进，并拼装预制混凝土管片，形成隧道结构的一种机械化施工方法。盾构法施工得到广泛使用，因其具有明显的优越性：

(1)在盾构的掩护下进行开挖和衬砌作业，有足够的施工安全性。

(2)地下施工不影响地面交通，在河底下施工不影响河道通航。

(3)施工操作不受气候条件的影响。

(4)产生的振动、噪声等环境危害较小。

(5)对地面建筑物及地下管线的影响较小。

但同时盾构法施工也具有机械设备复杂、价格昂贵、施工工艺繁琐等缺点。

4.1.2 盾构法施工的基本条件

在松软含水地层或地下线路等设施埋深达到10m或更深时,可以采用盾构法。

(1)线位上允许建造用于盾构进出洞和出渣进料的工作井。

(2)隧道要有足够的埋深,覆土深度宜不小于6m。

(3)相对均质的地质条件。

(4)如果是单洞则要有足够的线间距,洞与洞及洞与其他建(构)筑物之间所夹土(岩)体加固处理的最小厚度为水平方向1.0m,竖直方向为1.5m。

(5)从经济角度讲,连续的施工长度不小于300m。

盾构既是一种施工机具,也是一种强有力的临时支撑结构。盾构机外形上看是一个大的钢管机,较隧道部分略大,它是设计用来抵挡外向水压和地层压力的。它包括3部分:前部的切口环、中部的支撑环以及后部的盾尾(图4.1-1)。大多数盾构的形状为圆形,也有椭圆形、半圆形、马蹄形及箱形等其他形式。

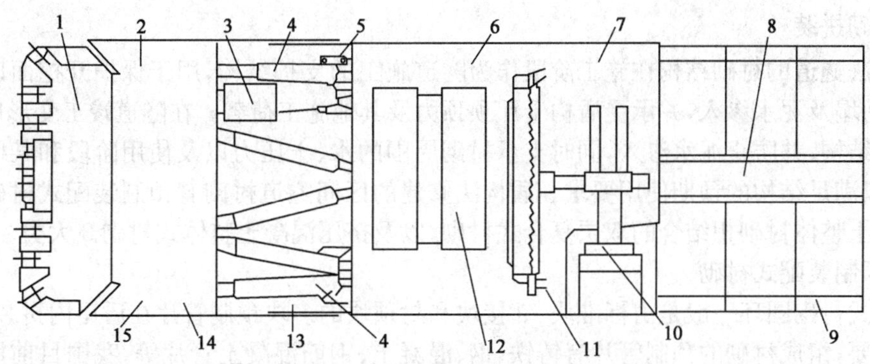

图4.1-1 盾构机组成图

1-掘进刀盘;2-前护盾;3-驱动组件;4-推进油缸;5-铰接油缸;6-撑靴护盾;7-尾护盾;8-出渣输送机;9-拼装好的管片;10-管片安装机;11-辅助推进靴;12-水平撑靴;13-伸缩护盾;14-主轴承大齿圈;15-刀盘支撑

4.1.3 盾构法施工工艺

盾构法施工工艺主要有土层开挖、盾构推进操纵与纠偏、衬砌拼装、衬砌背后压注等。这些工序均应及时而迅速地进行,决不能长时间停顿,以免增加地层的扰动和对地面、地下构筑物的影响。

1)土层开挖

在盾构开挖土层的过程中,为了安全并减少对地层的扰动,一般先将盾构前面的切口贯入土体,然后在切口内进行土层开挖,开挖方式如下:

(1)敞开式开挖。适用于地质条件较好、掘进时能保持开挖面稳定的地层。由顶部开始逐层向下开挖,可按每环衬砌的宽度分数次完成。

(2)机械切削式开挖。用装有全断面切削大刀盘的机械化盾构开挖土层。大刀盘可分为刀架间无封板的和有封板的两种,分别在土质较好的和较差的条件下使用。在含水不稳定的地层中,可采用泥水加压盾构和土压平衡式盾构进行开挖。

(3)挤压式开挖。使用挤压式盾构的开挖方式,又有全挤压和局部挤压之分。前者由于掘进时不出土或部分出土,对地层有较大的扰动,使地表隆起变形,因此隧道位置应尽量避开地下管线和地面建筑物。此种盾构不适用于城市道路和街坊下的施工,仅能用于江河、湖底或郊外空旷地区。用局部挤压方式施工时,要根据地表变形情况,严格控制出土量,务必使地层的扰动和地表的变形减少到最低限度。

(4)网格式开挖。使用网格式盾构开挖时,要掌握网格的开孔面积。格子过大会丧失支撑作用,格子过小会产生对地层的挤压扰动等不利影响。在饱和含水的软塑土层中,这种掘进方式具有出土效率高、劳动强度低、安全性好等优点。

2)推进操纵与纠偏

推进过程中,主要采取编组调整千斤顶的推力、调整开挖面压力以及控制盾构推进的纵坡等方法,来操纵盾构位置和顶进方向。一般按照测量结果提供的偏离设计轴线的高程和平面位置值,确定下一次推进时须有若干千斤顶开动及推力的大小,用以纠正方向。此外,调整的方法也随盾构开挖方式有所不同。如敞开式盾构,可用超挖或欠挖来调整;机械切削开挖,可用超挖刀进行局部超挖来纠正;挤压式开挖,可用改变进土孔位置和开孔率来调整。

3)衬砌拼装

盾构法隧道的衬砌结构在施工阶段作为隧道施工的支护结构,用于保护开挖面以防止土体变形、坍塌及泥水渗入,并承受盾构千斤顶顶力及其他施工荷载。在隧道竣工变形后作为永久性支撑结构,并防止泥水渗入,同时支承衬砌周围的水、土压力以及使用阶段和某些特需要的荷载,以满足结构的预期使用要求。盾构法修建的区间隧道衬砌有预制装配式衬砌和模筑钢筋混凝土整体衬砌相结合的双层复合式衬砌,以及挤压混凝土整体式衬砌 3 大类。

(1)预制装配式衬砌

装配式衬砌圆环一般是由标准块、邻接块和封顶块的多块预制管片在盾尾内拼装而成,根据工程需要,组成衬砌的预制管片有铸铁、钢、混凝土、钢筋混凝土管片等,我国目前用得最多的是钢筋混凝土管片。

(2)双层衬砌

为防止隧道渗水和衬砌腐蚀,修正隧道施工误差,减少噪声和振动以及作为内部装饰,可以在装配式衬砌内部再做一层整体式混凝土或钢筋混凝土内衬。根据需要还可以在装配式衬砌与内层之间铺设防水隔离层。双层衬砌主要用在含有腐蚀性地下水的地层中。近年来由于混凝土耐腐蚀性和管片防水性能提高,采用双层衬砌的必要性已大为减少,但仍有一些国家如日本等坚持使用双层衬砌。

(3)挤压混凝土整体式衬砌

挤压混凝土衬砌是指不采用常规管片而通过在盾尾现场浇筑混凝土来进行衬砌的隧道施工方法,是随着盾构机向前掘进用一套衬砌施工设备在盾尾同步灌注的混凝土或钢筋混凝土整体式衬砌,因其灌注后即承受盾构千斤顶推力的挤压作用,故有此称谓。因该施工法是在盾构机推进的同时对新拌混凝土加压,构成与地层紧密结合的衬砌体,所以可以得到密实、质量高的衬砌体,能控制对周围围岩的影响,并降低造价、缩短工期。

常用液压传动的拼装机进行衬砌(管片或砌块)拼装。拼装方法根据结构受力要求,可分为通缝拼装和错缝拼装。通缝拼装是使管片的纵缝环环对齐,拼装较为方便,容易定位,衬砌圆环的施工应力较小,但其缺点是环面不平整的误差容易积累。错缝拼装是使相邻衬砌圆环的纵缝错开管片长度的1/2～1/3。错缝拼装的衬砌整体性好，但当环面不平整时，容易引起较大的施工应力。衬砌拼装方法按拼装顺序，又可分为先环后纵和先纵后环两种。先环后纵法是先将管片（或砌块）拼成圆环，然后用盾构千斤顶将衬砌圆环纵向顶紧。先纵后环法是将管片逐块先与上一环管片拼接好，最后封顶成环。这种拼装顺序可轮流缩回和伸出千斤顶活塞杆以防止盾构后退，减少开挖面土体的走动。而先环后纵的拼装顺序，在拼装时须使千斤顶活塞杆全部缩回，极易产生盾构后退，故不宜采用。

4）衬砌背后压注

为了防止地表沉降，必须将盾尾和衬砌之间的空隙及时压注充填。压注后还可改善衬砌受力状态，并增进衬砌的防水效果。压注的方法有二次压注和一次压注。二次压注是在盾构推进一环后，立即用风动压注机通过衬砌上的预留孔，向衬砌背后的空隙内压入豆粒砂，以防止地层坍塌；在继续推进数环后，再用压浆泵将水泥类浆体压入砂间空隙，使之凝固。因压注豆粒砂不易密实，压浆也难充满砂间空隙，不能防止地表沉降，已趋于淘汰。一次压注是随着盾构推进，当盾尾和衬砌之间出现空隙时，立即通过预留孔压注水泥类砂浆，并保持一定的压力，使之充满空隙。压浆时要对称进行，并尽量避免单点超压注浆，以减少对衬砌的不均匀施工荷载；一旦压浆出现故障，应立即暂停盾构的推进。盾构法施工时，还须配合进行垂直运输和水平运输，以及配备通风、供电、给水和排水等辅助设施，以保证工程质量和施工进度，同时还须准备安全设施与相应的设备。

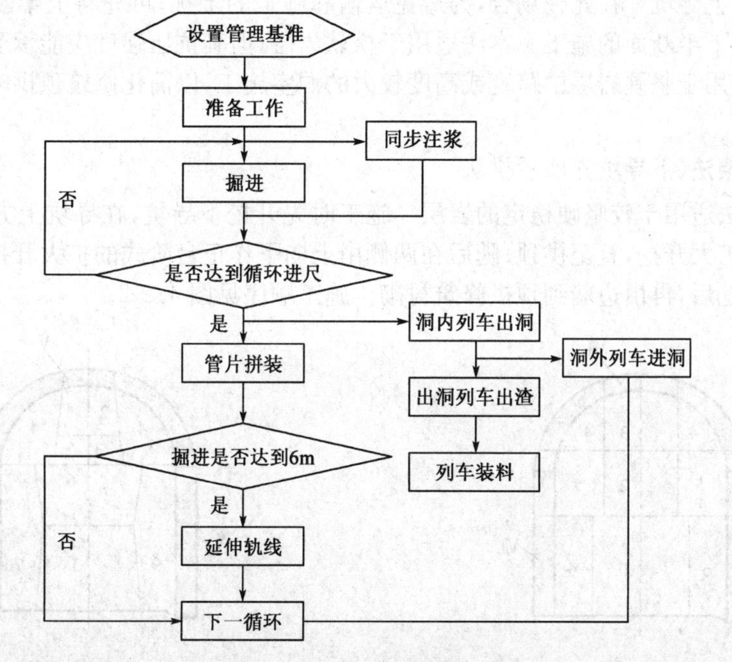

图4.1-2 盾构机正常掘进工艺流程图

4.2 地铁工程浅埋矿山法开挖及支护

矿山法（MIne TunnellIng Method）主要用钻眼爆破方法开挖断面而修筑隧道及地下工程的

施工方法，指的是用开挖地下坑道的作业方式修建隧道的施工方法。矿山法是一种传统的施工方法。它的基本原理是隧道开挖后受爆破影响，造成岩体破裂形成松弛状态，随时都有可能坍落。基于这种松弛荷载理论依据，其施工方法是按分部顺序采取分割式逐块的开挖，并要求边挖边撑以求安全，所以支撑复杂，大量采用钢、木支撑，不强调要及早闭合支护环，很少采用复合式衬砌，而是大量采用刚度较大的单层衬砌，不进行施工量测等。对地面的干扰小，造价低。

按衬砌施工顺序，可分为先拱后墙法及先墙后拱法两大类。后者又可按分部情况细分为漏斗棚架法、台阶法、全断面法和上下导坑先墙后拱法。在松软地层中或在大跨度洞室的情况下，又有一种特殊的先墙后拱施工法——侧壁导坑先墙后拱法。此外，结合先拱后墙法和漏斗棚架法的特点，还有一种居于两者之间的蘑菇形法。

1)先拱后墙法(支承顶拱法)

在稳定性较差的松软岩层中，为了施工安全，先开挖拱部断面并即砌筑顶拱，以支护顶部围岩，然后在顶拱保护下开挖下部断面和砌筑边墙。在开挖边墙部分的岩层之前，必须将顶拱支承好，故有上述别称。开挖两侧边墙部分的岩层时(俗称挖马口)，须左右交错分段进行，以免顶拱悬空而下沉。该法施工顺序见图 4.2-1(图中阿拉伯数字为开挖顺序，罗马数字为衬砌顺序，下同)。

施工时，须开挖上下两个导坑，开挖上部断面时的大量石渣，可通过上下导坑之间的一系列漏渣孔装车后从下导坑运出，既提高出渣效率，又减少施工干扰。当隧道长度较短、岩层又干燥时，可只设上导坑。在此种场合，为避免运输和施工的干扰，可先将上半断面完全修筑完毕，然后再进行下半断面的施工。本法适用于松软岩层，但其抗压强度应能承受拱座处较高的支承应力，也适用于坚硬岩层中跨度或高度较大的洞室施工，以简化修筑顶拱时的拱架和灌筑混凝土作业。

2)漏斗棚架法(下导坑先墙后拱法)

漏斗棚架法适用于较坚硬稳定的岩层。施工时先开挖下导坑，在导坑上方开始由下向上作反台阶式的扩大开挖，直至拱顶；随后在两侧由上向下作正台阶式的扩大开挖，直至边墙底；全断面完全开挖后，再由边墙到顶拱修筑衬砌。施工顺序见图 4.2-2。

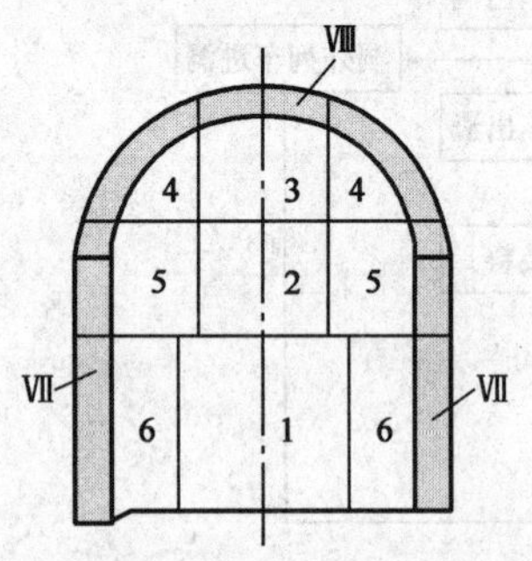

图 4.2-1　先拱后墙法

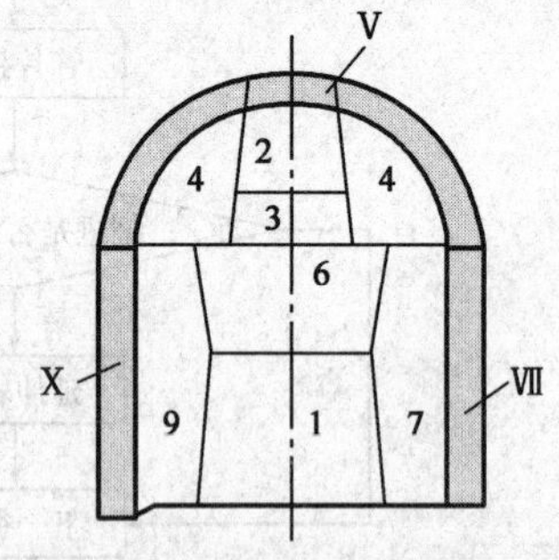

图 4.2-2　漏斗棚架法

此法在下导坑中设立的漏斗棚架，是用木料架设的临时结构。横梁上铺设轻便钢轨，在下导坑运输线路上方留出纵向缺口，其上铺横木，相隔一定间距，留出漏斗口供漏渣用。在向上扩大开挖时，棚架作工作平台用。图 4.2-2 中数字 2～5 步爆出的石渣全落在棚架上，经漏斗口卸入下面的斗车运出洞外。这种装渣方式可减轻劳动强度。下导坑的宽度，一般按双线斗车运输决定。由于宽度较大，在棚架横梁下可增设中间立柱作临时加固用。设立棚架区段的长度，安装渣的各扩大开挖部分的延长加上一定余量来决定。

3)台阶法

台阶法分为正台阶法和反台阶法。

(1)正台阶法系在稳定性较差的岩层中施工时，将整个坑道断面分为几层，由上向下分部进行开挖，每层开挖面的前后距离较小而形成几个正台阶[图 4.2-3a)]。上部台阶的钻眼作业和下部台阶的出渣，可以平行进行而使工效提高。全断面完全开挖后，再由边墙到顶拱筑衬砌。在坑道顶部最先开挖的第一层为一弧形导坑，需要钻较多的炮眼，导坑超前距离很短，可使爆破时石渣直接抛落到导坑之外，以减轻扒渣工作量，从而提高掘进速度。如坑道顶部岩层松动，应即在导坑内用锚杆或钢拱架作临时支护，以防坍塌。

(2)反台阶法则用于稳定性较好的岩层中施工，也将整个坑道断面分为几层，在坑道底层先开挖宽大的下导坑，再由下向上分部扩大开挖[图 4.2-3b)]。进行上层的钻眼时，须设立工作平台或采用漏斗棚架，后者可供装渣之用。

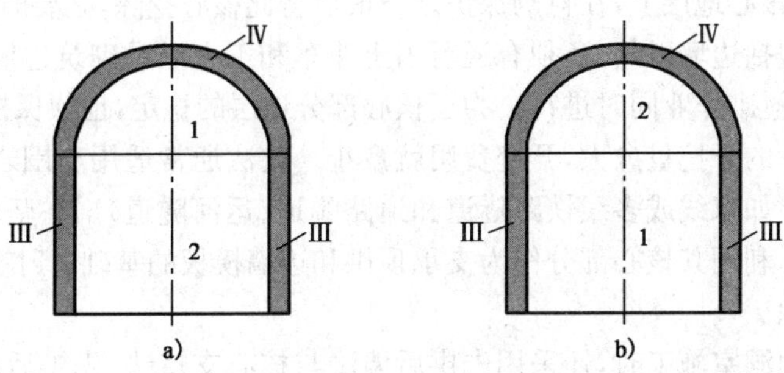

图 4.2-3　台阶法

a)正台阶法；b)反台阶法

4)全断面法

全断面法是将整个断面一次挖出的施工方法，适用于较好岩层中的中、小型断面的隧道。此法能使用大型机械，如凿岩台车、大型装渣机、槽式列车或梭式矿车、模板台车和混凝土灌筑设备等进行综合机械化施工。新奥法的出现，扩大了全断面法和台阶法的适用范围。

5)上下导坑先墙后拱法(全断面分部开挖法)

在稳定性较差的松软岩层中，为提高衬砌的质量，曾采用过此种先分部挖出全断面，再按先墙后拱顺序修筑衬砌的施工方法(图 4.2-4)。采用此法开挖时，要用大量木料支撑，还需多次顶替，施工既困难又不安全，实际工程中很少采用。

6)蘑菇形法

蘑菇形法为综合先拱后墙法和漏斗棚架法的特点而形成的一种混合方案(图 4.2-5)。开挖 1～4 步后呈现形似蘑菇状的断面，在下导坑中设立漏斗棚架，供向上扩大开挖时装渣之用，同时当拱部地质条件较差时，为使施工安全可先筑顶拱。该法具有容易改变为其他方法的优点，遇岩层差时改为单纯的先拱后墙法，岩层好时改为漏斗棚架法。在中国首先应用于岩层基本稳定的铁路隧道施工，以后又用来修筑大断面洞室，为减少设立模架作业及其所需材料，并加快施工进度创造有利条件。

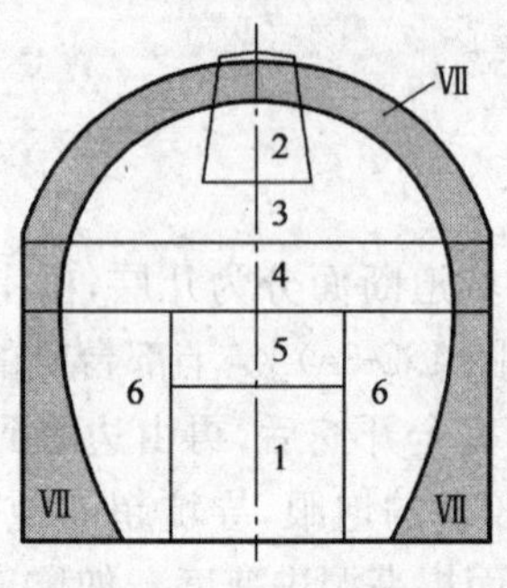

图 4.2-4 先墙后拱法

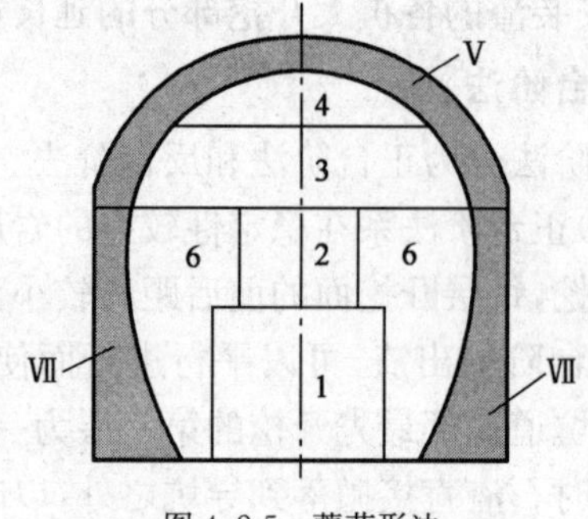

图 4.2-5 蘑菇形法

7)侧壁导坑先墙后拱法(侧壁导坑法)

在很松软、不稳定地层中修筑大跨度隧道时,为了施工安全,先沿坑道周边分部开挖,随即逐步由边墙到顶拱修筑衬砌,以防止地层坍塌。开挖时可将临时支撑和拱架都支承于坑道中间未被开挖的大块核心地层上,在衬砌保护之下最后将此核心挖除,必要时再砌筑仰拱。侧导坑的宽度较大,除包括边墙以外,还须有通行出土斗车和工人以及砌筑边墙的工作位置,才能使导坑开挖和边墙衬砌作业同时进行。为了核心部分地层的稳定,也须保持足够的宽度,且其宽度愈大,留在最后的开挖量愈大,开挖费用就愈小。此法通常适用于围岩压力很大、地层不稳定的大跨度隧道(如双线或多线铁路隧道和道路隧道、运河隧道)。在坚硬岩层中修建大跨度洞室时也常采用,利用其核心部分作为支承顶拱和边墙模板的基础;开挖时临时支撑可大为减少,甚至完全免除。

此外,在大断面洞室施工时,还采用先拱后墙法与核心支持法、先拱后墙法与正台阶法等的混合方案。

4.2.1 大管棚

1)大管棚的适用条件及作用

长管棚适用于无自稳能力的地层或地表有重要建筑物的隧道洞口段。其目的是加固周边一定范围内的围岩,与钢架组合成预支护系统,防止空口软弱围岩坍塌,创造进洞条件。

2)管棚法设计应遵循的原则

(1)管棚的形状和导管的布置方式应根据隧道开挖面的形状选择。

(2)导管环向间距应根据地层性质、地层压力、导管设置部位、钻孔机具和隧道开挖方式等条件确定,一般为 30~50cm,纵向两组管棚间应有不小于 3.0m 的水平搭接长度。

(3)导管宜选用热轧无缝钢管,外径宜为 80~180cm,长度为 10~45m,分段安装,分段长4~6m。

(4)导管上的注浆孔孔径宜为 10~16mm,间距宜为 15~20cm,呈梅花形布置。

(5)当需增加管棚钢架支护的刚度时,可在钢管内注入水泥砂浆。

(6)在护拱上沿隧道开挖轮廓线纵向钻设的管棚孔不得侵入隧道开挖轮廓线。孔深设计宜为 10~45m。护拱的基础应放在稳定的基础上。

3)洞口大管棚施工工艺步序说明

(1)超前大管棚采用潜孔钻造孔,钢管采用钻机推进器顶进,高压注浆泵注浆。

(2)施作导向墙。

在洞口里程外起拱线以下路基土石方留一长约5m平台,然后在洞外洞口交界处架立钢架,间距按施工图要求,用连接筋焊接成一整体。在钢支撑上安设导向钢管,数量、环向间距和外插角与大管棚一致。导向钢管的安装要测量精确定位,使钢管位置与方向准确无误,导向钢管与钢架焊为整体。支立模板,然后灌注导向墙,导向墙完成后,喷射混凝土封闭周围仰坡面,以防止浆液从周围仰坡渗漏。搭设钻孔平台脚手架、安装钻机。

(3)钻孔。

采用潜孔钻机,从导向管内隔孔钻孔。开孔时低压满转,待成孔1.0m后,适当加压,钻进过程中利用倾斜仪等测量设备有效控制钻孔质量,保证终孔偏斜率在1/2 000以内。

(4)安装大管棚钢管(图4.2-6)。

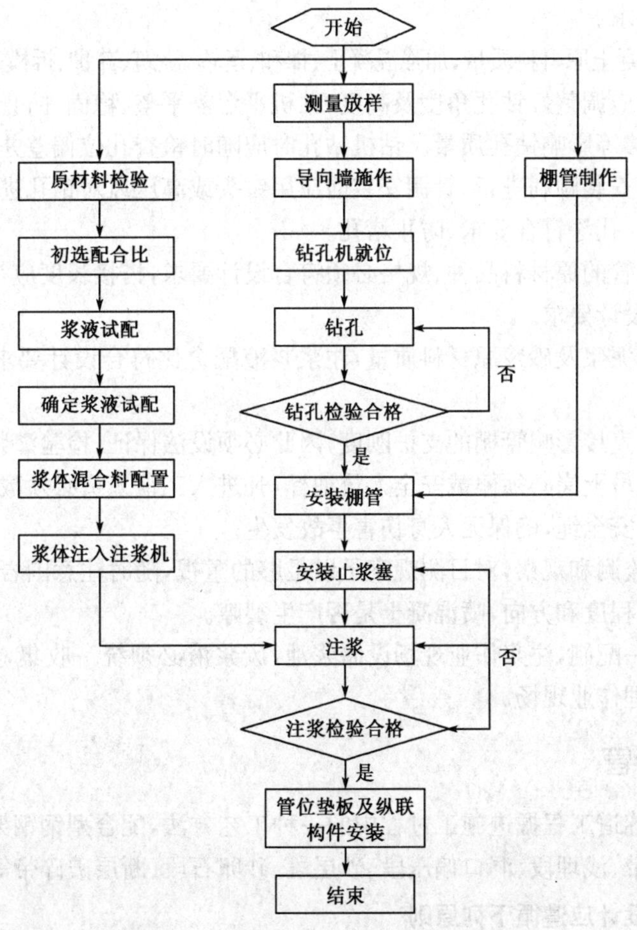

图4.2-6 大管棚施工工艺及质量控制流程框图

管棚钢管安装顶进前先进行孔道扫空作业,目的是清除孔内浮渣,顺通孔道。管棚钢管由机械顶进,钢管节段间用丝扣连接,顶进时采用6m或3m节长的管节交替使用,以保证隧道纵向同一断面内的接头数不大于50%,管壁上按照设计钻注浆孔。管棚顶到位后,钢管与导向管间隙用速凝水泥等材料堵塞严密,以防注浆时冒浆。

(5)注浆。

注浆前先将孔内泥浆清干净(可用高压水冲洗),再进行注浆。浆液采用水泥砂浆,注浆压力1.0~2.0MPa,注浆参数根据现场试验予以调整。

(6)施工过程中为了防止注浆过程中发生串浆,每钻完一个孔,随即安设该孔的钢管并注浆,然后再进行下一孔的施工。

(7)管棚封堵塞设有进浆孔和排气孔,当排气孔流出浆液后,关闭排气孔,继续灌浆,达到施工图标示注浆量或注浆压力时,方可停止注浆。

4)安全、质量及环水保要求

(1)导向墙施作前应严格复核线路中线、水平,确保导向墙各部位尺寸及预埋件位置正确无误。

(2)模板安装必须接缝严密、平整、牢固。模板安装前需搭设作业平台,脚手架搭设必须平稳,符合安全标准要求。

(3)严格控制混凝土原材料质量,加强混凝土、拌和、运输、浇筑、养护、拆模等各道工序质量。

(4)钻机就位时应调整好钻孔角度及高度,钻机平台需平整、稳固,防止施钻时钻机产生不均匀下沉、摆动、位移等影响钻孔质量。钻机钻孔时应随时检查孔位偏差并及时纠正。

(5)为保证管棚安装顺利进行,管棚安装前应用钻头或高压风对钻孔进行扫孔、清孔,清除孔内浮渣,确保孔径、孔深符合要求、防止堵孔。

(6)管棚所用钢管的原材料品种、规格必须符合设计要求,搭接长度应符合设计要求,管棚注浆压力必须满足设计要求。

(7)严格控制水泥浆及砂浆原材料质量,注浆浆液配合比符合设计要求,浆液充满钢管及周围空隙。

(8)灌浆的质量直接影响管棚的支护刚度,因此必须设法保证、检验灌浆的饱满、密实。

(9)专职安全人员上岗必须佩戴安全人员袖标,凡进入工地人员必须戴安全帽。做好高空作业防护工作,系好安全绳,确保无人身伤害事故发生。

(10)注重边坡监测和观察,对目测观察予以足够的重视,随时注意围岩的岩质和分布情况变化,节理裂隙发育程度和方向,喷混凝土是否产生裂隙。

(11)浆液应统一配制,注浆作业现场设储浆池,废浆液必须统一收集,集中处理。注浆作业完成后应及时清理作业现场。

4.2.2 超前小导管

超前小导管是隧道工程掘进施工过程中的一种工艺方法,配合型钢钢架使用,适用于自稳时间短的软弱破碎带、浅埋段、洞口偏压段、砂层段、砂卵石段、断层破碎带等地段的预支护。

1)超前小导管设计应遵循下列原则

(1)小导管宜采用直径为42~50mm的无缝钢管,长度宜为3~5m。

(2)小导管前部注浆孔孔径宜为6~8mm,间距宜为10~20cm,呈梅花形布置,尾部长度不小于30cm。

(3)小导管环向设置间距可为20～50cm,外插角10°～30°,两组小导管间纵向水平搭接长度不小于100cm。

(4)小导管应与格栅钢架组成支护系统。

小导管构造见图4.2-7。

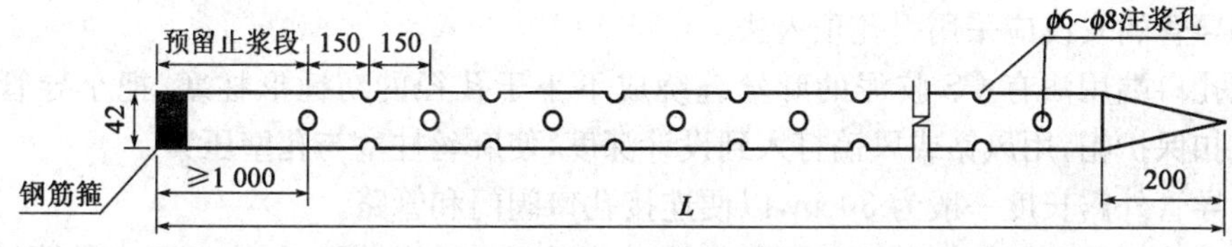

图4.2-7 注浆小导管结构图(尺寸单位:mm)

2)施工工序

为确保隧道开挖时掌子面的稳定,对软弱围岩段在掌子面开挖前,沿隧道拱部设置超前小导管注浆支护。超前小导管在钢架安装完成后,复喷混凝土前施作,小导管注浆作业包括封面、钻孔、安管、注浆四道工序。

3)工艺流程

施工工艺流程见图4.2-8。

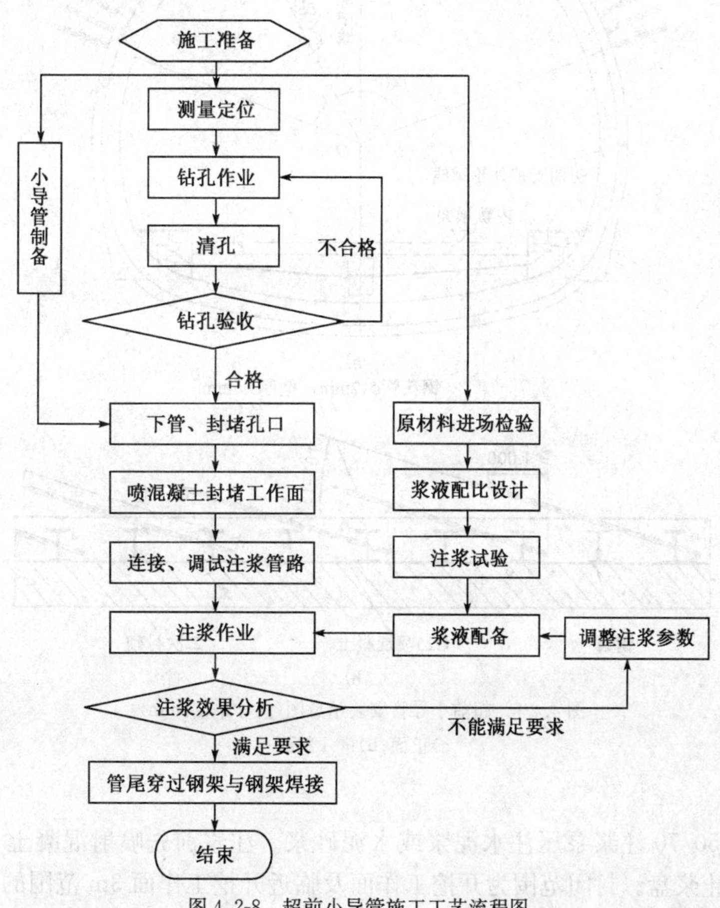

图4.2-8 超前小导管施工工艺流程图

4)小导管安装(图 4.2-9)

(1)测量放样,在设计孔位上做好标记,用凿岩机或煤电钻钻孔,钻孔方向应顺直,孔径应与注浆管径配套,一般不大于 50mm,孔深视小导管长度确定。

(2)采用吹管法清孔。

(3)小导管的安设应采用引孔顶入法。

(4)在孔口端用沾有 CS 胶泥的麻丝缠绕成不小于孔径的纺锤形柱塞,把小导管插入孔内,带好丝扣保护帽,用风钻或风镐打入到设计深度,使麻丝柱塞与孔壁压紧。

(5)小导管外露长度一般为 30cm,以便连接孔口阀门和管路。

(6)配合使用的型钢钢架和格栅钢架具体尺寸详见相关设计图纸,为保证小导管的支护效果,减小小导管的外插角,可在型钢腹板穿孔以便小导管穿过,钢管尾部应与钢架焊接。

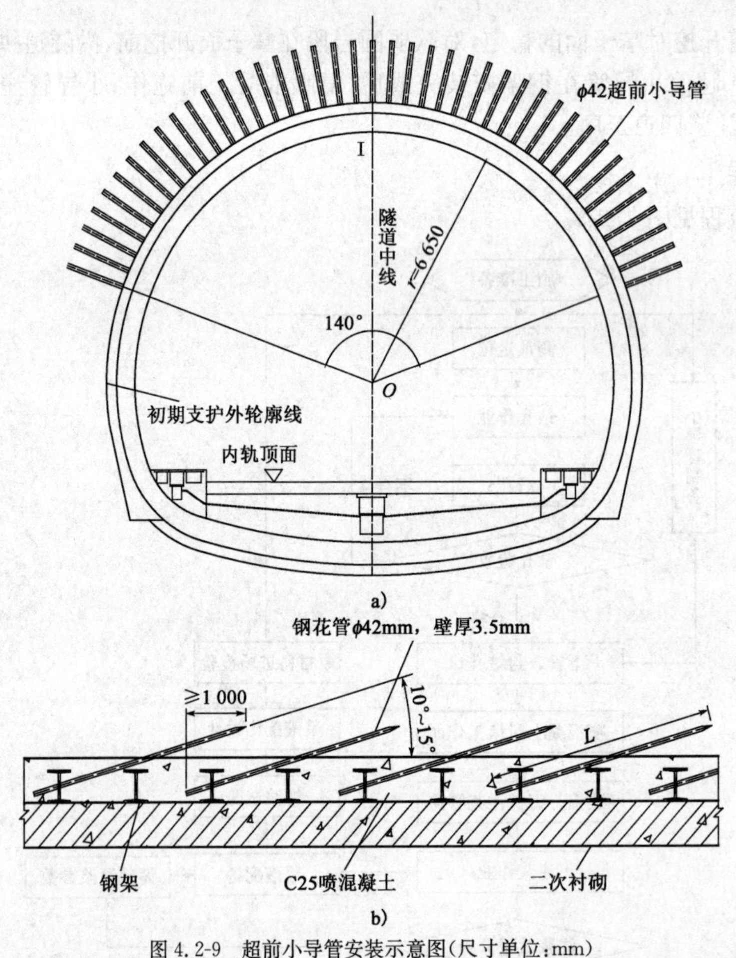

图 4.2-9 超前小导管安装示意图(尺寸单位:mm)

a)正面;b)I—I 剖面

5)注浆

采用 KBY-50/70 注浆泵压注水泥浆或水泥砂浆。注浆前先喷射混凝土 10～15cm 厚封闭掌子面,形成止浆盘。封闭范围为开挖工作面及临近开挖工作面 3m 范围的环向开挖面。

(1)小导管安装完成后,应进行压水试验,压力一般不大于1.5MPa,并根据设计和试验结果确定注浆参数。

(2)水泥砂浆应采用拌和桶配制,配制水泥浆或稀释水玻璃浆液时,应防止杂物混入,拌制好的浆液必须过滤后使用。

(3)注浆应采用专用注浆泵注浆,为加强注浆,可安装分浆器同时多管注浆。

(4)注浆顺序为由下至上,浆液先稀后浓、注浆量先大后小,注浆压力由小到大。

(5)注浆压力应符合设计要求,浆液必须充满钢管及其周围的空隙。

(6)注浆结束标准:当压力达到设计注浆终压并稳定10~15mIn,注浆量达到设计注浆量的80%以上时,可结束该孔注浆。

(7)当采用单液水泥浆时,开挖时间为注浆后8h,采用水泥—水玻璃浆液时为4h。

(8)开挖过程中应检查浆液渗透及固结状况,并根据压力—流量曲线分析判断注浆效果,及时调整预注浆方案。

6)注浆异常现象处理

(1)发生串浆时,采用分浆器多孔注浆或堵塞串浆孔隔孔注浆。

(2)泵压突然升高时,可能发生堵管,应停机检查。

(3)进浆量很大,压力长时间不升高,应重新调整砂浓度及配合比,缩短胶凝时间,采用小流量低压力注浆或间歇式注浆。

4.2.3 超前锚杆

超前锚杆是沿开挖轮廓线,以较大的外插角,向开挖面前方安装锚杆,形成对前方围岩的预锚固(预支护),在提前形成的围岩锚固圈的保护下进行开挖、装渣、出渣和衬砌等作业。超前锚杆主要适用于围岩应力较小,地下水较少、岩体软弱破碎,开挖面有可能坍塌的隧道。

1)超前锚杆设计遵循原则

(1)超前锚杆设置范围,对于拱部超前锚杆宜为隧道拱部外弧全长的1/6~1/2。

(2)锚杆直径宜取20~25mm。

(3)锚杆长度宜为3.5m,拱部超前锚杆纵向两排之间应有1m以上的水平搭接段。

(4)锚杆间距,Ⅳ级围岩宜为40~60cm,Ⅴ级围岩宜为30~50cm。

(5)锚孔直径不应小于40mm,可设一排或数排。

(6)超前锚杆外插角宜为3°~5°。

(7)允填砂浆宜采用早强砂浆,其强度等级不应低于M20。

2)施工工艺流程

砂浆锚杆施工工艺流程见图4.2-10。

中空锚杆施工工艺流程见图4.2-11。

3)施工方法

锚杆施工以多功能作业台架为作业平台,用风钻钻孔、人工安装,对部分软岩需施工长锚杆(中空注浆锚杆),宜采用锚杆钻机施工,以提高施工速度和施工质量。钻孔机具应根据锚杆

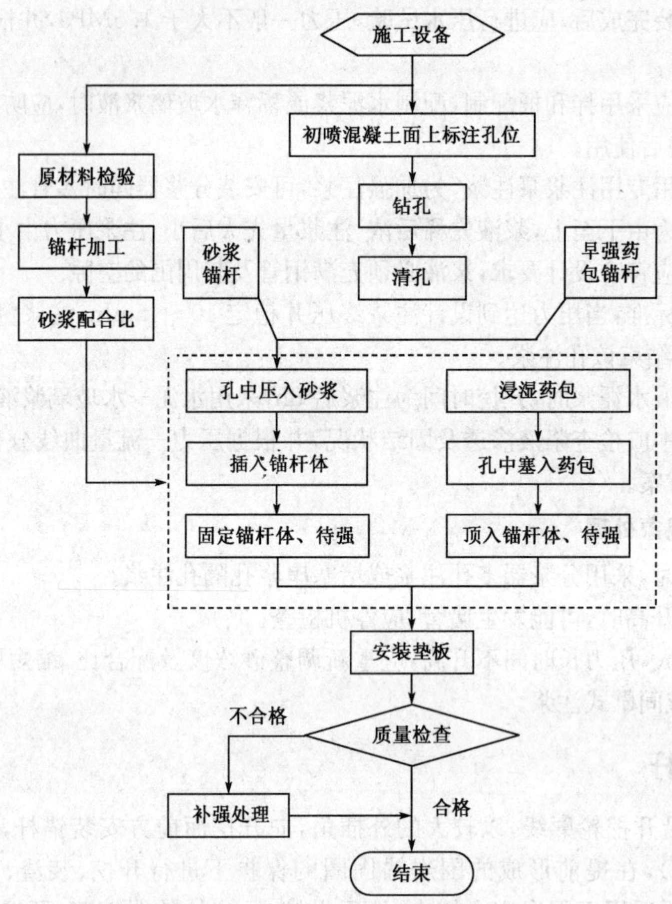

图 4.2-10 砂浆锚杆施工工艺流程图

类型、规格及围岩等情况选择。一般孔径小于 48mm，孔深小于 4m 的锚孔，可用凿岩机或锚杆台车成孔；孔大、眼深的锚孔宜选用凿岩台车、支架式钻机、工程钻机、地质钻机等机械成孔。

(1)布眼

系统锚杆按照设计间距，梅花形布置；锁脚锚管在钢架拱脚处两侧各两根，钢架分单元支撑时，每次要布置锚杆。根据设计要求定出锚杆孔位，作出标记。

(2)钻孔

钻孔采用 YT-28 手持风钻，钻杆采用长、短配套，钻头直径比锚杆直径大 15mm。将钻孔台架移至施工面，两人操作一台钻机，一人掌钻，推进钻杆；一人掌钎，双手握钻杆对准眼位，控制方向；启动时速度要慢，待钻杆进入一定深度且方向准确后掌钎人松手，钻眼速度方可加快。钻眼深度较深时，先用短钎，达到一定深度后，换短钎为长钎。

锚杆钻孔应符合下列要求：

①钻孔机具应根据锚杆类型、规格及围岩等情况选择。

②应按设计要求定出位置，孔位允许偏差为±150mm。

③钻孔应与围岩壁面或其所在部位岩层的主要结构面垂直。

④钻孔应圆而直，锚杆的钻孔直径应大于杆体直径 15mm。

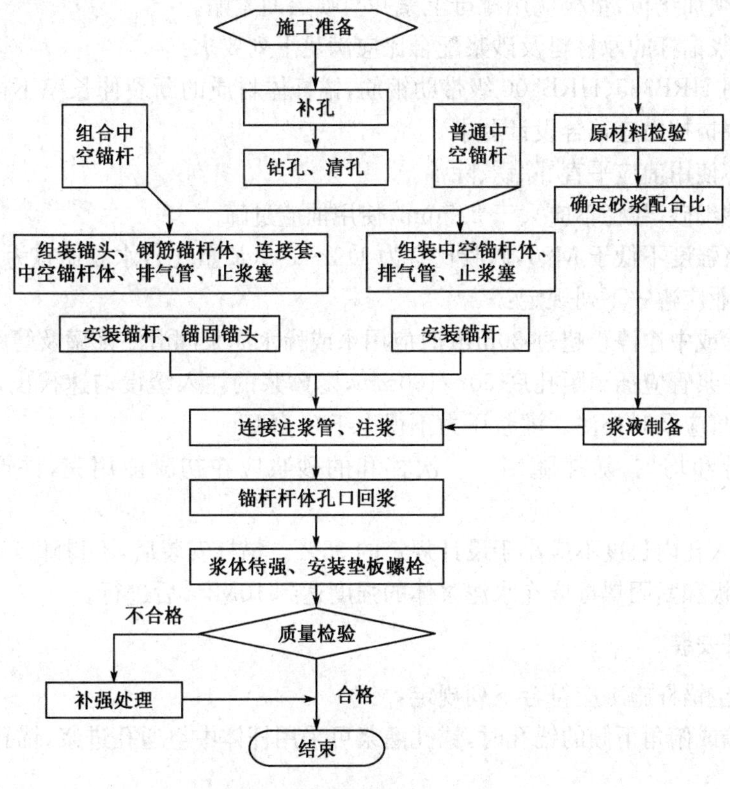

图 4.2-11 中空锚杆施工工艺流程图

⑤锚杆钻孔深度应大于锚杆设计长度 10mm。

⑥砂浆锚杆的深度的允许误差应为±50mm。

(3)锚杆入孔

检查孔位方向及深度后，用高压风清孔，将虚渣及粉尘清理干净；人工或锤击将锚杆插入孔内后，安上止浆塞。待注入的砂浆强度达 M20 时方可安装钢垫板和螺母，并拧紧螺母，使钢垫板紧贴岩面。锚杆插入长度不得小于设计长度的 95%，且应位于孔的中心。

(4)注浆

①中空锚杆注浆

锚杆入孔后，在外露锚杆头接上注浆嘴，注浆使用注浆罐及注浆管，直到孔口有浆液流出为止。孔口压力控制在 0.4MPa 以内。

②普通砂浆锚杆注浆

清孔后，将注浆管插入孔底 5～10cm，启动高压风开始注浆，孔口压力不大于 0.4MPa；缓慢抽拔注浆管，直到孔口有浆液流出为止，停止注浆；迅速插入锚杆。

③锚杆注浆注意事项

未达到设计强度 70%时，不得随意碰撞，3d 内不得悬挂重物。锚杆安设后，不得随意敲击。水泥砂浆随备随用，在砂浆初凝前必须使用完。

4)全长黏结型锚杆安装

全长黏结型锚杆施工应符合下列要求：

(1)锚杆必须加垫板,垫板应用螺母上紧并与喷层面紧贴。

(2)水泥砂浆锚杆的原材料及砂浆配合比应满足下列要求:

①杆体宜用 HRB335、HRB400 级带肋钢筋,锚杆体材质的断裂伸长率不得小于 16%,允许抗拉力与极限抗拉力应符合设计要求。

②锚杆杆体使用前应平直、除锈、除油。

③宜采用中细砂,粒径不应大于 2.5mm,使用前应过筛。

④水泥砂浆强度不低于 M20,砂胶比宜为 1∶1～1∶2(质量比),水胶比宜为 0.38～0.45。

(3)灌浆作业应遵守下列规定:

①灌浆开始或中途停止超过 30mIn 时应用水或稀水泥浆润滑注浆罐及管路。

②灌浆时注浆管应插至距孔底 50～100mm,随砂浆的注入缓慢匀速拔出,杆体插入后若孔口无砂浆溢出,应及时补注。灌浆压力不得大于 0.4MPa。

③砂浆应拌和均匀,随拌随用。一次拌和的砂浆应在初凝前用完,并严防石块、杂物混入。

(4)杆体插入孔内长度不应小于设计规定的 95%。锚杆安装后,不得随意敲击。

(5)安装垫板和紧固螺母应在水泥浆体的强度达到 10MPa 后进行。

5)中空锚杆安装

(1)普通中空锚杆施工应符合下列规定:

①用于边墙或俯角下倾的锚孔时,锚孔灌浆可采用杆体中空通孔进浆,锚孔口排气的注浆工艺。

②用于锚孔上倾的仰角时,锚孔灌浆必须采用锚孔口进浆、中空锚杆体的中空通孔作排气回浆管的注浆工艺。

(2)组合中空锚杆施工应符合下列规定:

①组合中空锚杆适用于拱部或锚孔上仰的部位。

②组合中空注浆锚杆应采用钻孔壁与锚杆体间的空隙进浆。

③组合中空锚杆用于锚孔向下倾斜的部位时,锚孔俯角不应大于 30°。

④组合中空锚杆注浆时,砂浆进中空锚杆体的中空内孔从连接套上的出浆口进入锚孔壁与钢筋杆体间的空隙,锚孔内的砂浆由下向上充盈,锚孔内的空气从排气管排出直至回浆,注浆完成后立即安装堵头。

⑤一般按单管达到设计注浆量作为结束标准,当注浆压力达到设计终压不少于 20mIn,进浆量仍达不到注浆终量时,亦可结束注浆,并保证锚杆孔浆液注满;在综合检查判定注浆质量合格后,用专用螺母将锚杆头封堵,以防浆液倒流管外。

6)施工注意事项

(1)锚杆施工时应根据岩层走向,尽量使锚杆垂直岩层层理面打入,这样可以更好发挥锚杆加固、悬吊等作用,增强锚固效果。

(2)软岩中施工锚杆,注浆固结对提高锚杆和岩体黏结强度、固结锚杆四周松散土体有重要作用,可以大大提高锚杆支护后承载圈的整体性,增加围岩自稳能力。

(3)垫板是锚杆充分发挥作用的重要保证,施工中必须认真、迅速的按要求安设垫板。

4.2.4 掌子面超前纤维锚杆

近年来，随着地下工程的大量建设，机械化施工程度不断提高，新技术、新工艺陆续被国内众多工程所采用。玻璃纤维注浆锚杆作为国内新引进的隧道"新意法"施工工法的配套技术已受到隧道工程界的广泛关注。

玻璃纤维注浆锚杆的主要组成为玻璃纤维增强聚合物，材料的性能取决于纤维和聚合物的类型及横断面形状等，所以玻璃纤维材料的性能具有灵活多变的特点，能适介不同工程的特殊要求。

1)玻璃纤维注浆锚杆特点

(1)可挖除。地下工程中采用玻璃纤维注浆锚杆预加固后的地段，开挖机械(盾构机、单臂掘进机、铣挖机等)可直接挖除通过，为实现隧道的机械化高效施工提供了可靠保证。

(2)杆体全段锚固，锚注结合。玻璃纤维锚杆配合分段注浆管注浆，不但为杆体全段提供锚固力，同时加固了杆周岩体。

(3)强度高、质量轻。高性能的玻璃纤维锚杆的抗拉强度可达到钢质锚杆的1.5倍；质量为同种规格钢质锚杆的1/4～1/5。

(4)安全性好。防静电、阻燃、高度抗腐蚀、耐酸碱、耐低温等优点，满足地下工程安全生产的要求。

2)玻璃纤维注浆锚杆的构造

玻璃纤维注浆锚杆主要由两个部分组成：第一部分为玻璃纤维属性的加强锚固构件。第二部分为注浆管路构件，注浆管内可套入止浆塞进行定向、定域注浆，具体如图4.2-12所示。其中：①玻璃纤维条片；②溢浆孔；③固定连接件；④注浆管。

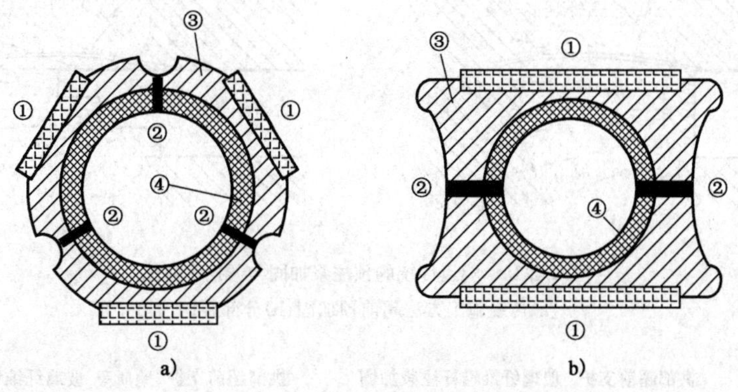

图4.2-12 玻璃纤维锚杆结构剖面图
a)三片件；b)两片件

3)玻璃纤维锚杆的应用范围

玻璃纤维注浆锚杆主要应用在施工难度较大的机械化施工工程(如城市地铁、过河隧道、超浅埋隧道等)中的土体锚固改良，易挖除性是玻璃纤维锚杆优越于钢质注浆管的主要特点之一，使之适用于TBM、盾构等机械化施工而不会损坏刀具。玻璃纤维注浆管及玻璃纤维注浆锚杆组合构造分别如图4.2-13、图4.2-14所示。其可以应用在以下几个方面：

(1)配合隧道"新意法"施工，超前预支护加固隧道掌子面。

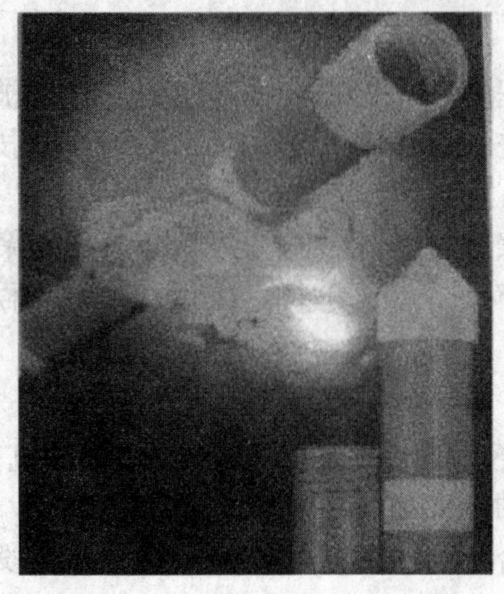
图 4.2-13　玻璃纤维注浆管示意图

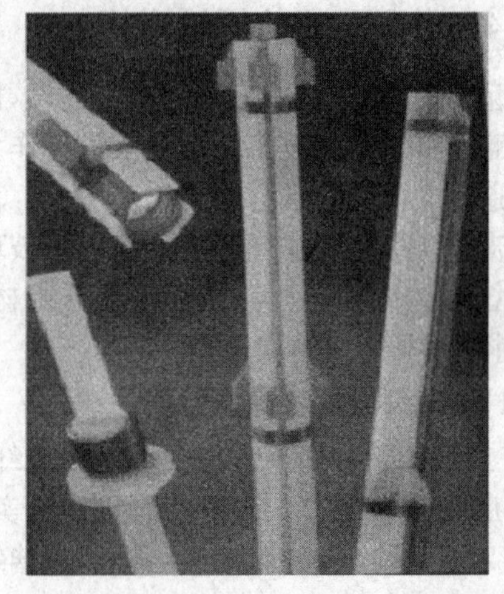
图 4.2-14　玻璃纤维注浆锚杆组合构造图

当隧道掘进过程中遇到大规模的不良地质段(如溶洞、断层等)或下穿江河、高楼等物体时,传统的方法是孔口前进式分段注浆或钻杆内水平后退注浆,然后施作管棚,最后分部开挖通过,根据工程难度不同,分部多少不一,有些工程分部达 8 部之多,施工进度慢,工作效率低。

如果隧道采用"新意法"施工,使用玻璃纤维注浆锚杆对隧道掌子面正前方进行预注浆加固,则加固后可采用全段面法开挖通过,提高工程进度,降低施工风险。两种工艺的对比如图 4.2-15、图 4.2-16 所示。

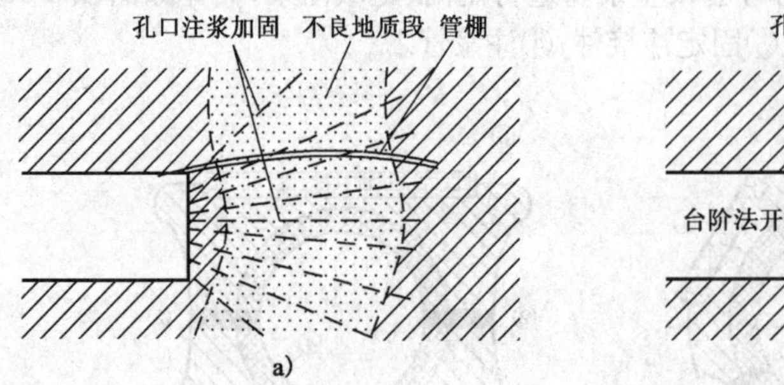

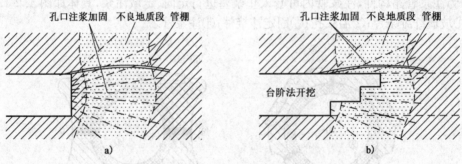

图 4.2-15　隧道传统的预注浆加固与开挖示意图

a)传统施工方法超前预加固;b)分部开挖

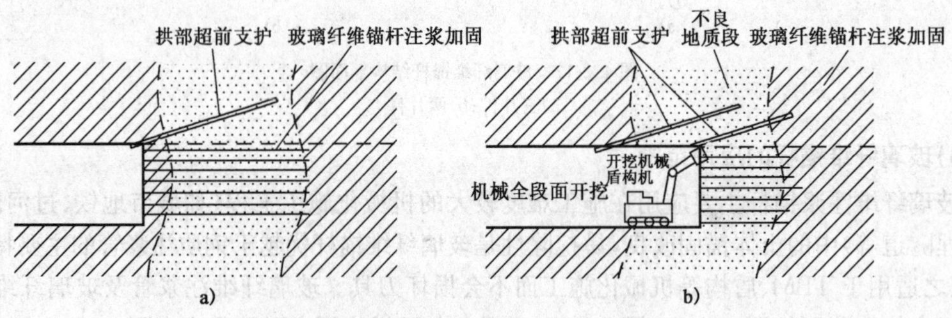

图 4.2-16　采用玻璃纤维锚杆注浆加固与开挖示意图

a)玻璃纤维锚杆注浆加固;b)机械全断面开挖

(2)作为隧道盾构机始发井的抗侧压无金属加固墙

过去十几年间,用盾构机开挖的隧道逐渐增多,这种方法面临一个很大的问题就是始发井的安全。始发井经常建造得非常深(通常在20～40m以下),且开挖断面较大,背后土压及水压也很大,需要在始发井周围注浆加固,以形成抗侧压围护结构,来保证隧道的安全。

采用传统注浆方法加固的土体,由于土的分层性,往往使注入的浆液形成浆脉也成层状分布,上下层之间联结力小,自稳拱形成的地方距隧道断面较高,盾构机在掘进过程中承受上层土压力较大,则极易造成盾构方向偏移等安全隐患。由于玻璃纤维锚杆注浆是锚注一体工艺,则被加固土体会因管材的锚固作用而形成一个整体,在掘进过程中能及时在开挖轮廓线上方形成自稳拱,有效遏制地层对盾构机的压力,控制地表下沉,提高工程施工的安全性。

采用玻璃纤维锚杆工艺进行注浆加固,因为在注浆土体中嵌入玻璃纤维构件的锚固效应将大大提高土体的抗侧压能力,将会使盾构始发井周围加固面积大大减小,从而减小始发井维护结构的厚度。如图4.2-17、图4.2-18所示。

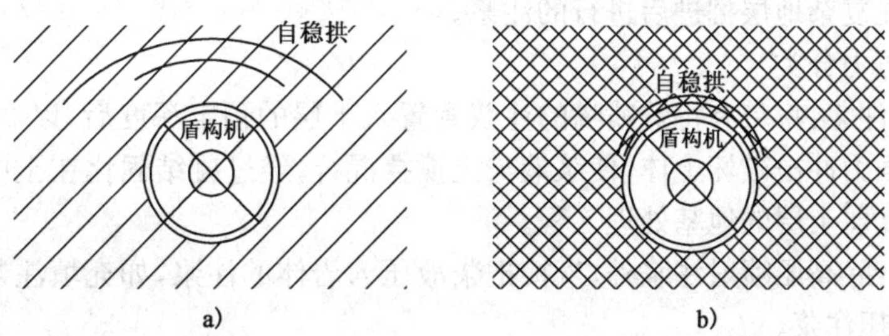

图4.2-17 不同注浆工艺盾构掘进时自稳拱形成位置及效果对比图

a)采用普通注浆方法加固;b)采用玻璃纤维锚杆工艺加固

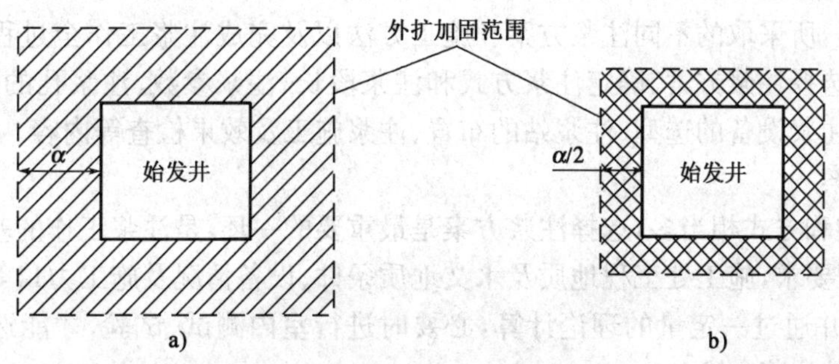

图4.2-18 注浆加固面积对比图

a)采用普通注浆方法加固始发井;b)采用玻璃纤维锚杆工艺加固始发井

4.2.5 围岩注浆加固

用压送的手段把具有一定凝固时间的浆液注入到松散土层或含水岩层裂隙中,浆液凝结后固结土的颗粒或者充填岩层裂隙使围岩性质得以改善,对这种方法称之为注浆加固工法,也称为化学注浆或化学灌浆。其优点是施工设备简单、规模小投资少、占地面积小对交通影响小、工期短见效快、施工对环境影响小、对场地要求不高、加固深度可深可浅易于控制。

1)注浆技术的分类

关于注浆技术的分类,尚无统一标准,一般有下列分类方法。

(1)按浆液材料分类

①水泥注浆:浆液材料以水泥为主的注浆。

②黏土注浆:浆液材料以黏土为主的注浆。

③化学注浆:以化学药液为主的注浆,如环氧树脂注浆。

(2)按注浆工艺分类

①单液注浆:使用单液注浆泵和一套输浆系统及相应单液注浆材料进行的注浆,如水泥浆液注浆。

②双液注浆:使用两台单液注浆泵或一台双液注浆泵,两套输浆管路,两种浆液在混合器混合后再注入围岩或地层的注浆,如水泥—水玻璃浆液注浆。

(3)按施工时间分类

①预注浆:在掘进复杂地层以前,根据需要预先进行的注浆。如井筒地面预注浆、工作面预注浆等。

②后注浆:在复杂地层掘进后进行的注浆。

(4)按注浆压力分类

①高压喷射注浆:将带有特殊喷嘴的注浆管置入土层的预定深度后,以 20MPa 左右压力的高压喷射流,强力冲击破坏土体,使浆液与土搅拌混合,经过凝结固化在土中形成固结体的注浆,主要用于软弱土层的地基处理工程。

②静压注浆:除高压喷射注浆外,直接把浆液压入岩体的注浆,如充填注浆、裂隙注浆、坑道注浆等都属静压注浆。

2)注浆工艺

注浆工艺是研究在不同的工程地质和水文地质条件下,根据施工对象的技术特征、工程性质和施工要求等,所采取的不同注浆方案和施工方法以及完成注浆工作全过程的程序和操作要领,主要包括选择注浆方案、确定注浆方式和注浆段长、注浆参数、注浆孔的数目和布置、注浆材料的选择、注浆设备的选型、注浆站的布置、注浆施工及效果检查等内容。

(1)注浆方案

注浆的种类和方式相当多,选择注浆方案是最重要的一环,是注浆工作的基础。选择方案首先要了解工程要求,施工处工程地质及水文地质条件、设备情况及施工力量等。然后参考类似工程的经验,并通过一定量的理论计算,必要时进行室内测试、试验,才能选择出技术上可行、经济上合理的注浆方案。

(2)注浆参数

注浆参数主要包括浆液扩散半径、注浆压力、注浆量、注浆结束标准等。

①浆液扩散半径

浆液在岩石裂隙中扩散凝结后,能起到堵水或加固作用的范围用扩散半径来表示。浆液扩散半径在注入过程中,随岩层渗透系数、裂隙宽度、注浆压力、注入时间的增大而增大,随浆液浓度和黏度的增加而减小。施工时,可通过采用不同的施工方法,以及调节注浆压力、浆液注入量和浓度等来有效控制。

②注浆压力

注浆压力是给予浆液扩散、充塞、压实的能量。注浆压力过大,浆液扩散远,耗浆量大,造成浪费，注浆压力过小，浆液扩散近，耗浆量小，有封堵不严的可能。所以，正确选择及合理运用注浆压力，是注浆压力中的关键问题。

③注浆量

确定注浆量在经济上和技术效果上都是最重要的。在国外的化学注浆中，注浆量计算用下列公式：

$$Q = V \cdot \lambda \tag{4.2-1}$$

式中：Q——注浆量（m^3）；

V——注浆岩体量（m^3）；

λ——注浆率。

注浆率又表示单位岩体中的注浆材料数量，与岩体孔隙率、注浆压力及注浆方法等有关。

④注浆结束标准

各注浆孔段的结束标准，主要用两个指标来衡量，一个是达到最终的浆量，另一个是达到注浆终压并有一定的延续时间。此外，还应保证注浆孔有一定的注入量。

总之，浆液的各个注浆参数是注浆施工中极为重要的，选择正确与否直接影响注浆效果。但因岩体渗透性及裂隙发育的不均匀性，选择注浆参数后，还应结合现场情况进行试验和适当调整。

(3)注浆材料选择

注浆地段岩性有所差异，注浆目的有所不同，所需注浆材料就应根据地质条件、注浆目的、工程要求、环境条件等进行选择。一般地，对黏性土注浆采用结石体强度大的浆液，对砂质上注浆采用渗透性好的材料（黏度小的），主要用于加固目的的注浆采用普通浆液，用于止水目的的注浆采用遇水不溶的浆液。

(4)注浆施工

注浆施工是实现整个注浆工艺的重要步骤，主要包括钻孔设备、钻进注浆孔、安装注浆设备及注浆作业等一系列工序。地质系统坑道断面小，使用普通凿岩机钻进注浆孔，低压注浆采用压气注浆工艺就可满足一般工程需要。

压气注浆工艺施工简便，易于流动，以地质坑道现有的压缩空气为动力。无压气动力时配一台轻便压力机也可，能用于地下、地表小规模注浆，其工艺方法示意图如图 4.2-19 所示。该工艺方法压力不超过空压机风压，注浆孔为 ϕ40mm 左右钻孔，压气注浆罐注浆，单、双液水泥类注浆材料灌注。实践证明，对坑道壁后充填、软弱地层顶注浆、后注浆及防止涌水注浆，效果非常明显。

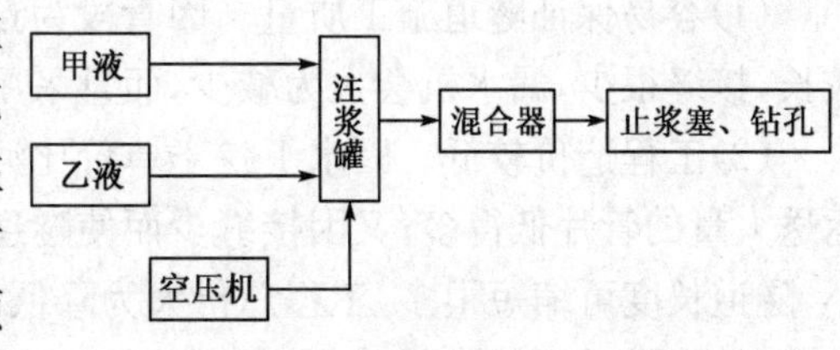

图 4.2-19　双液压气注浆示意图

4.3 地铁工程沉管法施工

沉管法也称作预制管段沉放法，简单地说，就是先在干坞中或船台上预制大型混凝土箱形构件或者混凝土和钢的组合箱形构件，于两端用临时隔墙封闭，并装好托运、定位等设备，然后将这些浮运沉放在河床上预先挖好的沟槽并连接起来，最后回填砂石并拆除隔墙形成隧道（图

4.3-1)。

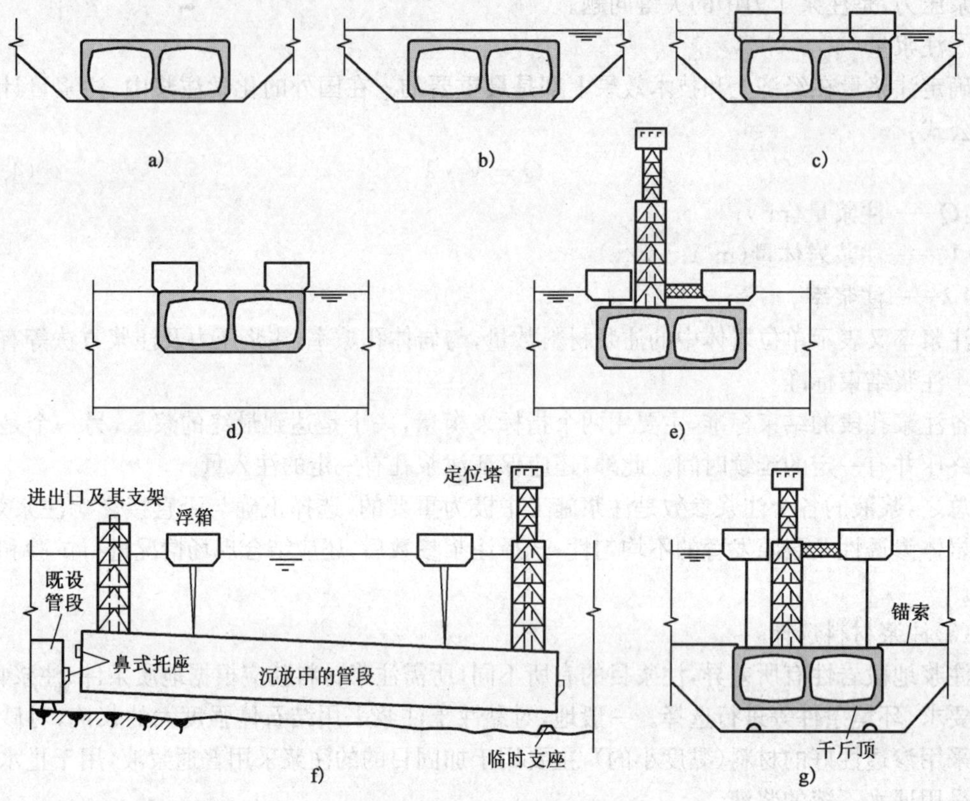

图 4.3-1　矩形管段用浮箱吊沉法的浮运和沉放过程示意

a)预制成管段；b)管段压载后向干坞灌水；c)浮箱在管上就位；d)管段浮起待运；e)安装定位塔和进出口管段重新加载并由浮箱系吊；f)、g)管段下沉就位

1)沉管法的主要特点和适用条件

沉管法的主要特点主要包括：

(1)容易保证隧道施工质量。因管段为预制，混凝土施工质量高，易于做好防水措施；管段较长，接缝很少，漏水机会大为减少，而且采用水力压接法可以实现接缝不漏水。

(2)工程造价较低。因水下挖土单价比河底下挖土低；管段的整体制作，浮运费用比制造、运送大量的管片低得多；又因接缝少而使隧道每米单价降低；再因隧道顶部覆盖层厚度可以很小，隧道长度可缩短很多，工程总价大为降低。

(3)在隧道现场的施工期短。因预制管段(包括修筑临时干坞)等大量工作均不在现场进行。

(4)操作条件好、施工安全。因除极少量水下作业外，基本上无地下作业，更不用气压作业。

(5)适用水深范围较大。因大多作业在水上操作，水下作业极少，故几乎不受水深限制，如以潜水作业实用深度范围，则可达 70m。

(6)断面形状、大小可自由选择，断面空间可充分利用。大型的矩形断面的管段可容纳

4～8条车道，而盾构法施工的圆形断面利用率不高，且只能设双车道。

适合于沉管法施工的主要条件包括：水道河床稳定和水流并不过急。前者不仅便于顺利开挖沟槽，并能减少土方量；后者便于管段浮运、定位和沉放。

2)管段的预制

管段的预制是沉管隧道施工的关键项目之一，关键技术包括以下几个方面：

(1)重度控制技术。

混凝土重度决定了管段质量大小，如果控制不当，可能造成管段无法起浮等问题，为了保证管段浮运的稳定性干舷高度，必须对混凝土重度进行控制，措施包括配合比控制、计量衡器控制、配料控制、重度抽查等。

(2)几何尺寸控制。

几何尺寸误差将引起浮运时管段的干舷及重心变化，进而增加浮运沉放的施工风险。特别是钢端壳的误差，会增加管段对接难度和质量，影响接头防水效果，甚至影响隧道整条线路。因此，几何尺寸误差控制是管段预制施工技术的难点、重点之一。管段几何尺寸控制措施主要包括精确测量控制、模板体系控制、钢端壳控制，钢端壳采用二次安装消除安装误差。

(3)结构裂缝预防。

管段混凝土裂缝的控制是沉管隧道施工成败的关键之一，也是保证隧道稳定运行的决定性因素，因此需要在所有施工环节对缝控制予以充分考虑。

(4)结构裂缝处理虽然采取了一系列防裂措施，但管段裂缝是不可能避免的。

出现裂缝后，应采取补救措施。首先对裂缝观察描述认定，依据其性质选用合理的方案补救。第一类为表面裂缝，可采用表面封堵方案处理；第二类为贯穿性裂缝，可采取化学灌浆方案处理。

3)管段沉放

沉放作业分为3个阶段进行：初次下沉、靠拢下沉和着地下沉。在沉放前，应对气象、水文条件等进行监测、预测，确保在安全条件下进行作业。

4)管段的水下连接

管段的水下对接采用水下压接法完成，该法是利用静水压力压缩GINA止水带，使其与被对接管段的端面间形成密闭隔水效果，水下对接的主要工序包括对位、拉合、压接内部连接、拆除端封墙等工序。

为了确保沉管隧道各个管段能准确连接，需要建立测量系统和调整装置。测量系统包括引导管段到位和使管段正确对接两个部分。引导管段到位的测量系统是在陆地上用扫描式全站仪自动跟踪测量定位控制塔上的棱镜，根据测量结果用计算机算出管段现在位置，显示在屏幕上，指导指挥人员下一步决策(进一步下沉或平面位置调整)。使管段正确对接的测量系统可采用超声波探测装置(水下三维系统)配合陆地上的引导系统，以及时掌握管段的绝对位置与状态(管段摆动与否)，以及正沉放管段与已沉放管段之间的相对位置(端面间距离、方向、纵横断面的倾斜等)，从而安全、正确并以最短时间实现管段的沉放与对接，避免沉放过程中管段碰撞和GINA橡胶止水带损伤等事故发生。超声波探测装置可自动测量管段端面之间的相互距离、水平和垂直偏移、管段倾斜，检测结果通过计算机处理后显示出图像，作为监控管段沉放的根据。最后对接时，还需潜水员大量、多次的检查，确认位置正确，保证沉放安全、成功。管段压舱水箱加减压舱水时，管内需要人工操作多个阀门，管段沉放开始之前管内人员必须全部离开，拉合管段并初步止水后，人员方可再进入管内进行水力压接，这是沉管隧道施工的安全要求，但实际操作很难做到。因管段沉放接近基槽底部时，通常周围水体重度会增加，管段负浮力会减小，这时需要施工人员进入管内进行操作增加压舱水。扫描式全站仪、超声波探测装置的应用，可大大减小现场施工人员的作业强度，减少施工风险，降低作业成本。

5)管段基础处理

沉管隧道基础设计与处理是沉管隧道特别是矩形沉管隧道的关键技术之一。沉管隧道基础沉降问题与一般地面建筑的情况截然不同。沉管隧道在基槽开挖、管段沉放、基础处理和最后回填覆土后，抗浮系数仅 1.1～1.2，作用在沟槽底面的荷载不会因设置沉管而增加，相反却有所减小。在沉管隧道沉管段中构筑人工基础，沉降问题一般不会发生。但是在沉管段基槽开挖时，无论采取何种挖泥设备，开挖后沟槽底面总留有 15～50cm 的不平整度。沟槽底面与管段表面之间存在众多不规则的空隙，导致地基土受力不均匀，同时地基受力不均也会使管段结构受到较高的局部应力，以致开裂，因此，必须进行适当的基础处理，以消除这些有害空隙。

沉管隧道基础处理主要是解决以下问题：(1)基槽开挖作业所造成的槽底不平整问题；(2)地基上特别软弱或软硬不均等工况；(3)考虑施工期间基槽回淤或流沙管涌等问题。从沉管隧道基础发展来看，早期采用的是刮铺法(先铺法)。该方法是在疏浚地基沟槽后，在两边打桩并设立导轨，然后在沟槽上投放砂石，用刮铺机进行刮铺。它适用于底宽较小的钢壳圆形、八角形或花篮形管段。美国早期的沉管隧道常用此法。该法有不少缺点，特别是对矩形宽断面隧道不适用，而逐渐被淘汰，取而代之的是后填法。后填法是将管段先沉放并支承于钢筋混凝土临时垫块上，再在管段底面与地基之间垫铺基础。后填法克服了刮铺法在管段底宽较大时施工困难的缺点，并随着沉管隧道的广泛应用，不断得到改进和发展，现有灌砂法、喷砂法、灌囊法和压注法，其中，压注法又分为压浆法和压砂法。

6)管段防水设计

对沉管隧道来说，防水是一个非常重要的工程。沉管隧道的防水包括管段的防水和接头的密封防水。管段结构形式有圆形钢壳式和矩形钢筋混凝土式两大类，钢壳管节以钢壳为防水层，其防水性能的好坏取决于拼装成钢壳的大量的焊缝质量。为了保证焊缝的防水质量，应对焊缝质量进行严密检查。钢筋混凝土管段的防水又包括管段混凝土结构的防水和接缝防水。自防水是隧道防水的根本，对于混凝土管段来说，渗漏主要与裂缝的发展有关。因此，在提高混凝土抗渗等级的同时，要采用低水化热水泥并严格进行大体积混凝土浇筑的温升控制，将管段混凝土的结构裂缝和收缩裂缝控制在允许范围内为了保证焊缝的防水质量，应对焊缝质量进行严密检查。钢筋混凝土管段的防水又包括管段混凝土结构的防水和接缝防水。自防水是隧道防水的根本，对于混凝土管段来说，渗漏主要与裂缝的发展有关。因此，在提高混凝土抗渗等级的同时，要采用低水化热水泥并严格进行大体积混凝土浇筑的温升控制，将管段混凝土的结构裂缝和收缩裂缝控制在允许范围内除了管段的自防水以外，管段外防水层的敷设通常也是很有必要的。因此，为了确保管段具有非常可靠的防水性能，除发挥管段自防水性能外，在管段外两侧面和顶面涂抹一层很薄的外防水涂料是很有必要的。日本、澳大利亚等国习惯采用底板铺设带键的防水板，侧墙、顶板喷涂聚合物或环氧涂层的个包防水或半包防水。

7)施工的关键技术

整个沉埋隧道由水底沉管、岸边通风竖井及明洞和明堑组成，沉埋隧道的施工，主要有以下工序，如图4.3-2所示。

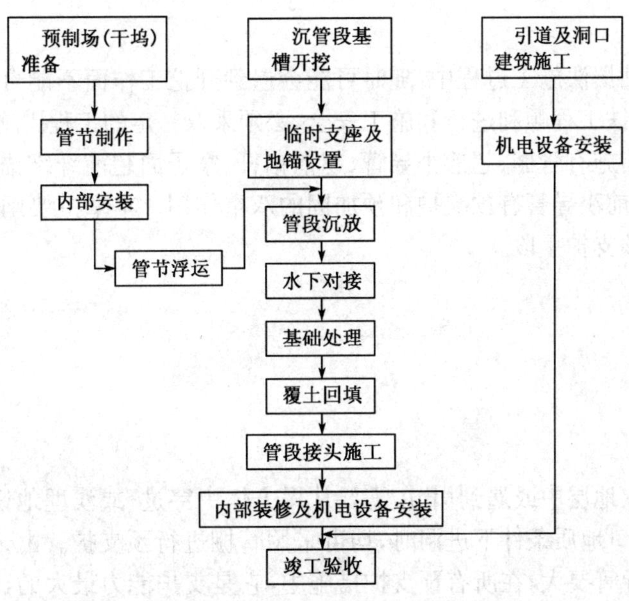

图4.3-2 沉管隧道的施工程序

在所有的工序中，管段制作、管节浮运、沉放、水下对接和基础处理的难度较大，是影响沉管隧道成败的关键工序。

第5章 地铁预支护及预加固

地铁隧道采用钻爆法施工过程中，随时可能会遇到开挖工作面不能自稳或地表沉陷过大的情况，为了确保地铁工程顺利进行和施工安全，必须采取一定的工程措施对地层进行预支护或预加固。预支护措施有管棚、超前小导管、超前锚杆、掌子面超前纤维锚杆。预加固措施有围岩注浆加固，而超前小导管有预支护和预加固的双重作用。本章主要阐述地铁采用钻爆法开挖过程中采用的预支护手段。

5.1 管棚

5.1.1 管棚概述

当地铁位于松软地层中或遇到塌方，需要从塌方体中穿过；或浅埋地铁，要求限制地表沉陷量；或在很差的洞口地质条件下进洞时，均可采用管棚进行预支护。由于管径较粗，管棚的承载能力比超前小导管要大，在所有预支护措施中，它是支护能力最大的，但施工技术也较复杂，造价较高。

管棚应与钢拱架(格栅钢拱架或型钢拱架)一起使用。

其施工工艺如下：

(1)首先沿地铁开挖工作面的拱部，呈扇形向地层中钻一排孔眼，其直径比钢管管径大20～30cm，钻孔外插角为1°～2°，孔眼间距为30～50cm。钻眼需要用到大型水平钻(如土星—880型液压钻机)。

(2)采用外径为70～180mm的热轧无缝钢管，单根长为4～6m，将钢管插入钻孔内形成管棚，前后两排管棚应用不小于3.0m的搭接长度。

(3)钢管构造见图5.1-1，管壁上须留注浆孔，孔径为10～16mm，孔眼间距为100～200mm，呈现梅花形布置。钢管注浆有两种方式：一种是通过管壁上的注浆管向地层内注浆，既加固地层又增加了钢管刚度；另一种主要是为了增加钢管刚度，向钢管内注入混凝土，因管径较粗，为增加刚度，还可以在管内置入钢筋笼，再注入混凝土。

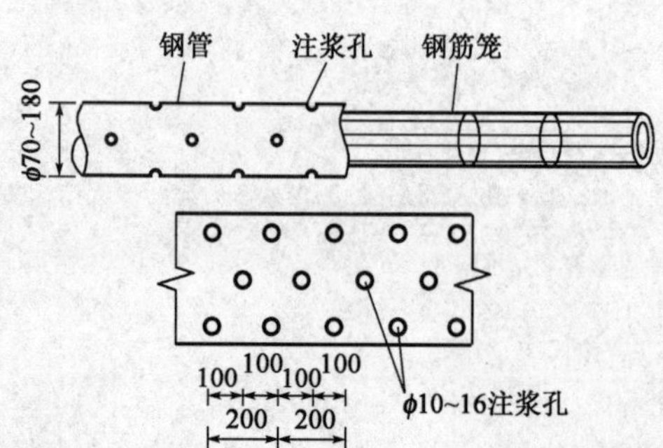

图5.1-1 管棚钢管构造示意图(尺寸单位：mm)

(4)管棚长度一般不小于10m，视围岩条件要需要，可以将管子接长，前后两段落管子之间用丝扣连接或焊接，连接的长度一般为10～45m。

(5)要预先按设计对每个钻孔的钢管进行配管和编号，使管棚接头错开，保证同一断面上的管棚接头数不超过45%。

(6)相邻两榀钢拱架之间,应采用直径ϕ22mm的钢筋作为拉筋,拉筋的环向间距约为1m。沿钢架外缘环向,每隔2m应用楔子楔紧,使其能随即承受围岩压力。钢管的尾部应架设在钢拱架上,并焊死。

(7)当采用管棚法进油时,为了准确把握钢管的方向(因管棚长,钢管开始偏一点就可能使得尽端偏得较多),往紧贴洞口施作2～2.5m长(沿地铁纵向)的钢筋混凝土棚架结构作为管棚的定向台架。

(8)管棚的构造形式主要是指搭扣形式。一般管棚的搭接方式有4种:L形、C形、TC形、TL形。

(9)管棚的布置形式直接关系着管棚工程的数量、施作时间、工程造价以及管棚的作用效果。根据现有的工程案例分析,管棚主要有8种布置形式:弧形布置、半圆形布置、门布置、全周布置、上部一侧布置、一字形布置、M形布置、波浪形布置。

5.1.2 管棚工法的优点

(1)一次施作长度长,施工效率高。

(2)钢管长度长、刚度大、承载能力强,可应用于塌方段处理等较为困难的工程。

(3)若采用非开挖技术,可解决普通地质钻机施工中存在管棚方向控制难的问题,管棚方向控制精度可以很高,大大拓展了适用和应用领域。

(4)相对于冷冻法、管幕等辅助工法,管棚工法造价低。

基于以上特点,管棚工法已经成为在地下工程领域应用非常广泛的一种超前预期支护手段。

5.1.3 管棚施工

1)准备工作

(1)前期准备工作因工程类型、工程所处地铁隧道中的位置等条件不同而略有差异。对于洞口段管棚工程,在正式施作管棚前,应先修好洞顶天沟,然后进行边、仰坡的开挖,从地面由上而下分层开挖,边开挖边防护,防护措施可采用浆砌片石。对于联系道内的坍塌处理段,需要根据实际情况对坍塌体和上部的空洞进行充填注浆。

在地铁隧道内断层破碎带等地质条件恶劣地段施作管棚时,应首先在工作面上做好预注浆,利用加固段作为止浆岩盘。在工作面往后一段距离(一般6m左右)作为管棚施工的工作室,隧道开挖半径要比正常开挖半径大0.5～1.2m。断面加大后,需要加强初支强度,同时全断面施作注浆管,对封存闭掌子面进行注浆加固。某工程的管棚工作室断面图如图5.1-2所示。

(2)施作导向墙。对于洞口段,可利用套拱作为长管棚的导向墙,套拱在时洞外轮廓线以外施作,套拱内埋设工字形钢或格栅支撑,钢支撑与管棚也与管棚焊成整体。

(3)架立导向管。架立长管棚导向架,严格按设计角度将导向管焊接在导向架上,固定导向架,重新复核导向管的角度,无误后喷射混凝土,将导向架与工作室构成一个整体。注意在喷射混凝土时,应首先将导向管管口用牛皮纸或棉纱封堵保护。同时在掌子面挂钢筋网,喷射混凝土封闭，作为注浆止水墙，并保证掌子面在长管棚施工期的安全。

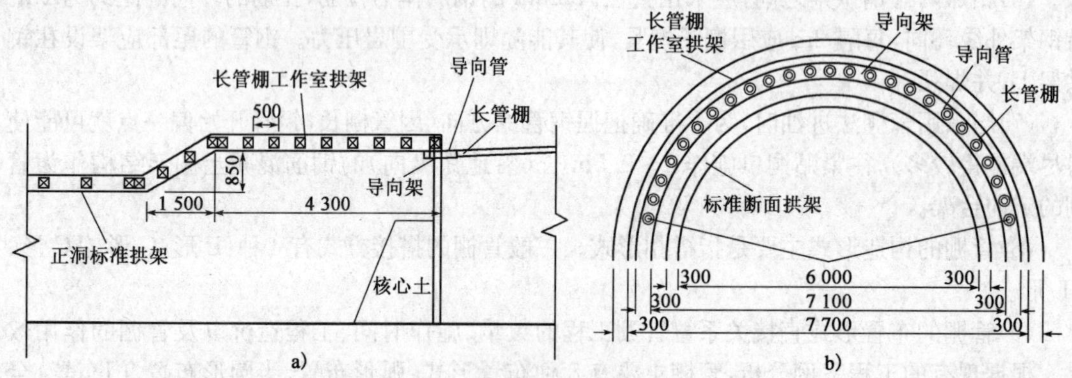

图 5.1-2　长管棚工作面断面图(尺寸单位:mm)

a)纵断面图;b)横断面图

2)施工工序

(1)钻机定位

搭设钻机平台，钻机平台可用轨枕或钢管脚手架搭设，搭设平台应一次性搭好；钻孔以两台钻机由高孔位向低孔位对称进行，可缩短移动钻机与搭设平台时间，便于钻机定位。

平台支撑要着实地，连接要牢固，稳定，防止在施钻时钻机产生不均匀下沉、摆动、位移等，影响钻孔质量。

移动钻机到钻孔部位，调节钻机高度，要求钻机与已设定好的孔口管方向一致，精确核定钻机位置。用经纬仪、挂线和钻杆导向相结合的方法，反复调整，确保钻机钻杆轴线与孔口管轴线相吻合。将钻具放入导向管中，使导向管、钻机固定钻杆的转轴和钻杆在一条直线上，用仪器测这一直线的角度。

(2)钻孔

经仪器量测，在钻杆方向和角度满足设计要求后方可开钻。钻孔开始时钻机选用低挡，待钻到一定深度后，停开高压水，退出并接钻杆，继续钻进。钻孔过程中，要始终注意钻杆角度的变化，并保证钻机不移位。每钻进 5m，要复核钻孔的角度是否正确，以确保钻孔方向。

钻孔过程中，需要注意以下事项：

为了便于安装钢管，钻头直径可略大于管棚直径。

①岩质较好的可以一次成孔，钻进时，若产生坍孔、卡钻，需补注浆后再钻进。

②钻机开钻时，可低速、低压，待成孔 1m 后，可根据地质情况逐渐调整钻速及风压。

③钻进过程中，经常用测斜仪测定其位置，根据钻机钻进的现象及时判断成孔质量，并及时处理钻进过程中出现的事故。

④钻进过程中确保动力器、扶正器、合金钻头按同心圆钻进。

⑤认真作好钻进过程的原始记录，及时对孔口岩石进行地质判断、描述，作为开挖洞身的地质预报，指导洞身的开挖。

(3)偏斜纠正

每隔 5m 测定钻孔的偏斜情况。钻孔向下偏斜过大时，在偏斜部分填充水泥浆，等水泥砂浆凝固后，再从偏斜外开始继续钻进；向上偏斜时，采用特殊合金钻头进行再次钻进。

(4)清孔、验孔

用地质岩芯钻杆配合钻头进行来回扫孔，清除浮渣至孔底，确保孔径、孔深符合要求，防止堵孔；用高压气从孔底向孔口清理钻渣；用经纬仪、测斜仪等检测孔深、倾角、外插角。

防止偏斜注意事项：钻孔前，钻机的安装要牢固；精确测定导向管的位置和方向；钻孔过程中，防止管子在导向管上转动并要注意扭矩的大小及回转等。

(5)下管

下管前，要预先按设计对每个钻孔的管子进行配管和编号，以保证同一断面上接头数不超过 50%；下管要及时、快速，以保证在钻孔稳定时将管子送到孔底。前期靠人工送管，当阻力增大时，借助钻机顶进。

每钻完一孔便顶进一根大管棚。钻进时，可根据实际情况，采用钢管跟进的方法逐段跟进至设计深度。管棚每节之间用丝扣连接，相邻两节之间节头要错开，其错接长度不小于 1m。管棚与导向管之间用 CS 砂浆堵塞；为保证管棚内能饱满充填，在管棚内安有排气管，排气近孔口用阀门连接。

钢管应在专用管床上加工好丝扣，棚管四周钻出浆孔(靠近掌子面的管棚不钻孔)；管头焊成圆锥形，便于入孔。

管棚顶进采用大孔引导和管棚机钻进相结合的工艺，即先钻大于管棚直径的引导孔，然后可用 10t 以上卷扬机配合滑轮子组反压顶进；也可利于钻机的冲击力和推力低速顶进钢管。管棚施工顺序参见图 5.1-3。图 5.1-4 为管棚安装示意图。

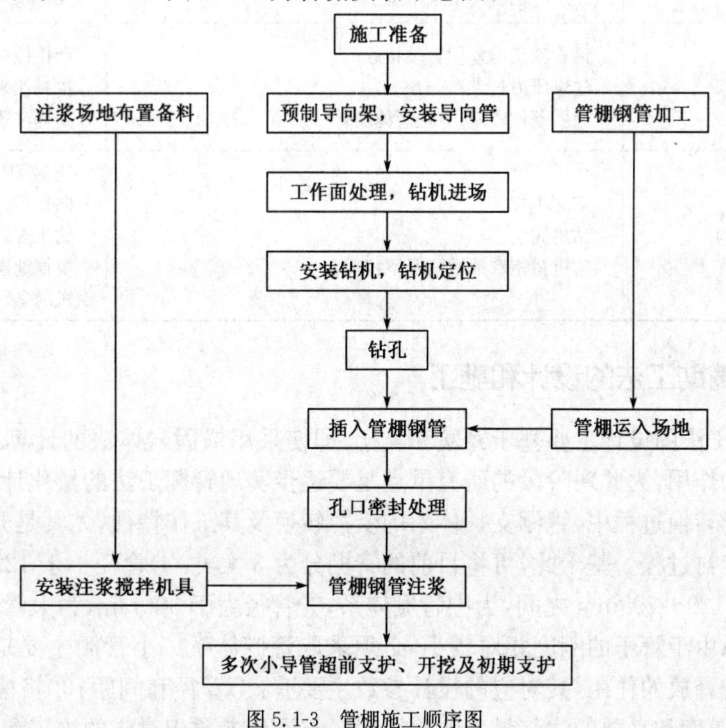

图 5.1-3　管棚施工顺序图

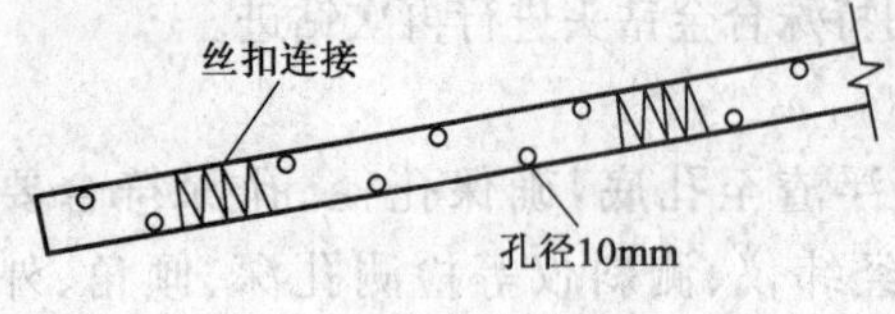

图 5.1-4　管棚安装示意图

5.1.4　管棚施工时产生的问题及采用的措施

管棚施工时，通常会遇到孔位偏斜、进管困难等问题，对应的原因分析和技术措施如表 5.1-1 所示。

管棚施工中的问题及对策　　表 5.1-1

序号	问　题	原　因	措　施
1	个别钢管侵入下一管棚工作室	钻机定位误差，外插角度不够； 钻杆自重及放置产生偏离； 线路半径小，管棚外插角度小； 钻机通过软、硬差别很大的地层，产生向软弱地层方向的偏斜	适当增加管棚外插角度； 增大曲线内侧管棚的水平外插角； 对软地层注浆加固
2	个别钢管与相邻钢管相交，以致钢管无法施工到设计深度	个别钢管水平方向与设计方向不一致，相邻钢管方向不平行； 钻机通过软、硬差别很大的地层时，产生向软弱地层方向的偏斜； 钻机在操作过程中因移位而产生偏差	严格控制钻机的水平方向； 牢固固定钻机； 对软地层注浆加固
3	进管困难	成孔不好； 进管不及时	加大钻头直径； 及时进管； 借助大管棚钻机顶进
4	注浆不饱满	浆液凝固收缩 注浆时钢管内空气堵塞	二次注浆； 孔口设排气孔
5	隔孔窜浆	钢管施工偏差使管端相近； 注浆压力过大； 地质条件较差，节理裂缝发育	严格控制钻孔的水平角度； 控制注浆压力； 间隔注浆
6	孔位偏斜	定向不准； 钻机固定不牢； 钻机扭矩和地质情况不相适合	精确测定导向管的位置和方向； 钻机安装要牢固； 根据地层的软硬，随时调整钻机的参数

5.1.5　管棚辅助工法的设计和施工

迄今，管棚工法的设计主要基于经验和类比，即使采用锚固岩体法的计算或等值梁法等，仅起定性说明的作用，为此现阶段的研究重点是要逐步实现管棚工法的量化计算，其前提是要分析清楚在工况转换过程中，管棚支护体系的受力转换及其工作特征，尤其是开挖应力释放阶段和拆撑施作二衬过程。基于此，可将目前的管棚分为 3 大类：①管径小于 129mm，为小管棚体系；②管径在 129～299mm 之间，为中管棚体系；③管径大于 300mm，为大管棚。

小管棚体系由于管子的刚度相对较小，必须采取管棚体系。小管棚主要是扩散围岩压力和减少开挖应力释放的作用，其对应的设计参数主要有：①管径和间距；②格栅的刚度和纵向间距；③初支的厚度和必要的注浆量和注浆压力。与设计参数相对应的施工参数为：①管棚的施作顺序;②分步开挖方法;③进尺量及台阶的长度;④注浆的初凝时间和初支的施作时间。

中管棚体系的管相对来说刚度较大,可以采用搭扣或密排方式。在纵向支撑方面,既可以用端头梁支撑,也可以选用纵向间距相对较大的格栅。其主要设计参数转化为:①中管棚在布置范围;②中管棚的网度及临时支撑的间距;③中管棚的长度。其相应的施工参数:①管棚的成孔速度;②临时支撑(格栅)的施作时间。

大管棚具有足够大的刚度,其支护机理与应用较为广泛的小管棚不同,如图5.1-5所示,其设计主要控制钢管的挠度。对施工而言,重点是解决管棚的施工精度问题(保证密排)。

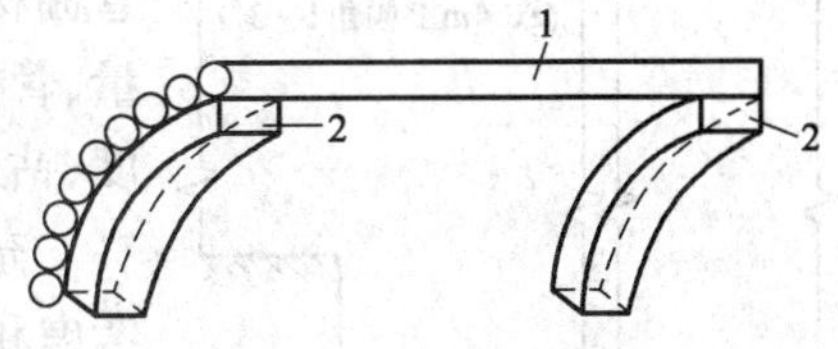

图5.1-5 密排大管棚结构
1-管棚;2-端头支撑梁

5.1.6 管棚的几何参数

1)管棚层数

管棚一般是单层布置,但在一些特殊场合,如地铁从重要的建筑物、道路等下方穿过,为最小限度地减小地铁施工引起的地层沉降,需要加强管棚层的刚度。提高管棚层的刚度主要有提高单层管棚直径和增设管棚层两个途径,增设管棚层方法具有可利用普通钻机的优点,因此,在一些工程中采用了双层管棚工法。

2)管棚尺寸参数

管棚尺寸参数主要包括管棚的长度、直径以及壁厚。

管棚支护长度越长,越能节省辅助时间,提高施工效率。但是如果采用坑道钻机施作管棚,则由于受到钻机机具、钻进技术和钢管柔性弯曲等条件限制,如果管棚支护长度过长,方向难以控制,管棚容易下垂,就很难确保管棚的水平角度和排列整齐,从而影响施工质量。同时,管棚支护长度也不宜太短,如果太短,则每段落需要施作管棚工作室,增加工作量,影响施工效率,增加成本。根据不同地质条件,一般管棚支护长度确定为10～40m。

当工程位于城市地区或穿越重要构筑物,因条件受制约,不能施作管棚工作室而采用非开挖方法施作管棚时,由于管棚方向可精确控制,则管棚长度可不受限制,由地铁隧道和地下工程的长度确定。

对于一般工程,可以选用直径159mm以下的管棚,对于特殊工程则需综合工程的重要性、施工难度,确定管棚直径和相应的施工机具、施工方法,特别是需要采用特殊非开挖设备,则更须进行经济、技术综合分析和评价。

3)管棚位置参数

位置参数主要包括开孔位置、仰角及环向间距。

开孔位置的确定原则是尽量使管棚靠近开挖轮廓线,同时又考虑管棚的施工方法和施工精度,不得侵入开挖轮廓线。对于小直径管棚,一般取钢管中心距离开挖外轮廓线130cm。

因地层原因及钻杆重力,管棚在钻进过程中要发生向下弯曲,在开孔钻进时要有一定的上仰角度。如果上仰角度过小,管棚会因向下弯曲而侵限,在地铁隧道掘进时需要将钢管割去,从而提高地铁掘进速度;如果上仰角度过大,使管棚远离地铁外轮廓线而失支护作用,使管棚

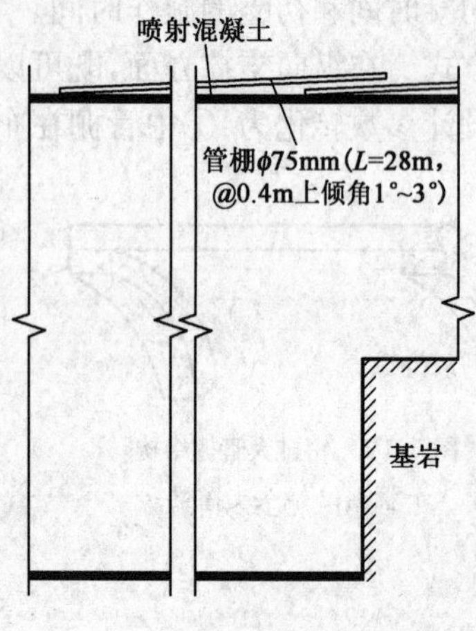

图 5.1-6　某地铁段管棚纵向布置图

有效支护长度缩短，同时在开挖时容易造成超挖，为此需要确定合适的管棚上仰角度。一般影响管棚向下弯曲程度的因素主要有：地层状况，如松软、破碎、强度不均匀或存在空洞等；管棚材料质量，如管材强度、抗弯程度、管棚前端钻头加工质量、管棚同心度等；钻进工艺，如钻机位置、高度、方向的准确度、钻进时给进力度、循环液流量以及钻机操作等。

充分考虑上述因素，并结合具体的地质条件，外插角一般考虑和地铁纵向轴线呈 1°～3°夹角。同时，仰角的设置需要考虑管棚的长度、管棚施作方法等，如采用坑道钻机，设置多循环时，管棚的倾角需要满足一下循环时管棚工作室施工的需要。当选用非开挖方法，管棚方向可精确控制时，可不设外插角。管棚的纵向布置方式及管棚工作室的布置如图 5.1-6 和图 5.1-7 所示。

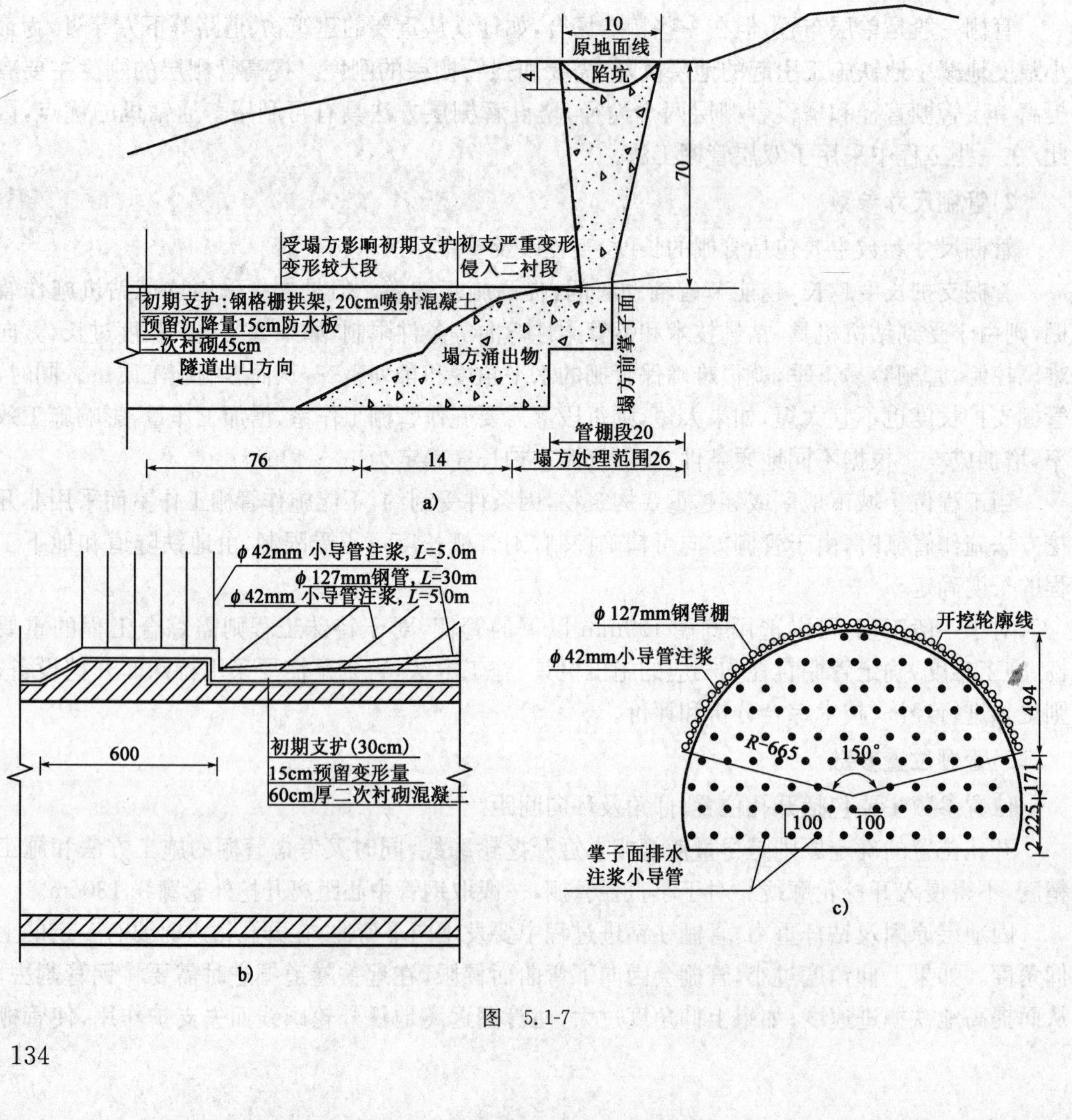

图　5.1-7

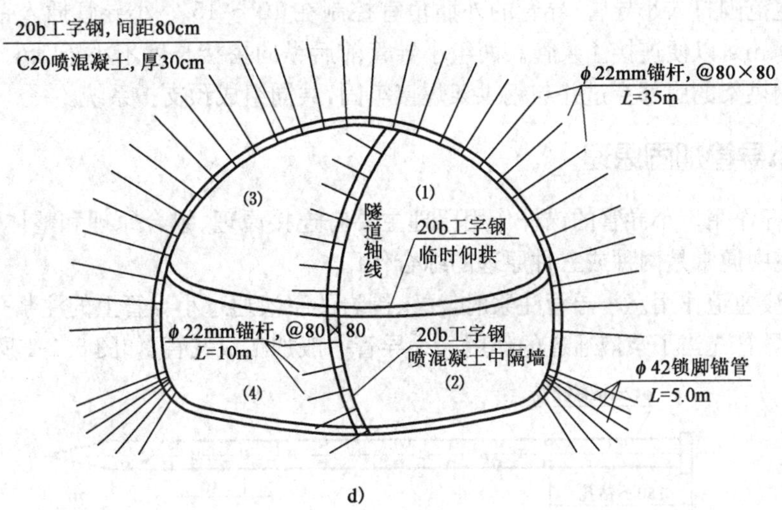

图 5.1-7 某地铁塌方治理段管棚布置图(尺寸单位:cm)

a)某地铁塌方纵断面;b)管棚处理方案纵断面;c)管棚断面图;d)塌方段 CRD 法

管棚的环向间距主要由地层性质(黏着性、粒径、密度、裂隙、地下水)、地层压力、管棚在地铁隧道断面的位置(拱部、侧壁、底部)、水平钻孔的施工性(钻杆的弯曲程度)以及地铁的开挖方法等因素决定。

管棚间距主要受管棚间岩土的稳定性、防水要求和施工精度所控制。当不存在防水要求时,管棚最大间距主要受管棚间的岩土稳定性控制,最小间距受管棚钻机施工精度控制,大致为钢管的施工长度的 1/600～1/250。例如,钢管的施工长度为 30m,取施工精度为 1/300,则管棚的最小间距为 3 000×1/300＝10cm。一般管棚间距为 30～50cm 或者按照 2.0d～2.5d(d 为管棚外径)估算,即可满足两方面的要求。

当地层软弱、富水,并将管棚间岩土的稳定性和防水作为重点时,宜采用小间距,具体多少主要受管棚施工精度控制,但即使是小间距,根据施工经验,管棚注浆常达不到堵水的目。因此,工程上常辅以管棚间打设小导管注浆的办法。管棚和小导管采用搭扣形式的管棚。

5.2 超前小导管

5.2.1 超前小导管注浆概念

超前小导管注浆是在开挖前,先用喷射混凝土将开挖面和一定范围内的坑道周边岩面封闭,然后沿坑道周边轮廓向前方岩内打入带孔小导管,并通过小导管向岩内压注起胶结作用的浆液,待浆液硬化后,坑道周围岩体就可形成一定厚度的加固圈。在加固圈的保护下即可安全地进行开挖作业。

5.2.2 超前小导管注浆的施工工艺

在开挖掘进之前,先用喷射混凝土浆开挖面和 5m 范围内的地铁围岩壁面封闭,然后沿拱部周边一定范围打入小导管，导管的外插角宜控制在10°～15°。小导管插入钻孔后外露一定长度(约20cm)，以便连接注浆管。两组小导管前后纵向搭接长度不小于1m。导管的尾部通常从格栅钢拱架的腹部穿过并与钢拱架焊接牢固，共同组成预支护系统。

5.2.3 小导管加固原理

(1)锚杆作用。小导管的锚杆作用原理主要有连接原理、组合原理和整体加固原理三种。在地铁隧道中通常是两种或三种原理的综合作用。

(2)浆液通道作用。小导管注浆时，注入围岩的浆液通过小导管上的注浆孔均匀地渗入到围岩中，小导管充当了浆液通道的作用。小导管一般加工成花管，如图5.2-1所示。

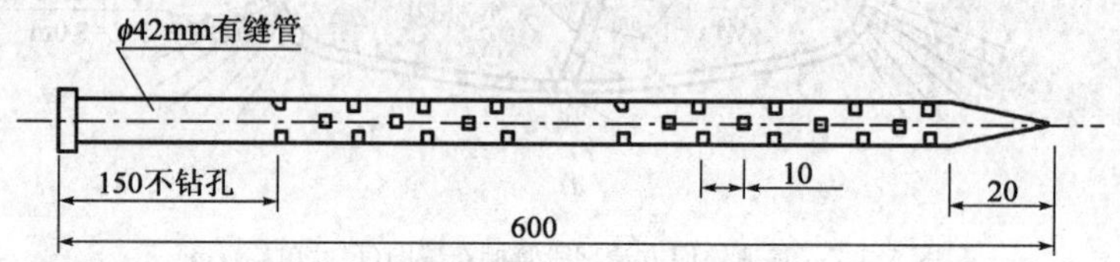

图5.2-1 小导管加工示意图(尺寸单位：cm)

5.2.4 超前小导管注浆的适用条件

超前小导管注浆，对围岩加固的范围和加固处理的程度是有限的，注浆压力较低。因此，超前小导管注浆主要适用于渗透系数较大的无地下水或水量和压力较小的一般软弱破碎岩体的地层条件，若用于渗透透性差的地层，容易形成“跑浆”，即浆液沿管外与孔壁之间形成回流。

作为软弱破碎围岩条件下地铁施工的一项特殊措施，超前小导管注浆作业只能在地铁隧道内进行，即小导管安装和注浆作业都要进入洞内施工作业循环，因而占用较多的洞内作业循环时间，不利于提高施工速度。

5.2.5 小导管参数的选择

1)小导管的直径

为满足现场便于施工的要求，小导管的直径一般取32～60mm。直径太大，不宜用简单的工具钻眼和打入；直径太小，则起不到导管的支撑和注浆通道作用。

2)导管的长度

小导管长度由地铁隧道一次开挖长度和围岩的自稳能力来确定。围岩的自稳能力由岩体的内摩擦角φ来确定，小导管的长度可按式(5.2-1)计算：

$$L = 1 + H\cot\varphi + 0.5 \quad (5.2\text{-}1)$$

式中：L——小导管的长度(m)；

φ——围岩的塌落角度(°)；

H——围岩的塌落高度(m)。

φ值的大小，反映掌子面岩体的稳定性，φ越大，说明岩体的自稳能力越强。在φ值确定的情况下，H越大，掌子面处岩体的坍塌可能性越大。

施工中，一般坍落角度$\varphi<60°$，根据以上计算，小导管长度宜控制在3.5～6m之间，岩体

较差时，长度取大值，岩体相对较好时，长度取小值。在处理塌方时，以小导管的最大打入长度为设计长度，小导管越长，越有利于施工。

3)外插角

根据理论计算和试验确定注浆半径 r 以后，依据注浆半径和小导管长度确定小导管打入角度，以保证浆液能扩散到洞室开挖的外轮廓。

$$\alpha = \arcsin \frac{r}{L} \tag{5.2-2}$$

式中：α——小导管的外插角(°)；

r——注浆半径(m)；

L——小导管的长度(m)。

实际工程中，小导管的注浆半径一般取0.5m，长度一般取3.5～6m，故小导管的外插角一般为5°～10°。

4)间距

在处理塌方体时，小导管间距宜以密排为原则，间距到 $2d$(d 为小导管直径)，在断裂破碎带地段间距取30cm左右。

5)环向范围

一般拱脚以上部分为环向加固范围，在围岩具有膨胀性或侧压力比较大的情况下，可考虑在侧墙部分设置小导管。

5.3 超前锚杆

5.3.1 构造组成及作用

超前锚杆是沿开挖轮廓线，以稍大的外插角，向开挖面前方一定范围内安装的斜向锚杆。超前锚杆可以形成对前方围岩的预锚固，在提前形成的围岩锚固圈的保护下进行开挖等作业。这是一种先加固后开挖的逆序作业，即锚杆安装先于岩体开挖，故称为"超前锚杆"，如图5.3-1所示。

5.3.2 性能特点及适用条件

超前锚杆可以与系统锚杆焊接以增强其整体加固作用，但由于超前锚杆的柔性较大而整体刚度较小，因此其对前方围岩的整体加固效果一般，而且加固范围也有限。因此，超前锚杆主要适用于应力不太大、地下水也很少的一般软弱破碎围岩的地铁工程中。如砂质地层、弱膨胀性地层、流变性较小的地层、裂隙发育的岩体、断层破碎带等围岩条件，以及浅埋无显著偏压的地铁隧道，且一般应与系统锚杆同时使用，形成联合支护。在应力较大的严重软弱破碎围岩中，超前锚杆的后期支护刚度就有些不足，不宜使用。

5.3.3 设计、施工要点

超前锚杆的超前加固范围，即锚杆加固的超前长度、加固圈的厚度，应视围岩工程地质条件、坑道断面大小、掘进循环进尺和施工条件而定，可根据要求的超前加固范围确定相应的超前量、外插角、环向间距、锚杆直径、锚固方式等参数。一般地，超前长度宜为循环进尺的3～5倍，采用3～5m长；外插角宜为10°～30°；搭接长度宜为超前长度的40%～60%左右。

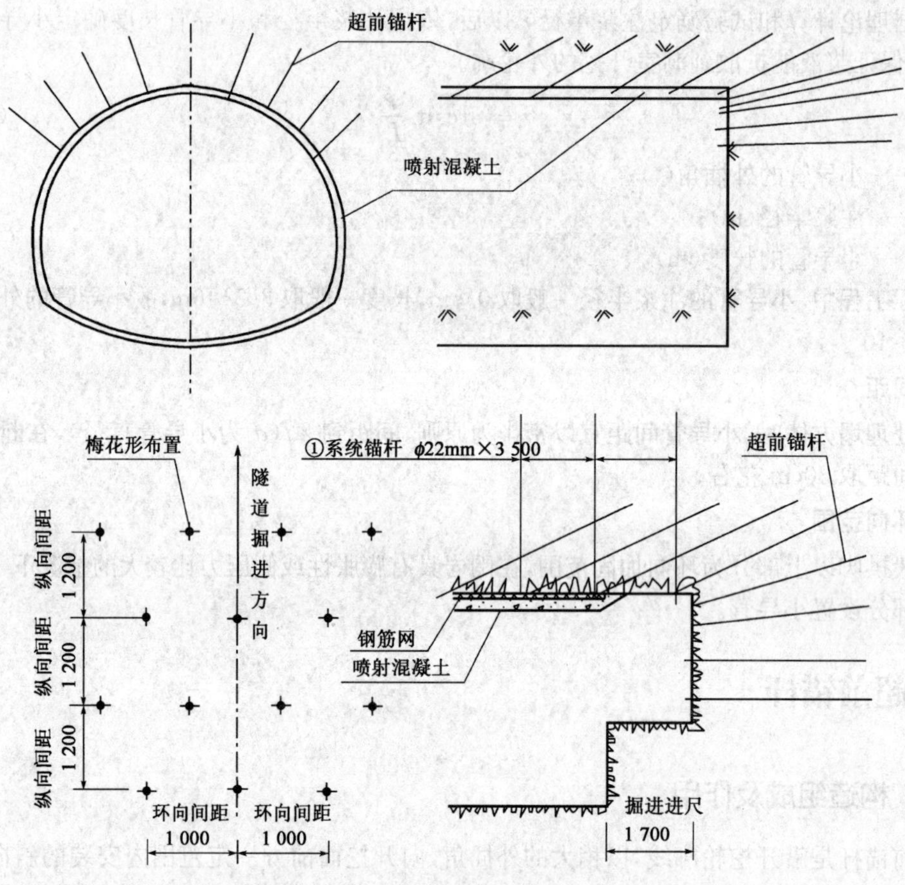

图5.3-1　超前锚杆加固前方围岩(尺寸单位:mm)

同一层超前锚杆的环向间距宜为0.3～1.0m；相邻两层锚杆应环向错列，以便于与梅花形布置的系统锚杆相协调和连接。

超前锚杆材料可用不小于ϕ22mm的螺纹钢筋，宜用早强水泥砂浆全长黏结式锚固。

超前锚杆的安装误差，一般要求孔位偏差不超过10cm，外插角偏差不超过1°～2°，实际锚固长度不小于设计锚固长度的96%。

开挖时应注意保持开挖面落后于超前锚杆加固的超前量，即保证开挖面前方留有一定长度的锚固区，以使前方尚未加固的围岩在开挖面岩体的覆压作用下不出现坍塌，且使超前锚杆的前端有一个临时支点。若开挖面出现滑坍现象，则应及时喷射混凝土封闭开挖面，并尽快打入下一排超前锚杆，然后才能继续开挖，下一循环的开挖应考虑适当缩短掘进循环进尺。

开挖后应及时且尽可能多地将超前锚杆的尾端与系统锚杆及钢筋网焊接，并尽快施作喷射混凝土，以充分发挥它们的联合支护效应和封闭支护作用。

施工过程中应密切注意观察锚杆变形及喷射混凝土层的开裂、起鼓等情况，以掌握围岩动态，及时调整开挖及支护参数。施工过程中如遇少量地下水出露，一般可钻孔引排，并针对突然出现的不良地质情况制订相应的预备施工方案和紧急处理措施。

5.3.4 超前锚杆设计要求

超前锚杆的设计参数按表5.3-1选用。

超前锚杆设计参数　　表5.3-1

围岩类别	锚杆直径(mm)	锚杆长度(m)	环向间距(cm)	锚杆外插角
Ⅱ	20～24	3～5	30～50	5°～20°
Ⅲ	18～22	3～5	40～60	5°～3°

超前锚杆的设置应充分考虑岩体结构面特性，一般仅在拱顶部设置，必要时也可在边墙局部设置。超前锚杆纵向两排的水平投影应有不小于100cm的搭接长度，如图5.3-2所示。

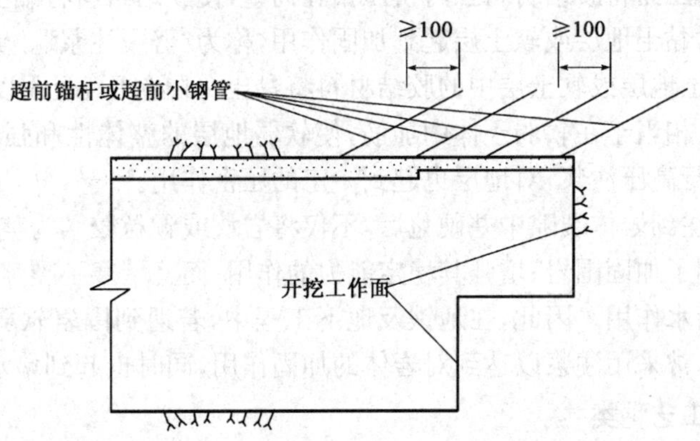

图5.3-2　超前锚杆布置示意图(尺寸单位:cm)

超前锚杆宜采用早强砂浆锚杆。超前锚杆尾端一般应置于钢架腹部或焊接于系统锚杆尾部的环向钢筋，以增强其共同支护作用。超前锚杆可根据围岩情况，采用双层或三层超前支护。超前锚杆是一种起超前预支护作用的措施。表5.3-1所列参数是根据近几十年铁路地铁隧道使用超前锚杆的经验得出的。设计时，应根据围岩的具体情况、实际施工能力、工序进度安排等因素选择。

使用超前锚杆的地铁，一般岩体均匀破碎，开挖工作面可能坍滑，因此，纵向两排锚杆或小钢管应有不小于100cm的水平搭接长度，如图5.3-2所示，由于施工进展的要求，超前锚杆设置后，一般随即进行下一次掘进循环。

5.4 围岩注浆加固

5.4.1 注浆加固的作用机理及工艺种类

1)注浆加固的作用机理

注浆加固的作用机理，可分为压力注浆和电动注浆两类。压力注浆是常用方法，是在各种大小压力下使水泥浆液或化学浆液挤压充填土的孔隙或岩层缝隙。电动化学注浆是在施工中以注浆管为阳极、滤水管为阴极，通过直流电在电渗作用下，孔隙水由阳极流向阴极，在土中形成渗浆通道，化学浆液随之渗入孔隙而使土体结硬。

大多数地层条件可采用压力注浆加固；但在软黏土中，土的渗透性很低，压力注浆法效果极差，可采用电动注浆法综合应用。但电动注浆法由于受电压梯度、电极布置等条件限制，其注浆范围较小，目前在公路上的少数既有结构物地基加固工程中应用。

压力注浆按可以注浆压力大小可以分为"渗透注浆"和"劈裂注浆"两种。

(1)渗透注浆。在有一定渗透性的地层，如破碎岩层、砂卵石层、中砂、细砂、粉砂层等地层中，采用中低压力将胶结材料压注到地层中的空穴、裂缝、孔隙里，待其凝固后，岩体的结构体或土颗粒即被胶结为整体，称为"渗透注浆"。

(2)劈裂注浆。在渗透性较差甚至不透水的地层，如含水量较大而颗粒较细的黏土层、软土地层中，采用较高压力将胶结材料强行挤压钻孔周壁，使胶结材料将黏土层壁裂成缝并充塞凝结于其中，从而对黏土地层或软土层起到加固作用，称为"劈裂注浆"。劈裂注浆加固的作用机理是强行挤入黏土地层或软土层中的胶结材料将黏土分隔包围，凝固以后的胶结在软弱土层中形成高强夹层，相当于在软弱土体中加筋，使软弱地层的整体性和强度大大提高。此外，由于在封闭条件进行高压注浆，对地层也起到一定的压密作用。

由于浆液被压注到岩体裂隙中并硬化后，不仅将岩块或颗粒胶结为整体，或以高强夹层将黏土分隔包围，起到了加固围岩、增强其稳定能力的作用；而且堵塞了裂隙，阻断了地下水渗透流的通道，起到了堵水作用。因此，在地铁及地下工程中，若遇到围岩软弱、破碎严重、地下水丰富或出现塌方时，常采用注浆以达到对岩体的加固作用，同时也起到堵水作用。

2)注浆加固的工艺种类

按照注浆管的构造组成、性能特点及工艺程序的不同，注浆加固可以分为"超前小导管注浆"、"超前深孔帷幕注浆"两种形式。

5.4.2 钻孔机械和灌注管

钻机机械有：旋转式钻机，即在钻杆上安装钨钢钻头或金刚石钻头，然后用液压驱动使其旋转钻进；冲击式钻机，即用曲轴装置，使钻杆、钻头下落，冲击钻进。

灌注管一般采用带孔眼的焊接钢管或无缝钢管。为了防止浆液反流，要堵塞钻孔壁与灌注管之间的空隙，常用的堵塞方式有两种，一种是普通堵塞，就是用铅丝、麻刀、木楔等材料在注浆孔口将缝隙堵死，它适作于浅孔注浆；另一种是专用的止浆塞，用橡胶制作，套在注浆管上，靠注浆压力使其挤紧孔壁来止浆，这种方法多用于深孔注浆。

5.4.3 注浆数量控制

现代注浆技术都是采用定压和定量相结合的方法，也就是注浆的数量是基本固定的。这个数量按浆液需填充的空隙率来确定，常以被处理岩体总体积的百分比来表示，称为地层充填率。这个充填率在砂层可高达60%，而裂隙岩体也许只为5%，具体计算公式为：

$$Q = An\alpha(1+\beta) \tag{5.4-1}$$

式中：Q——注浆总数量(m^3)；

A——注浆范围围岩的体积(m^3)；

n——围岩空隙率(%)；

α——浆液充填系数，一般取 0.7～0.9；

β——注浆材料损耗系数，通常在 0.1 左右。

从式(5.4-1)可知，$n\alpha(1+\beta)$就是地层充填率。表 5.4-1 列出了不同地层充填率的经验数值。

地质和岩石地层填充率　　表 5.4-1

地质条件		充填率(%)
土质地层	黏土质地层	20～40
	砂质地层	40～60
	砂砾质地层	约 60
岩石地层	一般破碎岩层	1～2
	断层破碎带	约 5
	火成岩类	≤1

为了做好预注浆工作，必须事先对被加固围岩进行土力学试验，查清围岩的透水系数、土颗粒组成、孔隙率、饱和度、密度、pH 值、剪切和抗压强度等。

需说明的是，注浆量受围岩条件、浆液类型、注浆技术等多种因素影响，因此实际的注浆量往往与理论计算值有很大的出入，需要用现场注浆试验来加以修正。

5.4.4　注浆材料选择及其配合比

1)注浆材料种类

注浆胶结法所用浆液材料有水泥浆液和化学浆液两大类。

水泥浆液采用的水泥一般为 32.5 级以上的普通硅酸盐水泥，由于含有水泥颗粒属粒状浆液，故对孔隙小的土层虽在压力下也难于压进，只适用粗砂、砾砂、大裂隙岩石等孔隙直径大于 0.2mm 的地基加固；如使用超细水泥，则可适用于细砂等地基。水泥浆液有取材容易、价格便宜、操作方便、不污染环境等优点，是同内外常用的压力注浆材料。

常用的化学浆液是以水玻璃($Na_2O \cdot nSIO_2$)为主剂的浆液，由于它的无毒、价廉、流动性好等优点，在化学浆材中应用最多，约占 90%。其他还有以丙烯酸胺(聚氨酯)为主剂和以纸浆废液木质素(木胺)为主剂的化学浆液，它们性能较好，黏滞度低，能注入细砂等土中；但有的价格较高，有的虽价廉源广但有含毒的缺点，用于加固地基当前受到一定限制，尚待试验研究改进。

注浆材料按浆液组成可分为单液和双液，分别适用于不同的地层条件。

2)注浆材料选择及配合比

注浆材料的选择主要应考虑被加固地层渗透条件。应先对被加固围岩进行土力学试验，包括渗透系数、土颗粒组成、孔隙率、饱和度、密度、pH 值，剪切和抗压强度等，必要时应做现场抽水试验和注浆试验，采用适用的注浆材料，并确定更为合理的注浆压力、单孔注浆扩散半径等参数。

注浆材料的配合比根据地层情况和胶凝时间要求，并经过试验确定并调整。

(1)在断层破碎带及砂卵石地层(裂缝宽度或颗粒粒径大于1mm，渗透系数$k \geqslant 5 \times 10^{-4}$ m/s)等强渗透性地层中，应采用料源广且价格便宜的注浆材料。一般地，对于无水的松散地层，宜优先选用双液水泥—水玻璃浆，以控制注浆范围。

一般情况下，采用单一水泥浆时，水灰比可采用0.8:1～2:1。若需缩短凝结时间，则可加入氯盐、三乙醇胺等速凝剂。

采用水泥—水玻璃浆液时，灰比可采用0.8:1～1.5:1；水玻璃浓度一般为25°～40°Be；水泥浆与水玻璃的体积比宜为1:1～1:0.3。

(2)在断层泥带中，当裂隙宽度(或粒径)小于1mm，或渗透系数$k \geqslant 5 \times 10^{-5}$ m/s时，注浆材料宜优先选用水玻璃类或木胺类浆液。单一水玻璃浆液比较适用黄土类地层的加固。在黄土类土中水玻璃较易渗透入土孔隙，与土中的钙质相互作用形成凝胶，而使土颗粒胶结成整体，其化学反应式为：

$$Na_2O \cdot nSIO_2 + CaSO_4 + mH_2O \rightarrow nSIO_2(m-1)H_2O + Ca(OH)_2 + Na_2SO_4 \quad (5.4\text{-}2)$$

(3)在中、细、粉砂层、细小裂隙岩层及断层泥地段等渗透系数$k < 0.1 \sim 80m^{-5}/d$的弱渗透地层中，宜选用渗透性好、低毒及遇水膨胀的化学浆液，如水玻璃(主剂)—氯化钙、水玻璃(主剂)—水泥、水玻璃(主剂)—铝酸钠、聚氨酯类等。

以水玻璃—氯化钙为例，其化学反应式为

$$Na_2O \cdot nSIO_2 + CaCl_2 + mH_2O \rightarrow nSIO_2(m-1)H_2O + Ca(OH)_2 + 2NaCl \quad (5.4\text{-}3)$$

硅酸胶体在土中凝结，将土颗粒结成具有一定强度的土体，强度可达1 500kPa以上。对于受沥青、油脂、石油化合物等浸透的土以及地下水pH值大于9的土不宜采用硅化法加固。

(4)对于不透水的黏土层，则宜选用水玻璃或聚氨酯类化学浆液采用高压劈裂注浆。

第6章　地铁衬砌施工与质量控制

地铁隧道是围岩与支护结构的综合体,地铁隧道开挖破坏了地层的初始应力平衡,产生围岩应力释放和洞室变形,过量变形将导致围岩松动甚至坍塌。在开挖后的洞室周边,施作钢、混凝土等支撑物,向洞室周边提供抗力,控制围岩变形,这种开挖后隧道内的支撑体系,称为隧道的支护。为控制围岩应力适量释放和变形,增加结构安全和方便施工,隧道开挖后应立即施工刚度较小并作为永久承载结构一部分的结构层,称为初期支护,简称初支,也叫初衬或一衬。二衬即是指经加固后的隧道四周仍需继续二次加固的工作。

6.1　初衬施工与质量控制

初衬的主要方式和方法根据围岩性质的不同而不同,主要有喷射混凝土支护、锚杆支护、钢筋网和钢架支护等。支护施作后即成为永久性承载结构的一部分,它与围岩共同构成了永久的地铁隧道结构承载体系。

6.1.1　喷射混凝土支护

喷射混凝土支护的作用是支承围岩、"卸载"、填平补强围岩、覆盖围岩表面,阻止围岩松动和分配外力,对围岩起加固作用。

1)喷射混凝土支护的材料

喷射混凝土应在开挖后及时进行,可采用湿喷工艺,其材料使用要求如下。

(1)水泥:应优先采用硅酸盐水泥或普通硅酸盐水泥,也可采用矿渣硅酸盐水泥,必要时可采用特种水泥。

(2)集料:粗集料应采用坚硬耐久的碎石或卵石,喷射混凝土中的石子粒径不宜大于16mm,喷射钢纤维混凝土中的石子粒径不宜大于10mm;集料级配宜采用连续级配,细集料应采用坚硬耐久的中砂或粗砂,细度模数宜大于2.5,含水率宜控制在5%～7%。

(3)外加剂:应对混凝土的强度及与围岩的黏结力基本无影响;对混凝土和钢材无腐蚀作用;对混凝土的凝结时间影响不大(除速凝剂和缓凝剂外);吸湿性差,易于保存;不污染环境,对人体无害。

(4)速凝剂:应根据水泥品种、水灰比等,通过不同掺量的混凝土试验选择最佳掺量。使用前应做速凝效果试验,要求初凝不应大于5min,终凝不应大于10min。

(5)水:水质应符合工程用水的有关标准,水中不应含有影响水泥正常凝结与硬化的有害杂质。

(6)钢纤维:宜用普通碳素钢制成,长度宜为20～25mm,并不得大于25mm;抗拉强度不得小于380MPa,不得有油渍和明显的锈蚀,掺量应通过试验确定。

2)喷射混凝土作业要点(图 6.1-1、图 6.1-2)

(1)喷射作业应分段、分片、分层,由下而上顺序进行。当岩面有较大凹洼时,应先填平;分层喷射一次喷射厚度可根据喷射部位和设计厚度确定。

(2)应紧跟开挖工作面,及时喷射混凝土,在喷射结束后 4h 内不得进行下一循环的爆破作业。

(3)混合料应随拌随喷,不掺速凝剂的干混合料,存放时间不应大于 2h;掺有速凝剂的干混合料,存放时间不应大于 20min。

(4)喷嘴应与岩面垂直,同时应保持适当的距离和喷射压力。

(5)喷射后应进行养护和保护。

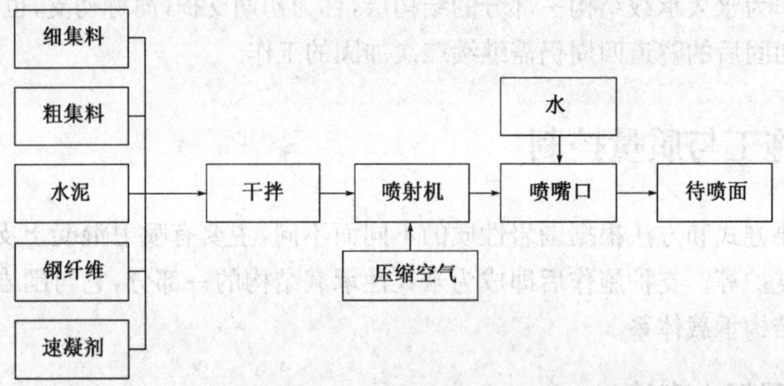

图 6.1-1 干拌干喷施工工艺流程图

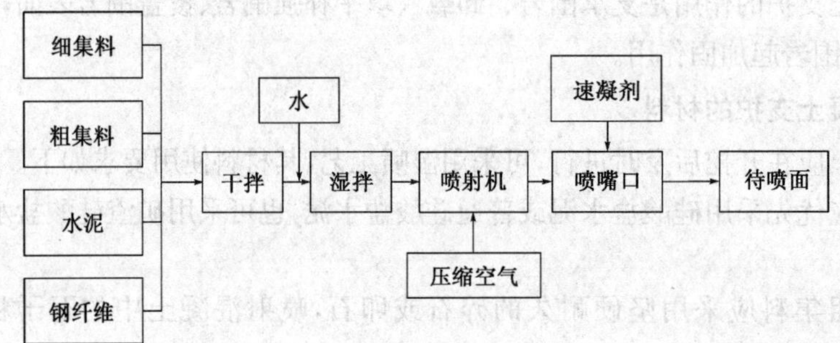

图 6.1-2 湿拌湿喷施工工艺流程图

6.1.2 锚杆支护

锚杆支护为锚杆插入围岩起支承、加固围岩的作用,进而提高层间摩阻力,形成的组合梁式的支承整体。锚杆类型应根据地质条件、使用要求及锚固特性进行选择,可选用中空注浆锚杆、树脂锚杆、自钻式锚杆、砂浆锚杆和摩擦型锚杆等。锚杆杆体的抗拉力不应小于 150kN,锚杆直径宜为 20～22mm。锚杆用的水泥砂浆,其强度不应低于 M20(图 6.1-3)。

锚杆安装应符合下列要求:

(1)杆体插入锚杆孔时,应保持位置居中,插入深度应满足设计要求;插入困难时,可采用自钻式锚杆。

(2)有水地段应先引出孔内的水或在附近另行钻孔,再安装锚杆。

(3)砂浆锚杆孔内灌注砂浆应饱满密实。

(4)早强药包锚杆、树脂锚杆应先检查药包和树脂卷质量,受潮或变质者不得使用。

(5)锚杆必须安装垫板,垫板应与喷混凝土面密贴。

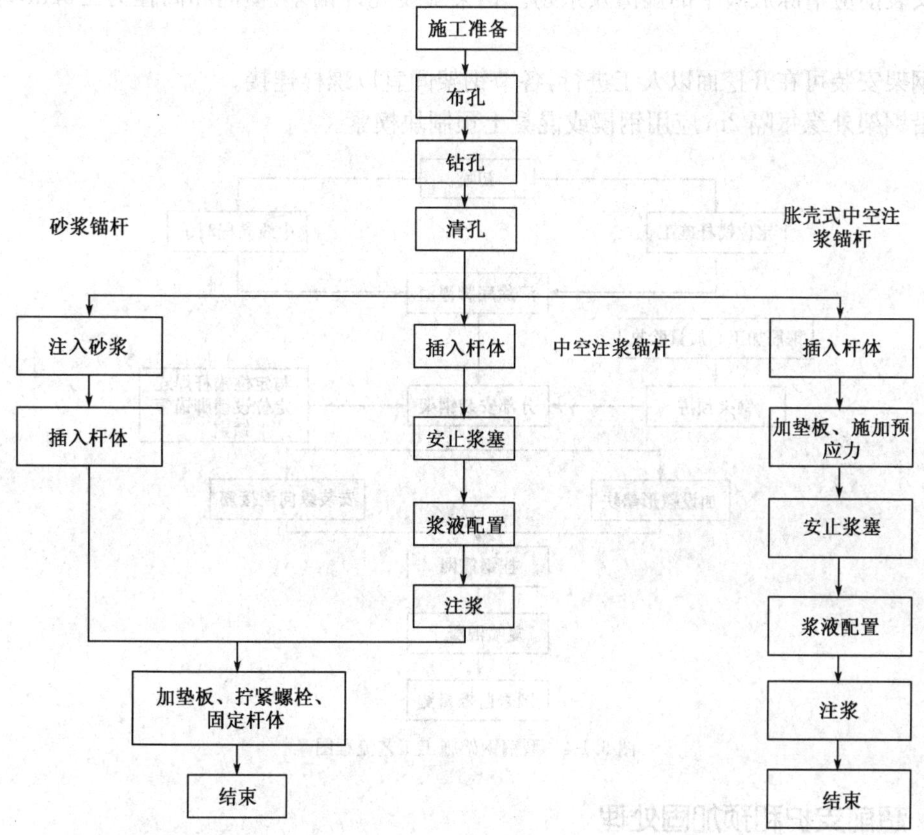

图 6.1-3 常见锚杆施工工序流程图

6.1.3 钢筋网及钢架支护

钢筋网和钢架(钢拱格栅和支撑),有加强和限制围岩形变的作用,作为超前支护的后支点,承受部分松弛荷载。钢筋网材料宜采用 Q235 钢,钢筋直径宜为 6～12mm,网格尺寸宜采用 150～300mm,搭接长度应为 1～2 个网格。

(1)铺设钢筋网施工要点

①钢筋网一般应在喷一层混凝土后铺挂,使其与喷射混凝土形成一体。

②砂层地段应先铺挂钢筋网,沿环向压紧后再喷混凝土。

③采用双层钢筋网时,第二层钢筋网应与第一层钢筋网被混凝土覆盖后铺设,其覆盖厚度不应小于 3cm。

④钢筋网应与锚杆或其他固定装置连接牢固。

⑤开始喷射时,应减小喷头至受喷面的距离,并调整喷射角度,钢筋保护层厚度不得小

于 2cm。

(2)钢架宜选用钢筋、型钢、钢轨等制成。格栅钢架的主筋直径不宜小于 18mm,应在开挖或喷混凝土后及时架设。

(3)钢架安装应符合下列要求(图 6.1-4)

①安装前应清除底脚下的虚渣及杂物。钢架安装允许偏差:横向和高程为±5cm,垂直度为±2°。

②钢架安装可在开挖面以人工进行,各节钢架间宜以螺栓连接。

③沿钢架外缘每隔 2m 应用钢楔或混凝土预制块楔紧。

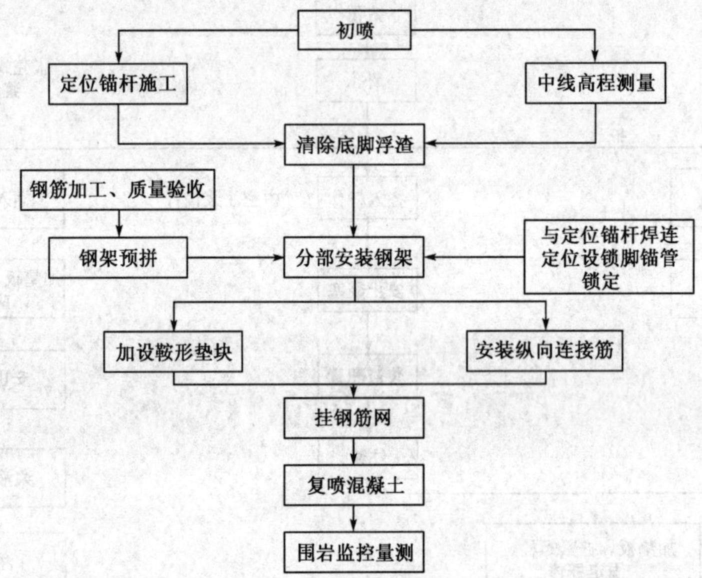

图 6.1-4　型钢钢架施工工艺流程图

6.1.4　超前支护和预加固处理

地铁隧道在开挖后自稳时间小于完成支护所需时间的地段,应根据围岩情况、开挖方式、进度要求、机械配套情况,选择下列一种或几种措施进行超前支护和预加固处理。

(1)喷射混凝土封闭开挖工作面。

(2)超前锚杆或超前小导管支护。

(3)管棚超前支护。

(4)设置临时仰拱。

(5)地表锚杆或地表注浆加固。

(6)小导管周边注浆和围岩深孔注浆。

在软弱围岩及富水地层中施工时,可采用注浆法加固地层,并根据地质情况、隧道断面形状、施工机具等条件经用小导管周边预注浆、深孔注浆或地表注浆。

以上各种支护、经常不是单独使用,而是根据围岩的稳定情况及施工条件加以联合运用,以获得最佳的支护效果。喷混凝土支护、锚杆喷混凝土支护和钢筋网、钢架(格栅、支撑)等喷混凝土支护的总称,称为锚喷支护;这种锚喷支护用作永久衬砌时,称为锚喷衬砌。锚喷支护的特点是兼具有灵活性、及时性、密贴性、深入性、柔性和封闭性。

在实际工程中，地铁隧道支护类型及尺寸可根据围岩类别、水文地质条件、埋置深度、结构工作特点和施工条件等，通过工程类比和结构计算确定。曲线地段隧道的支护(含衬砌)，应注意断面加宽，除圆曲线部分按规定办理外，缓和曲线部分应分两段加宽，即自圆曲线至缓和曲线中点，向直线方向延长 13m，采用圆曲线加宽断面；其余缓和曲线，自直缓分界点向直线方向延长 22m，采用缓和曲线中点加宽断面，其加宽值取圆曲线的 1/2。

6.2 二衬施工与质量控制

二次衬砌是指地铁隧道开挖经初期支护施作后，考虑隧道投入使用后的运营年限，设计时一般要求用混凝土或钢筋混凝土内层衬砌，以保证隧道永久稳定、安全、美观，同时也是作为安全储备的一种工程措施。

6.2.1 二衬的施工技术要求

1)衬砌台车技术要求

(1)衬砌台车的外轮廓在浇筑混凝土后应保证隧道净空，门架结构的净空应保证洞内车辆和人员的安全通行。衬砌台车的设计制造外轮廓尺寸应比隧道净空断面大，一般半径加大3～5cm 为宜。

(2)衬砌台车宜采用 43kg/m 以上或刚度足够大的型钢为行走轨道。

(3)衬砌台车长度宜为 9～12m。台车长度短(有时为了适应曲线半径)，生产效率低，接头多；台车太长移动不方便，而且因混凝土的温度收缩、干燥收缩，易发生环状裂纹。

(4)衬砌台车墙部作业窗宜分层布置，层高不宜大于 1.5m，每层宜设置 4～5 个窗口，其净空不宜小于 45cm×45cm，两端设检查孔，并设有相应的混凝土输送管支架或吊架。

(5)隧道内采用机械通风，衬砌台车上应留有通风管的穿越通道，或固定的硬风管，前后两端能与通风软管相连的接头，以便衬砌台车移动时不影响隧道施工通风。

(6)衬砌台车应设置足够的承重螺杆支撑和径向模板螺杆支撑。衬砌台车在浇筑混凝土期间，质量达 200t 以上，台车除调整液压千斤顶外，应设承重的竖向螺杆和模板径向螺杆，当台车就位后，应用螺杆将台车和模板锁定。

(7)衬砌台车拱顶宜设 2～3 个混凝土的浇筑口，一般采用的形式有油缸活塞式、百叶窗式、潜望镜式，以便浇筑完成后封孔。拱顶的浇筑口宜设在衬砌台车的两端，在坡道上浇筑混凝土有利于高端的灌满。检查孔设置在拱顶沿中线上每 2～3m 设一孔。

(8)衬砌台车上安装的附着式振动器应能单独启动。衬砌台车的混凝土浇筑时间较长，附着式振动器不宜并联共振，整个衬砌台车的振动会对已初凝的混凝土产生不利的影响。单独启动振动器，影响范围较小，还可通过作业窗用插入式振捣器进行捣固。

(9)衬砌台车必须验收合格后方可投入使用。

2)混凝土浇筑时应注意的事项

(1)混凝土自模板窗口灌入，应由下向上，对称分层，倾落自由高度不超过 2.0m。在混凝土浇筑过程中,观察模板、支架、钢筋、预埋件和预留孔洞的情况;当发现有变形、位移时,应及时采取加固措施。施工中如发现泵送混凝土坍落度不足时,不得擅自加水,应当在试验人员的指导下用追加减水剂的方法解决。

(2)施工现场应配备必要的备用机械设备,确保混凝土浇筑连续进行。当因故间歇时,其间歇时间应小于前层混凝土的初凝时间或能重塑的时间。当超过允许间歇时间时,按接缝处理,衬砌混凝土接缝处必须进行凿毛处理。

(3)混凝土浇筑分层厚度(指捣实后厚度)宜为振捣器作用部分长度的1.25倍,但最大摊铺厚度不宜大于600mm。在新浇筑完成的下层混凝土上再浇筑新混凝土时,应在下层混凝土初凝或能重塑前浇筑完成上层混凝土。

(4)浇筑混凝土时,应填写混凝土施工记录。

3)拆模及养护要求

(1)二次衬砌拆模时间应符合下列规定:

①在初期支护变形稳定后施工的,二次衬砌混凝土强度应达到8.0MPa以上。

②初期支护未稳定,二次衬砌提前施作时混凝土强度应达到设计强度的100%以上。

③拆模时混凝土内部与表层、表层与环境之间的温差不得大于20℃,结构内外侧表面温差不得大于15℃;混凝土开始降温前不得拆模。

④特殊情况下,应根据试验及监控量测结果确定拆模时间。

(2)混凝土浇筑完毕后,混凝土养护的最低期限应符合表6.2-1的要求,且养护不得中断。混凝土养护期间,混凝土内部温度不宜超过60℃,最高不得超过65℃,混凝土内部温度与表面温度之差、表面温度与环境温度之差不宜大于20℃,养护用水温度与混凝土表面温度之差不得大于15℃。浇水次数应能保持混凝土处于湿润状态。当环境气温低于5℃时不应浇水。

混凝土养护的最低期限 表6.2-1

混凝土类型	水胶比	洞内平均气温 T(℃)	养护期限(d)
胶凝材料中掺有矿物掺和料	≥0.45	$5 \leq T < 10$	28
		$10 \leq T < 20$	21
		$T \geq 20$	14
	<0.45	$5 \leq T < 10$	21
		$10 \leq T < 20$	14
		$T \geq 20$	10
胶凝材料中未掺有矿物掺和料	≥0.45	$5 \leq T < 10$	21
		$10 \leq T < 20$	14
		$T \geq 20$	10
	<0.45	$5 \leq T < 10$	14
		$10 \leq T < 20$	10
		$T \geq 20$	7

4)二次衬砌工程的施工工艺流程

地铁隧道衬砌一般采用液压整体式衬砌台车进行二次衬砌,采用拱墙一次性整体浇筑施工。二次衬砌施工工艺流程见图 6.2-1。

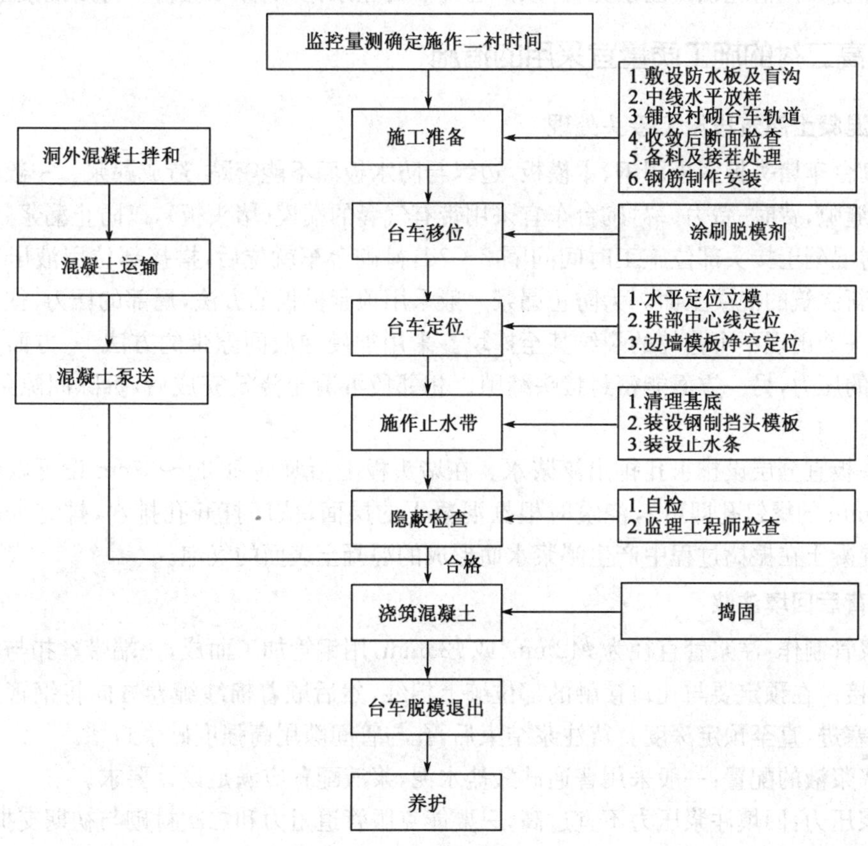

图 6.2-1　二次衬砌施工工艺流程图

6.2.2　二次衬砌施工控制要点

(1)衬砌台车行走轨道的中线和轨面高程应该准确,台车就位后启动微调装置,用仪器校正模板外轮廓与设计净空相吻合,并锁定台车。

(2)灌注混凝土前,应清除防水层表面灰粉并洒水润湿,模板内的积水和杂物应清理干净。

(3)模板安装必须稳固牢靠,接缝严密,不得漏浆。模板与混凝土的接触面必须清理干净并涂刷隔离剂。

(4)钢筋绑扎在移动台架上进行,绑扎钢筋时必须支撑牢固,以保证施工安全。

(5)钢筋混凝土二次衬砌地段,须用与二次衬砌混凝土相同配合比的细石混凝土或砂浆制作垫块,确保钢筋保护层的厚度,主筋保护层尺寸不小于 30mm、迎水面主筋保护层不小于 50mm。

(6)混凝土运到场地后应做坍落度检查,泵送混凝土一般以 15～18cm 为宜。

(7)混凝土应对称、分层浇筑,分层捣固。捣固宜采用插入式振动器和附着式振动器联合振捣。

(8)墙部视具体情况预留注浆孔，拱顶部位应预留注浆孔，确保二次衬砌背后混凝土密实。

6.2.3 提高二衬的施工质量宜采用的措施

1)二衬混凝土浇筑段施工接头处理

(1)衬砌台车堵头板多采用钢、木模板，边缘与防水板面不能密贴，造成漏浆。一般采用纤维材料堵塞缝隙，费时、费力。衬砌台车宜采用带有气囊的端模(堵头板)，以防止漏浆。

(2)二衬混凝土接头部位施工时间间隔 2～3d，衬砌台车就位后，搭接部位用液压千斤顶将模板顶向新浇筑的混凝土面。为防止漏浆一般采用顶紧模板的方法，局部的压力，往往会造成混凝土接头处出现不可弥补的裂纹甚至掉块。采用加硬橡胶间隙带的方法，一方面可以缓冲对混凝土的压力，另一方面能密封接头缝隙。相邻段混凝土浇筑完成后，拆除间隙条，用砂浆抹平凹槽。

(3)堵头板宜分层设排水孔排出泌浆水。在堵头板上沿竖向每 20～30cm 设可以封闭的孔(ϕ10～14mm 的螺钉孔即可)，浇筑时根据混凝土的层面，依序打开孔排水，排完水及时封孔，以排除混凝土在振捣过程中产生泌浆水而形成的混凝土表面的气泡。

2)二衬背后回填注浆

(1)注浆管制作：注浆管直径为 ϕ42mm(或 ϕ25mm)用钢管加工而成，一端带丝扣与注浆系统的旋塞连接。在预定要与孔口接触的部位缠上棉纱，然后顺着棉纱缠卷方向将钢管边旋转边向注浆孔塞进，直至预定深度。待注浆结束后，孔与管间隙用高强度砂浆封堵。

(2)注浆浆液的配置：一般采用普通硅酸盐水泥，浆液配置应满足设计要求。

(3)注浆压力：回填注浆压力不宜过高，只要能克服管道阻力和二次衬砌与初期支护、防水板之间的空隙阻力即可。压力过高，易造成结构变形。注浆压力应控制在 0.3～0.4MPa。

(4)注浆施工注意事项：

①注浆前清理注浆孔，安装好注浆管，保证其畅通，必要时进行压水试验。

②注浆必须连续作业，不得任意停泵，以防浆液沉淀，堵塞管路，影响注浆效果。

③采取隔孔循环注浆，即将注浆孔编号，先注奇数孔，再注偶数孔，使各孔注浆达到互补作用，提高注浆效果。第一次注浆后隔 3d 进行第二次补注浆。

④注浆时由低处向高处，由无水处向有水处依次注浆，以利充填密实，避免浆液被水稀释离析。当拱顶有渗漏时，应分段留排水孔，以免水压过高抵消部分注浆压力，最后再处理排水孔。

⑤注浆过程中，如发现施工缝有少量漏浆，可以采用快凝水泥砂浆勾缝后继续注浆。当冒浆或跑浆严重时，应关泵停注，待 2～3d 后第二次注浆。

⑥当注浆压力稳定上升，达到设计压力并持续稳定，不进浆或进浆量很少时，即可停止注浆，进行封孔作业，采用高强度水泥砂浆将注浆孔填满捣实。

⑦施工中应派专人监视注入量、注浆压力和二衬结构状况，必要时调整变换注浆参数，同时做好注浆作业的详细记录。

在地铁隧道二次衬砌混凝土施工过程中，只要能合理选用衬砌材料、混凝土配合比及施工方法,并不断地总结施工经验和提高相关人员质量意识,就可以控制混凝土的表面缺陷,保证工程质量,从而取得良好的社会效益和经济效益。

6.3　管片制作和安装

管片是地铁隧道盾构法施工的主要装配构件,是地铁隧道的外层屏障,承担着抵抗土层压力、地下水压力以及一些特殊荷载的作用。盾构管片质量直接关系到隧道的整体质量和安全,影响隧道的防水性能及耐久性能。通过管片安装,保证管片拼装质量,形成地铁隧道永久衬砌。

6.3.1　管片制作

管片制作与衬砌自防水有紧密的关系,而管片制作的各个环节都会影响到自防水的质量。

1)管片的工艺制作流程

管片的工艺制作流程见图 6.3-1。

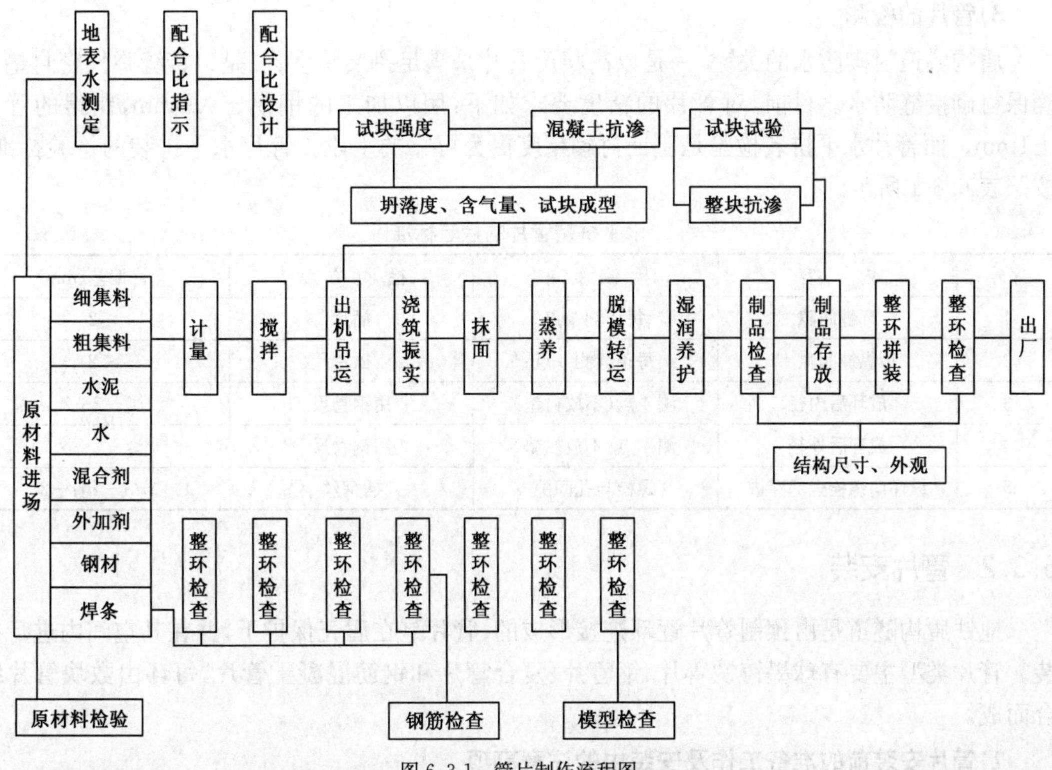

图 6.3-1　管片制作流程图

2)混凝土浇筑与养护

(1)混凝土搅拌

①混凝土配合比必须经过试验合格后才可使用,拌和台上不准随意更改配合比。

②水、水泥、外掺料的允许误差为±2%,粗细集料的允许误差为±3%。

③按砂、水泥、石子的顺序倒入料斗中，然后一并倒入搅拌机的拌桶中，倒料时加水搅拌，搅拌时间应严格控制在1～2min。

④混凝土坍落度为2～3cm，每次搅拌应做好记录。

(2)混凝土浇筑

①混凝土铺料先两端后中间，并分层摊铺，振捣应先振中间后两侧。

②两端振捣后，盖上压板，压板必须压紧压牢，再加料振捣。

③振捣时采用ZX-70振捣棒，不得碰撞钢模芯棒、钢筋、钢模及预埋件。

④混凝土浇筑后10min才可拆除压板，作管片外弧面的收水工序。

⑤外弧面收水，先用刮板刮去多余混凝土，并使弧面沿钢模弧度平整，然后用木楔辗压，用铁板油光，使之光滑。

⑥静放1～2h再抹面1～2次，管片外弧面不得有石子影印。

⑦严密的养护：静养期2h；升温期：每小时升温≤15℃；恒温期：保持60℃，恒温4h；降温期：降温速度每小时≤25℃；养护制度随季节不同作适当调整，但恒温度不变。升温前缓慢转动芯棒，慢慢拔出，以防孔壁混凝土坍落。随后清洗芯棒，涂好脱模剂，放在指定位置备用。

3)管片的检测

盾构隧道衬砌防水的关键，一是以高精度管片来满足拼装精度；二是以接缝弹性密封垫来确保衬砌接缝防水。目前，对管片的精度要求如下：用以加工的钢模±0.5mm，制得的管片±1mm。而管片水平拼装检验是验证衬砌精度更为可靠的手段。管片水平拼装的检验标准，按照表6.3-1所示。

水平拼装管片的检验标准 表6.3-1

序号	内　容	检 测 要 求	检 测 方 法	允许偏差(mm)
1	环缝间隙	每环测3点	插片	≤2
2	纵缝间隙	每条缝测3点	插片	≤2
3	成环后内径	测4点(不放衬垫)	用钢卷尺	≤−2+2
4	成环后外径	测4点(不放衬垫)	用钢卷尺	≤−2+b
5	纵环向螺栓全部穿进	螺栓与孔间隙	插钢丝	≥$d_{孔}-d_{螺}-2$

6.3.2 管片安装

地铁盾构隧道是由预制管片逐环连接形成的，管片是在盾壳保护下，并在其空间内进行拼装。管片类型主要有球墨铸铁管片、钢管片、复合管片和钢筋混凝土管片，每环由数块管片组合而成。

1)管片安装前的准备工作及安装中的注意事项

(1)严格检查进场管片，不合格管片一律清退。

(2)吊运管片注意对管片、止水带和缓冲垫的保护。

(3)准备好管片螺栓，然后装上螺栓止水橡胶圈，备好紧螺栓工具。

(4)清理管片安装区的积水、淤泥，保证管片安装区的清洁。

(5)安装时应注意小心轻放，避免损坏管片和止水条。

(6)安装管片时,其他非操作人员不得进入安装区。

(7)吊运管片时,吊运范围内不得站人,防止出现意外。

2)管片拼装作业程序

管片拼装流程见图 6.3-2。

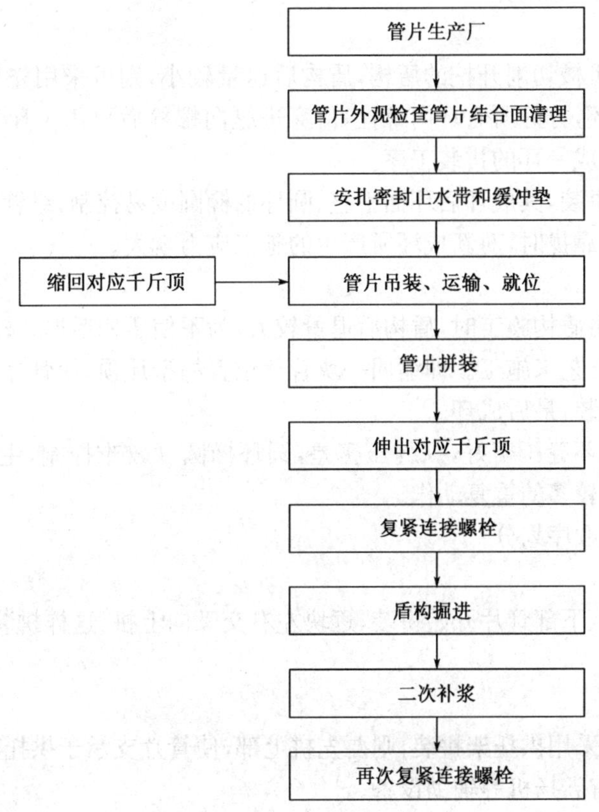

图 6.3-2 管片拼装流程图

3)管片拼装方法

(1)按其整体组合类型划分

①通缝拼装

各环管片的纵缝对齐的拼装方法,这种拼装方法在拼装时定位容易,纵向螺栓容易穿,拼装施工应力小,但容易产生环面不平,并有较大累计误差,导致环向螺栓难穿,环缝压密量不够。

②错缝拼装

错缝拼装即前后环管片的纵缝错开拼装,一般错开 1/2～1/3 块管片弧长,用此法建造的隧道整体性较好,拼装施工应力大,纵向穿螺栓困难,纵缝压密差。但环面较平正,环向螺栓比较容易连接。

③通用楔形管片拼装

通用楔形管片拼装是利用左右环宽不等的特点,管片任意旋转角度进行拼装,这种拼装方法工艺要求高，在管片拼装前需要对隧道轴线进行计算预测，及时调整管片旋转角度。

楔形管片有最大宽度和最小宽度，用于隧道转弯和纠偏。隧道转弯的楔形管片由管片的外径和相应的施工曲线半径而定，楔形环的楔形量、楔形角由标准管片的宽度、管片的外径、施工曲线的半径等而定。

(2)根据盾构有无后退划分

①先环后纵

在采用敞开式或机械切削开挖的盾构，盾构后退量较小，则可采用先环后纵的拼装工艺。即先将管片拼装成圆环，拧好所有环向螺栓，待穿进纵向螺栓后再用千斤顶使整环纵向靠拢，然后拧紧纵向螺栓，完成一环的拼装工序。

采用先环后纵的拼装，其成环后环面平整、圆环的椭圆度易控制，纵缝密实度好，但如前一环环面不平，则在纵向靠拢时，对新成环所产生的施工应力就大。

②先纵后环

当采用挤压或网格盾构施工时，盾构后退量较大，为不使盾构后退，减少对地面的变形，则可用先纵后环的拼装工艺来施工。即缩回一块管片位置的千斤顶，使管片就位，立即伸出缩回的千斤顶，这样逐块拼装，最后成环。

此种方法拼装，其环缝压密好，纵缝压密差，圆环椭圆度较难控制，主要可以防止盾构后退，但对拼装操作带来较多的重复动作。

(3)按管片的拼装顺序划分

①先下后上

用举重臂拼装是从下部管片开始拼装，逐块左右交叉向上拼，这样拼装安全，工艺也简单，拼装所用设备少。

②先上后下

小盾构施工中，可采用拱托架拼装，则要先拼上部，使管片支承于拱托架上，此拼装方法安全性差、工艺复杂、需有卷扬机等辅助设备。

目前所采用的管片拼装工艺可归纳为先下后上、左右交叉、纵向插入、封顶成环。

第 7 章　地铁防排水

7.1　地铁围岩渗漏水的注浆处理

注浆防水又称灌浆防水，在地铁施工中是指在渗漏水的地层、围岩、回填、衬砌内，利用液压、气压或电化学原理，通过注浆管把无机或有机浆液均匀的注入其内，浆液以填充、渗透和挤密等方式，将土颗粒或岩石之间的水分和空气排出后，占据其位置，并将原来松散的土粒或裂隙胶结成一个强度大、防水性能高和化学稳定性良好的"结石体"的一种防水技术。

注浆防水按注浆使用的浆液材料分为颗粒性（如水泥、黏土等）注浆和化学注浆；按浆液在岩层中运动的方式可分为充填注浆、挤压注浆、高压喷射注浆、置换注浆；按注浆的施工顺序可分为预注浆和后注浆。

7.1.1　注浆材料

注浆防水的成功在很大程度上取决于注浆材料的选择。注浆材料是将一定的无机材料或有机高分子材料配置成有特定性能要求的浆液，采用压送设备将其灌入缝隙或孔洞中，使其扩散、胶凝，达到防渗堵漏目的的一类防水材料。

注浆材料的选用原则如下：

(1)来源广，价格适宜。

(2)具有良好的可灌性。

(3)固化时收缩小，与围岩有一定的黏结力。

(4)固结体具有微膨胀性，强度满足开挖或堵水要求。

(5)胶凝时间可以调节。

(6)稳定性好，耐久性强。

(7)注浆工艺简单，操作方便、安全。

注浆材料种类很多，分类方法也很多，按浆液的颗粒可分为颗粒性浆液和无颗粒快凝浆液；按注浆材料主剂性质可分为无机类和有机类等。下面具体介绍颗粒性注浆材料和无颗粒快凝浆液。

颗粒性注浆材料即水泥注浆材料和黏土注浆材料，无颗粒快凝注浆材料即化学注浆材料。颗粒性注浆材料强度高、来源广、价格低、工艺简单，但对微小裂隙注浆效果不理想，仅适宜灌注不存在流动水条件的混凝土裂缝和其他较大缺陷的修补。无颗粒快凝注浆材料可灌性好，胶凝时间调节范围大，适用于有流动水存在的堵漏和防渗。如有工程特殊要求，也可以将颗粒浆材掺入无颗粒快凝浆材中使用，能在达到高强度、快凝固要求的同时，节约昂贵的化学材料。

颗粒性注浆材料主要包括以下几种：

(1)水泥浆材料

一般用 425 号硅酸盐水泥与水拌和,水灰比可根据现场条件调节。用 0.5～0.6 水灰比配置水泥浆并掺入减水剂,可注入较宽的裂缝、混凝土蜂窝状施工缺陷中,必要时水泥浆中可渗入各种早强剂或其他外掺剂以提高早期强度。

(2)黏土水泥浆材料

在 20 世纪 90 年代黏土水泥浆的成功应用使注浆技术从注浆材料的“水泥时代”进入了“黏土时代”,与单液水泥浆相比,黏土水泥浆具有显著的经济优势:一是浆液成本低,仅在水泥用量上,就比单液水泥浆节省 70%～80%;二是注浆工期缩短 40%～60%,并能为冻结—注浆—凿井三步同时作业创造条件,大大缩短煤矿井筒的建设周期。

(3)水泥水玻璃浆材料

水泥水玻璃浆材是将水玻璃溶液与水泥浆混合在一起,再加入外加剂所配成的浆材,它具有水泥的优点,兼有化学浆材的特色。水泥水玻璃浆材凝固时间有很大的调节范围,按需要可以在数秒至数十分钟之间调节。凝固后结石体的固结率可达到 100%,强度高于纯水泥浆的结石体。水泥水玻璃浆材的组成按如下配置:水玻璃溶液使用模数以 2.4～2.8 为宜,浓度一般控制在 35～45Be(波美度)之间;水泥一般采用普通硅酸盐水泥;缓凝剂常采用磷酸盐,因为磷酸盐对水泥有缓凝作用,通常采用的有磷酸钠、磷酸氢二钠等。

无颗粒快凝浆材按其材料类型分为丙烯酰胺类、甲基丙烯酸酯类、环氧树脂和聚氨酯类等,常见的化学浆材如表 7.1-1 所示。

用于防水工程的几种化学注浆材料 表 7.1-1

<table>
<tr><th colspan="2">类别</th><th>主要成分</th><th>起始浆液黏度(Pa・s)</th><th>可灌入土层的粒径(mm)</th><th>可灌入部位的渗透系数(cm/s)</th><th>浆液胶凝时间</th><th>集合体或固砂体的抗压强度(MPa)</th><th>集合体或固砂体的渗透系数(cm/s)</th><th>灌浆方式(单双液)</th><th>浆液估算成本(元/m³)</th></tr>
<tr><td colspan="2">丙烯酰胺类</td><td>丙烯酰胺、甲撑双丙烯酰胺</td><td>0.0012</td><td>0.01</td><td>10—4</td><td>瞬时～数十分钟</td><td>0.3～0.8</td><td>10^{-6}～10^{-8}</td><td>单、双液</td><td>1200～1500</td></tr>
<tr><td colspan="2">环氧树脂</td><td>环氧树脂、胺类、稀释剂</td><td>0.005～0.01</td><td>0.2(裂缝)</td><td></td><td></td><td>40.0～80.0
1.2～2.2(黏结强度)</td><td></td><td>单液</td><td>16000</td></tr>
<tr><td colspan="2">甲基丙烯酸酯类</td><td>甲基丙烯酸中酯、丁酯</td><td>0.0007～0.001</td><td>0.05(裂缝)</td><td></td><td></td><td>60.0～80.0
1.2～2.2(黏结强度)</td><td></td><td>单液</td><td>12000</td></tr>
<tr><td rowspan="3">聚氨酯类</td><td>非水溶性</td><td>异氰酸酯、聚醚树脂</td><td>0.01～0.2</td><td>0.015</td><td>数分钟～数十分钟</td><td>瞬时～数十分钟</td><td>3.0～25.0</td><td>10^{-5}～10^{-7}</td><td>单液</td><td>20000</td></tr>
<tr><td>水溶性</td><td>异氰酸酯、聚醚树脂</td><td>0.008～0.025</td><td>0.015</td><td>数分钟～数十分钟</td><td>瞬时～数十分钟</td><td>0.5～15.0</td><td>10^{-6}</td><td>单液</td><td>10000</td></tr>
<tr><td>弹性聚氨酯</td><td>异氰酸酯、蓖麻油</td><td>0.05～0.2</td><td></td><td>数分钟～数十分钟</td><td>瞬时～数十分钟</td><td></td><td></td><td>单液</td><td>8000</td></tr>
</table>

7.1.2 注浆工艺

注浆工艺包括裂缝清理、粘贴嘴子(开缝钻眼下嘴)、裂缝和表面局部封闭、试气和施灌6道工序。

1)注浆工艺的类别

注浆工艺分为单液注浆和双液注浆,双液注浆又分为双液双注和双液单注两种。单液注浆和双液注浆流程图分别如图7.1-1、图7.1-2所示。

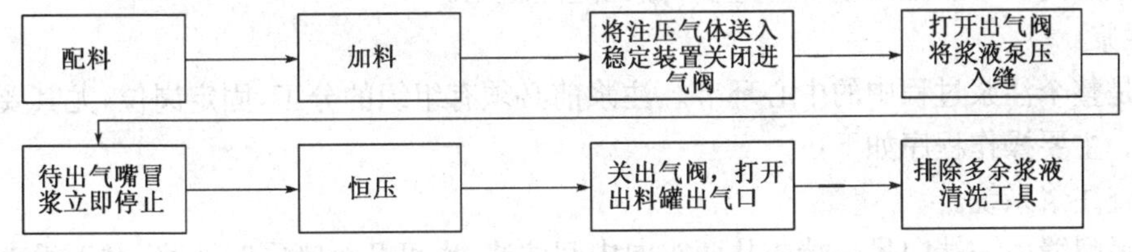

图7.1-1 单液法注浆工艺流程图

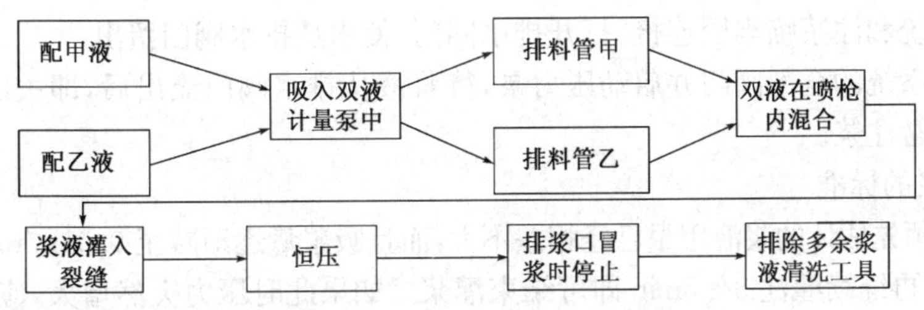

图7.1-2 双液法注浆工艺流程图

2)注浆步骤

注浆大体分为以下几个步骤。

(1)了解情况,确定修补方案

堵漏前必须进行现场调查,分析渗漏水的原因,查清裂缝的部位及特点。通过充分调查,正确拟订修补方案,做好各项准备工作。

(2)注浆孔的设计和布孔

注浆孔的布孔有骑缝和斜孔两种形式,可根据实际情况选用,必要时两者可兼用。注浆孔的位置,应使孔的底部与漏水裂缝孔隙相交,并选在漏水量最大处。注浆孔的位置和数量,需根据不同漏水情况进行合理安设,其基本原则包括:①以导水为目的;②缝大孔距大,缝小孔距小;③浆液黏度大,孔距小。

(3)封缝和固结注浆嘴

封缝是为了防止浆液外漏,提高注浆压力,从而保证注浆质量。封缝材料应根据干湿程度来选择,常见的有PVC胶泥和快速堵漏材料。

(4)压水压气检查

封缝后养护一定时间,待材料达到一定强度后进行压水压气检查。压水压气检查的主要目的是:①检查止浆塞的止浆效果;②把未冲洗干净还残留在孔底或黏滞在孔壁上的杂物推到注浆范围以外,以保证浆液的密实性能和胶结强度;③测定钻孔的吸水量,进一步核实岩层的透水性，为注浆选用泵量、泵压和确定浆液的配合比提供参考数据。

压水时可采用颜色水，便于观察裂缝漏水和贯通情况，记录各嘴的漏水情况，如有漏水，需重新封补。压水或压气时压力应维持 0.3～0.4MPa。压水压气检查是注浆工作中非常重要的环节，必须认真细致，并做好各项数据记录。

(5)配置浆液

配置浆液的用量需根据压水前测定注浆孔漏水量和压水前测定的注入水量，并考虑浆液损失来估计，一般配置浆量大于压入颜色水的用量。浆液需在室内试配，以确定各材料的组成来控制凝结时间。每次配浆量不宜过多，做到随配随用。

(6)注浆

注浆是整个注浆过程中的中心环节。注浆前必须有组织的分工，固定岗位，尤其要有专职人员操作。主要操作程序如下：

①检查注浆系统。

②水平裂缝由一端向另一端或从两头向中间注浆，也可几个嘴同时注浆；对于垂直裂缝一般自上而下注浆；对集中漏水应先对漏水量大的孔洞进行注浆。

③将注浆系统和注浆嘴牢固连接，打开排水阀门，使水从排水阀门留出。

④开放注浆系统的全部阀门并启动压力泵，待浆液从排水阀门流出后，即关闭排水阀门，继续加压进行正常注浆。

(7)结束灌浆的标准

在吸浆量和预先估计的浆液用量已经相差不大，而且吸浆量逐渐减至 0.01L/min，压力也比较稳定的情况下，再继续灌注 3～5min 即可结束灌浆。如果此时压力突然增大，应立刻停止注浆。在结束灌浆后，应立刻打开泄浆阀门，将管路和混合器中浆液放出，并拆卸清洗管路。

(8)封孔

检查无渗水现象，用水泥砂浆等材料将孔口补平抹光。

3)注浆参数

(1)注浆压力

注浆压力是实现浆液扩散、填充、压实的基本前提。浆液在一定压力下沿裂缝流动扩散，流动阻力随扩散半径增大而增大，因此注浆压力也应相应增大。当压力增大到一定值时，压力出现下降趋势，浆液经再次充塞后压力又上升，直至将充塞体压实为止。一般丙凝注浆压力为 0.3～0.4MPa，环氧树脂注浆压力为 0.4～0.5MPa，在正常情况下，灌浆压力不要超过试水压力。

(2)注浆段长度

注浆段长度应根据岩层裂隙发育情况、压水时进水量以及钻机能力等确定。注浆段长一些，可减少注浆工程量，加快进度，但注浆段过长，钻孔倾斜大，将影响注浆效果。一般情况下，注浆段长取 40～50m，开挖段长度取 32～40m，每段留 8～10m 不开挖，作为下段注浆的止水岩盘。

(3)凝结时间

凝结时间与渗水量、流速、裂缝大小、深度等因素有关。一般情况下，浆液凝结时间要大于试水时间，在有外漏的情况下要小于试水时间。因此，凝结时间选择适当与否，不仅影响注浆效果，而且直接影响经济效益。

4)注浆机具

注浆过程中主要用到的注浆设备有压力泵、压浆桶、混合器以及注浆嘴等。

7.1.3 注浆扫尾工作

(1)当裂缝完全得到填充，注入材料已充分养护，并确认不会再从裂缝中溢出时，方可清除表面密封体系。

(2)彻底清除溢出在混凝土表面的固化材料和密封材料。裂缝表面应适当抛光，不得在埋设注入管的位置遗留凹坑或突起物。

(3)现场试验取芯孔的填充。该工序施工步骤主要包括：①试验双组分黏结剂；②手工拌制原注浆液；③击入适当的塞子；④使用与混凝土一色、纹理相当的涂料处理表面。

7.2 施工缝、变形缝防排水技术

施工缝、变形缝等都是地铁施工过程中的细部构造，而这些细部构造是地铁防排水的薄弱环节，具有结构复杂、工艺烦琐、施工难度大、不易控制等特点，稍有不慎就会造成渗漏滴水。因此，本节重点介绍施工缝、变形缝等地铁中细部构造的防排水。

7.2.1 施工缝的防水

施工缝是混凝土结构的薄弱环节，也是地铁工程中易出现渗漏水的部位，因此其防水应采用多道的处理方法。施工缝常见的防水构造形式有单一构造形式和复合构造形式。单一构造形式又按使用的防水材料不同而分为 3 种构造形式，如图 7.2-1 所示。复合构造形式是将单一构造形式结合使用。

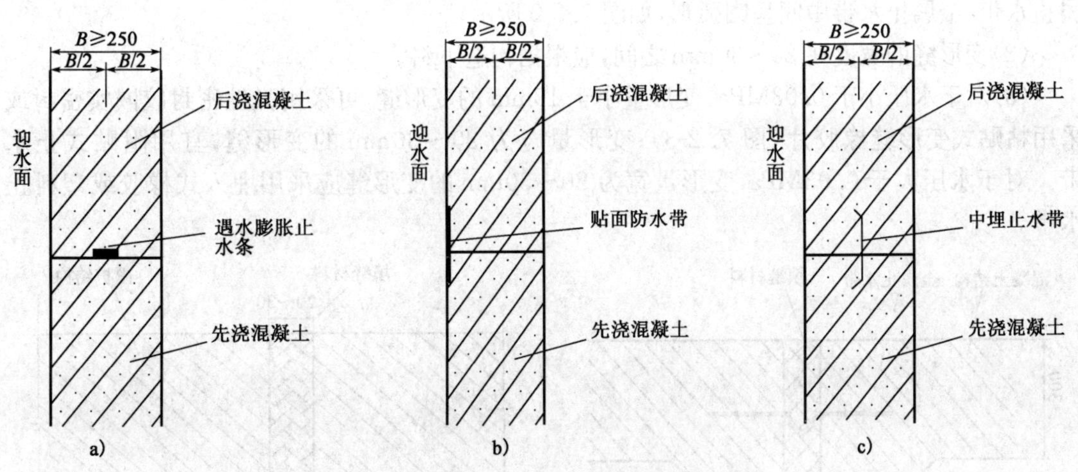

图 7.2-1 施工缝单一防水构造(尺寸单位：mm)

当留设施工缝时应符合以下规定：

(1)墙体纵向施工缝不应留设在剪力与弯矩最大处或底板与边墙的交接处，应留在高出底板顶面不小于 30cm 的墙体上；拱墙结合的水平施工缝，宜留在拱墙接缝以下 15～30cm 处；墙体有预留孔洞时，施工缝距孔洞边缘不应小于 30cm。

(2)环向施工缝应避开地下水和裂隙水较多的地段，并宜与变形缝相结合。

(3)水平施工缝和垂直施工缝浇筑混凝土前应清除表面，铺水泥砂浆或涂刷混凝土界面处理剂并及时浇筑混凝土。

(4)施工缝采用遇水膨胀橡胶止水条止水时，应将止水条牢固的安装在缝表面预留槽内；采用中埋式止水带止水时，应确保止水带位置准确，牢固可靠。

(5)施工缝是地铁防水工程中薄弱的环节，对受水压较大的工程，施工缝处理宜采用多道防线，常用做法如下：

①在施工缝的迎水面抹 20mm 厚聚合物防水砂浆，并在其表面粘贴 3～4mm 厚高聚物改性沥青卷材或涂刷 2mm 厚聚氨酯防水涂料。

②在施工缝的断面中部，嵌贴遇水膨胀橡胶。

7.2.2 变形缝防水

变形缝是沉降缝与伸缩缝的总称。变形缝也是地铁防水工程中的薄弱环节，如果处理不好会直接影响到地铁工程的使用寿命。

1)变形缝防水的一般规定

(1)变形缝应满足密封防水、适应变形、方便施工、检修容易等要求。

(2)用于伸缩的变形缝宜不设或少设，可根据不同的工程结构类别及工程地质情况采用诱导缝、加强带、后浇带等替代。

(3)变形缝处混凝土的结构厚度不应小于 300mm。

2)变形缝防水的设计要求

(1)对于环境温度高于 50℃的变形缝，可采用 2mm 厚的紫铜片或 3mm 厚的不锈钢等金属止水带，金属止水带中间呈圆弧形，如图 7.2-2 所示。

(2)变形缝的宽度在 20～30mm 之间，应根据构造下料。

(3)对于水压小于 0.03MPa，变形量小于 10mm 的变形缝，可采用弹性密封胶嵌实密封或采用粘贴式变形缝橡胶片(图 7.2-3)；变形量宽为 20～30mm 的变形缝，宜用附贴式止水带。对于水压大于 0.03MPa，变形量宽为 20～30mm 的变形缝应采用埋入式橡胶或塑料止水带。

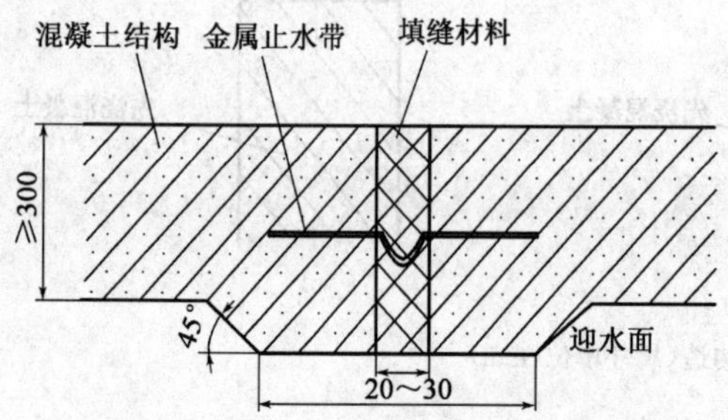

图 7.2-2 中埋式金属止水带(尺寸单位：mm)

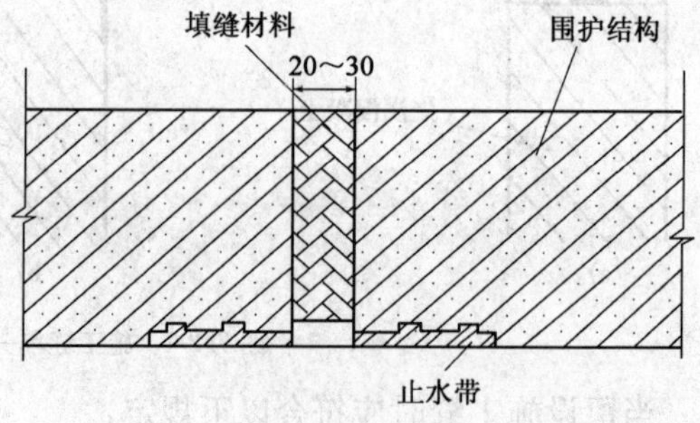

图 7.2-3 附贴式止水带变形缝(尺寸单位：mm)

(4)需要增强变形缝的防水能力,可采用两道埋入式止水带或嵌缝式、粘贴式、附贴式、埋入式等复合适用。

(5)止水条宜选用制品型遇水膨胀橡胶止水条,物理力学性能应符合表 7.2-1 规定。当选用其他可靠材料时,应符合国家相关标准要求。

制品型遇水膨胀橡胶止水条物理力学性能表 表 7.2-1

项目	硬度(邵氏 A)	拉伸强度(MPa)	拉断伸长率(%)	体积膨胀倍率(%)	反复浸水试验			低温弯折(−20℃×2h)	防霉等级
					拉伸强度(MPa)	拉断伸长率(%)	体积膨胀倍率(%)		
指标	42±7	≥3.5	≥450	≥200	≥3	≥350	≥200	无裂纹	优于 2 级

3)变形缝防排水施工要求

(1)缝内两侧应平整、清洁无渗水。

(2)缝底应设置与嵌缝材料无黏结力的背衬材料或遇水膨胀橡胶条。

(3)嵌缝应密实。

(4)中埋式止水带接头连接应采用热焊,不得叠接;背贴式止水带应与防水板焊接,止水条不得受潮。

7.3 地铁防水层及排水系统施工技术

地铁隧道防水设计总体上遵循“防、排、截、堵,刚柔结合、因地制宜、综合治理”和坚持“多道设防、多种材料复合使用”的原则,并总结出在不同类型工程中采用防排结合(或是以堵为主,以疏为辅)、材料防水与构造防水结合、柔性防水材料(卷材、涂料)与接缝密封材料互补并用等设计方法。防水设计是十分重要的,防水层有全包、半包和局部防水形式,对于水压力较小的浅埋地铁隧道,如果大量排水,造成土体流失和结构背后空洞,会影响结构稳定性,并造成排水系统堵塞,因此应以堵为主,采用全包的防水层形式,进行限量排水;对于水压力较高且排水比较清澈,围岩条件较好的地段,应以排为主,通过排水减小作用在支护结构上的水压力,以保证结构的安全和稳定,同时降低堵水费用。如果排水影响环境安全,应严格控制隧道的排水量。

地铁隧道防水层分先后施作的内外 4 层隧道支护衬砌结构,即注浆加固圈;以喷锚支护(喷射混凝土+锚杆)为初期支护(围岩条件较差地段还须施作钢筋格栅和超前小导管注浆、超前锚杆等作为辅助支护措施);经监控量测确认初期支护基本稳定后,在喷射混凝土基面上铺设的防水布;立模灌注防水混凝土施作的二次衬砌。

7.3.1 围岩注浆防水层

通过理论和实践表明,注浆能够有效地减小隧道的涌水量、水压力和水中的泥沙含量。围岩和注浆加固圈防水是防水的第一道防线,在排水量控制方面所起的重要作用包括以下几个方面。

(1)控制地铁隧道的水压力

隧道开挖后,一旦将高压水释放出来,再将其堵回去将十分困难。如果隧道开挖后,涌水压力超过1.0MPa，由于水力劈裂作用，径向注浆封堵比较困难，因此开始就对隧道进行防水控制，将有利于工程后期防水施工的进行。

(2)控制地铁隧道的涌水量

超前预注浆、径向注浆、局部注浆等手段，可以形成一定厚度和抗渗能力的加固体，封堵管道型涌水和股状出水点，提高岩体的完整性和强度，降低水的渗透压力，减小围岩的渗透系数、延长渗透路径，从而减少围岩表面的渗漏水量，达到控制隧道涌水量的目的。

(3)控制涌水中泥沙含量

隧道开挖后，出水点中泥沙含量及泥沙颗粒粒径过大，容易沉积在排水盲管周围，造成排水系统堵塞，从而引起水压上升，破坏二次衬砌。隧道出水点的泥沙含量应不大于1%，最大泥沙颗粒粒径不应大于0.1mm。

注浆孔按环形设置，注浆钢管由无缝钢管制成。注浆形式有后退式注浆和前进式注浆，地铁隧道施工时由于岩层破碎，容易坍塌，一般采用前进式注浆。

7.3.2 初期支护喷浆防水技术

初期支护的厚度较薄，采用喷射作业，厚度一般不大于25cm，其均匀性和密实度一般较差，难以抵抗较高的水压力，其防排水作用有限，因此对初期支护的防排水应通过径向注浆治理小股流水，通过初期支护背后回填注浆治理大面积渗漏水，而对于水压比较高的大股流水，应以引排为主。喷射混凝土时使用混凝土喷射机，按一定的混合程序，将掺有速凝剂的混凝土拌和料与高压水混合，经过喷嘴喷射到岩壁表面上，并迅速凝固结成一层支护结构，从而对围岩起到支护作用。喷射混凝土工艺流程有干喷、潮喷、湿喷和混合喷四种类型。它们之间的主要区别是：各工艺流程的投料顺序不同，尤其是加水和速凝剂的时机不同，其中湿喷混凝土按其输送方式的不同，又可分为分送式、泵送式、抛甩式和混合式，应根据实际情况选用。具体施工工艺将在本章第6节详细介绍。

7.3.3 防水布防水

在初期支护喷射混凝土和二次衬砌模筑混凝土之间采用不透水、表面光滑的塑料片材做防水隔离层，一方面可以起到防水的作用，另一方面还可以减少由于二次衬砌模筑混凝土在硬化过程中，内部存在的温度应力、收缩应力，使混凝土产生的变形，以及由于初期支护喷射混凝土表面粗糙、凹凸不平，约束模注混凝土变形，产生的拉应力。防水板有复合式及分离式两种。复合式防水板由于土工布同防水卷材为一体，挂设工艺简单，但土工布同EVA防水卷材的延展性、柔韧度、抗折能力伸长率等技术指标不尽相同，且受自重影响，幅宽受到限制，接头较多；分离式虽挂设工艺复杂，但避免了上述缺点。具体施工工艺将在本章第6节有详述。

7.3.4 二衬防水

二次衬砌是隧道防水的最后一道防线，也是结构防水的重点，具体的材料要求及施工工艺将在本章第4节详述。

排水是指采用疏导的方法将地下水有组织的经过排水系统排走，以削弱地下水对地下工程结构的压力，减少水对地下结构的渗透作用，从而辅助地下工程达到防水目的的一种方法。

隧道排水是采用各种排水措施,使地下水顺着预设的各种管、沟排到工程外,以降低地下水位和减少地下工程中渗水量的一类排水工程。隧道排水可以采用贴壁式衬砌排水、离壁式衬砌排水以及复合式衬砌排水等,对于防水要求高的则宜采用离壁式衬砌防水。

贴壁式衬砌防水是指衬砌的背部紧贴围岩或衬砌背部与围岩止浆的超控部分应进行回填的衬砌。一般采用现浇整体式防水混凝土结构,具有较好的整体性和防水性,是在构造上采用防排结合的防水技术。离壁式衬砌是指顶拱边墙与围岩分离,其间空隙不做回填,拱肩与围岩顶紧的衬砌。复合式衬砌是指衬砌背部紧贴围岩表面缓冲排水层的衬砌。三种衬砌方式排水系统的设置大同小异。

7.3.5 纵向排水管

纵向排水管应按一定的排水坡度安装,中间不得有凹陷、扭曲等,以防泥沙在这些位置淤积、堵塞排水管。在安装前,用素混凝土整平安装基面。纵向排水管施工前和施工时应进行以下几个方面的检查。

(1)排水管材质及规格检查

塑料制品若保存不当极易发生老化,可目测管材的色泽和管材的变形,轻轻敲击观察管体是否变脆,用卡尺或钢尺量管径与管壁,检查是否与设计要求相符。

(2)管身透水孔检查

纵向排水管主要是将横向排水管内的水汇集并排出,于是纵向排水管上必须有一定大小和间距的孔洞。在纵向排水管安装前,必须用直尺检查钻孔的孔径和孔间距。

(3)安装坡度检查

纵向排水管通常位于衬砌的两个下角,需要从路面水平下挖一定深度才能达到设计高程。有时施工条件极为不利,较易出现管身高低起伏不定,平面上忽内忽外的现象。在这种情况下,隧道建成后纵向排水管容易被淤泥或冰冻封堵,造成纵向排水不畅。因此,施工中一定要为纵向排水管打好基础,用坡度器检查、测定纵向排水管的坡度,使地下水进入纵向排水管后在一定的坡度下按指定的方向流动。

(4)包裹安装检查

纵向排水管在布设时必须注意其细部构造。首先应用土工布将纵向排水管包裹,使泥沙不得进入纵向排水管。其次,应用防水卷材半裹纵向排水管,使从横向排水管流出的水尽可能多的流入纵向排水管,而不让地下水在排水管外肆意流淌。因此,施工时要认真检查纵向排水管的包裹安装情况,杜绝粗放式施工,为地铁隧道后期排水创造条件。

(5)与上下排水管的连接检查

纵向排水管在整个隧道排水系统中是一个中间环节,起着承上启下的作用。施工中应注意检查上部Ω形排水管与纵向排水管的连接。一般采用环向排水管出口与纵向管简单搭接的方式,避免两管之间被喷射混凝土隔断。其次,应注意检查纵向排水管与横向排水管的连接。一般采用三通管连接,三通管留设位置应准确,接头应牢靠,防止松动脱落。

7.3.6 横向排水管

横向排水管的施工与纵向排水管施工工艺相同,但应注意以下两点:①对横向排水管的检查，主要是接头的牢靠和密实，保证纵向排水管与中央排水管间水路畅通，严防接头处断裂，由纵向排水管排除之水在路面下漫流，造成路面翻浆冒水，影响行车安全；②在横向排水管上部应有一定厚度的缓冲层，以免路面荷载直接对横向排水管施压，造成横向排水管破裂或变形，影响正常的排水功能。

7.3.7 环向排水管

隧道工程中通常使用的环向排水管通常为涂塑弹簧外裹玻璃纤维布或塑料滤布构成，称为弹簧排水管，直径为5～8cm。施工前，应检查弹簧管质量。首先，检查玻璃纤维布或塑料滤布是否套紧；其次，检查弹簧涂塑层是否均匀，涂层有无老化；最后，轴向和横向用力压弹簧管，观察是否有较大的塑性变形，孔径是否有异常变化。

施工时应做到以下几点：①按要求布设环向弹簧管，要保证基本间距，局部涌水量大时还应适当加大布设密度；②安装时弹簧排水管应尽量紧贴渗水岩壁，尽量减小地下水由围岩经弹簧排水管的阻力；③弹簧排水管布置时沿环向应尽量圆顺，尤其在拱顶部位不得起伏不平；④弹簧排水管安装时应先用钢卡等固定，再用喷射混凝土封闭；应检查弹簧排水管与下部纵向排水盲管连接，确保弹簧排水管下部排水顺畅。

7.3.8 地铁路基排水

路基排水沟管一般采用预制管段在现场拼接的方法施工。因此，在施工时首先要重视管段的预制，确保管段的尺寸、材料质量。施工时先挖基槽，整平基础，然后再铺设管段，最后回填压实。其中最重要的环节是处理管段基础。在软岩或断层破碎带区段施工时，应将不良岩土体用强度较高的碎石替换，并用素混凝土找平基面，使基础既平整又密实，为管段顺利铺设创造条件。施工中应特别注意检查基础的坡度，不仅总体坡度应符合要求，而且局部的几个管段间也应符合要求，尽量避免高低起伏。管段铺设时，首先要保证将具有透水孔的一面朝上，管段逐个放稳后，再用水泥砂浆将段间接缝密封填实，待砂浆凝固后，应逐段进行通水试验，发现漏水，及时处理。然后用土工布覆盖管段透水孔，在横向排水管出口处注意与中央排水管的连接方式。回填时注意保护管段的稳定及上部透水性。根据地铁的不同要求一般采用暗沟排水、明沟排水、盲沟排水和渗水排水等多种方式。

1)暗沟排水

暗沟设置在仰拱下，通过预先设置的垂直盲沟或泄水槽把被覆层外面的水汇集起来，经泄水管而流入暗沟，再由暗沟把水排走。

2)明沟排水

明沟排水是最简单、最有效的排水方法之一。明沟的断面尺寸由排水量的大小决定，根据需要可以做成永久性、半永久性或者临时性明沟。明沟排水的施工工艺流程图如图7.3-1所示。

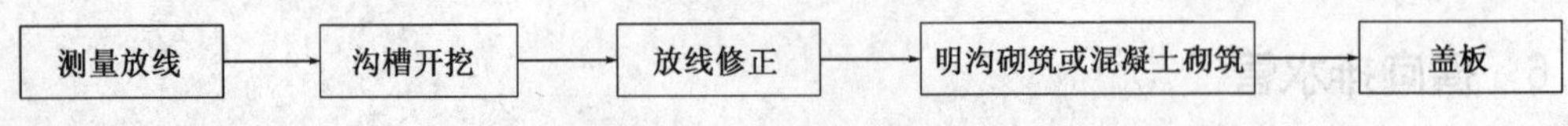

图7.3-1　明沟施工工艺流程图

3)盲沟排水

盲沟排水一般适用于地基为弱透水性的土层、地下水量不大、排水面积小、常年地下水位低于隧道仰拱高程或丰水期内地下水位稍高于隧道仰拱高程的防排水工程。盲沟施工工艺流程图如图7.3-2所示。

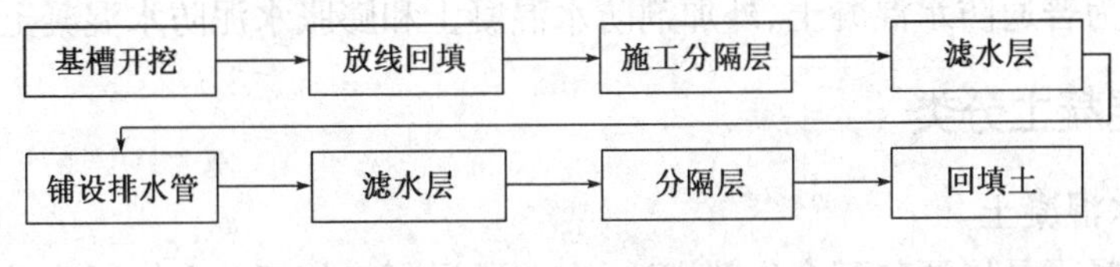

图7.3-2 盲沟排水工艺流程图

4)渗排水

渗排水法是先在隧道底面铺一层石子做渗水层,然后在渗水层内敷设管壁布满小孔的渗水管,最后将地下水抽走的方法。渗排水法适用于地下水属上层之水的情况。渗排水法施工工艺流程图如图7.3-3所示。

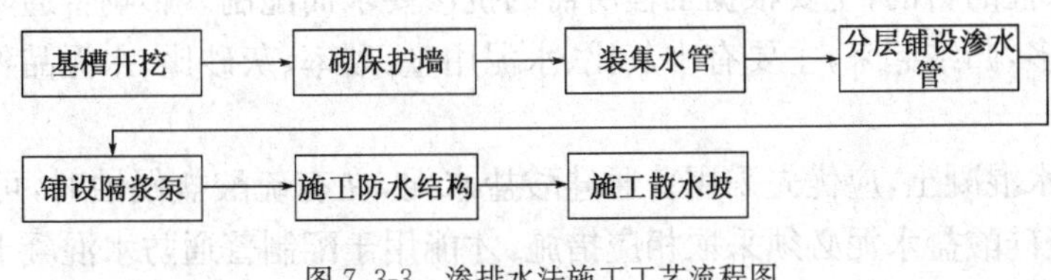

图7.3-3 渗排水法施工工艺流程图

5)贴壁式、离壁式、复合式衬砌排水的施工流程

(1)材料要求

①地铁隧道排水所用的衬砌材料应符合设计要求。

②缓冲排水层选用的土工布应符合设计要求。

(2)主要施工机具

主要施工机具有:手动葫芦、手风钻、风镐、自卸车、塑料爬焊机、热胶合机等。

(3)纵向集水管的施工工艺流程图(图7.3-4)

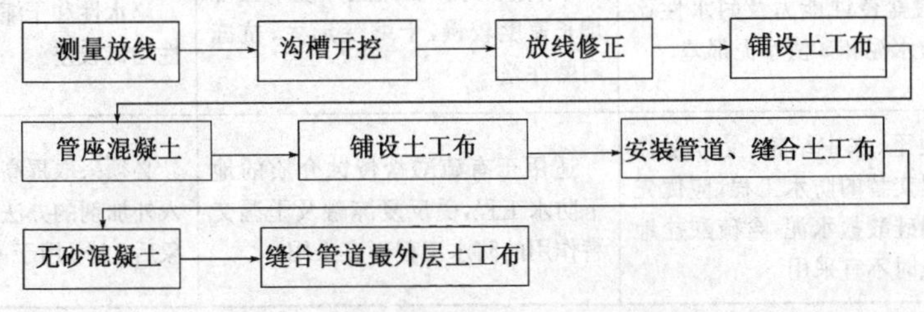

图7.3-4 纵向集水管施工工艺流程图

(4)复合式衬砌缓冲排水层的施工工艺流程图(图7.3-5)

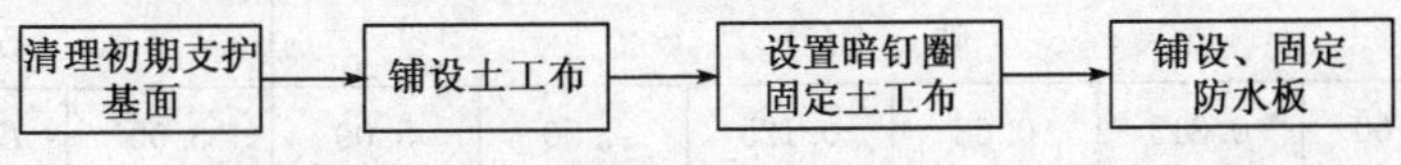

图7.3-5 复合式衬砌缓冲排水层的施工工艺流程图

7.4 防水混凝土施工

防水混凝土主要依靠其自身的憎水性和密实性来达到防水目的，也叫做防渗混凝土。防水混凝土一般分为普通防水混凝土、外加剂防水混凝土和膨胀水泥防水混凝土三种。

7.4.1 防水混凝土分类

(1)普通防水混凝土

普通防水混凝土是以调整配合比的方法，在普通混凝土的基础上加以改进，来提高自身密实度和抗渗性的一种特殊性能混凝土。在普通混凝土中，石子是混凝土的骨架，砂起着填充石子空隙的作用，水泥浆填充细集料空隙并将骨料黏结在一起，主要根据所需要的强度进行配制。普通防水混凝土中的水泥砂浆，除了起到填充、润滑和黏结作用外，还要求能在粗集料周围形成一定厚度的砂浆包裹层，以切断石子表面形成的毛细管通道，从而提高混凝土的密实度，达到提高抗渗性的目的，主要根据工程所需的抗渗要求而配制。影响普通防水混凝土抗渗性的主要因素很多，归纳起来，主要有水灰比、水泥用量、砂率、灰砂比、水泥品种、骨料粒径、养护条件等。

配制普通防水混凝土，应优先采用普通硅酸盐水泥，在有硫酸盐侵蚀时，可采用火山灰质硅酸盐水泥，矿渣硅酸盐水泥必须采取相应措施，才能用于配制普通防水混凝土。工程实践证明，防水混凝土最好选用强度等级为32.5MPa以上的水泥，过期、受潮结块及掺入有害物质的水泥均不得使用。防水混凝土对水泥品种的选择，可参考表7.4-1。

普通防水混凝土水泥选择对比表　　表7.4-1

水泥品种	普通硅酸盐水泥	火山灰质硅酸盐水泥	矿渣硅酸盐水泥
优点	早期及后期强度都比较高，在低温下强度增长比其他水泥快，泌水性小，干缩率小，抗冻耐磨性好	耐水性强，水化热低，抗硫酸盐侵蚀能力较好	水化热较低，抗硫酸盐侵蚀性能优于普通硅酸盐水泥
缺点	抗硫酸盐侵蚀能力及耐水性比火山灰质水泥和矿渣水泥都差	早期强度低，在低温环境中强度增长速度较慢，干缩变形大，抗冻耐磨性差	泌水性和干缩变形大，抗冻、耐磨性均比较差
使用范围	一般地下、水中结构，受冻融作用及干湿交替的防水工程，应优先采用普通硅酸盐水泥，含硫酸盐地下水侵蚀时不宜采用	适用于有硫酸盐侵蚀介质的地下防水工程，受反复冻融及干湿交替作用的防水工程不宜采用	必须采取提高水泥研磨细度或掺入外加剂的办法减小或消除泌水现象后，方可用于一般地下防水工程

普通防水混凝土对骨料的要求也比较严格，具体要求见表7.4-2。

普通防水混凝土对骨料的要求　　表7.4-2

项目名称	砂子						石子		
筛孔尺寸(mm)	0.160	0.315	0.63	0.125	2.50	5.00	5.00	$D_{max}/2$	D_{max}<40mm
累计筛余(%)	100	70～95	45～75	20～55	10～35	0～5	95～100	30～65	0～5

续上表

项目名称	砂　子	石　子
含泥量	<3%,泥土不得呈块状或包裹砂子的表面	<1%,且不得呈块状或包裹石子的表面
材质要求	宜选用洁净的中砂,内含一定的粉细料颗粒坚实的天然砂或由坚硬的岩石粉碎成的人工砂	坚硬的卵石、碎石(包括矿渣碎石)均可,石子粒径宜为5~40mm

(2)外加剂防水混凝土

外加剂防水混凝土是在普通混凝土拌和物中掺入少量改善混凝土抗渗性能的有机物、无机物和混合物,以适应工程防水需要的一系列混凝土。常用的有机物外加剂有加气剂、减水剂、三乙醇胺早强防水剂等;常用的无机物外加剂有氯化铁防水剂等;常用的混合物外加剂有无机混合物系、有机混合物和无机—有机的混合物。

(3)膨胀水泥防水混凝土

膨胀水泥防水混凝土是以膨胀水泥为胶结材料配制而成的一种防水混凝土。其防水机理主要是依靠膨胀水泥水化后产生一定的体积膨胀来补偿混凝土的干缩变形,从而达到密实混凝土、提高抗渗性的目的,同时改变混凝土的应力状态,使混凝土处于受压状态,提高了混凝土的抗裂能力。

防水混凝土结构工程的质量优劣,除取决于设计水平、材料的性质及配合成分外,还取决于施工质量的好坏。下面就防水混凝土施工过程中混凝土搅拌、运输、浇筑、振捣等方面进行详细说明。

7.4.2 防水混凝土施工基本规定

(1)防水混凝土的施工,应尽可能做到一次浇筑完成。对于地铁防水工程,应采取分段浇筑,还应使用发热量低的水泥或掺外加剂等相应措施,以减少温度裂缝。

(2)防水混凝土的配合比应符合下列规定:

①水泥的用量不得少于320kg/m^3;掺有活性掺和料时,不得少于280kg/m^3。

②砂率宜为35%~40%,泵送时砂率应为45%。

③灰砂比宜为(1:1.5)~(1:2.5),水灰比不得大于0.55。

④防水混凝土采用预拌混凝土时,入模坍落度宜控制在(120±20)mm,坍落度总损失之不得大于60mm,缓凝时间宜为6~8h。

⑤掺加引气剂或引气型减水剂时,含气量应控制在3%~5%。

(3)防水混凝土拌和物必须采用机械搅拌,时间不应小于2min;如在运输后出现离析现象,必须进行二次搅拌;当坍落度损失后,严禁直接加水,应加入原水灰比的水泥浆或二次掺加减水剂进行搅拌。

(4)防水混凝土必须采用高频机械振捣密实,振捣时间宜为10~30s,防止漏振、欠振、超振。

(5)防水混凝土冬季施工应注意入模温度不低于5℃,宜用综合蓄热法、蓄热法、暖棚法等养护方法,保持表面湿润,防止早期脱水。

(6)防水混凝土终凝后,应立即进行养护,时间不得少于14d。

7.4.3 施工工艺

防水混凝土施工工艺流程如图 7.4-1 所示。

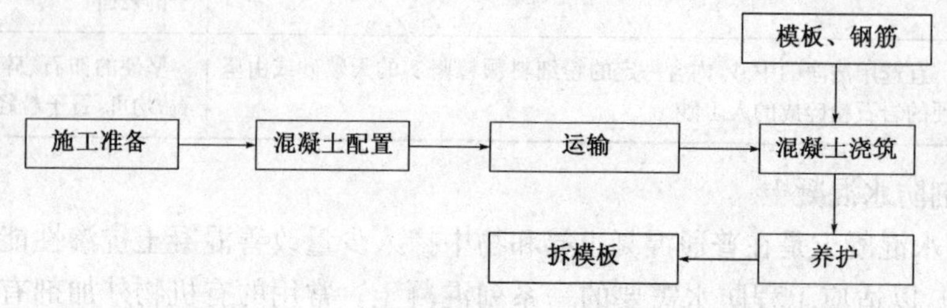

图 7.4-1 防水混凝土施工工艺流程图

7.4.4 施工准备

(1)制定施工组织设计,确定经济合理的施工方案,做好技术管理系统和技术交底工作。

(2)仔细检验原材料。

(3)准备施工中需要的机械设备,并确定能正常工作。

(4)进行防水混凝土的试配,试验室可根据设计抗渗等级提高 0.2MPa 进行试配,并在此基础上选定施工配合比。

7.4.5 模板

(1)模板施工要点

①模板应平整,拼缝不漏浆,有足够的刚度,以免灌浆时变形走模。

②模板构造牢固稳定,可承受混凝土拌和物的侧压力和施工荷载,并应装卸方便。

③固定模板的螺栓不宜穿过防水混凝土结构。

④当必须采用对拉螺栓固定模板时,应在预埋套管或螺栓上加焊止水环。止水环直径一般为 8～10cm。

(2)对拉螺栓固定模板的方法

①螺栓加焊止水环及止水环撑头做法

在对拉螺栓中部加焊止水环,止水环与螺栓必须满焊严密,拆模后应沿混凝土结构边缘将螺栓割断。两端止水环与侧模之间应加垫木,拆掉垫木后,沿止水环平面将螺栓割掉,用膨胀水泥砂浆封堵凹坑,如图 7.4-2 所示。

②预埋套管加焊止水环

套管采用钢管,长度等于墙厚(或加上两端垫木),兼具撑头作用,以保持木板之间的设计尺寸。止水环在套管上满焊严密。支模时在预埋管中穿入对拉螺栓固定模板,拆模后将螺栓抽出,用膨胀水泥砂浆封堵密实套管,对于两端有垫木的,拆掉垫木后,也要用膨胀水泥砂浆封实凹坑,如图 7.4-3 所示。

③螺栓加堵头做法

在结构两边螺栓周围做凹槽,拆模后将螺栓沿平凹底割去,再用膨胀水泥砂浆封堵凹槽,如图7.4-4所示。

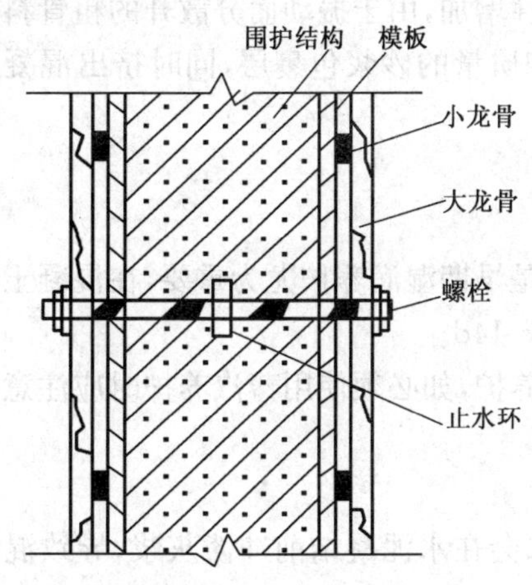

图7.4-2 螺栓加焊止水环

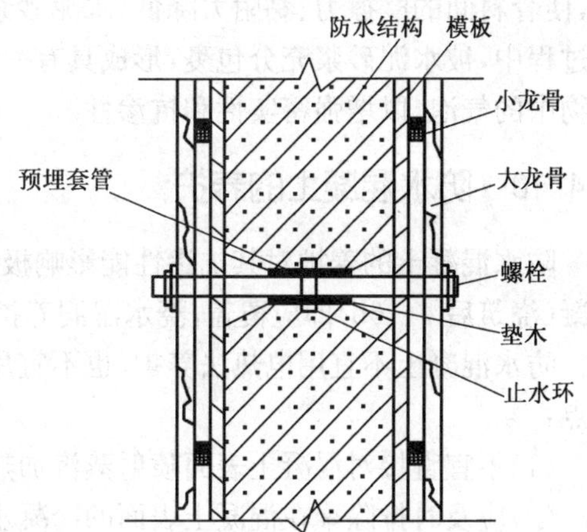

图7.4-3 预埋套管加焊止水环

7.4.6 钢筋

(1)钢筋绑扎

钢筋之间应绑扎牢固,以防浇筑混凝土时移位变形。

(2)摆放垫块,留设保护层

钢筋保护层厚度应按设计规定留足,不能出现负误差,留设保护层时,严禁以钢筋垫钢筋,或将钢筋用铁钉、铅丝直接固定在模板上,应以相同的配合比的细石混凝土或水泥砂浆制成垫块将钢筋垫起。

(3)架设铁马凳

钢筋及绑扎铁丝都不能接触模板。架设铁马凳时,应在固定的情况下,在铁马凳上加设止水环。

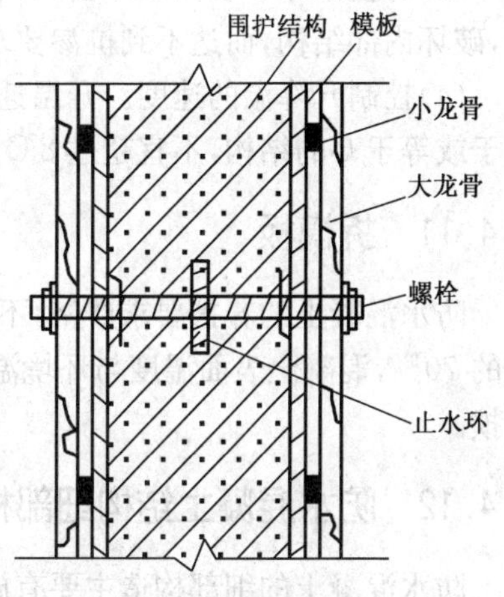

图7.4-4 螺栓加堵头

7.4.7 防水混凝土搅拌

严格按照施工配合比,计算称量各种用料,投入搅拌机中,外加剂应按所选用的外加剂使用要求掺加。防水混凝土的搅拌时间比普通混凝土时间要长,不少于2min,掺入外加剂时,搅拌时间约为2~3min。为保证防水混凝土良好的匀质性,不宜采用人工搅拌。

7.4.8 防水混凝土运输

防水混凝土在搅拌好后要及时浇筑,运输距离较远时应加入缓凝型减水剂,在运输过程中要防止产生离析现象以及坍落度和含气量的损失,还要防止漏浆。

7.4.9 防水混凝土浇筑和振捣

防水混凝土在浇筑前,应清除模板内的积水、木屑、铅丝、铁钉等杂物,并以水润湿模板,使用钢模时应保持表面清洁无浮浆。

防水混凝土应采用机械振捣,不宜采用人工振捣。机械振捣能产生振幅小、频率较高的振动,使骨料间的摩擦力、黏附力降低,水泥砂浆的流动性增加,由于振动而分散开的粗骨料在沉降过程中,被水泥砂浆充分包裹,形成具有一定数量和质量的砂浆包裹层,同时挤出混凝土拌和物中的气泡,以增强密实性和抗渗性。

7.4.10 防水混凝土的养护

防水混凝土的养护对其抗渗性能影响极大,特别是早期湿润养护尤为重要,在混凝土进入终凝(浇筑后 4~6h)即应覆盖,浇水湿润养护不得少于 14d。

防水混凝土不宜用电热法养护,也不宜用蒸汽法养护,如必须使用蒸汽养护时应注意以下几点:

(1)不宜直接对混凝土表面喷射蒸汽加热。

(2)应及时排除聚在混凝土表面的冷凝水,冷凝水会在水泥凝结前冲淡灰浆,导致混凝土表面起皮疏松等缺陷。

(3)防止结冰。表面结冰会大大降低混凝土内部水化速度,内部结冰会导致混凝土体积膨胀,破坏内部结构,而达不到抗渗要求。

(4)控制升降温的速度。升温速度对表面系数小于 6 的结构,不宜超过 6℃/h;表面系数大于或等于 6 的结构,不宜超过 8℃/h;恒温温度不应高于 50℃,降温速度不应超过 5℃/h。

7.4.11 拆模板

防水混凝土的养护要求严格,不宜过早拆模。拆模时防水混凝土的强度必须超过设计强度的 70%,混凝土表面温度与环境温差不得超过 15℃,防止表面产生裂缝。拆模时,勿使结构受损。

7.4.12 防水混凝土结构细部构造的防排水

防水混凝土的细部构造主要有施工缝、变形缝等,这些部位的防排水要求及注意事项已在本章第 2 节中做了详细介绍,不在赘述。

7.4.13 提高混凝土抗渗性能的措施

(1)降低水灰比,提高混凝土的密实性。

(2)掺加超塑化剂。

(3)优化配合比,掺加粉煤灰。

(4)掺加适量膨胀剂,抑制和补偿收缩。

(5)掺加聚丙烯纤维,抑制混凝土的收缩。

(6)加强混凝土的养护和保温。

7.5 二衬背后回填注浆堵水技术

混凝土衬砌浇筑完毕后,由于超挖、坍塌或二次衬砌浇筑时导致部分空洞等原因造成初期支护内轮廓与二次衬砌外轮廓之间可能有空隙，为了提高衬砌可防水抗渗能力，使衬砌受力均匀合理，阻止地层变形和地层压力的增加，提高衬砌的抗震能力，需要将岩壁与衬砌间的超挖部分回填密实。可采用二衬背后回填注浆技术，以增强初期支护与二次衬砌之间的黏结。对于孔隙过大的坍塌处，不宜采用一般填料，以避免二次衬砌的局部承载过大，而应增设锚杆钢筋网喷混凝土等措施，以加强初期支护和二次衬砌之间的支撑接触。

对于有防水或密闭要求和承受动荷载的地段，以及遇到断层破碎带，需要进一步加固底层的地铁隧道，在衬砌混凝土后，可采用衬砌混凝土壁后压注水泥砂浆的办法，使衬砌与围岩结合密实，阻止地层变形和地层压力的增加，改善结构受力条件。

7.5.1 压浆前的准备工作

在进行回填注浆前必须对要进行注浆的位置进行仔细的调查，掌握背后空洞的具体情况。因此，要充分调查地质、涌水状况、围岩崩落地点的施工记录。作为事前调查，应尽可能收集既有资料并进行现场调查。调查衬砌的变异状态、空洞状态、涌水状况及施工状况等，并进行合理经济的回填注浆设计。重点调查项目如下：

(1)地形、地质

对砂土、软弱及易于崩落的围岩，以及有可能引起地表下沉或深陷埋深小的隧道，应充分调查背后围岩的状态，判断回填注浆的必要性和紧迫性。

(2)背后空洞的分布、大小

正确掌握背后空洞的状态有时很困难，最好以适当的间距设置钻孔，以调查空洞的范围和大小。近几年，采用电磁波(地质雷达)和超声波的无损调查方法已经实用化，在调查范围较大的场合是很有效的。

(3)涌水状况

涌水量大的场合，一般不宜采用回填注浆，因为压注后水压往往变化较大。当必须采用回填注浆时，应充分考虑压注材料的选择，并采取降低水位的措施。

(4)衬砌状态

调查衬砌的缺陷、缺损的状态，判断采用回填注浆或断面修复、内衬、内表面补强等方法的必要性。

(5)施工条件

在运营隧道中，压浆作业及作业台和设备会受到限制。因此，应充分研究作业时间、材料置放地点、搬入通道等施工条件。

回填注浆设计应基于调查获得的资料确定压注范围、压注量、具有充填效果的压注材料、压注方法以及压注管的配置等。同时压注材料应考虑地质、空隙的大小、涌水状况等，选定具有良好施工性和经济性的材料。

7.5.2 回填注浆材料

1)注浆材料的选定

注浆材料应考虑空隙的大小、涌水状况、地质及施工性、经济性等，选择最合适的材料。由于注浆材料起到均匀传递地压到衬砌上的作用，因此注浆材料应能够密实地充填地层和衬砌间的空隙，能够充分的传递因位移、变形产生的反力。

2)注浆材料的种类和特征

一般来说注浆材料多选用以水泥为主的材料。

(1)聚合物—水泥系

聚合物—水泥系是一种高分子材料，即使在涌水时，也不会产生材料离析。是一种塑性压注材料，在限定压注中效果明显。

(2)水玻璃系

采用水玻璃系可以控制胶凝时间，适用于要求速凝的场合。但在耐久性方面达不到很好的效果，因此在既有地铁隧道中应用不多。

(3)泡沫尿烷

泡沫尿烷是一种高分子材料，在涌水多，材料充填困难的场合以及要求紧急应对的场合采用。

7.5.3 注浆材料的配合比

回填注浆中采用的压注材料的配合比，应使所选择的材料适合注浆目的，进行施工性好、经济的配合比设计。注浆材料的配合比要满足流动性、强度、容积变化及膨胀性等方面的要求。

7.5.4 压浆工作

压浆工作分为初次压浆和检查压浆两种。初次压浆时压注水泥砂浆，检查压浆时压注纯水泥浆。检查压浆是作为防水手段的初次压浆未达到防水目的时进行的补救措施。由于压浆防水耗用水泥过多，而防水效果不理想，所以作为防水目的的压浆，应根据工程情况慎重研究采用。

7.5.5 压浆孔的布设

压浆孔分预留孔和现钻孔两类。预留压浆孔的预留方法，是将一定长度(视浇筑层厚度来定)，内径为 ϕ50mm 的钢管或毛竹管，管内充填细砂，一端顶着模板，插在浇筑层内，另一端靠着岩壁或者插入岩体孔内。管内充砂的目的是防止浇筑时混凝土堵塞，拆摸时将管内砂子捅出；现钻压浆孔用 ϕ50mm 风钻钻孔，孔深入岩体 10cm，钻孔时间应在混凝土强度达到设计强度的 70%时进行。

7.5.6 压浆次序

压浆孔成孔后，使用压浆机向孔内压入砂浆。压浆次序：沿洞室纵向由洞口向洞内分段进行，每段长度不得小于 20m，应从两侧边墙的最低一排孔同时开始，向拱顶进行压浆。渗水、漏水地层，应从无水或少水向多水处逐孔压浆，以便包围漏水地段集中处理。

初次压浆时，当低排压浆孔压入的砂浆上升到上排压浆孔高度，就表明上排压浆孔以下的衬砌背后空隙已填满，或者当压浆至所规定的极限压力(一般为 0.4～0.5MPa)不能再压进砂浆时，即认为初次压浆已完成。

有防水要求的工程，初次压浆完成后，如果防水效果达不到设计要求，7d后再进行检查压浆。检查压浆是为了填充比初次压浆更细小的空隙和裂缝，故须采用纯水泥和较高的注浆压力(一般为0.6～1MPa)。检查压浆是在注浆压力达到规定极限压力，并且15～20min后压浆孔不再吸浆，即认为检查压浆施工完毕。

压浆施工应在洞门完成并连续完成衬砌70m以上，混凝土达到设计强度后方可进行。

7.5.7 衬砌背后注浆施工工艺中注意事项

(1)保证浆液质量

浆液的选择、配合比、制作与储运必须合理。浆体必须满足的条件有：具有能充分填满间隙的流动性；注入后必须在规定的时间内硬化；保证管片与周围土体的共同作用，减少地层扰动；具有一定的动强度，以满足抗震要求；产生的体积收缩小；受到地下水稀释不引起材料的离析等。

(2)控制注浆压力

注浆压力小，不能保证空隙的填充，不利于控制地层沉降和防水；压力过大，压出的浆液在地层中产生劈裂效应，加大了地层的扰动，同时会产生瞬时应力集中，可能损伤衬砌体。一般要求注浆压力略大于该点的静水压力和土压力之和。在决定注浆压力时，应考虑由于注浆管的压力损耗和管口的扩散效应导致的压力减弱。

(3)保证注浆量

浆液收缩和失水等因素使得实际注浆量大于理论注浆量，因此注浆量要充足，必要时采用二次注浆，弥补一次注浆量的不足，形成止水帷幕。

7.6 全过程防水实施流程

地铁隧道在施工过程中，防水处理非常关键，并且在做防水施工时，必须注意施工全过程的防水处理。全过程防水施工主要从防水设计、防水施工以及后期养护3个方面着手。

7.6.1 地铁隧道防水设计

地铁工程修建在含水地层中，不但受到地下水的有害影响，还会受到地表水的影响，如果没有可靠的防水措施，地下水就会渗入地铁工程，影响隧道的使用寿命。防水系统的正确设计是防水成功的关键。在修建地铁时，应根据工程的水文地质情况、地质条件、区域地形、环境条件、埋置深度、地下水位高低、工程结构特点、修建方法、防水标准、工程用途和使用要求、材料来源等技术经济指标综合考虑确定防水方案。防水方案应遵循“防、排、截、堵、刚柔结合、因地制宜、综合治理”的基本原则进行设计。防水设计应满足以下要求：

(1)地铁工程必须进行防水设计，防水设计应定级准确、方案可靠、施工简便、经济合理。

(2)地铁隧道工程必须从工程规划、建筑结构设计、材料选择、施工工艺等几方面系统的做好地下工程的防排水工作。

(3)地下工程的防水设计，应综合考虑地表水、地下水、毛细管水的作用以及由于人为等因素引起的附近水文地质改变的影响。

(4)地铁隧道的衬砌混凝土工程，应采用防水混凝土，并应根据防水等级的要求采用其他防水措施。

地铁隧道工程防水设计的内容应包括以下几个方面：

(1)地铁隧道的防水等级和设防要求。

(2)混凝土结构防水所选用的防水混凝土的抗渗等级和其他技术指标、质量保证措施。

(3)其他防水层选用的防水材料及其技术指标、质量保证措施。

(4)防水工程防水细部构造的防水措施，选用的材料及其技术指标、质量保证措施。

7.6.2 地铁隧道施工过程全过程防水

1)围岩注浆防水

在地铁隧道开挖过程中，有可能会遇到大量的地下涌水，特别是在岩石中，地下水通过岩石裂隙对地下工程造成严重的危害，如果不先止水，工程则无法开展。注浆可以加固围岩和防止施工过程中地下水的侵入，降低施工风险，因此注浆止水在地铁工程中具有重要意义，是地铁防水工程中不可缺少的手段。注浆加固技术总体上要考虑：注浆孔布置、注浆压力、注浆量、注浆材料的选择、注浆浓度、注浆机具及其工作性能。注浆主要包括预注浆、后注浆(衬砌前围岩注浆、回填注浆、衬砌内注浆、衬砌后围岩注浆等)，注浆方案的选择、注浆材料及注浆工艺已在本章第1节详述。注浆完成后，在开挖轮廓线范围内打设检查孔，检测注浆效果，每循环设检查孔的个数和位置可根据实际施工条件和围岩等级确定。检查时，在规定的压力下，出水量不大于某个临界值，则认为达到注浆效果，方可进行开挖。

2)喷浆处理

在地铁施工过程中，喷浆(喷射混凝土)是使用混凝土喷射机，按一定的混合程序，将掺有速凝剂的混凝土拌和料与高压水混合，经喷嘴喷射到岩壁表面，并迅速凝固成一层支护结构，从而对围岩起到支护作用。喷浆不仅可以在一定程度上防止隧道变形和掉块，而且在隧道防水方面也起着不可忽视的作用。喷浆主要特点包括：自捣性、早强性、粘贴性、柔性、施工快捷性以及物理力学性能好等。喷浆方式主要有以下几种。

(1)干喷

按一定比例，将水灰比小于为0.25的水泥、沙、石、速凝剂拌和，利用压缩空气通过软管输送到喷射机喷嘴处，与通过呈雾状的高压水混合喷射的混凝土施工方法。干混合料可现拌，亦可用已拌和好的。混合料最远水平输送距离为150～200m。干喷法优点有工艺简单、易操作、输送距离长，其缺点有干料与水混合不均匀、水灰比不易控制、回弹率高、粉尘大、质量不稳定、硬化后强度低等，严重影响施工质量。国外已不采用，国内正逐渐被潮喷、湿喷取代。施工流程如图7.6-1所示。

(2)潮喷

潮喷时将集料预加少量水，使之呈潮湿状，再加水泥拌和，从而降低上料、拌和及喷射时的粉尘，但大量的水仍是在喷头处加入和从喷嘴射出，其工艺流程与使用机械同干喷工艺。目前隧道施工现场较多使用的是潮喷法，其施工工艺流程图与干喷相同。

(3)湿喷

按一定比例将水泥、沙、石、细集料、水及外加剂配合搅拌成混凝土(水灰比约0.5左右)，用泵或压缩空气输送到喷嘴处与液体速凝剂混合，借助高压风(亦可不用)喷射的施工方法。若用泵输送稠密流体在喷嘴处补给高压风再喷出，称稠流法湿喷；用压缩空气输送分散的稀薄流体到喷嘴处直接喷出，称稀流法湿喷。湿喷在大规模喷射时具粉尘少、回弹低、物料拌和均匀、质量易管理、性能稳定、混凝土强度高等优点，但喷射工艺较复杂，混凝土输送距离短，需专用设备和外加剂(多用液体速凝剂)。国外几乎全部采用湿喷，国内亦正逐步取代干喷和潮喷。湿喷法施工流程如图 7.6-2 所示。

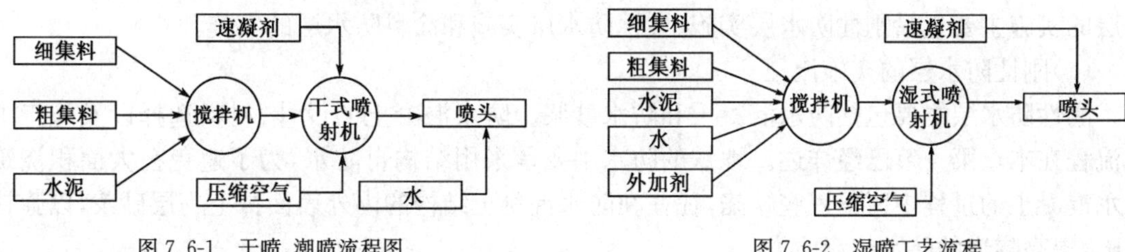

图 7.6-1 干喷、潮喷流程图　　　　图 7.6-2 湿喷工艺流程

(4)混合喷射法(SEC 式喷射)

混合喷射法又称水泥裹砂造壳喷射法，分别由泵送砂浆系统和风送混合料系统两套机具组成。首先将部分砂第一次加水拌湿后投入全部用量水泥，强制拌和成以砂为核心外裹水泥壳的球体；其次加第二次水和减水剂拌和成 SEC 砂浆；再次将另一部分砂、石、速凝剂按配合比配料，强制搅拌成均匀的干混合料；最后分别通过砂浆泵和干式喷射机，将 SEC 砂浆及干混合料由高压胶管输送到混合管混合，由喷头喷出。其工艺流程如图 7.6-3 所示。

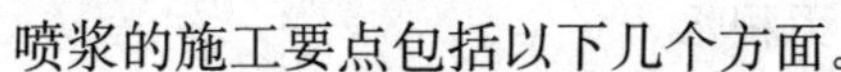

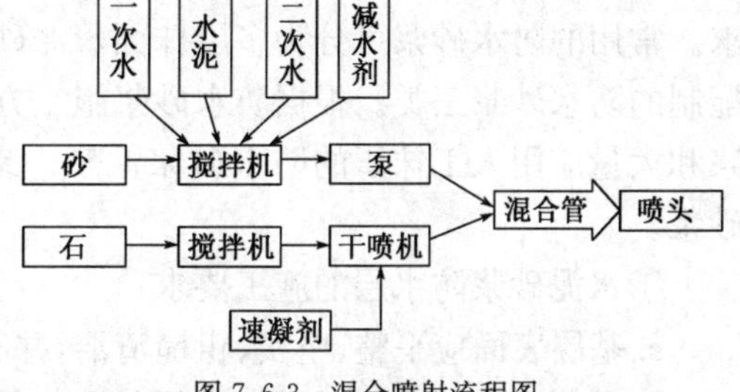

图 7.6-3 混合喷射流程图

喷浆的施工要点包括以下几个方面。

(1)喷射作业前检查及施工准备工作

①喷前检查主要内容：应对开挖尺寸认真检查，清除松动危石，欠挖超标过多的先行局部处理；喷岩面有较集中的渗水时，应做好排水引流处理；无渗水时，根据岩面潮湿程度，适当调整水灰比；喷射前用高压风清除粉尘和杂物；埋设喷层厚度检查标志；做好机械设备调试。

②喷射作业前施工准备工作主要包括材料、机械、管路以及其他方面的准备。

(2)素喷混凝土施工要点

①准备工作完成后，严格掌握规定的速凝剂的掺量，搅拌均匀。

②喷射时，喷射工人应严格控制水灰比，使喷层表面平整光滑，无干斑或滑移流淌现象。

③喷射应分段、分部、分块、自下而上的进行喷射，喷嘴需对受喷岩面做均匀的顺时针方向的螺旋转动，一圈压半圈的横向移动，螺旋直径控制在 20～30cm 之间，以使混凝土喷射密实。

(3)钢筋网喷射混凝土施工要点

钢筋网喷射混凝土的施工流程是先在岩面上挂钢筋网，然后再喷混凝土。施工要点如下：

①钢筋网应根据被支护岩面实际情况铺设，钢筋网保护层厚度不小于 3cm，有水部位不小于 4cm。

②为便于挂网安装，常将钢筋网加工成网片，长宽可为 100～200cm。

③钢筋网应与锚杆或铆钉头连接牢固,并应尽可能多的连接,以减少喷射时,钢筋网发生振颤。

④喷射时应调整喷射角度,使筋网背面混凝土密实。对于干燥土质地铁隧道,第一次喷射不能太厚,以防起鼓脱落。

3)防水层的实施流程

在地铁隧道施工中,防水层的设置直接关系到隧道的防水性能及使用安全。地铁隧道防水层的实施主要包括刚性防水层实施、柔性防水层实施和涂料防水层的实施。

(1)刚性防水层的实施流程

刚性防水层主要包括防水混凝土和防水砂浆。防水混凝土的设计、材料选择以及施工工艺流程在本章第 4 节已经详述。地铁的防水主要是采用结构自防水,为了避免在大面积浇筑防水混凝土的过程中留下一些缺陷,往往在防水混凝土结构的内外表面抹上一层砂浆,以弥补缺陷,提高隧道的防水抗渗能力。

防水砂浆是通过严格的操作技术或掺入适量的防水剂、高分子聚合物等材料,以提高砂浆的密实性达到抗渗防水目的的一种重要的刚性防水材料。防水砂浆与金属、卷材、混凝土等几种其他防水材料相比较,虽具有一定防水功能和施工操作简便、造价便宜、容易修补等优点,但由于其韧性差、极限抗拉强度低以及易随基层开裂而开裂,故难以满足工程防水逐渐增高的要求。常用的防水砂浆可分为多层抹面水泥砂浆、掺外加剂防水砂浆、膨胀水泥和无收缩性水泥配制的防水砂浆三类。根据防水砂浆施工方法的不同可分为利用高压喷枪机械施工的防水砂浆和大量应用人工抹压的防水砂浆两种。地铁隧道中主要采用的是高压喷枪机械施工防水砂浆。

①水泥砂浆防水层的施工要求

a. 基层表面应平整、坚实、粗糙清洁,并充分湿润、无积水。

b. 基层表面的空洞、缝隙,应用与防水层相同的砂浆堵塞抹平。

c. 施工前应将预埋件、穿墙管预留凹槽内嵌填密封材料后,再施工防水砂浆层。

d. 水泥砂浆防水层应分层铺抹或喷射,铺抹时应压实、抹平,最后一层表面应提浆压光。

②水泥砂浆防水层细部构造防水的施工

水泥砂浆防水层细部构造防水选材应遵循设计规定,一般而言,掺入相当于水泥质量 3%～5%的防水剂的无机盐类水泥砂浆,抗渗能力较低,约在 0.4MPa 以下,故仅适用于水压较低的隧道或作为辅助防水层。

(2)柔性防水层的实施流程

柔性防水层也是地铁隧道防水施工中一个重要的组成部分。柔性防水层包括卷材防水、涂膜防水、塑料板防水和金属板防水等。在地铁隧道中用的最为广泛的柔性防水是塑料板防水。塑料防水板是置于初期支护与二次衬砌之间的防水工序,经过近十年的施工实践,已基本形成了一套成功的施工工艺和管理模式。

在铺设塑料板之前,需铺一层土工布,首先在隧道拱顶标出中心线的位置,将土工布自拱顶向两侧依次固定在基面上,固定方式多采用暗钉,固定间距可根据具体情况设置,但不能紧绷土工布,应预留一定的余长,以防灌筑混凝土时被拉裂,尤其是在拱顶部位,需要预留较大的余长。

塑料板的铺设分为单幅铺设和大幅铺设两种方式。

①单幅铺设

单幅铺设是将工厂生产的单幅塑料板在洞内固定焊接接缝，其特点是铺设工艺简单，接头焊缝在洞内进行，但是质量难以保证。施工工艺流程如图7.6-4所示。

②大幅铺设

大幅铺设就是在洞外将工厂生产的单幅塑料板按一定尺寸拼焊成一大幅，然后运进洞内铺设。大幅铺设将许多焊缝放在洞外进行，洞外场地宽阔，可采用机械焊接，提高焊接质量。大幅铺设塑料板质量较大，没有机械情况下施工较困难。大幅铺设施工流程如图7.6-5所示。

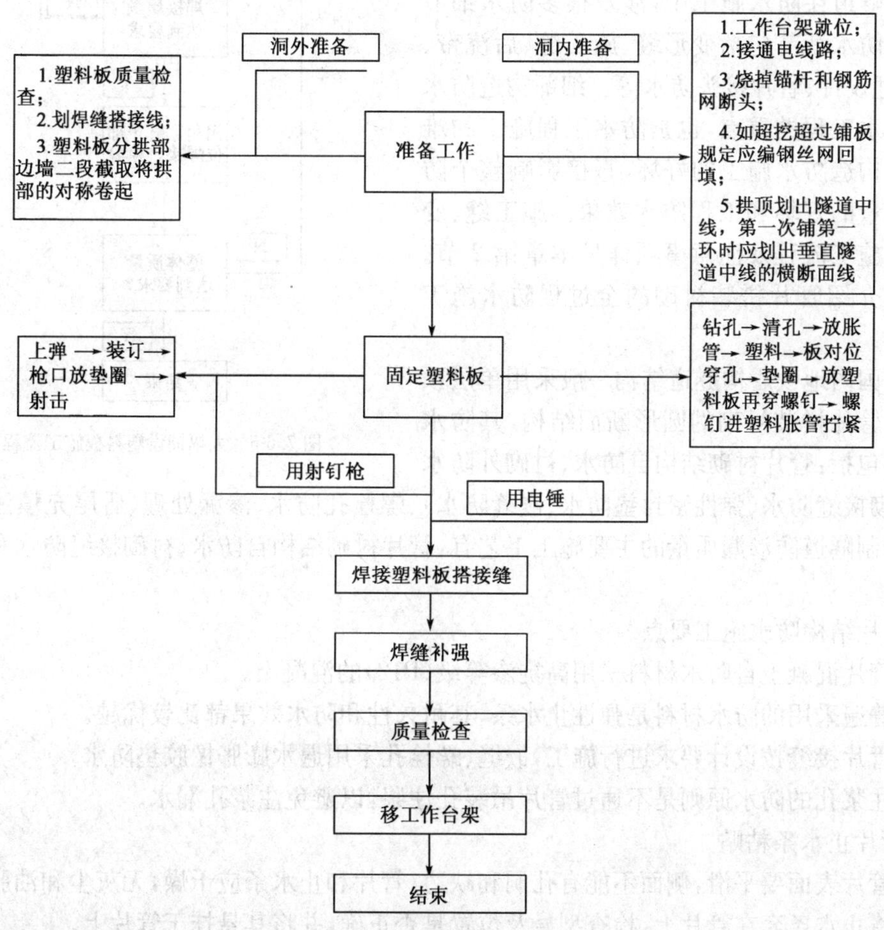

图7.6-4 单幅铺设施工程序流程图

③施工注意事项

a.为保证铺设塑料板的基面平整，隧道开挖应采用光面爆破或盾构，喷混凝土后要使隧道轮廓圆润整齐。

b.铺设塑料板之前，必须先将边墙基础灌注完成。

c.射钉枪或电锤，都要垂直于基面击发或施钻，同时塑料板上要加垫圈。

d.隧道内设置的各种洞室，铺设塑料板防水层时，均需从上往下，从外向内展铺。施工时应注意，正洞的塑料板要搭接在各种洞室塑料板的里面，并在正洞和洞室边缘增加固定点。

e.在二次模筑混凝土施工时，混凝土不能直接冲击塑料板防水层，振捣器不得接触塑料板，以免损伤防水层。

④防水层细部构造实施流程

地铁隧道在防水施工中，涉及很多防水细节的处理。防水细节包括变形缝、施工缝、后浇带、穿墙管、埋设件、管片接头防水等。细部构造防水施工是防水工程的重点，也是防水工程施工的难点。细部构造防水施工的好坏，直接影响整个防水工程质量的好坏和工程防水效果。施工缝、变形缝等的施工流程及注意事项详见本章第2节。下面主要介绍管片拼装衬砌的全过程防水施工流程。

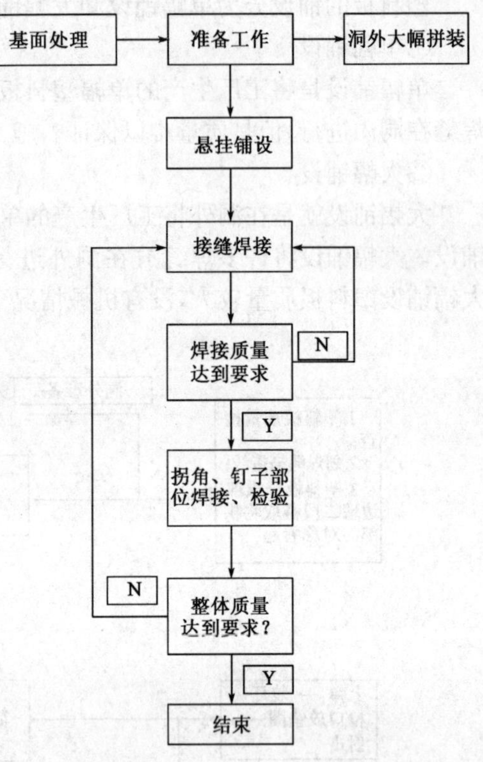

图7.6-5　大幅铺设塑料板施工流程

目前国内地铁盾构隧道结构一般采用单层预制混凝土管片拼装衬砌的圆形断面结构，其防水施工主要包括：管片衬砌结构自防水、衬砌外防水涂层、衬砌接缝防水（弹性密封垫防水、嵌缝防水）、螺栓孔防水、渗漏处理（盾尾充填注浆等）。而其中控制隧道防渗漏质量的主要施工工艺有：管片衬砌结构自防水、衬砌接缝防水和盾尾充填注浆。

a.管片结构防水施工要点

Ⅰ.管片混凝土自防水材料采用高抗渗等级(P12)的混凝土。

Ⅱ.普遍采用的防水材料是弹性止水条，其耐久性和防水效果都比较优越。

Ⅲ.管片接缝按设计要求进行施工，嵌缝、螺栓孔采用遇水膨胀橡胶垫防水。

Ⅳ.注浆孔的防水原则是不通过管片吊装孔注浆，以避免注浆孔漏水。

b.管片止水条粘贴

Ⅰ.管片表面要平滑，侧面不能有孔洞和缺边；管片和止水条应干燥，无灰尘和油脂。

Ⅱ.将止水条套在管片上，检查型号及位置是否正确，并将其悬挂于管片上。

Ⅲ.用稀释液清洗止水条和管片，侧面和底面要清洗干净。

Ⅳ.稀释液完全挥发后，涂胶水，胶水要100%覆盖止水条和管片的底部和侧面。先涂止水条，后涂管片，胶水用量要适中。

Ⅴ.胶水溶剂挥发以后，将止水条装入槽内，粘贴原则为先短边后长边、从中间到角边。

Ⅵ.最后用锤击打止水条，使其与管片粘贴牢固。

c.管片成品检漏

引起隧道渗漏水的原因主要是防水材质不良或违反操作规程，从施工工艺看，具体可分为以下几类：

Ⅰ.管片在制作时养护不合理，表面出现气孔和龟缩裂缝；管片在运输、拼装中受挤压、碰撞，缺边掉角。

Ⅱ.遇水膨胀橡胶条粘贴不牢，或下坡时过早浸水使膨胀止水效果降低。

Ⅲ.管片拼装质量差，螺栓未拧紧，接缝张开过大。

Ⅳ.螺栓孔、注浆孔等薄弱部位未加防水垫片，封孔施工质量差。

常见的管片接缝防水包括弹性密封垫防水、嵌缝防水和向接缝内注入聚氨酯药液等。可靠性高的弹性密封垫防水必须满足功能性要求、耐久性等各种要求。

为了防止盾尾地下水或衬砌背面注浆等流入隧道内，应在盾尾间进行密封油脂和间隙注浆技术。盾尾密封油脂应满足可泵性、黏附性、无环境污染和保油性等要求；盾尾注浆技术方式主要有事后注浆、及时注浆、同步注浆等。

(3)涂膜防水层施工

涂抹防水是在自身有一定防水能力的结构层表面涂刷一定厚度的防水涂料，经常温胶连固化后，形成一层具有一定坚韧性防水涂膜的防水方法。

①涂料防水层所选用涂料的要求

a.具有良好的耐水性、耐久性、耐腐蚀性及耐菌性。

b.无毒、难燃、低污染。

c.无机防水涂料应具有良好的湿干黏结性、耐磨性和抗刺穿性；有机防水涂料应具有较好的延伸性及较强适应基层变形的能力。

②防水涂料的分类

a.按照涂料的液态类型分类

根据涂料的液态类型，可把防水涂料分为溶剂型、水乳型、反应型三种。

b.根据涂料的组分不同分类

一般可分为单组分防水涂料和双组分防水涂料两类。单组分防水涂料按液态不同，一般有溶剂型、水乳型两种。双组分防水涂料属于反应型。

c.按照材料的主要成膜物质不同分类

根据构成涂料的主要成分不同，可分为以下几类：合成高分子类（又可再分为合成树脂类和合成橡胶类）、高聚物改性沥青类、沥青类、聚合物水泥类、水泥类。

③涂膜防水层的施工

涂膜防水层适用范围较广，无论是复杂的基面还是面积窄小的节点部位，凡是可以涂刷到的部位，均可以做涂膜防水层。

要保证涂膜防水层的施工质量，所涉及的因素主要有：材料、基层条件、自然条件、施工工艺、涂布遍数及厚度、涂刷间隔距离、保护层的设置等。

④涂膜防水工程操作工艺流程图(图7.6-6)

在涂料施工过程中，必须按照相关规范以及施工要求进行施工。

⑤涂膜防水层的细部构造

对于预埋件、变形缝等容易造成渗漏的薄弱部位，应参照卷材防水做法，采用附加防水层加固。此时，可将加固层做成“一布二涂”或“二布三涂”，其中胎体增强材料亦优先采用聚酯无纺布。

施工缝或裂缝的处理应先涂刷底层涂料，待固化后铺设 1mm 厚、10cm 宽的橡胶条，最后涂布涂膜防水层，如图 7.6-7 所示。

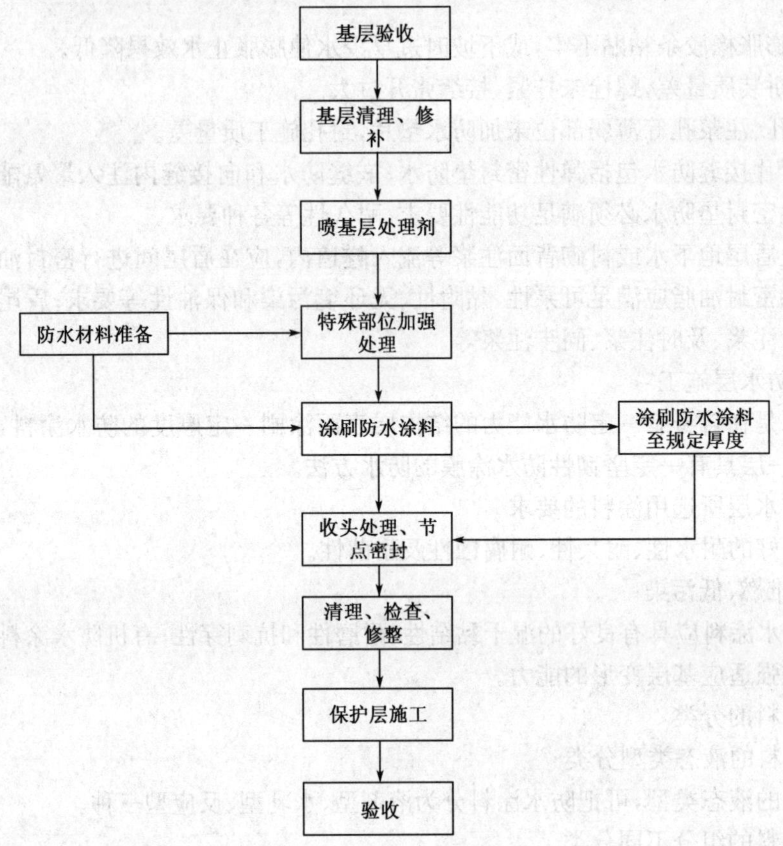

图 7.6-6　涂膜防水工程的工艺流程

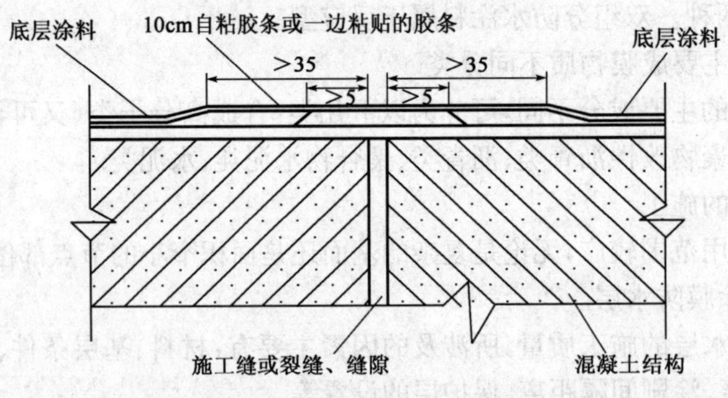

图 7.6-7　施工缝或裂缝处理(尺寸单位:cm)

⑥涂膜层的养护

当涂层凝固到不会被洒水晒伤时，即可及时喷洒水或覆盖潮湿麻袋、草帘等进行保湿养护，养护时间不得少于 3d。在养护过程中必须用净水，必须在初凝后使用喷雾式洒水，以免涂层被破坏。

7.6.3 地铁防水工程的维修与养护

地铁隧道防水工程的维修与养护包括很多方面的内容，是地铁防排水中不可缺少的一部分。主要包括渗漏水治理、混凝土结构裂缝及混凝土剥落事故等的处理。

1)渗漏形成的原因

(1)设计原因

①地勘资料不准确。

②忽视了上层滞水和涌水的危害。

③防水方案不当。

(2)材料原因

材料质量低劣、变形缝选型不当、密封材料适应变形能力差以及配套材料不合格等均可造成渗漏水现象。

(3)施工原因

防水混凝土施工质量欠佳；施工缝、变形缝、穿墙管等细部构造留设、处理不当；孔眼封堵不严，保护层厚度不够，成品保护不善等均会造成渗漏水现象。

2)渗漏水工程修补原则

地铁工程渗漏水的形式有三种：点的渗漏、缝的渗漏和面的渗漏。按渗水量的不同可分为慢渗、快渗、漏水和涌水，治理时具体情况具体对待。但都应遵循以下基本原则：

(1)查找并切断水源，尽量使修补工作在无水状态下进行。

(2)在渗漏水状态下进行修堵时，首先要做好引水工作，尽量减少渗水面积。

(3)对症下药，选择适宜的材料与工艺，做好最后漏水点的封堵工作。

3)渗漏水的封堵方法

(1)孔眼渗漏水的处理

对于水压较小的孔洞可以采用直接快速堵塞法，在漏水点位置，用促凝胶浆修堵材料直接修堵；对于水压较高，漏水孔洞不大的情况，可采用木楔堵塞法，先用圆木堵孔，尽量减少漏水量，再用促凝胶浆封堵。

促凝胶浆封堵材料一般有水玻璃水泥胶浆、石膏—水泥迅速堵漏材料、水泥—防水浆堵漏材料、水泥—快燥精快速堵塞料、膨胀水泥、801堵漏剂和M131快速止水剂等。

对于水压、孔洞、漏水量较大的渗漏情况，则应考虑用灌浆法封堵。

(2)裂缝渗漏水的处理

收缩裂纹和结构变形出现的裂缝渗漏水可根据水压大小采用不同的修堵方法，封堵材料主要采用促凝胶浆或灌浆材料。

水压较小的慢、快和急流渗漏水可采用快速直接堵塞法，操作时沿裂缝剔八字形槽并清洗干净，用水泥胶泥条快速封堵。

对于水压较大的慢、快渗漏水，可以采用下线堵漏法，即沿裂缝剔槽、槽底放线绳，再用胶泥封堵，随即将绳抽出形成漏水流出孔，对此再按孔眼渗漏水处理。

对于水压较大的急流渗漏水，可采用下半圆铁片，用管引水堵漏法，将半圆铁片连续排放于剔槽槽底，每隔 500～1 000mm 放一个带孔铁片，供胶管或塑料管插入引水，待各处封堵后再按孔眼渗漏水处理管孔。

(3)大面积渗漏水处理

应先将水位降低，形成无水条件下封堵，如不能降水，应设法引水，使面漏变成线漏，线漏变成点漏，最后逐点处理。最常用的大面积渗漏水修补材料可选择水泥砂浆抹面、膨胀水泥砂浆、氯化铁防水砂浆、环氧煤焦油涂料以及环氧贴玻璃布等。

4)防水混凝土的局部剥落

(1)外在因素

地层压力与水压的作用、局部集中荷载、地震、邻近施工、列车振动等。

(2)内在因素

材料方面：混凝土干缩、冰冻、异常凝固等。

施工方面：混凝土浇筑的中断、混凝土与基层黏结不好、混凝土浇筑过程中有漏水和漏泥现象等。

由于以上的一些原因，导致防水混凝土内局部形成冷缝，在冷缝下侧的混凝土内产生裂缝，裂缝逐渐发育最终脱落。防水混凝土的局部脱落，不仅破坏了隧道的防水系统，而且严重影响交通安全，必须高度重视和及时处理。

7.7 防排水施工管理

7.7.1 防排水施工合同和风险管理

合同管理是指企业对以自身为当事人的合同，依法进行订立、履行、变更、解除、转让、终止、审查、监督、控制等一系列行为的总称。其中订立、履行、变更、解除、转让、终止是合同管理的内容；审查、监督、控制是合同管理的手段。项目合同管理包括对业主的承包合同和对分包方、分供方的合同管理以及合同索赔管理等几个方面。

1)防排水施工合同管理

防排水施工合同管理，就是实现有效控制防排水工程的工程造价，提高利润，防排水项目合同管理必须是全过程的、系统性的、动态性的。加强合同管理应树立合同意识，掌握业务知识，认真把关，从源头上防范合同风险；签订合同后，认真交底，明确责任、权利与义务；加强内部管理，明确相关人员的责任与权利。

2)防排水施工的分包分供合同管理

分包、分供管理是防排水施工合同管理的重点与难点，一般应遵循以下原则：

(1)合法性原则。一定要遵守同业主签订的合同规定，分包商必须具有相应资质。

(2)合理性原则。对于拟分包的防排水工程，必须进行认真分析，对不平衡报价进行调整。

(3)采用招标的方式确定分包分供单位。

(4)集体参与，相互监督原则。

3)防排水合同索赔管理

索赔是合同当事人在合同实施过程中，根据法律法规、合同规定等，对非自身过错，而是由对方责任所造成的实际损失向对方提出经济和工期补偿的要求。索赔是合同双方经常发生的合同管理业务，是双方的合作方式，而不是对立。索赔工作的健康开展，可以提高建设效益，有利于促进双方加强内部管理，严格履行合同。做好工程的索赔管理主要遵循以下几点：

(1)签好合同是索赔成功的前提。在签订防排水合同时，应考虑各种不利因素，为合同履行创造机会。

(2)研究合同寻找索赔机会。对合同进行完整、全面、详细的分析，分析合同索赔的可能性，以便更有效的采取合同管理策略和索赔策略。

(3)加强合同管理，捕捉索赔机会。合同索赔的依据是合同管理的延续。

(4)学会科学的索赔方法。索赔一定要坚持科学方法，承包人必须熟悉索赔业务，注意索赔策略和方法，严格按合同要求和规定的时间内索赔。

4)防排水施工的风险管理

防排水的风险是指威胁到防排水工程计划实施和目标实现的潜在事件，风险管理是将处理风险的途径程序化，风险管理的程序一般分为预测、分析、评价和处理，风险管理应注意以下几个方面：

(1)在招标之前对投标文件深入研究和全面分析。

(2)施工合同谈判前，承包人应设立专门的合同管理机构负责施工合同的评审，对合同条款认真研究，在谈判策略上，承包人应善于在合同中限制风险和转移风险，使风险在双方中合理分配。

(3)加强合同履行时动态管理，建立风险预警机制，最大限度地减少风险。

(4)合理转移风险。当不可预测的风险发生时，推行索赔是转移风险的有效方法。

7.7.2 防排水工程质量管理

作为建设工程产品的防排水工程项目，质量的好坏，不仅关系到工程的适用性，而且还关系到人民生命财产安全和社会安定。施工质量低劣，造成工程质量事故或潜伏隐患，其后果不堪设想，所以在工程建设过程中，加强质量管理，确保国家和人民生命财产安全是施工项目管理的头等大事。

1)防排水工程项目质量体系要素

(1)防排水施工准备质量

施工准备是根据建设单位需要，工程设计、施工规范的规定，拟订施工方法程序，并合理的组织材料、设备、能源和专业技术，为排水工程获得符合性质量创造条件。防排水工程的施工准备质量关系到工程施工的经济合理性和工程质量的稳定性，甚至直接影响到工程最终质量。

(2)防排水材料采购质量

对外采购防排水材料时，必须做好采购计划，主要有以下几个方面要加以控制：采购质量大纲包括的内容；对规范、图纸和订货单的要求；选择合格的供方；关于质量保证的协议；关于检验方法的协议；处理质量争端的规定；进货检验计划和进货控制；进货质量记录。

2)防排水施工过程质量控制

施工过程是建筑物符合性质量形成的过程。建筑物使用功能能否满足需要，施工过程起着很重要的作用。施工过程的质量是根据设计和工艺技术文件规定以及施工质量控制计划要求,对各项影响施工质量的因素具体实施控制,保证生产出符合设计和规范质量要求的工程。施工过程质量控制内容包括落实现场责任制;贯彻并加强工艺纪律的管理;现场文明施工与均衡生产;正常的开展 QC 小组活动。

3)防排水工序管理点控制

防排水工程要力争一次成优、一次合格,必须以预防为主,加强因素控制,确定特定特殊工序、关键环节的管理点,实施工程施工的动态管理。动态管理主要包括管理点的设置、实施管理点的控制、工序管理点的文件和工序管理点实际效果的考察。

4)防排水工程施工不合格的控制与纠正

一旦发现防排水工程以及半成品或成品的质量不满足规定要求时,应立即采取措施。首先鉴别确定问题的等级,然后及时采取正确的纠正措施进行处理,最后分析反省、作出相应整改,预防类似情况再次发生。

5)防排水工程质量的检验与验证

工程质量检验是保证工程质量满足规定要求的重要职能,加强检验应贯彻施工者自检与专业检验结合的原则,应做到及时、准确、真实、可靠。工程质量检验与验证主要包括预检、隐检、以 QC 小组为核心的班组质量检验、工程使用功能的测试等工作。

6)防排水工程回访与保修

防排水工程项目施工具有一次性特点,工程竣工交验后,该施工项目组织机构即被撤销,并根据下个工程项目情况进行重新组合。因此,工程回访与保修工作由施工企业相关职能部门进行。

7.7.3 防排水施工现场管理

防排水的施工管理要求是实现高速度、高质量、高功效、低成本和文明施工。这是施工管理的目标,也是衡量防水施工管理水平的主要标志。

施工管理的基本任务是遵循施工的特点和规律,把施工过程有机地组织起来,加强组织协调,充分发挥人力、物力和财力的作用,用最快的速度、最好的质量、最低的消耗,取得最大的经济效益。

施工现场管理的主要内容包括现场施工管理技术、现场材料管理、现场机械设备管理和安全生产管理等。

1)防排水现场施工技术管理

现场施工技术管理的主要任务有以下几个方面:

(1)贯彻落实各项技术政策和法令,执行相关技术规范与规定。

(2)建立健全组织结构,形成技术保障体系,按照技术规律科学的组织各项技术工作,充分发挥技术的作用。

(3)建立技术责任制,严格遵守基本建设程序、施工程序和正常的生产技术秩序,组织现场文明施工,确保工程质量,安全施工降低损耗,提高建设投资和生产施工设备投资的效益。

(4)促进企业的科学研究、技术开发、技术教育、技术改造、技术更新和技术改进,不断提高技术水平。

(5)努力提高技术工作的技术经济效果,做到技术与经济统一。

(6)提高技术成果的商品化程度。

现场施工技术管理的具体要求是:按工程技术的规律来组织和进行技术管理工作;认真贯彻并检查国家有关技术政策、规范、规程的执行情况;制订与建设工程有关并适合企业的技术规定和管理制度;拟订和组织贯彻技术工作计划和技术措施计划;组织新技术、新结构、新材料、新工艺的试验推广和科技情报的交流。

现场施工技术管理的主要内容包括以下几方面:

(1)贯彻施工组织设计;(2)熟悉图纸;(3)技术交底;(4)督促班组按规范及工艺标准施工;(5)对隐蔽工程的检查与验收;(6)整理上报各种技术资料。

2)防排水施工现场施工材料管理

施工材料管理的任务是组织货源,保证供应和加强核算,降低成本。

现场材料的管理的要求是:依据施工平面设计,做好材料的堆放和各地临时仓库的建造;按施工组织设计分期分批组织材料进场;坚持现场领发制度;加强材料耗用核算工作,避免超耗无法挽回;合理地选择和确定施工材料,并对进场的材料进行严格的检查和验收;经常清理现场,回收整理余料,做到工完场清。现场材料管理分为施工准备阶段材料管理和施工阶段的材料管理。

施工准备阶段材料管理主要包括以下3方面:

(1)了解工程概况,调查现场条件;(2)正确编制施工材料需用量计划;(3)设计平面规划,布置材料堆放。

施工阶段的现场材料管理主要包括以下3方面:

(1)进场材料的验收;(2)现场材料的保管;(3)现场材料的发放。

3)防排水施工机械设备管理

施工机械设备管理的任务是正确选购、及时维护和修理、合理使用、适时改造和更新机械设备,使企业能使用适宜、先进的技术装备,或使施工机械设备处于良好、高效的状态,为企业安全、优质、高效的完成生产任务创造条件。施工机械设备管理主要内容是正确选用机械设备和正确使用机械设备。

4)防排水施工现场安全技术管理

随着防水材料和其他工程材料在隧道工程中的广泛应用,工程施工和运营中的安全问题也逐渐突显出来。在地铁施工中必须严格按照施工组织设计和安全生产的要求来施工,并注意以下几个方面:

(1)落实安全责任,实施责任管理;(2)安全教育;(3)安全检查;(4)现场安全用电的措施;(5)电焊作业预防触电;(6)施工现场防火的措施。

总之,隧道防排水施工是一项操作复杂的精细工作,稍有疏漏,就会给隧道工程质量、使用寿命、运营维护、安全等带来相当大的隐患,并造成不良的社会影响。因此,从设计到施工各个环节都要严把质量关,以绝后患。

第 8 章　地铁通风

8.1　地铁施工通风的目的与相关卫生标准

8.1.1　地铁施工通风的目的

地铁施工通风主要用于地铁区间隧道盾构施工和暗挖施工及地铁车站的暗挖施工。通风的目的是给隧道洞内提供足够的新鲜空气，冲淡、更换和排除有害气体，降低隧道内粉尘的浓度，帮助洞内散热，以改善劳动条件，保障隧道内作业人员的身体健康。

目前地铁施工中普遍采用的盾构法与钻爆施工的喷锚暗挖法相比，虽然无钻眼、爆破、出渣、喷射混凝土等作业产生的大量有害气体和粉尘，通风问题相对简单一些，但是若不进行施工通风，洞内环境条件也会急剧恶化。其主要原因包括以下几个方面：

(1)盾构机排入空气中的粉尘。

(2)隧道内施工人员呼出大量的 CO_2。

(3)盾构机为大型电力机械，其掘进机械本身及传送、运输机械均会放出大量的热，另外，盾构机多利用刀盘的旋转摩擦来切削岩土，岩土在切削后产生的渣土带有大量的热量，在出渣过程中热量会大量散失在隧道内的空气中。

(4)地铁区间隧道穿经煤层或某些地层还会释放出 CH_4、H_2S 等有害气体。

(5)地铁区间隧道断面相对较小，且盾构机机械设备多，易造成局部通风不畅，尤其地铁盾构瓦斯隧道，易造成瓦斯的局部聚集。

此外，盾构机设备配置复杂，通风管道布置困难，机电、液压设备多，运行中对作业环境、温度要求较高。因此，进行合理的地铁施工通风设计，保障地铁施工作业人员的安全和健康就十分必要。

8.1.2　地铁施工通风防尘的卫生标准

我国《地下铁道工程施工及验收规范》(GB 50299—1999)对地铁施工时，隧道内的劳动卫生标准作出了如下规定：

(1)氧气含量按体积比不应小于 20%。

(2)每立方米空气中含 10%以上游离二氧化硅粉尘不应超过 2mg。

(3)有害气体浓度：一氧化碳含量不应大于 30mg/m³；二氧化碳按体积计不应大于 0.5%；氮氧化物(换算成二氧化氮)含量不应大于 5mg/m³。

(4)气温不应超过 28℃。

(5)噪声不应大于 90dB。

此外，地铁施工时，隧道内的环境卫生还应满足其他相关规范和国家标准的要求，保证施工生产正常安全和施工人员的身体健康。

8.2 地铁施工通风方式

地铁施工通风方式应根据掘进隧道的长度、掘进隧道的断面大小、施工方法和设备条件等诸多因素来确定。考虑到一般地铁区间隧道长度在1km左右,断面直径约6m,地铁施工通风方式应采用机械通风,且以风管式通风为主;当主风机满足不了需要时,应设置局部通风系统。

8.2.1 基本通风方式

(1)风管式通风

风管式通风是用软管或硬质管作风道。根据隧道内空气循环风流的不同,其基本通风方式可分为压入式、抽出式和混合式三种。

压入式通风是把隧道外的新鲜空气用通风机通过风管送入隧道(图8.2-1)。该方式能较快的排除工作面的污浊空气,且可采用柔性风管,成本较低,拆装简单。尤其盾构地铁隧道断面较小,工作区机械设备多,通风设施布置空间狭小,故常采用压入式通风方式。但压入式通风,污浊空气排出时流经全隧道,大大延长了污染物在隧道内的滞留时间。地铁隧道压入式通风,风机多安设在地铁车站站台层、中板和顶板上或采用弯头通过施工竖井安设于地面,单机可用于100～400m内的独头巷道,多机串联可用于400～800m的独头巷道。

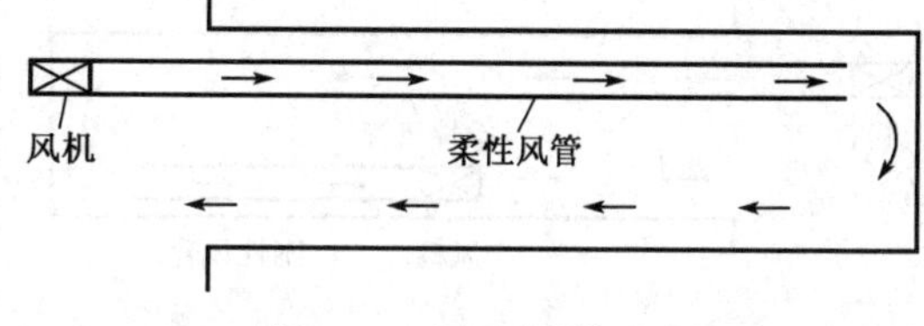

图8.2-1 压入式风管通风

抽出式通风是把隧道内污染空气用通风机通过风管强制地排到隧道外。工作面的污浊空气直接经风管抽出洞外,保证了整条隧道的空气清洁,对保护人体健康有利。有研究表明隧道施工通风采用抽出式通风方式在迅速排除施工中产生的有害气体和粉尘、改善隧道内空气质量、满足作业人员职业健康要求方面显著优于压入式通风。抽出式通风又有两种具体形式(图8.2-2)。常用的是与压入式通风一样将风机集中设在洞外,采用刚性风管,一般抽出式通风就是指这种形式;另一种也称作压出式,风机设在洞内,使用柔性风管,但此方法在开挖时风机需随工作面的推进不断前移,对于盾构法施工,风机安装不便,对于暗挖法施工,放炮时飞石易击坏通风设备,故一般不采用。抽出式通风,新鲜空气流经全隧道,到达工作面时已不太新鲜;要求风管末端距工作面不超过10m,风管位置布置上有困难;在瓦斯隧道中需配备防爆风机,成本比较高。单机多用于长度在400m以内的独头巷道。

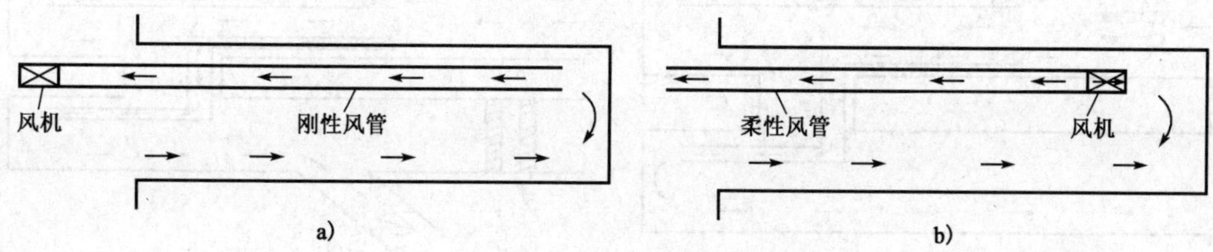

图8.2-2 抽出式风管通风

a)抽出式;b)压出式

混合式通风是把送风、排风的通风设备沿隧道内组合设置进行通风，兼有压入式和抽出式二者的优点，一般用于较长的地铁区间隧道施工。常用的布置方式具体又分为长压短抽方式和长抽短压方式，而后者又分为前压后抽式和前抽后压式（图 8.2-3）。长压短抽式以压入式通风为主，靠近工作面一段用抽出式通风，对于粉尘较多的钻爆法施工隧道，抽出式通风可安装除尘设备，对于盾构施工隧道，压入式通风的出风口一般设置在管片安装区域，而这个区域恰恰是施工人员最集中的地方，以保证施工人员能呼吸到最新鲜的空气。前压后抽式以抽出式通风为主，靠近工作面设一段压入式通风，此通风方式可使整条隧道不受烟尘污染，但主要使用刚性风管，成本高。前抽后压方式以抽出式通风为主，抽出风管口靠近工作面，巷道中设一段压入式风管，其出风口在抽出风口后面，其优缺点与前压后抽式相同。在混合式通风中，压入式风机的风量要比抽出式小，有时可用引射器代替。

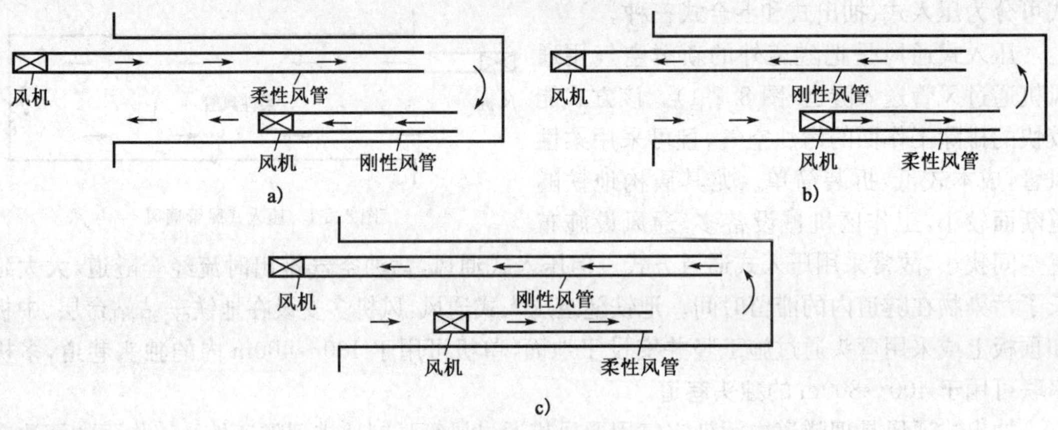

图 8.2-3　混合式风管通风

a)长压短抽式；b)前压后抽式；c)前抽后压式

地铁区间隧道施工中风管要随着开挖面的推进而及时接长。风管式通风设备简单，灵活方便，易于拆装。但由于风管断面小，随着管路的加长，通风阻力将增大，此外由于破损或接头漏风常达不到要求的风量。

(2)巷道式通风

巷道式通风适用于有联络坑道连接左、右线的长地铁区间隧道，分为射流巷道式和主扇巷道式（图 8.2-4）。射流巷道式是在射流风机的作用下，新风从一个隧道进入，污风从另一个隧

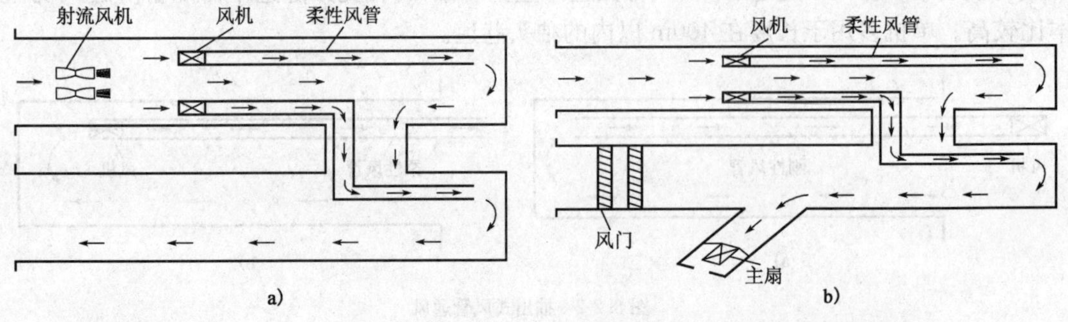

图 8.2-4　巷道式通风

a)射流巷道式；b)主扇巷道式

道排出。新风由送风管路送到掌子面。主扇巷道式是在主扇的作用下，新风从一个隧道进入，污风从另一个隧道经风道排出。新风由送风管路送到掌子面。

各种通风方式概况见表8.2-1；风管式通风和巷道式通风的特点比较见表8.2-2。

各种通风方法的概况　　表8.2-1

通风方式	风机布置方式（风管内压力）	应用方法	特征
抽出式通风	集中(负压)	通风机集中设在洞外，风管吸入口设在掌子面附近，污染空气通过硬风管排出	1.因为掌子面处污染空气通过风管直接排出，不会在隧道全长范围内扩散； 2.吸入范围有限，需用局部风机辅助； 3.不能使用软风管
	集中(正压)	主风机设在洞内，随着开挖进展而移动，主风机的风管为正压，可使用软风管	1.因主风机设在洞内，故掌子面吸入能力高； 2.无需采取洞外的消除噪声措施； 3.隧道内的噪声对作业有影响； 4.移动主风机、延长风管工序复杂
	串联(负压)	在风管中设小型轴流风机，随着掌子面推进依次接长风管，通过风管把污染空气排出	1.通风机分散分布，可用小风机； 2.接头多，易引起漏风； 3.能使用软管，但因接头处为负压，摩阻大
	串联(正压)	在掌子面处设风机，同时在风管中间也设风机，进行排风	1.随着隧道长度增加，吸入能力也不会降低； 2.能使用低压风机，隧道外不需防、降噪； 3.隧道内的噪声会妨碍作业； 4.移动主风机、延长风管工序复杂
压入式通风	集中	设备与集中排风式相同，但风管的吹入口设在掌子面附近，新鲜空气从洞口通过软质风管送到掌子面，稀释污染空气，并通过隧道排出	1.新鲜空气可一直送到掌子面； 2.风管的延长比较容易； 3.由于隧道全长空气被污染，故中间段作业环境恶化
	串联	设备与串联排风式相同，但新鲜鲜空气通过风管送到掌子面附近，污染空气经由隧道排出	1.轴流风机比集中布置小且好，但接点多，易漏风； 2.接合部为负压，摩阻力变大； 3.污染空气流经隧道全长，中间段作业环境差
混合式通风	集中(负压)	为了提高排风式或送风式的通风效果，对掌子面附近的作业空间设置辅助的通风设备；把新鲜空气用送风机送到掌子面，把污染空气通过排风机抽出，排风为负压用硬风管	1.为改善掌子面附近作业环境，常采用； 2.即便超过1 000m，也可确保掌子面风量； 3.风量分配及风管的设置位置非常重要； 4.送风管为正压，可用软管，排风管为负压，要用硬管； 5.排风机和送风机的风量控制需加以考虑； 6.排风风管要特别注意防止漏风； 7.排风机吸入口要力求保证吸入流畅通

续上表

通风方式	风机布置方式（风管内压力）	应用方法	特征
混合式通风	串联（正压）	两台大型送风机和排风机设在暗挖隧道衬砌模板台车前面或盾构尾部，把空气送到掌子面，把稀释的污染空气通过风机排出，因送风和排风的风管都为正压，可以使用软管	1. 即使 1 000m 以上的长隧道，也能确保掌子面处所需的风量； 2. 排风机和送风机的风量控制需加以考虑； 3. 排风管要特别注意防止漏风
巷道通风	主风机集中，局部循环并用	长隧道、网孔状隧道经常采用此方式，不用风管直接向开挖中的隧道送风，进行通风；用坑道通风法时，送风口、排风口要分别独立，要有两个洞口，故在应用上受到限制	1. 适当地设置风门时，使其不漏风，能有效地利用风机的风量； 2. 通风断面大，即使大风量，耗电量也少； 3. 因为是沿隧道全长进行通风，滞留带少； 4. 不需风管，可降低费用； 5. 要对各隧道进行合理的风量分配

风管式通风和巷道式通风的比较 表 8.2-2

通风方式	风管通风法	巷道通风法
漏风	不漏风是很困难的，确定风量时要考虑漏风	不漏风，风机的风量就是通风量，故通风效率高
风量	隧道内能够设置的风管受到限制（直径 500～1 300mm），大量送风有困难	开挖的隧道就是风管，可以大风量送风
电费	风管内风速大，压力损失大，耗电高	隧道内压力损失小，耗电少
风管设备费用	风管的安装、拆除、维护、管理量大，需要一定的费用	风管只是在局部地点设置，风管的安装、拆除、维护、管理等费用低
隧道形状	无要求	送风口和排风口各自独立，相互间联系要有两个洞口，应用上受到一定限制

8.2.2 通风方式的选择

通风方式应针对污染源的特性，尽量避免成洞地段的二次污染，且有利于快速施工。根据以上各基本通风方式的特点，选择地铁隧道施工通风时应注意以下几个问题。

(1)压入式通风能将新鲜空气直接输送至工作面，有利于工作面施工，但污浊空气将流经整个隧道，若采用大功率、大直径风机，其适用范围较广。

(2)抽出式通风的风流方向与压入式相反，若布置不合理，排烟速度慢，易在工作面形成炮烟停滞区，故一般很少单独使用。

(3)混合式通风集压入式和抽出式的优点于一身，但管路、风机等设施增多，在管径较小时可采用，若有大管径、大功率风机时，其经济性不如压入式。

(4)采用巷道通风，是解决有联络坑道连接左、右线的长地铁区间隧道施工通风的方案之一，其通风效果主要取决于通风管理的好坏。

(5)选择通风方式时,一定要选用合适的设备——通风机和风管,同时要解决好风管的连接,尽量降低漏风率。

8.3 地铁施工通风设计

8.3.1 风量计算

地铁施工中,掘进工作面所需的风量与施工方法、施工作业的机械配套条件等的关系很大,且在一个作业循环中,不同作业工序对风量的要求也有很大差别。进行风量计算的目的是为正确选择通风设备和设计通风系统提供依据,在具体计算时应根据采用的施工方法在各种情况下所需的通风量,取其最大值作为供风标准。喷锚暗挖施工应考虑稀释、吹散爆破产生的炮烟、围岩产生的有害气体(瓦斯)、施工机械和运输车辆排放气体以及施工粉尘所需的通风量及隧道内作业人员所需风量;盾构法施工,掘进和衬砌是一次完成的,在通风计算时,一般只需考虑隧道内作业人员所需风量和最小风速的要求,对于长距离隧道或无冷却水辅助降温系统的盾构,尚需考虑散热、降温的要求,当围岩产生瓦斯等有害气体时,也应考虑防瓦斯所需风量。

(1)按洞内同时工作的最高人数计算

$$Q = 3mk \qquad (\mathrm{m^3/min}) \tag{8.3-1}$$

式中:m——洞内同时工作最高人数;

k——风量备用系数,采用1.1~1.25;

3——每人每分钟所需新鲜空气量[$\mathrm{m^3}$/(人·min)]。

(2)按最小风速验算风量

隧道内的风速是由将施工机械排放气体、粉尘、爆破后气体,或者自然有害气体等稀释到安全浓度所需的通风量及断面积决定的。从调查结果看,风速最好在0.3m/s以上;在发生瓦斯的地点,由于易在拱顶形成甲烷带,为了破坏甲烷带,风速应大于0.5m/s。

$$Q \geqslant v_{\min} \cdot S_{\max} \cdot 60 \qquad (\mathrm{m^3/s}) \tag{8.3-2}$$

式中:$v_{\min}$——保证洞内稳定风流之最小风速(m/s);

$S_{\max}$——开挖最大断面积($\mathrm{m^2}$)。

(3)按降温排尘验算风量

为保证施工效率,地铁施工隧道中温度不得超过28℃。当隧道散热困难时,就必须考虑通风散热,以把隧道内积聚的热量排出洞外。对于暗挖施工的隧道,当其通风量满足其他要求时一般也就满足了散热要求,且其施工机械较少,产热少,一般不需要单独考虑该项;对于盾构法施工的隧道,由于盾构机功率大,当其不配套有冷水辅助降温系统或由于隧道距离较长,冷却水降温效果不佳时,需考虑降温排尘通风。

$$Q \geqslant v_c \cdot S_{\max} \cdot 60 \qquad (\mathrm{m^3/s}) \tag{8.3-3}$$

式中:v_c——降温排尘风速(m/s);

$S_{\max}$——开挖最大断面积($\mathrm{m^2}$)。

(4)按爆破工作量确定风量

①煤矿安全生产试行规程规定：每千克炸药供风量不得少于 $25m^3/min$。

②按洞内同一时间内爆破使用最多炸药量计算风量(Q)：

$$Q=\frac{5Ab}{t} \quad (m^3/min) \tag{8.3-4}$$

式中：A——同时爆破的炸药消耗量(kg)；

b——每千克炸药爆破时所构成的一氧化碳体积(L)，参见表 8.3-1，计算时，一般采用 $b=40L$；

t——通风时间(min)。

1kg 炸药产生有害气体统计(L) 表 8.3-1

气体名称	防水硝铵炸药		2号岩石硝铵炸药		1号粒状硝化甘油		2号粒状硝化甘油	
CO	9.8	13.43	14.03	8.16	36.40	43.50	44.47	56.07
NO	2.97	3.04	3.57	3.89	0.73	0.37	0.49	0.69
换算为CO共计	29.11	33.19	37.24	33.45	41.50	45.41	47.66	50.56
平均	31.15		35.35		43.71		54.11	

注：有害气体统一换算成 CO，1LNO 换算成 6.5LCO。

上述公式理论基础是纯稀释(静止冲淡)烟炮的原则，事实上有一部分炮烟扩散被主风流带走，因此计算风量偏大。因其计算简便，一般仍以它作为主要计算风量的方法。

③按照爆破后稀释一氧化碳(CO)至许可最高浓度的计算公式：

$$Q=5/6\times\frac{10\cdot A\cdot K}{t}\times 60 \quad (m^3/min) \tag{8.3-5}$$

式中：A——同时爆破的炸药消耗量(kg)；

K——风量备用系数，$K=1.10$；

t——通风时间(min)。

采用压入式通风：

$$Q_{压}=\frac{7.8}{t}\sqrt[3]{A\cdot V^2}=\frac{7.8}{t}\sqrt[3]{A\cdot S^2\cdot L^2} \quad (m^3/min) \tag{8.3-6}$$

式中：t——通风时间(min)；

A——同一时间爆破耗药量(kg)；

V——巷道容积(m^3)；

S——巷道断面积(m^2)；

L——巷道长度(m)。

采用抽出式通风(电雷管起爆)：

$$Q_{吸(电)}=\frac{15}{t}\sqrt{\left(15+\frac{A}{S}\right)\cdot A\cdot S} \quad (m^3/min) \tag{8.3-7}$$

采用混合式通风：

$$Q_{混、压}=\frac{7.8}{t}\sqrt[3]{AV_{L}^2} \quad (m^3/min) \tag{8.3-8}$$

$$Q_{混、吸}=(1.2\sim1.3)Q_{混、压} \quad (m^3/min) \tag{8.3-9}$$

式中：V_L——吸风管口至工作面整段巷道的容积(m^3)，$V_L=L_V\times S$；

S——巷道断面积(m^2)；

L_V——吸风管口至工作面的距离(m)，一般为 22～25m 左右。

④竖井爆破掘进通风量

对竖井爆破后的通风以压入式为佳，当竖井深度超过 300m 时，则应该采用混合式通风。

$$Q_{竖、压}=\frac{7.8}{t}\varphi\times\sqrt[3]{A\cdot S^2\cdot L^2\cdot K}\qquad(m^3/min)\tag{8.3-10}$$

式中：A——同时爆破所消耗的炸药量(kg)；

S——竖井断面积(m^2)；

L——竖井深度(m)；

t——通风时间(min)；

K——考虑竖井淋水使炮烟浓度降低的系数(表 8.3-2)；

φ——风筒漏风系数(表 8.3-3)。

竖井内炮烟浓度降低系数(K 值) 表 8.3-2

项　　别	竖井淋水特征	K
1	干燥或有淋水，但井深小于 200m	1.0
2	含水，井深大于 200m，涌水量小于 $6m^3/h$	0.6
3	含水，井深大于 200m，降水如雨，涌水量为 $6\sim15m^3/h$	0.3
4	含水，井深大于 200m 降水如暴雨，涌水量大于 $15m^3/h$	0.15

竖井风管的漏风系数(φ 值) 表 8.3-3

竖井深度(m)	风管直径(mm)					
	500	600	700	800	900	1 000
300	1.32	1.21	1.17	1.13	1.12	1.07
400	1.51	1.35	1.28	1.20	1.19	1.11
500	2.07	1.53	1.40	1.29	1.28	1.16
600		1.69	1.54	1.39	1.36	1.20
700		2.0	1.71	1.50	1.46	1.27
800		2.16	1.89	1.64	1.57	1.34
900	2.12	1.80	1.42	1.42		
1 000	2.34	1.96	1.82	1.46		

(5)按冲淡内燃机产生的有害气体所需空气量计算

洞内使用内燃机械的通风量由于内燃机的制造型号、结构、燃料、负荷等因素的不同而有很大差别，当得出需风量后，应按规定的风速和单位风量进行核算。一般有两种计算方法，一种是根据有害气体的允许浓度计算需要风量，另一种是按单位功率所需风量指标计算。

①按稀释有害气体至允许浓度计算需风量

$$Q=\frac{q\cdot c}{y}\cdot\eta\qquad(m^3/min)\tag{8.3-11}$$

式中：c——废气中有害气体浓度(%)；

y——有害气体最大允许浓度(%)；

η——安全系数(1.5～2.5)；

q——废气排量(m^3/min)，取式(8.3-12)与式(8.3-13)的最大值。

$$q=\frac{V\times n}{2}\cdot\beta \quad (m^3/min) \tag{8.3-12}$$

式中：V——气缸的工作容积(m^3)；

n——柴油机的转速；

β——吸气系数，自然吸气：$\beta=1$；齿轮增压：$\beta=1.2$。

$$q=\frac{N\times K\times\alpha}{60} \quad (m^3/min) \tag{8.3-13}$$

式中：N——柴油机为功率(kW)；

K——单位耗油量[kg/(kW·min)]；

α——消耗1kg柴油所需供应的空气量(m^3/kg)，可按$\alpha=20.83$(m^3/kg)计算。

②按单位功率所需风量指标计算需风量

$$Q=Q_0N \quad (m^3/min) \tag{8.3-14}$$

式中：Q_0——单位功率的所需风量指标，建议采用3.8～4.0[m^3/(min·kW)]；

N——各种内燃机设备按使用时间比例的总功率$N=N_1K_1+N_2K_2+N_3K_3+\cdots$(kW)；

N_1、N_2、N_3——各类内燃机额定功率(kW)；

K_1、K_2、K_3——时间系数，各类设备每小时工作时间的百分率。

(6)防瓦斯所需的通风量

瓦斯的发生量，视含有瓦斯的地层条件、瓦斯压力、岩石的渗透率、开挖、开挖方法等条件而异。因此，规定所需通风量时，要事前进行瓦斯钻查，预估瓦斯的发生量，求出把瓦斯浓度降低到法定值以下的通风量。

$$Q=\frac{K\cdot V}{M}\times 100 \quad (m^3/min) \tag{8.3-15}$$

式中：K——瓦斯涌出不均衡系数，$K=1.5$～2；

V——可燃性瓦斯涌出量(m^3/min)；

M——瓦斯浓度法定值(%)。

8.3.2 漏风计算

按照上述各种公式计算风量，均未考虑漏风而损失的风量，故洞内实际所需的通风机提供的总风量应为：

$$Q_{机}=P\cdot Q_{max} \quad (m^3/s) \tag{8.3-16}$$

式中：$Q_{机}$——通风机提供的风量；

Q_{max}——计算所需风量；

P——漏风系数。管道通风时，P值与风管直径、总长、接头质量、风压、风管材料等因素有关，根据风管材料的不同分别由表8.3-4～表8.3-6查得。巷道式通风漏风系数则常采用1.2～1.3。

胶皮风管漏风系数 P 值 表 8.3-4

风管长度(m)	50	100	150	200	250	300	400	500	600	700	800
漏风系数	1.04	1.08	1.11	1.14	1.16	1.19	1.25	1.30	1.35	1.38	1.43

金属风管漏风系数 P 参考值 表 8.3-5

风管长(m)	单个接头漏风系数 K_0	风管每节3m及下列直径(m)的漏风系数				风管每节4m及下列直径(m)的漏风系数			
		0.5	0.6	0.7	0.8	0.5	0.6	0.7	0.8
100	0.001	1.02	1.01	1.01	1.01	1.02	1.01	1.01	1.008
	0.003	1.09	1.06	1.04	1.03	1.06	1.04	1.04	1.02
200	0.001	1.08	1.06	1.05	1.03	1.06	1.04	1.02	1.02
	0.003	1.27	1.21	1.16	1.18	1.19	1.15	1.11	1.06
300	0.001	1.16	1.12	1.09	1.06	1.10	1.08	1.06	1.04
	0.003	1.51	1.38	1.29	1.18	1.37	1.28	1.22	1.12
400	0.001	1.25	1.19	1.15	1.10	1.16	1.12	1.10	1.06
	0.003	1.82	1.60	1.46	1.32	1.61	1.45	1.34	1.23
500	0.001	1.36	1.27	1.21	1.14	1.25	1.18	1.14	1.08
	0.003	2.25	1.90	1.62	1.45	1.88	1.65	1.51	1.32
600	0.001	1.49	1.36	1.28	1.19	1.27	1.25	1.18	1.12
	0.003	2.76	2.25	1.93	1.57	2.22	1.87	1.66	1.45
700	0.001	1.63	1.47	1.36	1.27	1.48	1.32	1.28	1.16
	0.003	3.44	2.75	2.20	1.79	2.60	2.17	1.85	1.56
800	0.001	—	1.58	1.45	1.33	—	1.41	1.30	1.22
	0.003	—	3.35	2.63	2.05	—	2.57	2.13	1.74
900	0.001	—	1.72	1.54	1.36	—	1.57	1.39	1.25
	0.003	—	3.65	2.89	2.25	—	2.74	2.28	1.87
1000	0.001	—	—	1.65	1.50	—	—	1.46	1.28
	0.003	—	—	3.42	2.50	—	—	2.62	2.07

注:表中同格内上行值为风管接头用橡皮或油封衬垫密封,螺栓完全拧紧;下行值为风管接头用马粪纸或麻绳密封,螺栓完全拧紧。

聚氯乙烯塑料风管漏风系数 P 值 表 8.3-6

风管直径(m) \ 风管长度(m)	100	200	300	400	500	600	700	800	900	1 000
0.5	1.019	1.045	1.091	1.045	1.157	1.230	1.230	—	—	—
0.6	1.014	1.036	1.071	1.112	1.130	1.180	1.261	1.330	—	—
0.7	1.010	1.028	1.053	1.080	1.108	1.145	1.188	1.237	1.288	1.345
0.8	1.008	1.022	1.040	1.067	1.090	1.260	1.153	1.195	1.229	1.251

8.3.3 通风阻力

为保证将所需风量送达工作面，并在出风口仍保持一定风速，要求通风机的风压足以克服沿途所有的阻力。风机应具备的风压为：

$$h_{机} \geqslant h_{总阻} \quad (\mathrm{Pa}) \tag{8.3-17}$$

$$h_{总阻} = \sum h_{摩} + \sum h_{局} + \sum h_{正} \quad (\mathrm{Pa}) \tag{8.3-18}$$

式中：$h_{机}$——通风机的风压；

$h_{总阻}$——风流所受到的总阻力；

$h_{摩}$——风流经过各种断面的管道(巷道)时产生的沿程摩擦阻力；

$h_{局}$——风道局部阻力，包含风道转弯、断面变化、分岔处所产生的阻力；

$h_{正}$——风流遇到的正面阻力，只有在计算巷道式通风时才需考虑，为巷道通风受运输车阻塞而产生的阻力。

(1)管道(巷道)摩擦阻力

$$h_{摩} = 9.8\alpha \frac{LUP}{S^3} Q^2 \quad (\mathrm{Pa}) \tag{8.3-19}$$

式中：L——风道长度(m)；

U——风道周边长度(m)；

P——风道漏风系数，巷道 P=1.2～1.3，管道 P 值查有关设计手册；

S——风道断面积(m^2)；

Q——计算风量(m^3/min)；

a——风道摩擦阻力系数。

风管阻力相关参数取值见表 8.3-7、表 8.3-8，巷道阻力取值参见表 8.3-9。

风管摩擦阻力系数 α 值及 1m 长风阻率 r 表 8.3-7

风管直径(mm)		500	600	700	800	900	1 000
金属风管	α	0.000 35	0.000 32	0.000 30	0.000 25	0.000 23	0.000 23
	r	0.073	0.026	0.011 5	0.004 9	0.002 4	0.001 6
塑料风管	α	0.000 16	0.000 15	0.000 13	0.000 13	—	—
	r	0.033 3	0.015 24	0.005	0.002 58	—	—

胶皮风管的风阻值(k_μ) 表 8.3-8

长度(m) / 直径(mm)	50	100	150	200	250	300	400	500	600	700	800	900	1 000
500	5.2	10.7	15.5	20.3	25.5	30.9	41.2	51.6	63.4	73.1	83.7	94.2	107.2
600	2.1	4.3	6.1	7.9	9.9	11.9	16.3	19.9	21.3	27.6	31.9	36.2	40.7

巷道阻力系数α值 表8.3-9

巷道特征	α值	巷道特征	α值
混凝土衬砌成洞地段	0.004～0.005	导坑,无支撑地段	0.016～0.020
块石砌筑成洞地段	0.006～0.008	导坑,有支撑无中间立柱地段	0.020～0.025
拱部扩大已完成,有扇形支撑地段	0.02～0.03	导坑,有支撑,有中间立柱地段	0.030～0.040
拱部扩大已完成,无支撑地段	0.012～0.016	挖底	0.001

(2)局部阻力

$$h_{局} = 9.8\xi \frac{Q^2}{2gS^2} \qquad (\mathrm{Pa}) \tag{8.3-20}$$

式中:ξ——局部阻力系数,见表8.3-10;

g——重力加速度,通常采用$9.81\mathrm{m/s^2}$。

其余符号意义同前。

(3)正面阻力

$$h_{正} = 0.6\phi \frac{S_m}{(S-S_m)^3}Q^2 \qquad (\mathrm{Pa}) \tag{8.3-21}$$

式中:ϕ——正面阻力系数,当一列车走行时$\phi=1.15$;当一列车或一斗车停放时$\phi=0.5$;如两列车(或斗车)停放间距超过1.0m,则逐一相加;

S_m——阻塞物断面积;

其余符号意义同前。

局部阻力系数 表8.3-10

管(巷)道形式	阻力系数ξ					
弯管(R, α, d)	R/d \ α	30°	45°	60°	90°	120°
	1.5	0.08	0.11	0.14	0.175	0.20
	2.0	0.07	0.10	0.12	0.15	0.17
折管(α, d)	α	10°	20°	30°	40°	50°
	ξ	0.018	0.070	0.164	0.359	0.494
	α	60°	70°	80°	90°	100°
	ξ	0.654	0.818	1.145	1.471	1.800
	α	110°	120°	130°	150°	170°
	ξ	2.130	2.620	2.845	3.600	5.070
	如为圆形则需除以1.22					

续上表

<table>
<tr><th>管(巷)道形式</th><th colspan="4">阻力系数 ξ</th></tr>
<tr><td>V</td><td colspan="4">ξ=1.5</td></tr>
<tr><td>α</td><td colspan="4">α=45°～6.0°
ξ=1.5</td></tr>
<tr><td>V</td><td colspan="4">ξ=1.0</td></tr>
<tr><td rowspan="2">f V F</td><td>f/F 面积比</td><td>0.2</td><td>0.4</td><td>0.5</td></tr>
<tr><td>ξ</td><td>0.64</td><td>0.36</td><td>0.25</td></tr>
</table>

f/F 面积比	0.8
ξ	0.04

断面变化地点	ξ
由洞口进入成洞	0.6
由成洞进入扩大及下导坑，扩大至上导坑	0.46
由上导坑进入漏斗机	0.77
由漏半孔进入导坑	2.00
导坑单道断面进入双道断面	1.70
导坑双道断面进入单道断面	1.00
由平导进入通风洞	0.50

8.3.4 通风机的选择与设置

(1)通风机的选择

根据所算得的风量 $Q_{机}$ 和风压 $h_{机}$，即可从通风机技术性能表或通风机“特性曲线”图中选用合适的通风机型号。

通风机有轴流式和离心式两种，在隧道施工通风中主要使用轴流式通风机。它具有风量大、效率高、结构紧凑、质量轻等优点。此外，根据具体情况，还可以选用具有吸尘、防爆和低噪声等特性的风机。

通风机的电机容量按下式确定：

$$N=\frac{Qh}{102\cdot\eta_1\cdot\eta_2}\cdot B\qquad(\text{kW})\tag{8.3-22}$$

式中：N——电动机容量(kW)；

Q——总需风量(m^3/s)；

h——坑道总负压(Pa)；

102——功的换算值，102kg·m=1kW；

η_1——静压效率(查性能曲线图)；

η_2——机械效率，皮带转动时为0.9～0.97，计算时一般取0.95；

B——电机容量储备系数，见表8.3-11。

电机容量储备系数 表8.3-11

电机容量	B值	电机容量	B值
在1.0kW以内时	1.5	5.0 kW	1.3
2.0 kW	1.4	在5.0 kW以上时	1.2

(2)通风机的设置

设置通风机时，其安装基础要能充分承受本机质量和运行时发生的振动。吸入口注意不要吸入液体和固体物，而且要安装喇叭口以提高吸入、排出的效率。

送风机要设在不使污染空气循环处，即洞口的压入式送风机应设在洞口外30～50m处。洞内送风机应设在新鲜风流内。

8.3.5 风管的选择和设置方法

(1)风管的选择

在地铁施工中经常使用维涤纶基布增强PVC布基软风管及铁皮风管。前者主要是在正压通风时使用，后者主要是在负压通风时使用。通风管管径的选择，可参考表8.3-12。

通风管管径选择 表8.3-12

管径(mm) / 风量 Q(m^3/s)	通风距离(m)						附注
	50	100	200	400	600	800	
1.0	265	285	320	375	375	440	例： $Q=3m^3/s$， $L=400.0m$ 查表： 管径=595mm，通风管径选600mm
1.4	285	320	375	440	440	440	
1.8	320	375	440	440	495	545	
2.0	375	375	440	495	545	545	
3.0	440	495	545	595	660	660	
4.0	495	545	595	660	—	—	
5.0	545	595	660	—	—	—	
6.0	595	660	—	—	—	—	

拉链接头PVC软风管(图8.3-1)是一种新型的软风管，尤其在长大地铁隧道的施工中得到了越来越多的使用。其接头接合器是“内张外紧”的柔性接合器，管体一致性好，接头连接采

用高强工程塑料注塑而成的拉链，拉链具有自锁功能。由拉链和内外密封边构成接头接合器。拉链型号和内外密封边尺寸根据管径及塑布的延伸率而定，这样接头连接牢固、密贴，可大大地减小管路接头处的局部阻力，特别适合制作大直径软风管的接合器。风管之间的接头是利用管内动、静压作用使内衬紧贴管壁圆周和拉直的外密封边遮盖拉链缝来实现密封的。

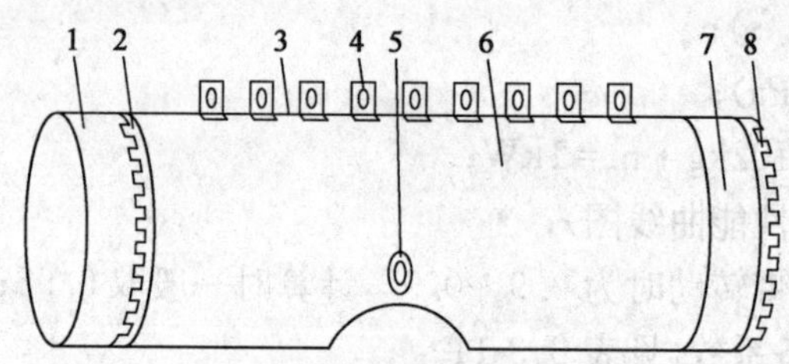

图 8.3-1　新型软风管结构示意图

1-内裙边；2-母链；3-脊背；4-吊环；5-泄水装置；6-管身；7-外裙边；8-公链

(2)风管的布置

①暗挖地铁隧道内的风管，应设在不妨碍出渣运输作业、衬砌作业的空间处，同时要牢固安装以免受到振动、冲击而发生移动、掉落。

②盾构地铁隧道风管的敷设，应注意进入车架段上部的风管，必须按施工组织设计要求设置。具体敷设方法为：车架段的末端的上部设置 ϕ600mm 折叠式伸缩型风管和风管架，风管的后端和隧道内的风管连接，前端和车架上部的特制 ϕ600mm 转 ϕ300mm 三通连接，两根 ϕ300mm 的软管和三通相连，将新鲜空气送至工作面；车架上部应设置适当长度的 ϕ300mm 硬管使之与软管相连。

③为减小阻力，应避免风管的急剧弯曲，以减少压力损失。

④暗挖隧道风管一般均用夹具等安装在支撑构件上，若不使用支撑，只有喷射混凝土和锚杆时，可在锚杆上安装特殊夹具挂承力索，而后通过吊钩安装风管。盾构隧道风管的敷设根据风管的搭攀固定在管片螺栓上呈水平线。

⑤风管吊挂要平直、拉紧吊稳，避免出现褶皱增加阻力，两根以上的风管必须排列整齐、合理。

⑥风管的连接应密贴，以减少漏风，一般硬管用密封带或垫圈，软管则用紧固件连接。

⑦风管出口一般应设在隧道中央部位，以使得沿隧道壁面的风流通畅，并及时延伸风管使其出口保持距掌子面 20～30m 的长度，保证工作面的通风。

⑧风管敷设在开口环时，应尽量避开吊运点，使风管免受损坏，同时在隧道内敷设必须接风管的吊钩逐点水平控制；风管破损的应及时修补，减少漏风的产生，严重损坏的不得使用。

⑨盾构通风设备必须采取防噪声措施，隧道内噪声应低于 90dB。

8.3.6　通风设备的管理

要取得良好的通风效果，除选择好通风设备外，还需合理布置通风系统和加强维修管理。对于风管式通风，当管道较长，需要较高风压时，可采用串联风机方式解决。用胶皮管通风时，风机与风机间以短风管(约 5～8m)集中串联为宜。用金属管通风时，以间隔串联为宜，但两台风机的间距不要超过风管全长的 40%。对于巷道式通风，当需要风量较大时，可采取并联风机方式解决。此外，通风机应有备用数量，一般为计算能力的 50%。

8.4 地铁施工通风检测

定期对地铁隧道施工通风系统进行技术测定，是保证系统安全、经济地运行的重要环节。

8.4.1 风机性能测定

风机性能测定是要测绘出风机的性能曲线，供使用时参考。

(1)设备布置

设备布置如图 8.4-1 所示。

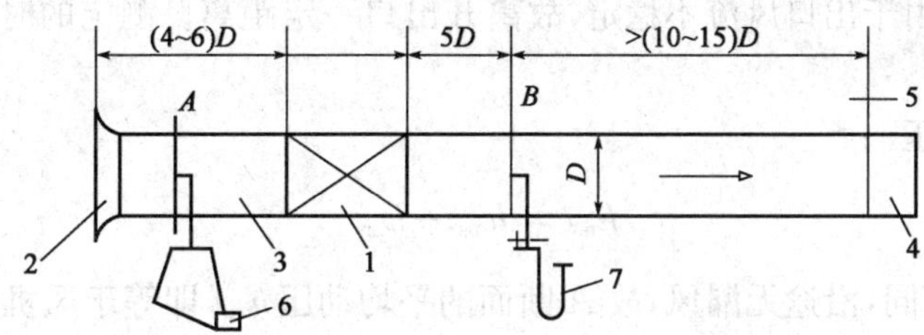

图 8.4-1 局部风机性能测定设备布置图

1-局扇；2-集风器；3-进风段铁风筒；4-出风段铁风筒；5-风量调节闸板；6-倾斜水柱计；7-U 形水柱计

测定时用闸板(柔性风筒也可以用绳结扎)调节风机的风量，不同的风量对应着不同的工况点。一般情况下测 8～12 个点即可绘制出完整的性能曲线。

(2)风量测算

为了求得平均风速，通常是把圆形断面划分成几个等面积环，在等面积环的面积平分线上布置测点，如图 8.4-2 所示。等面积环数多，求得的平均风速精度高。一般 500mm 直径的风筒取 4～5 个；600mm 的或直径更大的风筒取 5～6 个。

各测点距风筒中心的距离用下式计算：

$$R_{\mathrm{i}} = D\sqrt{\frac{2i-1}{8n}} \tag{8.4-1}$$

式中：R_{i}——测点距风筒中心的距离(mm)；

i——从风筒中心算起的等面积环的编号；

n——等面积环数；

D——风筒直径(mm)。

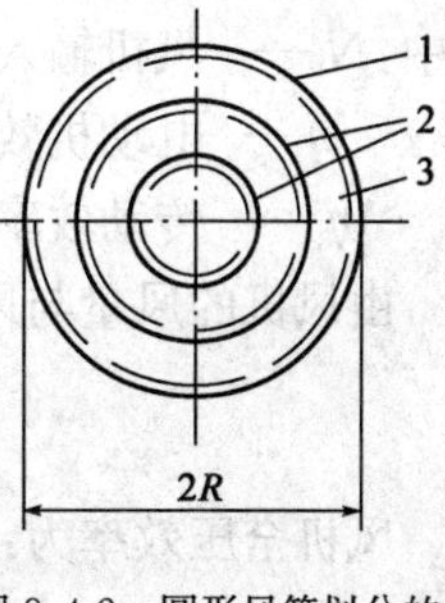

图 8.4-2 圆形风筒划分的等面积环

1-风筒壁；2-等面积同心部分界线；3-测点圆环；R-风筒半径

用倾斜压差计测出 A 断面上各测点的动压，按下式计算平均风速：

$$v = \sqrt{\frac{2}{\rho}} \times \frac{\sum_{i=1}^{n}\sqrt{h_{\mathrm{vi}}}}{n} \tag{8.4-2}$$

式中：v——断面平均风速(m/s)；

ρ——空气的密度(kg/m^3)；

n——测点数；

h_{vi}——第 i 号测点的动压力(Pa)。

风机风量按下式计算：

$$Q_m = Av \tag{8.4-3}$$

式中：Q_m——风机风量(m^3/s)；

A——测定处风筒断面积(m^2)。

(3)测定静压

用U形水柱计测定出 B 断面的静压，此静压值即风机静压 h_{ms}，按理论要求，B 断面应布置在风机出口处，但由于出口风流不稳定，故离开出口一定距离。测定的时候，在断面上多测几个点求其平均值。

(4)计算风机全压

$$h_{mt} = h_{ms} + h_{mv} \tag{8.4-4}$$

由于风筒直径相同，沿途无漏风，故 A 断面的平均动压 h_{va}，即等于风机的动压 h_{mv}，即 $h_{vA}=h_{mv}$；又 $h_{sB}=h_{ms}$ 得：

$$h_{mt} = h_{sB} + h_{vA} \tag{8.4-5}$$

调节一次闸门可获得风机性能曲线上一个点(h_{mt}，Q_m)，从而绘出风机的风压曲线。

(5)测算风机效率

用三相功率表或电流表、电压表、功率因数表可测出电动机输入功率，由电动机出入功率可算得风机输出功率，即

$$N_i = \frac{\sqrt{3}Iv\cos\varphi}{1\,000} \times \eta \times \eta_g \tag{8.4-6}$$

式中：N_i——风机输入功率(kW)；

η——电动机效率；

η_g——传动效率，即 K_g 的倒数。

由风机的风量与风压可算出风机的输出功率 N_{mt}(kW)，由下式计算：

$$N_{mt} = \frac{h_{mt} \times Q_m}{1\,000} \tag{8.4-7}$$

风机全压效率为：

$$\eta_{mt} = \frac{N_{mt}}{N_i} \times 100\% \tag{8.4-8}$$

(6)测定大气物理参数

在性能测定过程中，每调节一次工况点，要同时用空盒气压计、湿度计和温度计测定大气物理参数，用转速表测定电动机转速。在整理资料时应把测得的数据按固定转速及标准空气密度($\rho=1.2kg/m^3$)条件进行换算，再绘制性能曲线。

8.4.2 风筒测定

风筒测定包括测定风筒的风阻和漏风。风筒测定的设备布置如图8.4-3所示。

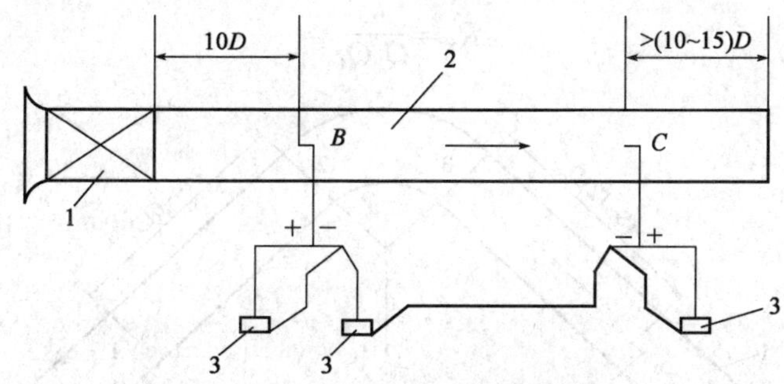

图 8.4-3 风筒设备测定布置图

1-局部扇风机；2-风筒；3-倾斜压差计

由于风流从风机出口以后要经过较长的距离才能稳定，故取测点与风机的距离为风筒直径的 100 倍；为了避免风筒出口对风流的影响，测点与风筒出口的距离取风筒直径的 10～15 倍。根据测定数据即可进行参数计算。

(1)计算风筒风阻力

BC 断面间的通风阻力(h_{LBC})为：

$$h_{LBC} = h_{SBC} + h_{vB} - h_{vC} \tag{8.4-9}$$

式中：h_{SBC}——B、C 断面间的静压差(Pa)；

h_{vB}、h_{vC}——B、C 断面的平均动压(Pa)。

B、C 断面间的风阻力为：

$$R_{BC} = \frac{h_{LBC}}{Q_B \times Q_C} \tag{8.4-10}$$

式中：Q_B、Q_C——分别为 B、C 断面的风量(m^3/s)，用等面积环法测算。

百米风阻力：

$$R_{100} = R_{BC} / \frac{L_{BC}}{100} \tag{8.4-11}$$

式中：L_{BC}——BC 段风筒长(m)。

(2)计算摩擦阻力系数(包括接头)

$$\alpha = \frac{R_{BC} D^5}{6.5 L_{BC}} \tag{8.4-12}$$

式中：D——风筒直径(m)；

R_{BC}——BC 段风阻力，该段风筒内应无局部风阻力($N \cdot s^2/m^8$)。

(3)局部风阻力测算

测定风筒拐弯的局部风阻力设备布置如图 8.4-4 所示。

拐弯的局部阻力为：

$$h_s = h_{s1-4} + h_{v1} - h_{v4} - h_{f1-4} \tag{8.4-13}$$

式中：h_{s1-4}——1、4 断面静压差(Pa)；

$h_{v1} h_{v4}$——1、4 断面的动压(Pa)；

h_{f1-4}——1～4 段风筒摩擦阻力(包括接头)，其值可从邻近段风阻力推算。

由 $$h_x = R_x Q_1 Q_4$$

得

$$R_x=\frac{h_x}{Q_1Q_4}$$

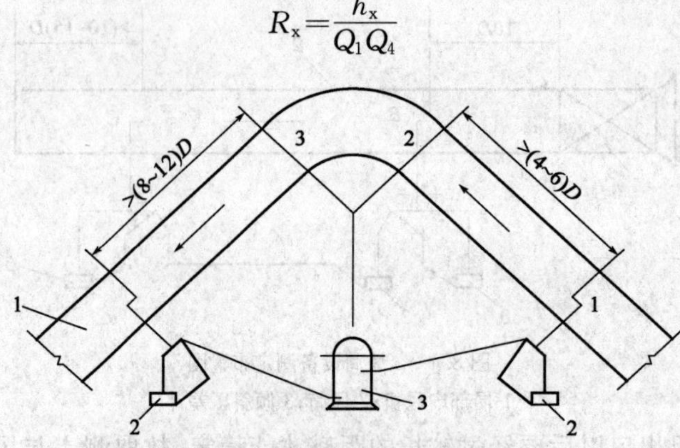

图 8.4-4 风筒局部阻力测定设备布置图

1-风筒；2-倾斜压差计；3-补偿式微压计

(4)百米漏风率计算

由图 8.4-3 可得：

$$P_{100}=\frac{Q_B-Q_C}{Q_B\times\frac{L_{BC}}{100}}\times100\% \tag{8.4-14}$$

其中，各符号意义同前。

第9章　地铁监控量测

利用监控量测获得的信息指导施工，是地铁施工中必不可少的一个组成部分。地表位移、拱顶下沉、隧道周边收敛等量测项目常被选为监控量测的必测项目，而土压力、土体位移、支护应力等可作为选测项目。量测数据对隧道支护的受力变形状态起着重要的监控作用，应重视量测数据的及时性与准确性。

基坑开挖设置于地层之间，而地层性质存在着相当的变异性和离散型；基坑围护结构设计和变形预估时，对土层和围护结构本身所做的分析模型、构筑计算简化假定以及参数选用等，与实际状况相比，存在一定的近似性；基坑开挖与施筑过程中，随着土层开挖高程变化和支撑体系的设置与拆除，围护结构的受力处于经常性的动态变化状况，诸如挖机撞击、地面堆载等突发和偶然随机因素，使得结构荷载作用时间和影响范围难以预料。基于上述情况，可以认为，基坑工程的设计预测和预估能够大致描述正常施工条件下，围护结构与相邻环境的变形规律和受力范围，但必须在基坑开挖和支护施筑期间开展严密的现场监测，以保证工程的顺利进行。

9.1　车站基坑开挖过程的监控量测

由于地铁车站一般位于城市的繁华路段，车站附近建筑物密集，地铁车站基坑平面尺寸和开挖深度的增大带来一系列复杂的问题，如：基坑围护结构的变形和稳定、施工中对相邻环境、地下管线、地面交通所带来的影响等问题得到地铁建设及设计单位的广泛关注，而这些问题甚至可能引发安全事故。为了指导施工，确保施工建设顺利进行和周边建筑、道路、管线，尤其是文物保护建筑的安全，必须加强施工监测，实施信息化施工，随时预报，及时处理，防患于未然。因此对车站基坑开挖过程的监控量测尤为重要。

尽管各个工程的监测重点有所差异，但就监测方案涉及的范围而言，一般应包括以下几项内容：

(1)工程概况：①主体结构；②围护结构；③地质条件。

(2)监测目的。

(3)监测项目。

(4)监测方法：①元件埋设；②监测仪器；③测试频率。

(5)监测成果提交：①当日报表；②监测总结报告。

(6)监测费用：①材料费用；②人工费用；③成果整理费用。

9.1.1　基坑监测的概念

基坑监测就是在基坑的施工及使用阶段，对基坑及周边环境进行巡查、仪器量测和监视工作,以监测技术成果作为指导施工的依据。监控量测的作用是通过监控量测,对可能出现的各种情况作出估计和决策,并确定有效措施,不断完善和优化下一步的设计与施工。

9.1.2 基坑监测的目的

在现代城市建设中高层建筑、地铁工程等工程中大量存在深基坑工程。深基坑工程是国家规定的具有较大危险性的工程之一。深基坑工程开挖施工过程中往往会引起支护结构内力和位移以及基坑内外土体变形等情况发生,因此风险性较大,稍有不慎,不仅将危及基坑本身安全,而且会殃及临近的建筑物、构筑物、道路桥梁和各种地下设施,造成巨大的经济损失和恶劣的社会影响。基坑监测不到位,往往会造成重大的地铁安全事故发生,比如:2008 年某市地铁××站北 2 基坑现场发生大面积坍塌事故,造成了重大人员伤亡和经济损失,给社会造成重大不良影响。造成此次重大事故的最主要原因即基坑监测不到位。因此,开展基坑工程现场监测的主要目的如下:

(1)为施工开展提供及时的反馈信息

开挖施工总是从点到面,从前到后,将局部和前期的开挖效应与观测结果加以分析并与预估值比较,验证原开挖施工法案的正确性,或根据分析结构调整施工参数,必要时,采取附加工程措施,以此达到信息化施工的目的,使得监测数据和成果成为现场施工管理和技术人员判别工程是否安全的依据,成为工程决策机构必不可少的"眼睛"和"瞭望塔"。信息化施工的概念不能只被科研人员掌握,更应被现场施工管理人员所接受,现场监测报表不能只是总工程师办公桌上的摆设,应成为现场技术人员手中的工具和武器,如此能获得的经济效益和社会影响,特别是对于提高我国土建施管理人员的技术水平蕴含着无法估量的积极意义。

(2)作为设计与施工的重要补充手段

基坑工程设计和施工方案是设计人员通过对实体进行物理抽象,采取数学分析手段开展定量化预测计算,加之借鉴长期工程实践经验确立和制定出来的,在很大程度上揭示和反映了实际情况。然而实践是检验真理的唯一标准,只有在方案实施过程中才能获得最终结论,其中现场监测是获得上述验证的重要和可靠手段。各个场地的地质条件不同,施工工艺和周围环境有差异,具体项目与项目之间千差万别,设计计算中未曾计入的各种复杂因素,都可以通过对现场监测结果分析加以局部修改和完善。基坑工程中的这一做法,与隧道掘进中的新奥法思想是基本一致的,即将施工监测和信息反馈看作设计的一部分,前期设计和后期设计互为补充,相得益彰。

(3)作为施工开挖方案修改的依据

根据工程实际施工的结果来判断和鉴别原设计方案是否安全和适当,必要时还需要对原开挖方案和支护结构进行局部调整和修改。为了选择和制订最佳的修改和加固方案,符合即保证安全又经济合理的原则,对于设计人员来说,施工监测数据时至关重要的定量化依据。只有通过对监测数据的透彻分析,准确预估结构及其相邻介质的变形趋势,才能以最小的代价获得最大的成效。对于地下室基坑工程,随着基坑的逐渐开挖到基底,因主体结构电梯井、污水处理池、消防淋喷设置需要,往往加深局部或加深基底开挖深度,在这种情况下,加固措施的采取则更为必不可少,上述监测数据的重要性同样是显而易见的。

(4)积累经验以提高基坑工程的设计和施工水平

鉴于在地质条件、施工工艺、几何形状、开挖深度、围护和支撑类型等方面所存在的差异,基坑围护的设计和施工,应该在充分借鉴现有的成功经验和吸取失败教训的基础上,融合和计入自身的特点和要素,力求在技术方案中有所拓展,有所创新。从完整意义上说,广大工程技术人员不辞劳苦的辛勤工作,所从事的现场监测不仅为确保本工程项目的安全可靠,而且亦为该领域的学科和技术发展做出了贡献。在基坑工程的技术发展过程中,监测工作及监测成果起到了十分重要的作用。

总之,通过监测可以随时掌握土体和支护结构的内力变化,了解临近建筑物、构筑物的变形,将监测数据与设计预估值进行对比分析,以判断施工工艺和施工参数是否要修改,优化下一步施工参数,为施工开展提供及时的反馈信息,达到信息化施工的目的;通过对临近建筑物、构筑物的监测,验证基坑开挖方案和环境保护方案。各个场地的地质条件、施工工艺和周边环境不同,基坑设计计算中未曾计入的各种复杂因素,通过对现场的监测的正确性,及时分析出现的问题,为基坑周围环境安全制订及时、有效的保护措施提供依据;对现场结果进行分析、研究,将监测结果用于反馈优化设计,为改进设计提供依据。

9.1.3 基坑监测的原则

在地下工程中进行量测,绝不是单纯地为了获取信息,而是把它作为施工管理的一个积极有效的手段,因此量测信息应能:(1)确切地预报破坏和变形等未来的动态,对设计参数和施工流程加以监控,以便及时掌握围岩动态而采取适当的措施(如预估最终位移值、根据监控基准调整、修改开挖和支护的顺序和时机等)。(2)满足作为设计变更的重要信息和各项要求,如提供设计、施工所需的重要参数(初始位移速度、作用荷载等)。

施工监测是一项系统工程,监测工作的成败与监测方法的选取及测点的布置直接相关。根据长期监测工作的经验,归纳以下5条基坑监测的原则。

(1)可靠性原则

可靠性原则是监测系统设计中所考虑的最重要的原则。为了确保其可靠性,必须做到:①系统需要采用可靠的仪器;②应在监测期间保护好测点。

(2)多层次监测原则

多层次监测原则的具体含义有四点:

①在监测对象上以位移为主,兼顾其他监测项目;

②在监测方法上以仪器监测为主,并辅以巡检的方法;

③在监测仪器选择上以机测仪器为主,辅以电测仪器;

④考虑分别在地表、临近建筑物及地下管线上布点以形成具有一定测点覆盖率的监测网。

(3)重点监测关键区的原则

在具有不同工程地质条件和水文地质条件、周围建筑物及地下管线段,其稳定的标准是不同的。稳定性差的地段应重点进行监测,以保证建筑物及地下管线的安全。

(4)方便实用原则

为减少监测与施工之间的干扰,监测系统的安装和测量应尽量做到方便实用。

(5)经济合理原则

系统设计时考虑实用的仪器,不必过分追求仪器的先进性,以降低监测费用。

9.1.4 基坑监测的项目

(1)水文地质的监测

水文地质的监测主要监测地下水水位和孔隙水压的变化，以检验降水效果，为确定压缩空气的压力和地下水工程防水设计提供依据。

(2)土体分层变形监测

土体变形监测是地下工程的施工监测的主要项目。所测数据是修改施工方案，施工参数的重要依据。这些数据也是分析地面建筑物和地下管线产生破坏的重要参考资料。

①地表沉降观测。主要测定纵横沉降槽曲线及最大下沉坡度，最小曲率半径和沉降速率，一般用精密水准仪测量。

②土体分层沉降观测。主要观测基坑周边不同深度土体沉降量。一般采取土体的分层沉降观测装置测定。

③地表水平位移观测。一般采用精密经纬仪观测，用以随时分析地面建筑物的安全性。

④土体水平位移的量测。沿基坑周边布置测斜仪量测土体发生的水平位移。

⑤土体回弹观测。可在基坑开挖到设计高程后基底设回弹桩，可以观察施工中底部以下土体的回弹量，据此估计下卧土层可能发生的回弹沉陷。

⑥现场静力触探。采用的触探仪探头可以有不同的功能，有的可以同时记录锥尖阻力 q、侧壁摩阻力 f、孔隙水压力 u 及探头倾斜度 β。

⑦现场十字板剪切试验、标准贯入试验。可用于确定地基土的容许承载力，估计黏性土的变形指标，判断黏性土的稠度和砂土的密实度及估计施工振动时砂土液化的可能性。

(3)周边建筑物监测

在建筑物周围设置测点，观测施工扰动发生前后地表发生的不均匀水平位移和沉降量，墙身和楼板、地坪的倾斜变形，以及公用管道发生的挠曲应变等，据以判断临近建筑物的安全性以及采用的工程保护措施的可靠性。

(4)地下管线、障碍物监测

运用探地雷达对车站基坑周边的地下管线、障碍物进行监测，以采取有效措施避免对其造成破坏。

(5)监测仪器和测量要求

地铁车站基坑开挖施工和环境保护监测项目以及所用仪表见表 9.1-1。

基坑开挖和环境监测内容及仪表　　表 9.1-1

监测对象	监 测 项 目	测试元件及仪器	监测必要性
地铁车站	围护桩墙顶水平位移和沉降	经纬仪、水准仪	必须
	桩墙深层挠曲	测斜仪	必须
	桩墙内力	钢筋应力传感器、混凝土应变计、频率仪	选择
	桩墙的水土压力	压力盒、孔隙水压力探头、频率仪	选择
	水平支撑、拉锚轴力	钢筋应力传感器、位移计、锚索压力盒	必须
	圈梁、围檩内力	钢筋应力传感器、频率仪	选择

续上表

监测对象	监测项目	测试元件及仪器	监测必要性
地铁车站	圈梁、围檩水平位移	经纬仪、GPS定位仪、多点位移计	选择
	立柱垂直沉降和倾斜	水准仪、倾角计	必须
	坑内地下水位变化	渗透压力计、观井计、频率仪	必须
临近环境监测	土体分层沉降、地面沉槽	分层沉降仪、频率仪、水准仪(DSI)、Ⅱ级全站仪、铟钢尺	必须
	土体水平位移	测斜仪、经纬仪、倾角计、多点位移计	必须
	地下管线垂直位移	水准仪、多点液体水准系统	必须
	地面管线水平位移	经纬仪	必须
	房屋垂直沉降	水准仪	必须
	房屋倾斜	经纬仪、多点液体水准系统	必须
	房屋开裂	裂缝观测仪、放大镜	必须
	道路开裂	单向多向测缝仪	必须
	水位变化	观测井、孔隙水压计	选择
	分层水压	孔隙水压力探头、渗透压力计	选择
	地下管线、障碍物	探地雷达(频率25～200MHz, 精度±10cm,最小分辨率10cm,最深50m)	选择

9.1.5 基坑监测方案

(1)在监测方案的选择和采用方面,需尽可能满足以下要求:

①所采用的测试手段是可靠的和已被工程实践证明是准确的,其原因在于测试所获得的数据和信息将作为调整施工方案的依据,快速反馈于工程实际。正因为如此,现行基坑测试大多采用直接和常用监测手段,如工程测量中较为成熟的经纬仪和水准仪测量等。

②测试手段必须简单易行,适合施工现场条件和快速变化的施工速度。基坑工程现场施工的进展要求较高的监测频率,如在4～6个月或更长的监测周期内,其平均测试频率达每天两次,关键阶段甚至达到每天1～4次,远远高于通常的工程测量。如此高的测试密度,不可能花费过多的测量时间,因而在测试精度方面则不得不做出相应的让步,即允许一定的误差量值。由于监测数量较大和监测工作的连续性,偶然出现的误差通常可以通过后续测试操作予以校正。另外,工程现场条件,特别是城市基坑现场施工场地往往十分狭小,可供监测使用的工作面十分有限,测点遭受施工破坏的情况时有发生,采取简单有效的测试方法常常是保证现场监测任务顺利完成的前提条件。

③所采用的测试方法和所埋设的测试元件或探头必须不能影响和妨碍结构的正常受力,或有损结构的变形刚度和强度特性。施工现场测试期间,围护结构和支撑系统处于正常的工作状态,要求所采用的监测手段必须保证围护结构在受力和变形方面不受过量的不利影响。在进行结构受力和水压力等测量时,需要在结构内埋设钢筋应力传感器、压力传感器的元件,确定埋设方案时,应将对结构原受力状态的不利影响控制在最小程度。

④测试方法不应该是单一的,而需采纳多种手段、施行多项内容、设置多道防线的测试

方案。基坑在开挖和支护过程中的力学效应是从各个侧面同时展现出来的，在诸如墙体挠曲、支撑轴力、地表沉降等物理量之间存在着内在的紧密联系，它们共存于同一个集合体，即基坑工程内，同时又是该集合体在各个表观上的具体体现。鉴于有关基坑工程是否安全这一事关重大的问题，牵涉到的是几百万元，甚至几千万元的投资量，同时限于工程现场条件和测试精度，某一单项的监测结构并不能揭示和反映出整体概貌，并存在相应的允许误差，因而必须通过多方面的连续测试资料进行综合分析之后，才能发出及时和较为真实的监测成果。当然，选用多种监测手段，必须注意节省费用，需要通过认真考虑，去除不必要的项目，将经费投入到确保工程安全所必不可少的方面，将有限的投资使用在刀刃上，达到事半功倍的效果。

(2)监测方案的制定

监测方案规定了监测工作预期目标、拟采用的技术路线和方法、工作内容和开展计划，以及所需的经费投入等，其制定必须建立在对工程场地地质条件和相邻环境，包括地下管线和地表构筑物分布状况，以及主体建筑物桩基和地下室详尽的调查和掌握基础之上，同时还需与工程建设单位、施工单位、监理单位、设计单位以及管线主管单位和道路检查部门充分地协商。监测方案的制定，一般需经过以下几个主要步骤：

①收集和阅读有关场地地质条件、结构构件和周围环境的有关材料，包括地质报告、围护结构设计图纸、主体结构桩基与地下室图纸、综合管线图、基础部分施工组织设计等。

②现场踏勘，重点掌握地下管线走向，与围护结构的对应关系，以及相邻构筑物状况。

③拟订监测方案初稿，提交工程建设单位等讨论审定。初稿审定通过后，由市政道路监察部门召集主持煤气、电缆、电讯、上水、下水等地下管线主管单位参加的协调会议。方案通过后要形成会议纪要，监测工作始能正式实施。

④监测方案在实施过程中可以根据实际施工情况予以调整与充实，但大的原则一般不能更改，特别是埋设元件的种类与数量、测试频率和报表数量等应严格按商定的方案实施。监测结束后，一般以地下室结构至结构相对高程±0.0为准，两周内应向委托单位提供完整的工程监测报告。对于兼作地下室外墙的围护结构，该监测报告将作为构筑物永久性资料归档保存，以便日后查阅。

9.1.6 基坑监测方法

基坑监测基本要求主要有以下几点：在施工过程中，通过对地面和地下建筑物、构筑物各项指标的监测，确切的反映建筑物、构筑物及基坑的实际变形程度或变形趋势，将结构变形严格控制在标准限值之内，保证既有建筑物和构筑物的安全；监测仪器、设备必须经过国家计量鉴定部门鉴定并且鉴定合格后方可投入使用；所采用的测试手段必须是已经被工程实践证明是正确的、可靠的；监测手段必须简单易行，适应现场加速变化的施工状况；所采用的测试手段不能影响和妨碍结构的正常受力或有损结构的变形刚度和强度特征；测试方法不应该是单一的，而需要采取多种手段、监测多项内容、设置多道防线的测试方案。

1)水平位移监测

(1)水平监测点的布设：土建施工基坑形状大多数为长方形和不规则基坑，为确保按照《建筑变形测量规范》(JGJ 8—2007)的二级精度进行水平位移观测视线长度≤300m，在基坑周边相对稳定的区域内布设2～4个工作基点，因基坑拐角处变形最小，工作基点墩位置一般布置在基坑拐角处；根据设计确定的支护结构桩(墙)顶水平位移点的位置和数量，在基坑支护结构的冠梁顶上布设观测点，观测点采用埋设观测墩的形式；在建立好工作基点墩后，将仪器架设在工作基点墩上，沿基坑边布设观测墩，观测点位置必须选择在通视处，要避开基坑边的安全栏杆等影响视线的物体。一般情况下观测点距离基坑300mm比较合适。

(2)水平位移监测方法

①基坑水平位移监测可采用小角度法和极坐标法进行水平位移观测。对工作基点的稳定性宜采用前方交会、导线测量和后方交会法观测。

②在基坑变形监测中，对于基坑的位移变化量，利用极坐标法进行基坑水平位移监测，一般选择基坑长边为X轴，垂直基坑长边为Y轴。

③小角度法主要用于基坑水平位移变形点的观测。小角度法必须设置观测墩，采用强制对中方式。

④前方交会观测法，尽量选择较远的稳固目标作为定向点，测站点与定向点之间的距离要求一般不小于交会边的长度，观测点应埋设在适合不同方向观测的位置。

⑤导线测量法主要用于基坑周边建筑物、构筑物密集，对工作基点稳定性检查用前方交会法和后方交会法都难以实现的情况下，通过导线测定工作基点的稳定性。

2)沉降监测

(1)沉降监测点布设：在基坑外相对稳定且不受施工影响的地点埋设基点3个，利用这3个基点相互检核其稳定性；支撑立柱沉降监测点设置：在支撑立柱的顶部焊接符合要求的钢制加工件；周边建(构)筑物沉降监测点设置：在建筑物或构筑物的拐角处，离地20cm，且避开雨水管、窗台线、电路开关等有碍设标与观测的障碍物，并应视立尺需要离开墙(柱)面一定距离；周边土体沉降监测点：沉降观测点应埋设原状土层中，加设保护装置，沉降观测点稳定后，方可进行初始观测和一般观测。

(2)沉降监测方法

①沉降监测工作基点埋设后根据监测点的分布情况，首先沿监测点规划一条水准线路，采用闭合水准路线，观测时应满足变形监测路线固定、仪器固定、人员固定的“三定”要求。

②依据水准控制线路，观测周围的各建(构)筑物沉降点、支撑立柱沉降点，采用闭合水准线路测量各沉降点高程。建筑物沉降点观测时，各观测也可采用支点观测，但支点不得超过2站，且支点观测必须进行两次观测。为保证高程基点的可靠性，每次观测前应对基准点进行检测，并作出分析判断，以保证观测成果的可靠性。

③监测系统对监测原始数据进行数据改正、平差计算、生成监测报表和变形曲线图、计算各点的高程及沉降量、累计沉降量。

④建筑物倾斜观测的方法是通过测量建筑物基础相对沉陷的方法来确定建筑物的倾斜，利用沉降观测数据进行建筑物倾斜计算。

3)测斜监测

(1)测斜管埋设：测斜管宜选在变形大或危险的位置埋设，一般在基坑的中部。测斜管埋设的方法有三种：钻孔埋设、绑扎埋设、预制埋设。

①钻孔埋设:钻孔埋设主要用于围护桩、连续墙已经完成的情况和土层钻孔测斜。钻孔孔径应略大于测斜管外径,孔深要求穿出结构体3～8m,根据地质条件确定钻孔深度。测斜管与钻孔之间的空隙回填细砂或水泥与膨润土拌和的灰浆。埋设就位的测斜管必须保证有一对凹槽与基坑边沿垂直。

②绑扎埋设:通过直接绑扎或设置抱箍将测斜管固定在钢筋笼上,绑扎间距不宜大于1.5m。测斜管与钢筋笼的绑扎必须牢靠,以防浇筑混凝土时测斜管脱落。同时必须注意测斜管的纵向扭转,防止测斜仪探头被导槽卡住。

③预制埋设:主要用于打入式预制桩的测试。在预制排桩时将测斜管置入桩体钢筋笼内,应进行局部保护防止沉桩时锤击对测斜管的破坏。

(2)测斜方法

①测斜观测分为正测与反测,观测时先进行正测,然后进行反测。一般每0.5m读数一次,测斜探头放入测斜管底部应等候5min待探头适应管内水温后读数,应注意仪器探头和电缆线的密封性,防止进水。

②测斜观测时每0.5m标记读数点一定要卡在相同的位置,电压值稳定后才能读数,确保读数的准确性。

4)轴力监测

(1)轴力监测的设置:对设置内支撑的基坑工程,一般选择部分典型支撑进行轴力监测,以掌握支撑系统的受力情况;钢筋混凝土支撑其内力和轴力通常是测定构件受力钢筋的应力然后根据钢筋与混凝土的共同受力状态下变形协调条件计算得到,钢筋应力一般通过在构件受力钢筋上串联钢筋应力传感器予以测定,常用应力传感器有钢弦式和电阻应变式传感器。钢筋计在使用前必须进行率定。

(2)传感器的安装应注意以下几个方面:

①焊接法连接,将钢筋插入预留孔内,端头焊接均匀,焊接时采用冷却措施,以防温度过高损坏电磁线圈和改变钢弦性能。

②螺纹连接,把钢筋螺纹端与传感器连接,拧紧前在螺纹部位涂一层环氧树脂胶,以防螺纹间隙影响应力传递。

③电阻应变式传感器,应考虑应变计的机械滞后、零点漂移、蠕变、温度效应、电路绝缘问题。

5)基坑监测频率及预警

为确保基坑安全,设计要求加强基坑监测,将监测数据及时反馈给有关人员,实行信息化施工,对各监测项目按规范要求设置预警值。基坑开挖阶段3d一次,其他时间7d一次,当监测数据达到报警范围或若遇到特殊情况,如暴雨、台风或大潮汛等恶劣天气以及其他意外工程事件,适当加密观测,当有危险事故征兆时进行连续监测。

正常情况下,可以按测试内容的重要性和实施简易性等将测试频率分为三大类,具体如表9.1-2所示。

具体实施中尚需计入基坑开挖和围护施作情况、所测物理量的变化速率等对表中拟定频率予以适当调整。

现场监测周期与频率

表9.1-2

序号	监测必要性	监测内容	监测周期	监测频率
1	必须监测	桩墙顶水平位移垂直沉降	全过程	1次/d
	必须监测	支撑轴力	支撑设置至拆除	1次/d
	建议监测	立柱垂直沉降	全过程	1次/d
	必须监测	坑外地下水位	降水过程	1次/d
	必须监测	相邻房屋垂直沉降与倾斜	开挖至出±0.0	1次/d
	必须监测	坑位地下管线垂直沉降与水平位移	开挖至出±0.0	1次/d
2	必须监测	桩墙深层挠曲	全过程	1次/2d
	必须监测	相邻房屋裂缝	全过程	1次/2d
3	选择监测	板墙内力	全过程	1次/3d
	选择监测	板墙水平压力	全过程	1次/3d
	选择监测	圈梁围檩内力	全过程	1次/3d
	选择监测	圈梁围檩水平位移	开挖至出±0.0	1次/3d
	选择监测	坑内地下水位	开挖至基底	1次/3d

有关监测频率需指出以下两点：

(1)应当十分重视各监测内容初读数的准确性。基坑开挖前所测得的数值是判别施工安全的基准点，而在人员、仪器、测点等均较生疏的情况下，初读数的取得往往需经过数次波动后才能趋于稳定。一般是连续三次测得的数据基本一致后才能将其定为初读数，否则应继续测读。

(2)测读的数据应尽可能在现场整理分析，尽快提交工程施工单位和项目决策部门，以此安排和调整生产进度。监测数据再准确，错过工程施工的最佳时机，其对工程开展就会失去指导意义。某种意义上，监测成果提交的及时性比单纯增加测读次数更为重要。

6)监测数据处理

通过监测系统对监测原始数据进行数据改正、平差计算、生成检测报表和变形曲线图、变形速率及变形预报表；各类监测点在相应施工区域正式施工前1周内完成初始值测定；进行沉降监测时，以施工区域为原则，对距离施工区域2倍基坑深度范围内的建筑物、构筑物进行监测，当监测区域内建筑物、构筑物变形明显时，加大监测范围和监测频率；受观测条件的影响任何监测都可能存在误差，在变形监测中系统误差是不允许的，尽可能通过观测程序消除。加强野外与室内检核工作，限制两次读数差、沉降线路闭合差等，尽可能选用先进仪器提高监测自动化程度杜绝粗差，尽可能消除系统误差，提高监测精度；通过不同方法验算、多人校核来消除监测中的错误；采取统计分析、逻辑分析方法分析原始监测值的可靠性。每次量测后，对量测面内的每个量测点(线)分别进行回归分析，求出各自精度最高的回归方程，并进行相关分析和预测，推算出最终位移(应力)和掌握位移(应力)变化规律，并由此判断基坑的稳定性。预测未来动态，以便提前采取技术措施，验证设计参数和施工方法。

9.2 地铁工程盾构法开挖的监控量测

近年来，为适应城市发展需要和满足城市居民日益增长的出行需求，各大城市不断加快了地铁建设步伐。地铁区间隧道建设一般都采用盾构法施工，盾构法施工是以盾构机为隧道掘进设备，以盾构机的盾壳作支护，用前端刀盘切削土体，由千斤顶顶推盾构机前进，以开挖面上拼装预制好的管片作衬砌，从而形成隧道的施工方法。由于地铁盾构法施工技术难度大、施工风险高、质量要求高、不可预测因素多，所以在推进过程中必然会造成地面沉陷、位移，同时隧道本身也会产生一定的偏移、偏转及俯仰现象，针对这种情况本监测工程设置了相应的监测手段，对在盾构推进过程中产生的各种变形进行实时监测。

因此，监理人员应熟悉和掌握盾构法隧道施工监理监控重点及相应对策，在监理工作中才能真正做到有效地对施工质量进行监控，从而为业主提供优质的监理服务。

9.2.1 监测的主要作用

(1)监测和判断各种施工因素对地表变形的影响，提供改进施工的方法和减少地面沉降的重要依据。

(2)根据前一段的观测结果，预测下一段的地表沉降和对周围建筑物及其他设施的影响。

(3)检验施工方法是否达到控制地面沉降和隧道沉降的要求。

(4)研究土的特性、地下水条件、施工方法和地表沉降的关系，作为将来设计的参考依据。

(5)通过施工监测可得减少沉降、减少保护工程费的效果。

(6)保证工程安全，减少总造价。

9.2.2 监测管理

(1)工程施工前，根据现场的实际情况(尤其危房建筑)及工程的施工进度，编制详细的监测实施作业计划及其相应的保证措施，作为施工生产计划中的一项重要内容，同时报请监理工程师和业主批准。

(2)成立专门的监测小组，保证监测人员有确定的时间、空间和相应的监测工具，确保监测成果及时准确。

(3)施工监测紧密结合施工步骤，测出每一施工步骤时的变形影响，同时计算出各测点的累计变形。

(4)监测人员及时整理分析监测数据，绘制各种变形和时间的关系曲线，预测变形发展趋向，及时向总工程师、监理和业主汇报，若发现异常情况，随时与监理、业主联系，采取有效措施，做好预防。

(5)根据监测结果及时调整施工步骤及采取相应的技术措施，确保施工及周围环境的安全。

9.2.3 监测依据

(1)正常施工情况下的具体监测要求，如不同的施工工艺对各项变形的限差等。

(2)施工区域土及地下水情况。

(3)隧道施工影响范围内现有房屋建筑、各种构筑物的形状、尺寸、与隧道轴线的相对位置。

(4)隧道填埋的深度。

(5)双线隧道的间距或施工隧道与附近大型、重要公用管道的间距。

(6)隧道设计的安全储备系数。

9.2.4 监测内容

1)土体介质的监测

(1)地表的沉降监测

①地表沉降监测是采取精密水准仪测量的方法测量地铁盾构上方地表的高程。

②在沉降测量区域埋设地表桩,地表桩一般沿盾构隧道的轴线每隔 3～5m 设置一个,同时适当布置几排横向地表桩,便于测量盾构施工引起的横向沉降槽的变化。

③在远离沉降区域,并沿地铁隧道方向布设监测基准点,并进行基准点联测。

④按照监测方案规定的观测频率,用精密水准仪进行测量,并计算每次观测的地表桩高程。

⑤如果地铁盾构隧道上方是道路,在进行道路沉降观测时,必须将地表桩埋入地面下的土层里,才能比较真实地测量出道路的沉降。

⑥如果地铁盾构隧道上方有地下管线,在监测时,对重点保护的管线,应将测点设在管线上,并砌筑保护井盖,一般的管线可在其周围设置地表桩进行监测。

⑦地表沉降估算:盾构施工中引起的地表沉降,可用派克(peck)法估算,即假定盾构施工引起的地表沉降是在不排水情况下发生的,所以沉降槽的体积应该等于地层损失的体积,此法假定地层损失在隧道长度上均匀分布,地表沉降的横向分布似为正态分布曲线。

地面沉降量的横向分布估算公式为:

$$S_{(x)}=\frac{V_1}{\sqrt{2\pi}i}\exp\left(-\frac{x^2}{2i^2}\right)$$

$$S_{max}=\frac{V_1}{\sqrt{2\pi}i}\approx\frac{V_1}{2.5i}$$

$$i=\frac{Z}{\sqrt{2\pi}\tan(45°-\varphi/2)} \tag{9.2-1}$$

式中:S_{max}——顶管中心处最大沉降量(m);

V_1——盾构隧道单位长度地层损失量(m^3/m);

$S_{(x)}$——沉降量(m);

i——隧道中心线至沉降曲线反弯点的距离(m);

Z——地面至隧道中心深度(m);

φ——土的内摩擦角(°)。

在已知盾构穿越的土层性质、覆土深度、隧道直径及施工方法后,即可事先估算盾构施工可能引起的地面沉降量,同时可及时地采取措施把影响控制在允许范围内。

(2)土体沉降和深层位移监测

①监测盾构施工引起的土体分层沉降和深层位移量可了解土层被扰动的范围和影响程度。

②土体分层沉降是指土层内离地表不同深度处的沉降或隆起,通常用磁性分层沉降仪量测。

③土体深层位移是指土层不同深度的水平位移,通常采用测斜仪进行测量。

(3)土体回弹测量

①在地铁盾构隧道掘进中,由于卸除了隧道内的土层,因而引起隧道内外影响范围内的土体回弹。

②土体回弹测量就是测量地铁盾构隧道掘进后相对于地铁盾构隧道掘进前的隧道底部和两侧土体的回弹量。

③一般是在盾构前方埋设回弹桩,观测施工过程中底部土体的回弹量,其具体的测量方法可以采用精密几何水准测量的方法进行。

④埋设回弹桩时,要利用回弹变形的近似对称性,应埋入隧道底面以下 20~30cm,根据土层土质的情况,可采用钻孔法或探井法。

(4)土体应力和孔隙水压力测量

①对土体应力和孔隙水压力测量,能了解盾构的施工性能,了解盾构的施工对土层的扰动程度以及预测固结沉降量,可及时调整施工参数,减少对土层的扰动。

②土体应力和孔隙水压力测量主要是采用钻孔埋设法埋设土应力盒和孔隙水压力探头等传感器。

③利用这些传感器获取土体的温度和水压力,通过事后计算得到需要的观测数据。

这些测点主要埋设在隧道外围。

2)周围环境的监测

(1)相邻房屋和重要结构物的变形监测

①地铁盾构隧道掘进中,对盾构直接穿越和影响范围内的房屋、桥梁等构筑物必须进行保护监测。

②建筑物的变形观测可以分为沉降观测、倾斜观测和裂缝观测三部分内容。

③沉降观测的观测点设在基础上或墙体上,另外在构筑物外的表面上和构筑物底板上有时也需设一些观测点,用精密水准仪进行测量。

④构筑物倾斜监测可采用经纬仪测量方法,也可在墙体上设置倾斜仪,连续监测墙体的倾斜。

⑤构筑物的裂缝可用裂缝观测仪测得。

(2)相邻底线管道的变形监测

相邻地下管线的监测内容主要为管线垂直沉降,其测点布置和监测频率应在对管线状况进行充分调查,与管线单位充分协商后确定。其中调查包括管线埋置深度和埋设年代、管线所在道路的地面人流与交通状况以及隧道施工过程中地下管线的预计沉降。

3)隧道变形监测

(1)隧道沉降和水平位移监测

①传统的隧道沉降和水平位移监测方法是在隧道的顶部或腰线处设立观测点，然后用常规的水准测量方法进行沉降量的测量，同时以隧道轴线和其轴线的垂直方向建立坐标系，用导线测量的方法测量所有观测点的坐标，以此来推算隧道水平位移量。

②目前，为了能够连续准确地监测到隧道的沉降及水平位移变形情况，可采用具有先进功能和高精度的自动跟踪全站仪进行观测。

(2)隧道断面收敛位移监测

①常规收敛位移监测采用收敛计进行测量，但最大的问题是重复精度不高，而且因操作人而异；其次是工作量大，效率低。

②目前，用断面自动扫描的方法进行隧道断面收敛变形监测。这种方法是利用免棱镜自动跟踪全站仪和专业的断面测量系统软件组成的仪器系统来实现断面自动扫描，以此进行隧道断面收敛变形监测。

(3)隧道应变和预制管片凹凸接缝处法向应力测量

应变和应力测量是在隧道的结构物上，焊接应变计和应力计等一些传感器，根据传感器测量的结果计算结构构件的轴力和弯矩，判断结构物的安全性能。

9.2.5 监测方法

1)地面沉降监测

(1)试验段(0～25 环)监测点的布设原则

为适应盾构在新的介质条件下施工，优化施工参数，取得盾构区间段的沉降控制参数，在盾构初始掘进的 30m 范围内，设立监测试验段。在试验段中地面沉降监测将采取沿中线缩短测点间的距离，增设沉降槽的方法。具体实施方案：在试验段 30m 之内，沿中线每 3m(2.5 环)设一个沉降观测点，沿隧道中线上每 12m(10 环)设一条横向沉降观测断面，每条沉降槽布设 7 个观测点，其中，中线上埋设一个监测点，垂直中线两侧各埋设 3 个观测点，试验段设计 3 条沉降槽，共计 28 个沉降观测点。图 9.2-1 为单线(以右线为例)布点示意图及测点编号示意图。

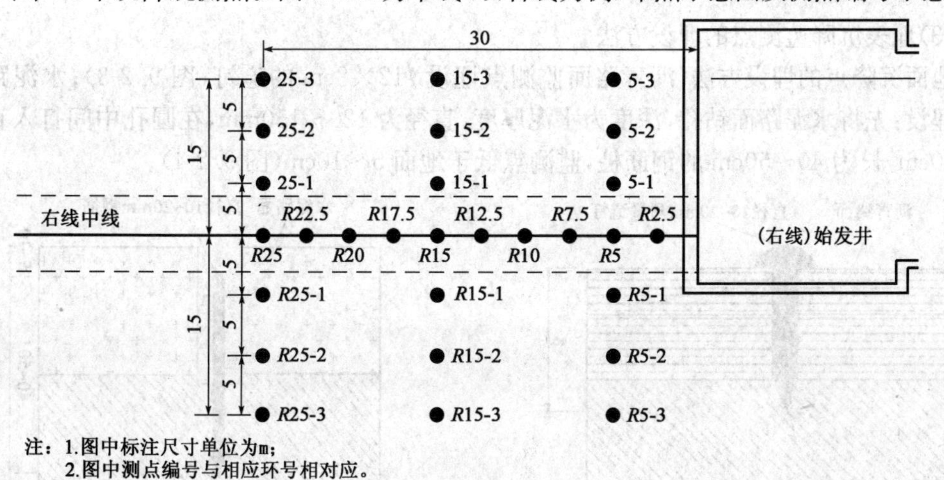

图 9.2-1 试验段地面沉降点布设示意图及测点编号示意图

(2)正常掘进段监测点的布设原则

正常掘进段沿隧道中线每5环(6m)布设一个沉降监测点,每30环(36m)布设一个沉降监测断面,每个沉降监测断面单线布设7个沉降监测点,双线布设10个沉降监测点。左右中线上各布设1个监测点,两中线之间小于15m布设2个监测点、若大于15m则布设3个监测点,垂直轴线两侧各布设3个断面监测点,断面监测点距对应中线的距离分别为5m、10m、15m。布点示意图及测点编号如图9.2-2所示。

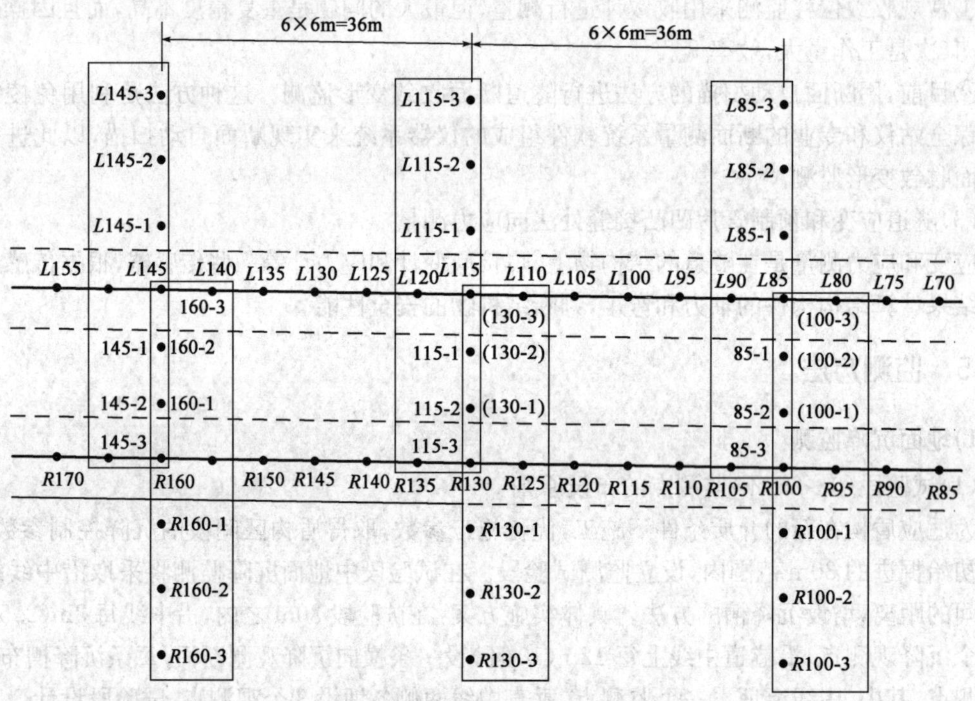

图9.2-2 正常掘进段沉降监测点布设示意图及测点编号示意图

(3)地表沉降监测点的埋设方法

地面沉降点的埋设方法:沥青路面监测点埋设$\phi12\times8$cm的道钉(图9.2-3);水泥路面监测点埋设:先将水泥路面钻孔,深度为水泥厚度,直径为120~150mm,在圆孔中间打入直径为10~20cm,长为40~50cm的钢筋桩,监测点低于地面5~10cm(图9.2-4)。

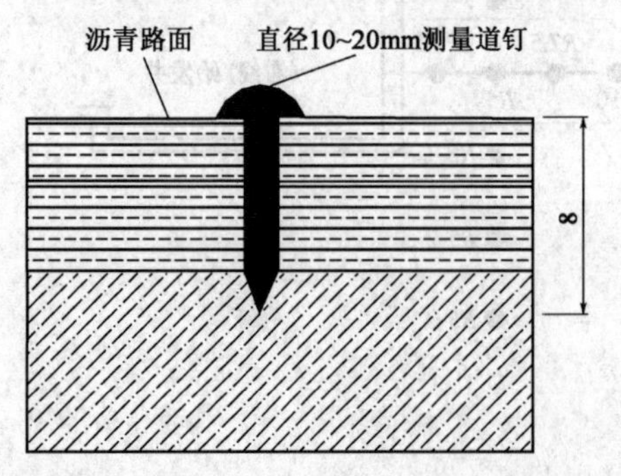

图9.2-3 沥青路面沉降监测点埋设示意图(尺寸单位:cm)

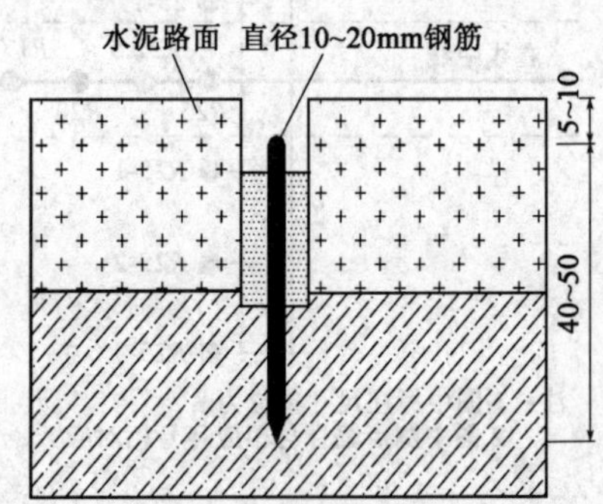

图9.2-4 水泥路面沉降监测点埋设示意图(尺寸单位:cm)

在无路面的场地(或绿化地)布设直径 10~20mm,长 40~50cm 的钢筋桩(图 9.2-5),直接钉入地下,地面露出 0.5cm,标志周围做保护。若为绿化带或草地直接将木桩打入地下并在木桩的顶端嵌入铁钉作为监测点。

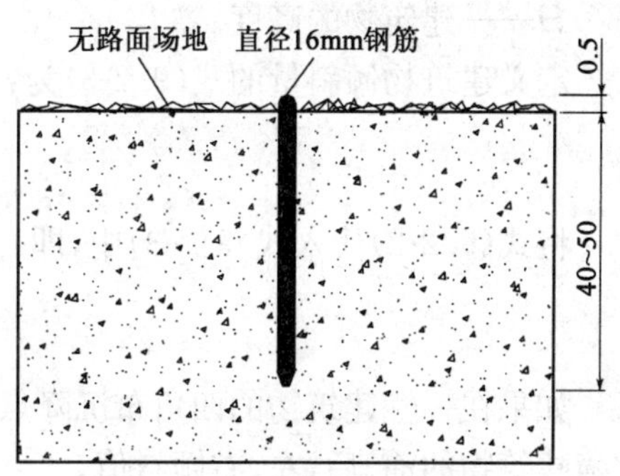

图 9.2-5 无路面的场地沉降监测点埋设示意图(尺寸单位:cm)

2)周围建、构筑物监测

(1)沉降监测

建筑物沉降点的布设按照相关规范要求,建筑物的沉降观测点应根据实际条件布设在能反映建筑物变形特征的位置,如建筑物的立柱、外墙角、大转角处、山墙、高低层建筑物结合部、沉降缝或裂缝处两侧,沿建筑物外墙每隔 8~15m 设置一个,点位埋设在外墙面正负零以上 100~150mm 处,点与墙壁间距为 30~50mm,标志长度为 160mm。

区间段内的各建、构筑物沉降的监测使用 Ni007 高精度自动安平光学水准仪,用光学测微法进行观测,首次观测采用单程双测站观测,其后可采用单程单测站观测,观测点与基点形成闭合环(基点→建筑物沉降观测点→基点)。

建、构筑物沉降监测点的埋设方法:使用电钻在墙体上打孔,孔的直径与标志钉的直径相同,孔深 120mm 左右,然后将标志钉入孔内,如图 9.2-6、图 9.2-7 所示。

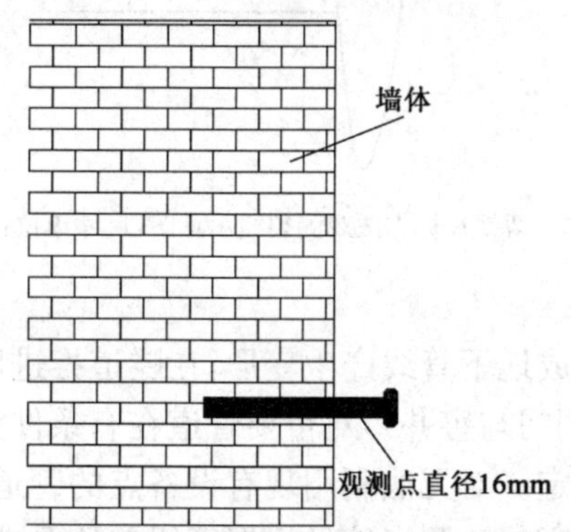

图 9.2-6 建筑物(墙式)沉降观测点埋设示意图

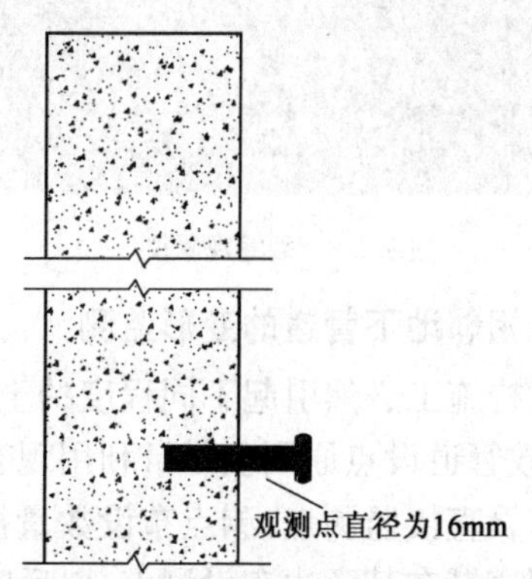

图 9.2-7 建筑物(立柱式)沉降观测点埋设示意图

(2)倾斜监测

采用差异沉降法计算建筑物的倾斜值。

如图 9.2-8,通过建筑物沉降测量,可得到建筑物上各测点的沉降值,比较相对(邻)两点的沉降值后,就得出这两点的沉降差 Δh,则偏移值可由式(9.2-2)计算:

$$a = \frac{\Delta h}{L} \times H \tag{9.2-2}$$

式中:a——建筑物上、下部位相对位移值;

Δh——A、B 两点的相对沉降量;

L——建筑物上相对(邻)两点的距离;

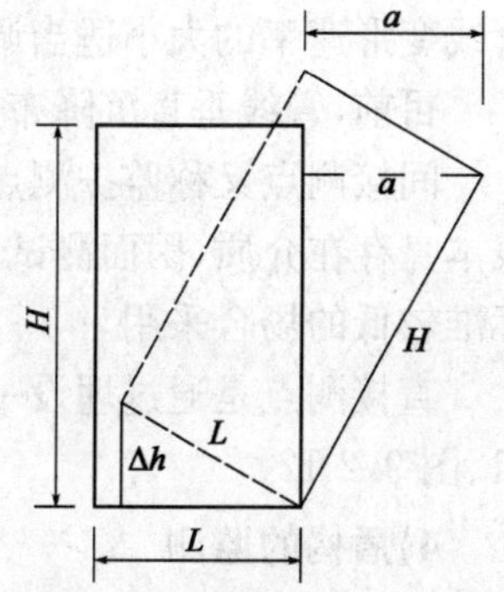

图 9.2-8 倾斜值计算简易图

H——建筑物的高度。

定义建筑物倾斜量的式(9.2-3)为：

$$i = \tan a = \frac{a}{H} \tag{9.2-3}$$

将式(9.2-2)代入式(9.2-3)中，即：

$$i = \tan a = \frac{a}{H} = \frac{\Delta h}{L} \tag{9.2-4}$$

如果在一幢建筑物的四角布沉降点，通过两两点间的沉降差值，由式(9.2-4)即可计算出此幢建筑物的前、后，左、右倾斜值。

(3)裂缝监测

构筑物的裂缝可用裂缝观测仪测得(图 9.2-9、图 9.2-10)。

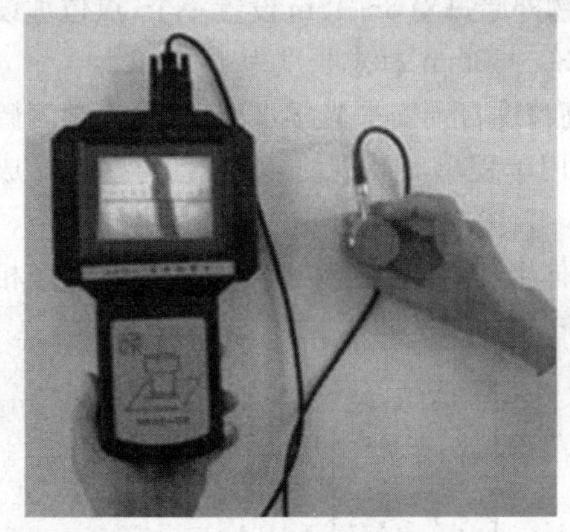

图 9.2-9　裂缝观测仪

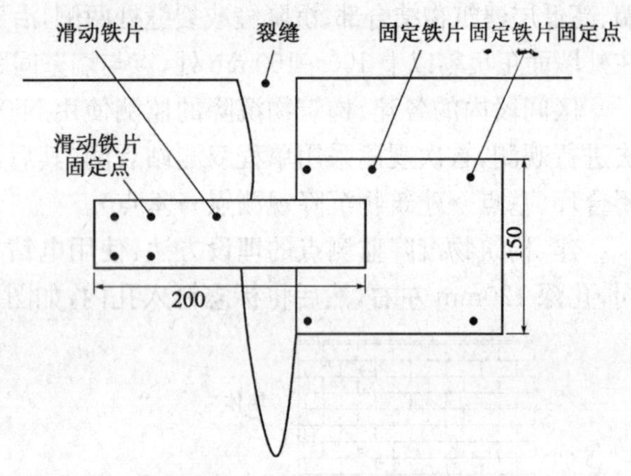

图 9.2-10　薄铁片标志法观测裂缝示意图(尺寸单位:mm)

3)相邻地下管道的变形监测

盾构施工必然引起不同程度的土体扰动，从而造成地下管线产生变形，在隧道推进区域上方，市政管道设点原则上尽量利用现有管道设备点(阀门与窨井)，对重要管道在有条件允许下开挖布设直接监测点，测点布设数量根据实际情况而定。对无法利用现有设备点的管道监测，则使用道钉在其旁边布设测点，以反映推进施工对其影响。测点编号根据管线单位要求采编，如:煤气用 M,电力用 D,上水用 S,市话用 T 等。在盾构推进期间，监测频率根据施工进度和管线变形速率的大小适当调整，一般 2 次/d。

目前，管线垂直沉降布点方法主要采用间接测点和直接测点两种形式。

间接测点又称监护测点，常设在管线轴线相对应的地面或管线的窨井盖上，由于测点与管线本身存在介质，因而测试精度较差，但可避免破土开挖，可以在人员与交通密集区域，或设防标准较低的场合采用。

直接测点是通过埋设一些装置直接测读管线的沉降，常用方案有抱箍式、套筒式(图 9.2-11、图 9.2-12)。

4)盾构的监测

管片拼装完成脱出盾构机 70m 后，对管片进行沉降和管片收敛观测，能直接了解到管片受到外部土体压力及管片自重的影响使其产生的变形量。

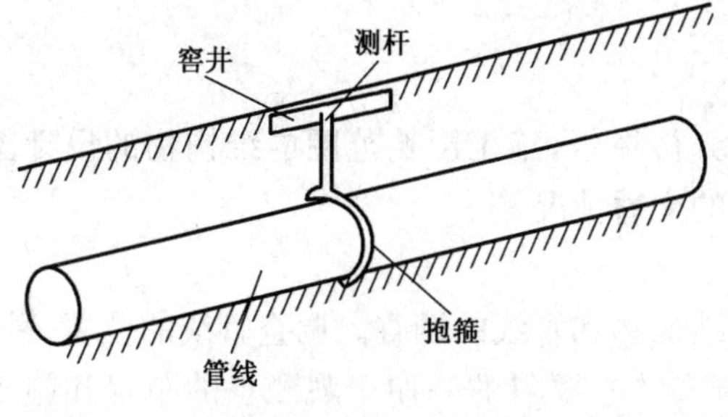

图 9.2-11 抱箍式布点示意图

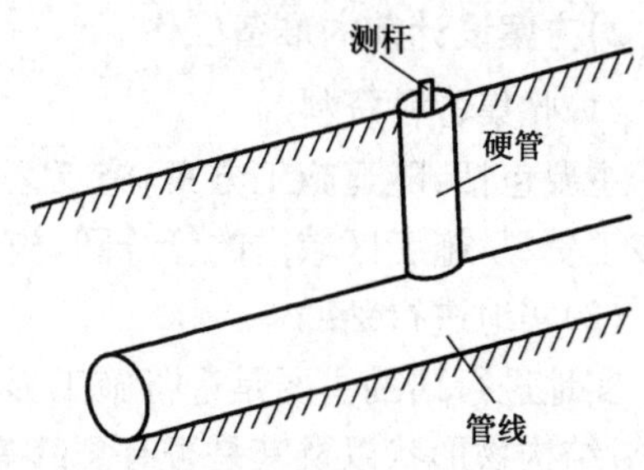

图 9.2-12 套筒式布点示意图

(1)管片的沉降监测

隧道沉降测量时,观测点的标志可设置在衬砌环连接螺钉上,既不易破坏又便于观测。水准基点布设在始发井的底台上。每隔 10 环设置一个沉降观测点,通过稳定的工作点来测定观测点的沉降,而工作点再应用水准基点来作检测。图 9.2-13 为沉降监测点埋设示意图。

(2)管片的收敛监测

在隧道拼装完成的管片(管片脱出盾构机 70m 后)上布设管片变形监测点,在变形监测点布设后测得各点的初始值,在盾构机推进时定期观测管片变形监测。

管片变形监测点的布设:监测点布设在上下左右的隧道壁上,测点间距为 10 环。用红油漆在测点位置做好标记。将高精度手持测距仪安放于测点位置上分别进行上下、左右的成对测量,为了提高测量精度,每对测点间连续观测两次,其平均值作为本次观测值。图 9.2-14 为收敛变形测点位置示意图。

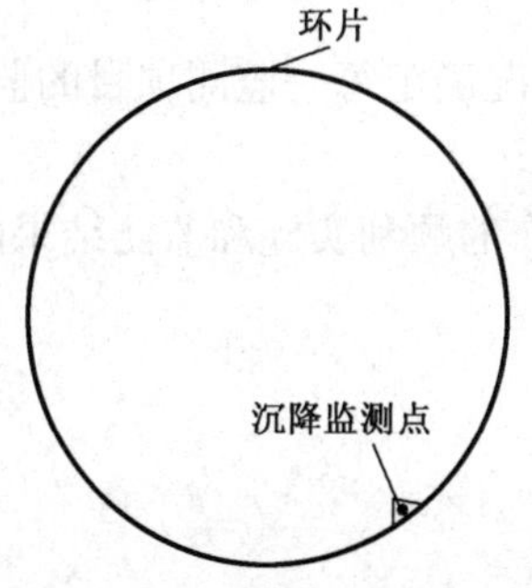

图 9.2-13 管片沉降点的埋设示意图

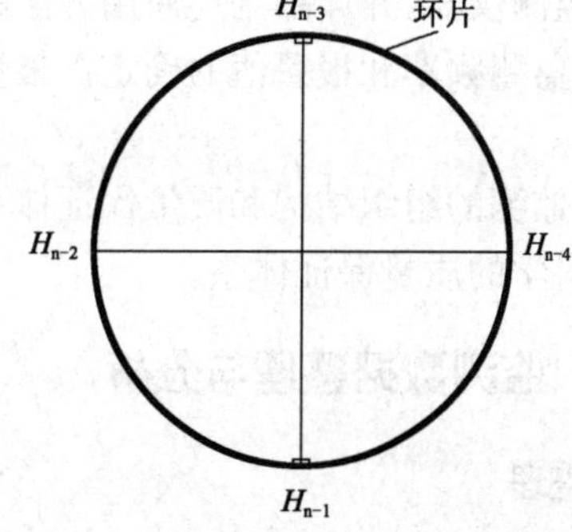

图 9.2-14 管片收敛变形测点位置示意图

(3)应力和应变测量

应力和应变测量是在隧道的结构物上,焊接应变计和应力计等一些传感器,根据传感器测量的结果计算结构构件的轴力和弯矩,判断结构物的安全性能。

9.2.6 地铁盾构隧道监测方案设计

1)方案设计的原则

在熟悉隧道施工方案,了解施工区域内土及地下水和隧道施工影响范围内现有结构物情况的基础上,根据工程的特殊要求,设计出确保工程安全、经济有效、便于监测工作实施和工程项目施工的监测方案。

2)方案设计前的准备工作

(1)收集各种资料

主要包括:隧道施工方案,施工区域内地质分析报告,施工影响范围内结构物的设计图纸和竣工资料,施工区域内的管线图,施工区域内的交通情况等。

(2)实地进行踏勘

实地进行踏勘主要是进行施工影响范围内结构物和管线的调查。调查管线的位置、种类、大小;结构物形状以及其是否有裂缝等情况。调查的主要目的是便于观测点的布置和施工对其影响的评价。

3)方案设计的内容

(1)工程项目概况。主要介绍工程项目的基本情况和施工区域内的地质情况。

(2)监测的目的和意义。详细阐述监测对安全施工、保障人民财产的重要性以及进行各项科学研究的重要意义。

(3)施工过程中对各种设施的影响评价。分析隧道项目施工对周边结构物、管线的影响程度,分析盾构推进引起的地表位移特征,并估算地表沉降量,分析隧道本身的变形特征。

监测的具体内容。根据具体工程项目和地质的具体情况,确定监测的具体项目内容,同时,可以包含对于一些具体施工工艺和参数的测定。

(4)监测点的布置。根据收集的资料和踏勘的实际情况,具体确定监测点的数量和位置,绘制监测点位分布图。

(5)监测方法。针对每一项监测内容,提出采用何种监测方法以及如何实施监测工作,使用何种监测仪器,并详细阐述使用方法的实施效果。

(6)监测频率和报警值的确定。根据规范,结合实际情况确定每一监测项目的监测频率和报警值。

(7)监测的组织结构和质量保证体系。为保障监测工作的顺利实施和监测结果的准确性,需制定科学的质量保证体系。

9.2.7 监测数据整理与分析

1)整理

监测数据整理的主要工作是对现场观测所取得的资料加以整理、编制成图表和说明,使它成为便于使用的成果。其具体内容如下:

(1)校核各项原始记录,检查各次变形观测值的计算是否有误。

(2)变形值计算。

(3)绘制各种变形过程线,建筑物变形分布图。

2)分析

监测数据分析是分析归纳地表、管线及周边建筑物的变形过程、变形规律和变形幅度。分析变形的原因,变形值与引起变形因素之间的关系,并找出它们之间的函数关系,进而判断地表、管线及周边建筑物的情况是否正常。

(1)成因分析(定性分析)。成因分析是对结构本身(内因)与作用在结构物上的荷载(外因)以及观测本身,加以分析、考虑、确定变形值变化的原因和规律性。

(2)统计分析。根据成因分析,对实测数据进行统计分析,从中寻找规律,并导出变形值与引起变形的有关因素之间的函数关系。

(3)变形预报和安全判断。在成因分析和统计分析的基础上,可根据求得的变形值与引起变形因素之间的函数关系,预报未来变形值的范围和判断建筑物的安全程度。

盾构法隧道工程是一项综合性施工技术(包括盾构机械技术、隧道测量技术、地下防水技术、盾构施工安全技术等),通过多年来前人的不断摸索和实践已经形成了一套比较成熟的施工技术,尤其是近年来在各大城市地铁建设中得到了广泛的应用,盾构法施工技术也在原有的基础上不断的发展(单元、小直径逐步向多元、大直径),而且国产盾构的制造及施工技术也取得了可喜的成绩。这些都对监理人员的素质提出了更高的要求,更需监理人员通过不断学习和实践,熟悉这些相关的施工技术,掌握盾构法隧道施工质量监控重点及相应的对策,才能为今后盾构法隧道施工质量、施工安全提供有力的监督管理。

9.3 地铁工程浅埋矿山法开挖的监控量测

在城市地铁暗挖隧道矿山法施工中,如何控制工程质量,确保隧道施工及其周围环境的安全,目前尚存在一定的难度。地铁隧道施工监控量测是保证施工安全的重要手段,本节从工程实际的角度,结合广州地铁二八延长线东晓南路站—江泰路站区间隧道施工实际,论述矿山法施工隧道对周边不同对象的结构位移、沉降进行监控量测方案设计与实施方法,提出具体合理的监测措施和预报流程,探索有效可行的地铁矿山法施工监控量测的方法。

东晓南路站—江泰路站区间工程地质条件复杂,暗挖(矿山法)隧道周边建筑物密集,地下管线繁多,必须对隧道内支护结构与隧道外周边环境及岩土稳定性等进行监控量测,及时掌握结构物及其周围环境的动态变化,相应调整补充施工措施,确保附近建筑物、地下管线的正常使用。根据隧道开挖施工工艺和参数确定监测项目、监测仪器及精度、测点布置等,依据变形速率及变形量来判断被测物体的稳定性,做到数字化、信息化施工;针对监测对象安全的主要指标进行合理的方案设计与实施方法,保证施工安全。

1)工程概况

东晓南路站—江泰路站区间为广州市轨道交通二、八号线延长线工程,位于海珠区江南大道以南,隧道大多在 $R=450$m 的曲线上,且有部分存车线($R=480$m)。左线与存车线合建为双线隧道,线间距为 4.6m,右线设单线隧道,左右两隧道净距为 1.60~1.68m。隧道两侧地表主要为部队炮兵营地及低矮房屋建筑。起始里程为:YDK12+461.242,终点里程为 DK12+639.6,全长 177.958m;隧道主要穿越Ⅲ-Ⅴ级围岩,洞身基本从强风化带、中风化带、微风化带通过,局部从全风化泥质粉砂岩、含砾砂岩中通过,埋深为 8.13~14.1m。隧道设计采用马蹄形复合式衬砌结构,初期支护采用格栅钢架、砂浆锚杆、钢筋网及喷混凝土施工,Ⅳ、Ⅴ级围岩地段采用超前(注浆)小导管支护;二次初砌采用 C30、P10 防水钢筋混凝土。

2)监控量测方案

(1)监控量测流程

监控量测流程如图 9.3-1 所示。

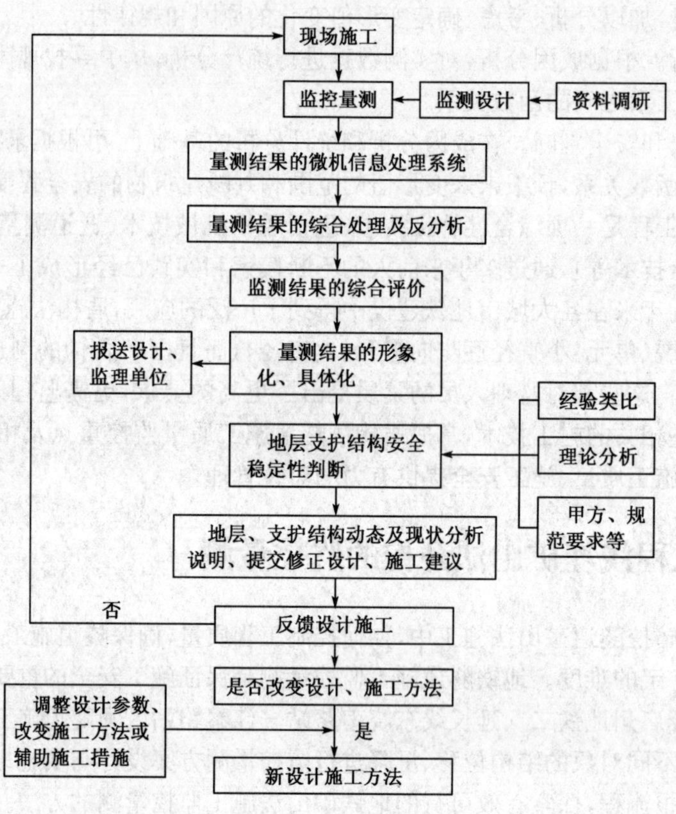

图 9.3-1　监控量测流程图

(2)监测架构、基准与精度要求

针对工程特点成立监控量测及信息反馈组,成员由多年从事相关工程施工及监测经验的人员组成。监测组分为现场监测和信息反馈两个小组,各设1名专项负责人,进行地面和地下日常监测及资料整理工作。

监测标准及精度要求在施工中,应及时对各种监测数据进行整理分析,判断其稳定性,并及时反馈到施工中去指导生产。以表9.3-1的Ⅲ级管理制度作为监测管理基准。

监测管理　　表 9.3-1

管理等级	管理位移(压力)	施工状态	检测状态
Ⅲ	$U_0<U_n/3$	可正常施工	正常
Ⅱ	$U_n/3\leqslant U_0\leqslant 2U_n/3$	应注意,并加强管理	加密
Ⅰ	$U_0>2U_n/3$	应采取加强支护等措施	加密

注:U_0—实测位移(压力)值;U_n—允许位移(压力)值。

基准点按国家二等水准的技术要求测量,与相邻标段进行联测,相邻点高差中误差≤±0.5mm。每站高程中误差≤±1.0mm,往返较差或环线闭合差≤0.3$n$mm(n为测站数),每次沉降观测时对工作用点必须进行检核,基准网应定期检测,严格按设计图纸要求进行基准点布设。线路沿线一般多层建筑物的地表沉降,按国家四等水准测量技术要求作业,高程中误差≤±2.0mm,相邻点高差中误差≤±1.0mm,往返较差、附合线环线闭合差≤1.4$n$mm。监测精度要求如表 9.3-2 所示。

监测精度要求　　　　表 9.3-2

序　号	检 测 项 目	精　度
1	围护结构水平位移	±1.0mm
2	围护结构变形	±1.0mm
3	地面沉降检测	±1.0mm
4	土体侧向变形	±1.0mm
5	围护结构侧图压力	≤1/100(F_s)
6	地下水位	±1.0mm
7	建筑物沉降倾斜	±1.0mm
8	地下管线沉降和位移	±1.0mm

3)隧道监测项目

(1)地质、地表建筑物及支护形状观察。

①方法及工具:岩性,预注浆效果及围岩自稳性,地下水,支护变形、开裂,地表建筑物的变形、开裂、下沉等情况观察及描述。

②测点布置:目测观察记录。

③测量间隔时间:每次开挖后进行。

(2)地表下沉

①方法及工具:水平仪、水准仪、钢尺或测杆。

②测点布置:每 10m 一个断面。

③监控项目控制值:30mm

④量测间隔时间:1～15d 内每天量测 1～3 次;16～30d 内每两天量测 1～2 次;1～3 个月内每周量测 1～2 次;3 个月以后每月量测 1～3 次。

(3)拱顶下沉

①方法及工具:水平仪、水准仪、钢尺或测杆。

②测点布置:每 10m 一个断面。

③监控项目控制值:50mm。

④量测间隔时间:1～15d 内每天量测 1～3 次;16～30d 内每两天量测 1～2 次;1～3 个月内每周量测 1～2 次;3 个月以后每月量测 1～3 次。

(4)水平位移收敛

①方法及工具:各种类型收敛计。

②测点布置:每 10m 一个断面。

③监控项目控制值:20mm。

④量测间隔时间:1～15d 内每天量测 1～3 次;16～30d 内每两天量测 1～2 次;1～3 个月内每周量测 1～2 次;3 个月以后每月量测 1～3 次。

(5)建筑物裂缝观察、沉降

①方法及工具:经纬仪、水准仪。

②测点布置:每10m一个断面。

③监控项目控制值:按规范规定设计值来控制。

④量测间隔时间:1d一次。

(6)模筑衬砌钢筋应力

①方法及工具:支柱测力计或其他测力计。

②测点布置:每50m一个断面,并保证每种形式有个断面。

③监控项目控制值:按规范规定设计值来控制。

④量测间隔时间:1～15d内每天量测1～3次;16～30d内每两天量测1～2次;1～3个月内每周量测1～2次;3个月以后每月量测1～3次。

(7)围岩与喷层接触压力

①方法及工具:各种类型的压力盒。

②测点布置:每50m一个断面,并保证每种形式有个断面。

③监控项目控制值:根据施工后实际地址情况确定安全值。

④量测间隔时间:1～15d内每天量测1～3次;16～30d内每两天量测1～2次;1～3个月内每周量测1～2次;3个月以后每月量测1～3次。

(8)水平支撑内应力

①方法及工具:支柱测力计或其他测力计。

②测点布置:每10榀临时钢支撑一对测力计。

③监控项目控制值:按具体情况确定。

④量测间隔时间:1～15d内每天量测1～3次;16～30d内每两天量测1～2次;1～3个月内每周量测1～2次;3个月以后每月量测1～3次。

(9)爆破震动速度

①方法及工具:传感器、放大器、记录器。

②测点布置:每50m一个断面,每个断面至少分布2个点,有影响的既有建(构)筑物,每断面至少分布4个点。

③量测间隔时间:每次爆破后进行。

4)监控量测实施方法

(1)围护结构顶部的水平及垂直位移

测点的埋设及布置竖井测点布置在竖井周围围护桩上,共4点。

监测方法:监测仪器为精密经纬仪和全站仪。围护结构顶部垂直位移(沉降)监测用几何水准法,仪器为精密水准仪。首次观测时,按同一水准线路同时观测2次,每隔一定时间绘制出时间沉降曲线。为确保测量精度,应联测稳定的基准点。

(2)周边土体侧向变形

测斜管的埋设与布置:水平位移采用测斜仪进行量测。测斜管采用绑扎方法固定在钢筋笼上,一起浇筑入孔中。由于泥浆的浮力作用可能使测斜管发生上浮或移动,影响测试数据的准确性,测斜管必须绑扎牢固,注意避免测斜管自身的轴向旋转,以保证测出的数据真正反映出结构在边缘平面内的挠曲。为防止泥浆进入管内,接头处密封处理。

监测方法:将测斜探头放入测斜管底部,提升电缆使测斜探头沿测斜管导槽滑动,自上而下每隔一定距离逐点量测每个测点相对于铅垂线的偏斜。测点间距一般就是探头本身长度，因而可以认为量测结果沿整个测斜孔是连续的，这样，同一量测点任何两次量测结果之差，即表示量测时间间隔内围护结构在该点的角变位。根据这个角变位，可以把它们换算成每个测点相对于测斜管基准点水平位移。由此，可以提供围护结构沿深度方向水平位移随时间变化曲线。

(3)围护结构土压力

测量土中土压力采用钻孔埋设。将土压力盒按不同设计高程固定在钢筋支架上。等到钻孔完毕，立即放入带钢筋支架的压力盒，注意压力膜与所测土压力的方向对应，随后孔内回填细砂。

测量在结构表面的土压力选用挂布法。即在设计位置缝制口袋，装入土压力盒，使压力膜向外。然后将布帘平铺在钢筋笼外侧并进行固定，布帘随钢筋笼一起吊入孔中并浇筑混凝土。由于混凝土在布帘内侧，因而能利用侧压力将布帘挤向槽壁，使得土压力盒与孔壁贴紧。施工中，注意土压力盒、布帘、导线不受破坏。

选择有代表性的断面埋设土压力盒，测量墙内外土体的压力状态、大小及变化情况，检验设计计算的准确程度，判断墙体的位移情况。

(4)地表沉降监测

测点埋设：车站沿基坑纵向每隔15～20m布置一个监测断面，竖井横通道纵向每隔15～20m布置一个监测断面，隧道左右线纵向共设置5个监测断面，横断面方向在隧道中心及两侧每隔2～5m布设一个测点，在隧道埋深较浅的不良地质段，适当增加测点(图9.3-2)。

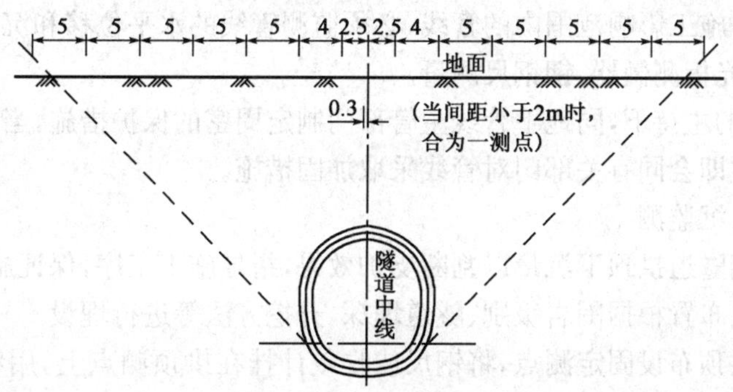

图9.3-2 区间隧道地表沉降监测埋点布置(尺寸单位：m)

地表沉降标埋设方法采用直径20mm、长0.5m左右的钢筋打入地下，地面用混凝土加固。监测方法：采用精密水准仪进行测量，先将监测点组成闭合路线，然后附合在已知的基准点上。如果监测中发现异常，应进行处理。

措施：在隧道掘进时合理选用施工参数及技术措施，保持开挖面土体稳定及地下水的稳定，防止土体坍塌。保持开挖推进的合理速度和连续性。如由于施工原因和地质条件的变化，造成局部地面沉降偏大时，进行二次注浆补浆，以控制地面沉降量的进一步扩大。

监测施工地段地下水的变化情况，控制地下水排放，必要时采取地下水回灌措施，防止地下水位下降而造成地表沉降。

(5)周围建筑物沉降监测

在建筑物业主在现场情况下，记录员按照建筑物记录号(方便记录)根据建筑物调查表逐项填写建筑物现有情况；摄像员拍摄主要结构裂缝、开裂和磨损的混凝土、外漏或锈蚀的钢筋等。

测点布置：根据沿线地面建筑物的详细调查资料、建筑物与基坑及隧道的相对位置、建筑物的结构形式及基础类型、围岩条件、施工方法等情况进行测点布置。建筑物墙角、柱子、门边、地面等处每隔 15m 左右布设。每个建筑物观测点数量不少于 6 个；每幢建筑物上面至少每个角设置一个观测点，建筑沉降缝的两侧，以测量其位移、倾斜等。

监测方法：主要监测建筑物的不均匀沉降、倾斜状况及建筑物裂缝。用精密水准仪和全站仪进行量测。根据测量结果判断建筑物的变形和沉降情况。使用精密水准仪配合铟钢尺进行沉降观测；使用全站仪进行倾斜、位移观测。

当建筑物的变形超过允许值时，加大监测频率，及时采取调整掘进参数、加固地层等措施，必要时，对既有建筑物的基础采取加固措施。

(6)地下管线变形监测

根据设计图纸，详细调查位于施工影响范围内的各类管线(供水和排污系统、供电设施、通信设施、煤气系统、交通信号等)的种类、位置、形状和尺寸、材料以及某些管道试验结果；必要时拍摄影像资料，将调查结果上报监理工程师存档。

测点布置：在地下管线所在处覆土正上方挖孔布置测点，沿管线方向每 5m 布设一个监测点，并向两段各延长 50m。煤气管道、上水管道、电力管道、通讯管道单独布置监测点。

监测方法：针对施工影响范围内的管线，必须监测管线的水平位移和沉降。使用全站仪和精密水准仪及平行光板测微器、铟钢尺测量。

在监理工程师的主持下，同地下管线主管部门制定周密的保护措施，当监测发现管线的位移超过警戒值时，立即会同有关部门对管线采取加固措施。

(7)隧道拱顶下沉监测

监测目的：监测隧道拱顶下沉量以判断支护效果，指导施工工序，保证施工质量和安全。

测点布置：测点布置根据围岩级别、隧道埋深、开挖方法等进行埋设。

量测方法：在拱顶布设固定测点，将钢尺或收敛计挂在拱顶测点上，用精密水准仪进行观测(表 9.3-3)。

拱顶下沉量测间距和每断面测点数量 表 9.3-3

围岩级别	断面间距/m	每断面测点数量	
		净空变化	拱顶下沉
Ⅴ-Ⅳ	5～10	1～2 条基线	1～3 点
Ⅳ	10～30	1 条基线	1 点
Ⅲ	30～50	1 条基线	1 点

(8)隧道内收敛监测

测点布置：在隧道底部和顶部纵向每隔 10m 布设一个沉降观测点；每隔 10m 布设一个收敛监测断面。

监测方法:水准仪、收敛仪测量。

相应措施:根据量测结果判断隧道内变形,当变形超过允许变形值时,加强监测频率,及时调整掘进参数加强初期支护,以及进行二次注浆控制变形。

(9)超前地质探测和预报

为提前了解开挖岩体,探明断层或破碎带的情况,按照规定的时间钻探测孔或采用地质雷达进行预报,并备好一台 TSP202 超前地质预报系统。从技术管理上配备专职地质工程师进行地质预测、分析,及时提交预报资料。

①地质预报主要内容

a. 地质条件变化对施工影响程度预报;b. 可能出现坍方、滑动影响预报;c. 隧道穿越不稳定岩层断层预报;d. 出现涌水地段预报;e. 岩体突然开裂或原裂缝逐渐增宽等危害性预报;f. 浅埋段下沉裂缝影响隧道稳定的预报。

②洞内数据采集

包括打接收器孔、爆破孔、埋置接收器管、连接接收信号仪器、放炮接收信号等过程。处理方法:洞内数据采集完毕后,立即将洞内地震数据传输到室内计算机上,用 TSP202 数据处理软件进行地震波分析处理(图 9.3-3)。

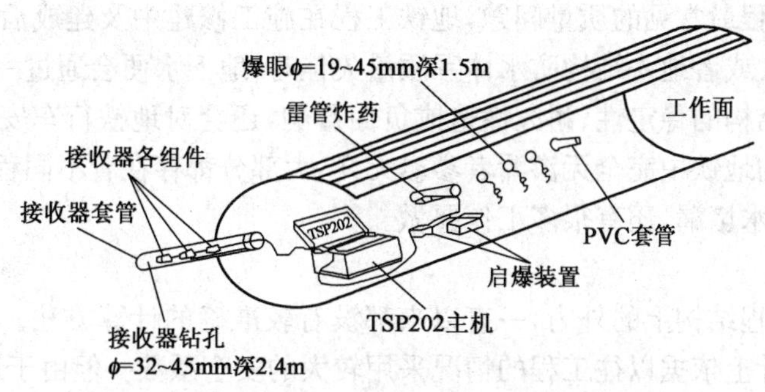

图 9.3-3 TSP202 洞内数据采集部分示意

5)数据处理与信息反馈

对监测数据及时进行处理和反馈,利用计算机或其他仪器对其进行仔细分析,得出设计、施工的合理性和不同观点,以此作为施工方法的依据,确认和评价施工方法对构造物的影响以及地下水位对施工的影响,从而总结经验优化施工方案;预测结构的稳定性,提出施工工序的调整意见,确保工程的顺利施工。对监测项目的数据分析处理后,及时绘制时间位移曲线和距离位移曲线等随施工作业面推进的时间变化规律曲线(图 9.3-4)。

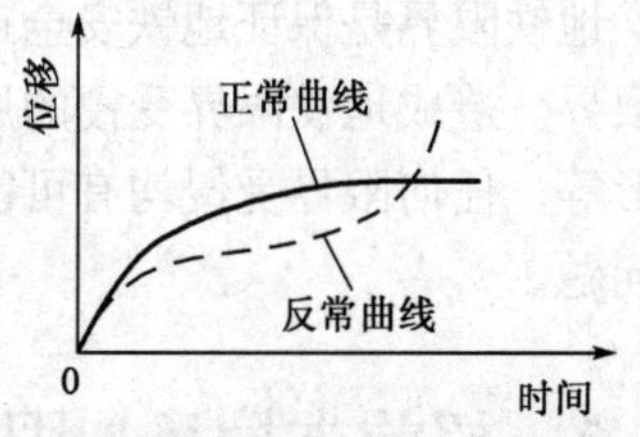

图 9.3-4 时间位移曲线和距离位移曲线

对监测结果采用反分析法和正分析法进行预测和分析,及时发现问题以便采取措施,达到预期的监测效果。

第 10 章　地铁施工质量检测

10.1　地铁常见的质量问题

地铁是大型公益性建设项目，质量合乎要求的地铁工程才能交付使用和投入生产，发挥投资效果。它的质量好坏直接关系到社会的公众利益与安全，也关系到企业、国家信誉。为此，地铁工程质量的检测验收至关重要。

地铁工程在施工过程中，由于多方面的原因，往往会出现不同程度的质量问题，有些问题甚至还很严重，为此不得不进行返工，造成巨大的人力、物力、时间的浪费。根据以往的经验，国内已建成及在建的部分地铁工程存在的常见质量问题主要有以下几个方面：

(1)渗漏

渗漏是地下工程最常见的质量问题，地铁工程在施工修建中及建成后一直受地下水的影响，当地下水压较大或者地铁结构防水体系质量欠佳时，地下水便会通过一定的通道进入混凝土，不但对混凝土结构的稳定性、耐久性造成负面影响，还会对地铁行车安全构成威胁。据统计，目前我国建成的地铁中完全无渗漏者寥寥无几，大部分都存在着不同程度的渗漏现象。如何进行地下工程止水堵漏，还有很多工作要做。

(2)结构开裂

作用在地下工程结构上的外力，一直以来都没有较准确的计算方法。目前的做法主要是经验对比法，即设计上依据以往工程的情况采用较大的安全系数。但由于地层的不均匀性、地质构造的多样性、原始地应力的难预料性、地下水与岩土体综合作用的复杂性，设计往往很难做到合理、科学。若施工过程中质量控制不严，施工管理水平不高，则很容易导致结构的开裂、破坏，不仅影响地铁工程的正常使用，还有可能造成重大的安全事故。

(3)限界受侵

地铁限界是保证地铁安全运行、设备顺利安装的必要断面，分为车辆限界、设备限界及建筑限界。造成地铁限界受侵的原因有多种，如测量不准、车站塌孔、暗挖塌方、模板跑模、结构变形等。任何限界受侵均有可能影响地铁工程的正常使用，故出现此类问题往往都要返工解决问题。

10.2　超前支护及加固堵水注浆施工质量检测

在地铁施工中，超前支护主要用于暗挖法隧道施工，其形式主要超前锚杆、超前小导管、管棚。注浆则主要用于盾构法施工端头加固、车站开挖堵水，其形式主要为袖阀管注浆、管棚注浆、超前小导管注浆等。

10.2.1 超前锚杆检测

1)基本要求

(1)锚杆材质、规格等应符合设计和规范要求。

(2)超前锚杆与隧道轴线外插角宜为5°～10°,长度应大于循环进尺,宜为3～5m。

(3)超前锚杆与钢架支撑配合使用时,应从钢架中间穿过,尾部应与钢架焊接。

(4)锚杆插入孔内的长度不得短于设计长度的95%。

(5)锚杆搭接长度不应小于1m。

2)实测项目

实测项目和检查方法等如表10.2-1所示。

超前锚杆实测项目 表10.2-1

项　目	规定值或允许偏差	检查方法和频率
长度(m)	不小于设计	尺量,检查锚杆数的10%
孔位(mm)	±50	尺量,检查锚杆数的10%
钻孔深度(mm)	±50	尺量,检查锚杆数的10%
孔径(mm)	大于杆体直径+15	尺量,检查锚杆数的10%

10.2.2 超前小导管

1)基本要求

(1)小导管的型号、规格、质量等符合设计和规范要求。

(2)超前小导管与钢架支撑配合使用时,应从钢架中间穿过,尾部应与钢架焊接。

2)实测项目

实测项目和检查方法等如表10.2-2所示。

超前小导管实测项目 表10.2-2

项　目	规定值或允许偏差	检查方法和频率
长度(m)	不小于设计	尺量,检查锚杆数的10%
孔位(mm)	±50	尺量,检查锚杆数的10%
钻孔深度(mm)	±50	尺量,检查锚杆数的10%
孔径(mm)	大于杆体直径+20	尺量,检查锚杆数的10%

10.2.3 管棚

1)基本要求

(1)管棚所用钢管的品种、级别、规格和数量等符合设计要求。

(2)管棚的搭接长度符合设计要求。

(3)管棚端部与拱架的连接应符合设计要求。

2)实测项目

实测项目和检测方法如表 10.2-3 所示。

管棚实测项目 表 10.2-3

项 目	允许偏差	检查方法和频率
孔位(mm)	±100	尺量,检查锚杆数的 10%
钻孔深度(mm)	±50	尺量,检查锚杆数的 10%
孔径(mm)	大于管棚直径±40	尺量,检查锚杆数的 10%

10.2.4 注浆效果检测

注浆的作用包括加固与堵水两种,所以对注浆效果的检测也围绕这两项进行,通常有下列 3 种方法:

(1)分析法

分析注浆记录,查看每个孔的注浆压力、注浆量是否达到设计要求;注浆过程中是否有严重漏浆、跑浆现象,从而以浆液注入量来估算浆液扩散半径,分析是否与设计相符。

(2)钻孔检测法

按设计要求以一定孔位和角度对加固地层进行钻孔取芯,看岩芯是否符合相关强度及完整度要求;另外应对检查孔中的涌水量进行检测,通常情况单孔应小于 1L/min·m;全段应小于 20L/min·m。

(3)声波检测法

用声波探测仪测量注浆后加固区地层声速、振幅及衰减系数等来判断注浆效果。

10.3 防排水材料施工质量检测

地下工程目前采取的防排水措施主要有高分子防水卷材、防水涂料、防水混凝土等。

10.3.1 高分子防水卷材质量检测

从 20 世纪 80 年代开始,弹性或弹塑性的合成高分子防水卷材开始在我国地下防水工程中得到广泛应用,主要有三元乙丙橡胶防水卷材(EPDM)、氯化聚乙烯(CPE)、聚乙烯(PE)、聚乙烯-醋酸乙烯(EVA)、聚乙烯-醋酸乙烯-沥青共聚物(ECB)、高密度聚乙烯(HDPE)、低密度聚乙烯(LDPE)等。

对于防水高分子卷材,均应进行物理性能的检测。一般对同一生产厂家同一品种、规格的产品按每 5 000m 作为一批进行验收(不足 5 000m 的以实际长度为一批)。从每批产品中取样 1~3 卷,在距端部 300m 处截取约 3m,用于各项物理力学试验。试样截取前,在温度(23±2)℃,相对湿度 45%~55%的标准环境下进行状态调整,时间不少于 16h,截取试件的尺寸、数量及性能要求如表 10.3-1、表 10.3-2 所示。

高分子防水卷材性能要求 表 10.3-1

项目	技术性能						
	EVA	ECB	LDPE	PVC-Ⅱ	PE	EPDM	SBS
拉伸强度(MPa)≥	15	10	16	12	10	7.5	2.0
断裂伸长率(%)≥	500	450	500	250	400	250	150
不透水性 24h(MPa)≥	0.2	0.2	0.2	0.2	0.2	0.3	0.3
低温弯折性(℃)≤	−35	−35	−35	−25	−35	−40	−30
热处理尺寸变化率(%)≤	2.0	2.5	2.0	2.0	2.0	2.0	2.0

物理力学性能试验所需的试样尺寸及数量 表 10.3-2

项目	尺寸(cm)	数量
拉伸强度	200×200	3
热处理尺寸变化率	100×100	3
低温弯折性	(50×100)(100×50)	1/1
抗渗透性	ϕ100	3
抗穿孔性	150×150	3
剪切状态下的黏合性	300×400	2
热老化处理	300×200	3
人工候化处理	300×200	3
水溶液处理	300×200	9

10.3.2 涂膜防水层施工质量检测

地铁工程明挖区间外部防水多采用涂膜防水结构，完整的涂膜结构一般由底漆、防水涂料、胎体增强材料、隔热材料、保护材料五部分组成，其中胎体增强材料、隔热材料可根据实际情况选择使用。涂料是构成涂膜防水的主要材料，可分为聚氨酯类防水涂料、丙烯酸类防水涂料、橡胶沥青类防水涂料、氯丁橡胶类防水涂料、有机硅类防水涂料等。检测要求如下：

(1)涂料应按设计或产品技术规定配制，质量及配合比必须符合设计要求。每次配料应在其规定的时间内用完。

(2)涂料应分层涂布，并在前层干燥后方可涂布后一层，接缝宽度不小于 100mm，涂膜厚度应符合设计要求。

(3)每层涂料应顺向均匀涂布，且前、后层方向应垂直。

(4)基层面必须坚实、平整、干净，不得有渗水、结露、凸角、凹坑、起砂、松动现象。

(5)涂膜防水层应与基层黏结牢固，应平整、均匀，不得有流淌、皱折、鼓泡、露胎体和翘边等现象。

10.3.3 防水混凝土施工质量检测

地铁工程防水混凝土一般要求如下：

(1)抗渗等级不得小于 P8。

(2)试件的抗渗等级应比设计要求提高0.2MPa。

(3)当结构处于侵蚀性地下水环境中,混凝土地的侵蚀系数不应小于0.8。

(4)裂缝宽度应不大于0.2mm,迎水面主筋保护层厚度不应小于50mm。

10.4 盾构法施工质量检测

盾构法施工的质量检测主要包括管片自身质量检测,管片拼装质量检测,管片壁后注浆质量检测等。

10.4.1 管片质量检测

1)基本要求

(1)管片应进行结构性能检验,检验结果应满足设计要求。

(2)管片混凝土强度和抗渗等级应符合设计要求。

(3)管片不应存在露筋、空洞、疏松、夹渣、有害裂缝、缺棱掉角、飞边等缺陷,麻面面积不得大于管片面积的5%。

2)实测项目

实测项目如表10.4-1、表10.4-2所示。

管片允许偏差和检验方法　表10.4-1

项　目	允许偏差(mm)	检验工具	检验数量
宽度	±1	卡尺	3点
弧、弦长	±1	样板、塞尺	3点
厚度	±1,−1	钢卷尺	3点

注:每15环应抽取1块管片进行检测。

管片水平拼装检验允许偏差和检验　表10.4-2

项　目	允许偏差(mm)	检验频率	检验工具
环向缝间距	2	每缝测6点	塞尺
纵向缝间距	2	每缝测2点	塞尺
成环后内径	±2	测4条(不放衬垫)	钢卷尺
成环后外径	+6,−2	测4条(不放衬垫)	钢卷尺

注:每生产200环管片进行水平拼装检验1次。

10.4.2 管片拼装质量检测

1)基本要求

(1)管片拼装要严格按拼装设计要求进行,管片不得有内外贯穿裂缝和宽度大于0.2mm的裂缝及混凝土剥落现象。

(2)螺栓质量及拧紧度必须符合设计要求。

(3)管片防水密封质量要符合设计要求,不得缺损,黏结应牢固、平整、防水垫圈不得遗漏。

2)实测项目

管片拼装过程中应对管片拼装偏差、隧道轴线和高程进行控制，具体要求如表 10.4-3、表 10.4-4 所示。

管片拼装允许偏差和检验方法　　表 10.4-3

项　目	允许偏差(mm)	检 验 方 法	检 查 频 率
衬砌环直径椭圆度	±0.5%D	尺量后计算	4 点/环
相邻管片径向错台	5	尺量	4 点/环
相邻管片环向错台	6	尺量	1 点/环

隧道轴线和高程允许偏差及检验方法　　表 10.4-4

项　目	允许偏差(mm)	检 验 方 法	检 查 频 率
隧道轴线平面位置	±50	经纬仪测中线	1 点/环
隧道轴线高程	±50	水准仪测高程	1 点/环

10.4.3　管片壁后注浆质量检测

盾构施工壁后注浆一般根据隧道变形与地层隆陷的控制要求选择，分为同步注浆和管片注浆孔注浆两种方式。由于壁后注浆具有隐闭性的特点，一般不能直接对注浆效果进行检测，通常采用过程控制的办法来保证质量。具有来说要求如下：

(1)注浆材料的要求：①不发生材料离析；②不丧失流动性；③注浆后的体积减小；④尽早达到围岩强度以上；⑤水密性好。

(2)严格按配合比拌制浆液。

(3)盾尾注浆以不对衬砌产生偏压为原则，宜从隧道两侧、顶部及底部顺序对称地进行，及时填满盾尾空隙。

(4)对注浆进行压力控制与注浆量控制相结合的办法，注浆过程中必须保证安全，要求如下：

①地表隆陷必须符合设计要求，无具体要求时，地表沉降量不得超过 30mm，地表隆起不得超过 10mm。

②浆液压力应均匀作用在衬砌上，不能危及结构安全。

10.5　地铁车站围护结构质量检测

地铁车站基坑安全等级均为一级，所选用的支护结构有排桩和地下连续墙两种形式。排桩一般为灌注桩支护辅助旋喷桩止水，横支撑为钢筋混凝土支撑或钢管支撑。

10.5.1　灌注桩施工质量检测

1)基本要求

桩的原材料和混凝土强度必须符合设计要求。

2)实测项目

实测项目如表 10.5-1 所示。

灌注桩检测实测项目 表 10.5-1

项目		允许偏差	检测方法
桩轴线与垂直轴线偏差		50mm	经纬仪、钢尺量
成孔深度		+200mm,0	钢尺量
钢筋笼制作偏差	主筋间距	±10mm	钢尺量
	主筋长度	±50mm	钢尺量
	箍筋间距	±10mm	钢尺量
	钢筋笼直径	±20mm	钢尺量
桩身垂直度		0.3%	吊线吊量计算、测斜仪

10.5.2 旋喷桩施工质量检测

1)基本要求

(1)桩的布置、数量必须符合设计要求。

(2)水泥浆配合比必须符合设计要求。

(3)桩身无侧限抗压强度必须符合设计要求。

(4)水泥、外加剂的质量检验必须符合设计及相关规定。

2)实测项目

实测项目如表 10.5-2 所示。

旋喷桩桩施工允许偏差 表 10.5-2

项目	允许偏差	检验方法
桩位中心	≤50mm	开挖桩顶下 500mm 处用钢尺量
桩径	≤50mm	钢尺量
桩长	+100mm,0	钢尺量
桩体垂直度	≤1.5%	经纬仪测钻杆或实测
桩体搭接	>200mm	钢尺量

注:检测数量应为总桩数的 2%,且不少于 5 根。

10.5.3 地下连续墙施工质量检测

地下连续墙施工主要包括导墙施工,挖槽施工、地下连续墙钢筋笼制作与吊装、混凝土浇筑等工序。

地下连续墙施工质量检测的基本要求如下:

(1)导墙净距应大于地下连续墙 40～60mm,导墙高度宜为 1.5～2m,顶部高出地面不应小于 100mm,导墙应建于坚实的地基上,外侧墙体应夯实。

(2)实测项目

实测项目如表 10.5-3～表 10.5-5 所示。

导墙施工允许偏差 表 10.5-3

项　目	施工允许偏差值	项　目	施工允许偏差值
内外导墙间距	±10mm	导墙顶面平面度	5mm
导墙内墙面垂直度	0.5%	内墙面与地连墙纵轴线平行度	±10mm
导墙内墙面平整度	3mm		

钢筋笼制作允许偏差 表 10.5-4

项　目	偏　差（mm）	检 查 方 法
钢筋笼长度	±50	尺量，每片钢筋网检查上、中、下三处
钢筋笼宽度	±20	
钢筋笼厚度	0 −10	
主筋间距	±10	任取一断面，连续量测间距，取平均值作为一点，每片钢筋网测四点
分布筋间距	±20	
预埋件中心位置	±10	抽查

地下连续墙墙体各部位允许偏差 表 10.5-5

项目	允许偏差										检 查 方 法
	垫层	底板	顶板		墙		柱	变形缝	预留洞	预埋件	
			上表面	下表面	内墙	外墙					
平面位置（mm）	±30				±10	±15	纵向：±20 横向：±10	±10	±20	±20	以线路中线为准用尺检查
垂直度（%）					0.2	0.3	0.15	0.3			线锤加尺检查
直顺度（mm）								5			拉线检查
平整度（mm）	5	15	10	5	5	10	5				用 2m 靠尺检查
高程（mm）	+5 −10	±20	±30 0	±30 0							用水准仪测量
厚度（mm）	±10	±15	±10	±10	±15	±15					用尺检查

10.5.4 横支撑施工质量检测

1)基本要求

(1)横支撑原材料型号及力学性能必须符合设计要求。

(2)钢支撑安装前应先拼装,拼装后两端支点中心线偏心不大于20mm,安装后总偏心量不大于50mm。

钢支撑预加应力与设计值偏差不大于±50kN。

2)实测项目

实测项目如表10.5-6所示。

车站基坑支撑体系施工质量检测　　表10.5-6

项　目	允许偏差(mm)	检验频率		检验方法	
		范　围	点　数		
围檩高程		±30	每施工段	5	水准仪测量
立柱位置	高程	±30	每立柱	5	水准仪测量
	平面位置	±50			钢尺量
开挖超深		±200	每支护面	1	水准仪测量
支撑位置	高程	±30	每支撑	2	经纬仪、水准仪及钢尺测量
	水平间距	±100			
支撑安装时间		设计要求	每支撑	1	钟表测量

10.6 暗挖法区间施工质量检测

10.6.1 区间隧道土方开挖施工检测

区间隧道允许超挖值如表10.6-1所示。

区间隧道允许超挖值(尺寸单位:mm)　　表10.6-1

开挖部位	围岩分类							
	爆破岩层						土层或不需要爆破岩层	
	硬岩		中硬岩		软岩		平均	最大
	平均	最大	平均	最大	平均	最大		
拱部	100	200	150	250	150	250	100	150
边墙或仰拱	100	150	100	150	100	150	100	150

10.6.2 钢支撑施工质量检测

1)基本要求

(1)钢筋格栅和钢筋网采用的钢筋种类、型号、规格应符合设计要求,其焊接应符合设计及钢筋焊接标准要求。

(2)钢筋格栅与岩面应楔紧，每片钢筋格栅节点及相邻格栅纵向必须分别连接牢固。

(3)钢筋、型钢等原材料应平直、无操作、表面不得有裂纹、油污、颗粒状或片头老锈。

(4)钢架的落底接长和钢架间纵向连接应符合设计要求。钢架立柱埋入底板深度应符合设计要求，且不得置于浮渣上。

(5)钢筋网的网格间距应符合设计要求，网格尺寸允许偏差为±10mm，钢筋网搭接长度不应小于200mm。

2)实训项目

实训项目如表10.6-2、表10.6-3所示。

钢支撑加工允许偏差　　表10.6-2

<table>
<tr><th colspan="2" rowspan="2">项　目</th><th rowspan="2">允许偏差
(mm)</th><th colspan="2">检验频率</th><th rowspan="2">检验方法</th></tr>
<tr><th>范围</th><th>点数</th></tr>
<tr><td rowspan="3">拱架
(拱顶及墙拱架)</td><td>拱架矢高及弧长</td><td>±20
0</td><td rowspan="6">每榀</td><td>1</td><td rowspan="6">用钢尺量</td></tr>
<tr><td>墙架长度</td><td>±20</td><td>1</td></tr>
<tr><td>墙架横断面尺寸
(高、宽)</td><td>±10
0</td><td>2</td></tr>
<tr><td rowspan="3">钢筋格栅</td><td>高度</td><td>±30</td><td rowspan="3">3</td></tr>
<tr><td>宽度</td><td>±20</td></tr>
<tr><td>扭曲度</td><td>20</td></tr>
</table>

钢架安装允许偏差　　表10.6-3

<table>
<tr><th rowspan="2">项　目</th><th rowspan="2">允许偏差</th><th colspan="2">检验频率</th><th rowspan="2">检验方法</th></tr>
<tr><th>范　围</th><th>点　数</th></tr>
<tr><td>钢架纵向</td><td>±30mm</td><td rowspan="5">每榀</td><td rowspan="2">3</td><td rowspan="5">用钢尺量</td></tr>
<tr><td>钢架横向</td><td>±50mm</td></tr>
<tr><td>高程偏差</td><td>±30mm</td><td>2</td></tr>
<tr><td>垂直度</td><td>0.5%</td><td rowspan="2">3</td></tr>
<tr><td>钢架保护层厚度</td><td>−5mm</td></tr>
</table>

10.6.3　喷射混凝土

喷射混凝土的施工检测项目主要有：喷射混凝土的抗压强度、厚度、回弹量、喷层与混凝土的黏结、外观及平整度等。具体要求如下：

1)回弹量

边墙不宜大于15%，拱部不宜大于25%。

2)抗压强度

(1)检查试块的数量：同一配合比，区间或小于其断面的结构，每20m拱和墙各取一组抗压强度试件。

(2)检查试块的制作方法:

①喷大板切割法:在施工的同时,将混凝土喷射在尺寸为45cm×20cm×12cm的模型内,在混凝土达到一定强度后,加工成10cm×10cm×10cm的立方体试块,在标准条件下养护至28d进行试验。

②凿方切割法:在具有一定强度的喷层上,用凿岩机打密排钻孔,取出长35cm、宽15cm的混凝土块,加工成10cm×10cm×10cm的立方体试块,在标准条件下养护28d进行试验。

(3)合格标准

①同批(同一配合比)试块的抗压强度平均值不低于设计强度。

②任意一组试场抗压强度平均值不低于设计强度的80%。

③同批试场为3~5组时,低于设计强度的试场组数不得多于1组;试块为6~16组时,不得多于两组;17组以上时,不得多于总组数的15%。

3)喷射混凝土与围岩间的连接

(1)检查试块的制作方法

①成型试验法

在模型内放置体积为10cm×10cm×5cm且表面粗糙度近似工程实际的岩块,用喷射混凝土进行掩埋。在混凝土达到一定强度后,加工成10cm×10cm×10cm的立方体试块,在标准条件下养护28d,用劈裂法进行试验。

②直接拉拔法

在围岩表面预先设置带有丝扣和加力板的拉杆,用喷射混凝土将加板压入,喷层厚度约10cm,试件面积约30cm×30cm。经28d养护,进行拉拔试验。

(2)合格标准

喷射混凝土与岩体的黏结力,Ⅳ类及以上围岩不低于0.8MPa,Ⅲ类围岩不低于0.5MPa。

4)喷射混凝土厚度

(1)检测方法

喷层厚度检测有凿孔法、激光断面仪法、光带摄影法等,其中以凿孔法最为常用,故重点介绍凿孔法。采用凿孔法检测时,最好在混凝土喷射后8h以内,用短钎将孔凿出。若如混凝土与围岩黏结紧密,颜色相近不易分辨时,可用酚酞涂抹孔壁,呈红色者即为混凝土。

(2)检测数量

每20m检查一个断面,每个断面从拱顶中线起,每2m凿孔检查一个点。

(3)合格标准

断面检查点60%以上喷层厚度不小于设计厚度,最小值不小于设计厚度1/3,厚度总平均值不小于设计厚度时,方为合格。

5)外观及平整度

喷射混凝土应密实、平整,无裂缝、脱落、漏喷、漏筋、空鼓、渗水等现象。平整度允许偏差为30cm,矢弦比不应大于1/6。

10.6.4 锚杆

(1)锚杆应进行抗拔试验。同一批锚杆每100根应取一组试件,每组3根(不足100根按100根取),设计或材料变更时应另取试件。同一批试件抗拔力的平均值不得小于设计锚固力,且同一批试件抗拔力最小值不得小于设计锚固力的90%。

(2)半成品、成品锚杆的类型、规格、性能等应符合设计要求和规范标准。

(3)砂浆锚杆采用的砂浆强度等级、配合比应符合设计要求。

(4)锚杆安装数量应符合设计要求。

(5)锚杆孔应保持直线,一般情况下应保持与隧道衬砌切线方向垂直。当隧道内岩层结构面出露明显时,锚杆孔宜与岩层主要结构垂直,锚杆垫板应与基面密贴。

(6)锚杆安装的允许偏差:锚杆孔距为±150mm,锚杆孔深为±50mm。

10.7 混凝土施工质量检测

车站主体结构、暗挖法二次衬砌、盾构法管片等混凝土结构均应进行混凝土施工质量检测,在此统一对相关的检测项目及方法进行简要介绍。

10.7.1 回弹法检测混凝土强度

1)回弹法检测原理

混凝土抗压强度与其表面硬度存在一定的数量关系,以一定的弹力将回弹仪的弹击锤打击在混凝土表面,通过其回弹高度求得混凝土表面硬度,从而推求得混凝土强度。

2)检测方法

(1)数据采集

①工程资料

全面精确了解被测结构的情况,如混凝土设计参数、混凝土实际所有混合物材料、结构形式等。

②测区回弹值

测区的选定采用抽检的方法,但所选测区应具有相对的平整和清洁,应没有蜂窝、麻面,无结构破损(裂缝、裂纹、剥落和层裂等),在测区中取0.2m×0.2m范围均匀分布测点,测点间距不小于20mm,测点距构件边缘不小于30mm。在每一个测区取16个回弹值,每个读数精确到1。在检测过程中,要求回弹仪的轴线始终垂直于被检测区的测点所在面。

(2)强度计算

①回弹值计算

从每个测区所得的16个回弹值中,去除3个最大值与3个最小值,对剩下的10个回弹值按下式计算平均值。

$$R_m = \frac{\sum_{i=1}^{10} R_i}{10} \tag{10.7-1}$$

式中：R_m——测区平均回弹值，精确至 0.1；

R_i——第 i 个测点的回弹值。

②回弹值修正

回弹仪非水平方向检测混凝土侧面时，修正公式为：

$$R_m = R_{m\alpha} + R_{a\alpha} \tag{10.7-2}$$

式中：$R_{m\alpha}$——非水平方向检测时测区的平均回弹值，精确至 0.1。

$R_{a\alpha}$——非水平方向检测时测区的平均回弹值的修正值，按表 10.7-1 取值。

回弹仪非水平方向检测修正值 表 10.7-1

	向上				向下			
	90(MPa)	60(MPa)	45(MPa)	30(MPa)	−30(MPa)	−45(MPa)	−60(MPa)	−90(MPa)
20(MPa)	−6mm	−5mm	−4mm	−3mm	2.5mm	3mm	3.5mm	4mm
30(MPa)	−5mm	−4mm	−3.5mm	−2.5mm	2mm	2.5mm	3mm	3.5mm
40(MPa)	−3mm	−3.5mm	−3mm	−2mm	1.5mm	2mm	2.5mm	3mm
50(MPa)	−3mm	−3mm	−2.5mm	−1.5mm	1mm	1.5mm	2mm	2.5mm

回弹仪水平方向或相当水平方向检测混凝土表面时，修正公式为：

$$R_m = R_m^t + R_a^t, R_m = R_m^b + R_a^b \tag{10.7-3}$$

式中：R_m^t、R_m^b——水平方向（或相当水平方向）检测混凝土表面时，测区的平均回弹值，精确至 0.1；

R_a^t、R_a^b——混凝土表面回弹值的修正值，按表 10.7-2 取值。

回弹仪水平方向检测修正值 表 10.7-2

测试面(MPa)	顶面(mm)	底面(mm)	测试面(MPa)	顶面(mm)	底面(mm)
20	2.5	−3.0	40	0.5	−1.0
25	2.0	−2.5	45	0	−0.5
30	1.5	−2.0	50	0	0
35	1.0	−1.5			

③混凝土强度平均值与标准差计算

各测区的混凝土强度换算值可按下式计算强度平均值和标准差：

$$\overline{R_m} = \frac{1}{n}\sum_{i=1}^{n} R_{mj}, S = \sqrt{\frac{1}{n-1}\left[\sum_{i=1}^{n} R_{mj}^2 - n(\overline{R_m})^2\right]} \tag{10.7-4}$$

式中：R_{mj}——构件强度平均值(MPa)，精确于 0.1MPa；

$\overline{R}_m$——混凝土强度的平均值(MPa)；

n——被抽取构件测区之和；

S——构件混凝土强度标准差(MPa)，精确至 0.1MPa。

(3)异常数据分析

回弹法测得的多个数据中，可能会遇到个别误差较大的异常数据，应予以剔除，以免影响最终数据的准确性。一般来说，混凝土强度服从正态分布，为此绝对值越大的误差出现的概率也越小，当划定了超越概率或保证率时，其数据合理范围也相应确定。因此选择一个"判定值"去和测量数据比较，超出判定值者则认为包含过失误差而应剔除。

(4)强度推定

按批量检测，其混凝土强度按下式计算：

$$R_{m} = \overline{R_{m}} - 1.645S, R_{2} = R_{m,min} \tag{10.7-5}$$

$$R = \min(R_{m}, R_{2}) \tag{10.7-6}$$

式中：$R_{m,min}$——该批构件中最小测区混凝土强度换算值的平均值(MPa)，精确至 0.1MPa。

R——混凝土强度推定值(MPa)。

按单个构件计算时：$R=R_{m,min}$。

10.7.2 超声波法检测混凝土强度

1)超声波法检测原理

超声波在混凝土传播，其波速和频率与混凝土的弹性模量密实度有着一定的关系，即混凝土强度越高，在其中传播的超声波的速度和频率也越高。具体来说，超声波在混凝土中传播，其纵波速度的平方与混凝土的弹性模量成正比，与其密度及反比，而其强度又与其密度相关。故根据超声波传播速度可推算出混混凝土的强度，一般声速越大强度越高。

2)检测方法

(1)数据采集

①测区、测点布置

若将混凝土构件作为一个检测总体，在混凝土表面上均布划出不少于 10 个 200mm×200mm 方网格，将每个网格作为一个测区。对同批构件可抽检 30%，且不少于 4 个，每个构件测区不少于 10 个。每个测区内应布置 3～5 对测点。测区应布置在构件混凝土浇筑方向的侧面，表面应清洁平整。

②数据采集

量测每对测点之间的直线距离(声程)，采集记录对应声时。为保证强度检测结果的可靠性，可在同一测站中布置不同的测点，测区声速由 $v=l/t_{m}$，$t_{m}=(t_{1}+t_{2}+t_{3})/3$ 确定。

(2)强度推定

根据各测区超声波声速检测值，可按回归方程计算或查表求得相应测区的混凝土强度值。各情况下混凝土强度推定值如下：

按单个构件检测时，单个构件的混凝土强度推定值取该构件各测区中最小混凝土强度换算值。

按批抽样检测时，混凝土强度推定值按下式计算：

$$f_{cu} = f_{cu,m} - 1.645S_{f_{cu}}$$

$$f_{cu,m} = \frac{1}{n}\sum_{i=1}^{n} f_{cu}, S_{f_{cu}} = \sqrt{\frac{1}{n-1}(f_{cu})^{2} - n(f_{cu,m})^{2}} \tag{10.7-7}$$

式中：$f_{cu,m}$，$S_{f_{cu}}$——分别为各测区混凝土强度换算值的平均值、标准差。

当同批构件按批抽样检测时，若所有测区标准有效期出现下列情况时，则该批构件应全部按单个构件检测；当混凝土强度等级不高于 C20 时，$S_{f_{cu}}>2.45$MPa；当混凝土强度等级高于 C20 时，$S_{f_{cu}}>5.5$MPa。

10.7.3 回弹—超声综合法检测混凝土强度

1)原理

回弹法测混凝土的密度，超声波法测混凝土的表面硬度，而两者均不能全面反映混凝土强度牵涉的多种材料指标，故将两种方法综合起来回弹值与声波速度来综合反映混凝土的抗压强度，可以减弱或消除单一方法检测时带来的偏差。

2)检测方法

(1)测试波速换能器选择

对测法：换能器在 2 个平行的测试面上相对布置，最敏感。

斜测法：在相互垂直的测试面上布置 2 个换能器，用直角三角形斜边为测距，需要通过变化测距获得稳定的声速。

平测法：在同一测试面上布置 2 个换能器，需要采用变动测距获得稳定声速，最不敏感。

(2)声速修正

测区声速由下式计算：

$$v=l/t_{m},t_{m}=(t_{1}+t_{2}+t_{3})/3 \tag{10.7-8}$$

①对测修正

修正声速 $v_{a}=\beta v$，一般 β 取 1.034。

②平测修正

当表面光洁、平整且未受损伤时，$v_{对}/v_{平}=1.00\sim1.03$；表面粗糙、疏松时，$v_{对}/v_{平}=1.04\sim1.10$。

③斜测修正

一般没有统一的修正系数，主要通过现场测试得出对测与斜测的校正系数 $v_{对}/v_{斜}$。

(3)强度推定

由于采用该方法进行混凝土强度推定与超声波法相同，故只介绍测区强度计算。

①测强曲线

优先采用专用或地区测强曲线推推定。当无该类测强曲线时，经验证后也可按《超声回弹综合法检测混凝土强度技术规程》(CECS 02—2005)附录二的规定确定，也可按下式计算：

$$f_{cu,i}=0.0038(v_{i})^{1.23}(R^{i})^{1.95}\text{(当粗集料为卵石时)} \tag{10.7-9}$$

$$f_{cu,i}=0.008(v_{i})^{1.72}(R^{i})^{1.57}\text{(当粗集料为碎石时)} \tag{10.7-10}$$

式中：$f_{cu,i}$——第 i 个测区混凝土强度换算值(MPa)，精确至 0.1MPa；

v_{i}——第 i 个测区修正后的超声声速值(km/s)，精确至 0.01km/s；

R_{i}——第 i 个测区修正后的回弹值，精确至 0.1。

②当结构所用材料与制订的测强曲线所用材料有较大差异时，必须用同条件试件或从结构构件测区钻取的混凝土芯样进行修正，试件数量应不小于 3 个。此时，得到的测区混凝土强度换算值应乘以修正系数。

$$\eta = 1/n\sum f_{\mathrm{cot},i}/f'_{\mathrm{cu},i}（有同条件立方试件时） \quad (10.7\text{-}11)$$

$$\eta = 1/n\sum f_{\mathrm{cor},i}/f'_{\mathrm{cu},i}（有混凝土芯样试件时） \quad (10.7\text{-}12)$$

式中：η——修正系数，精确至小数点后两位；

$f_{\mathrm{cot},i}$——第 i 个混凝土立方体试块抗压强度值（以边长 150mm 计），精确至 0.1MPa；

$f'_{\mathrm{cu},i}$——对应于第 i 个立方体试块或芯样试件的混凝土强度换算值，精确至 0.1MPa；

$f_{\mathrm{cor},i}$——第 i 个混凝土芯样试件抗压强度值（以 ϕ100mm×100mm 计），精确至 0.1MPa。

10.7.4 钻芯法检测混凝土强度

1)原理

钻芯法检测指利用钻芯设备，从混凝土结构中取芯样直接对混凝土强度进行检测的方法。钻芯法是一种直观、准确的检测方法。

2)检测方法

(1)钻芯直径与数量选取

对于芯样尺寸，一般要求最小直径为 50～70mm，且芯样直径不小于粗集料直径的 3 倍。取芯量同一批构件不得少于 3 个，若基于准确度的考虑，以 5 个及以上芯样为宜，取芯位置应在整个结构上均匀布置。

(2)芯样加工

钻孔取芯的芯样一般不能直接用于抗压强度试验，需要进行切割和端面尺寸加工。加工完成后标准试件为：高度和直径均为 100mm 的圆柱体，水泥砂浆补平厚度不宜大于 5mm，端面的平整度、垂直度、直径偏差等均应符合要求。

(3)芯样强度计算

将芯样标准试件进行抗压强度试验，芯样试件抗压强度即为试件破坏时的最大压力除以截面积，芯样试件混凝土换算强度计算公式为：

$$f^{\mathrm{c}}_{\mathrm{cor}} = \alpha\frac{4F}{\pi d^2}, \alpha = \frac{x}{ax+b}, x = \frac{h}{d}, a = 0.61749, b = 0.37967 \quad (10.7\text{-}13)$$

式中：α、F、d——分别为不同高度、直径芯样试件混凝土换算强度的修正系数，芯样试件抗压试验最大压力(N)，芯样试件平均直径(mm)。

(4)芯样抗压强度推定

①单个构件

单个构件取标准芯样试验抗压强度换算值的最小值为芯样抗压强度推定值。

②检验批混凝土抗压强度

根据试验得出的数据，可求出混凝土抗压强度推定区间，其上、下限值可按下式计算：

$$f_{\mathrm{cu,e1}} = f_{\mathrm{cor,m}} - K_1 S, f_{\mathrm{cu,e2}} = f_{\mathrm{cor,m}} - K_2 S \quad (10.7\text{-}14)$$

式中：$f_{\mathrm{cu,e1}}$，$f_{\mathrm{cu,e2}}$——混凝土推定区间的上、下限；

$f_{\mathrm{cor,m}}$——芯样试件强度换算值算术平均值(MPa)；

K_1、K_2——混凝土强度上、下限推定系数（可查规程 CECS 03—2007 求得）；

S——芯样试件强度换算值标准差(MPa)。

一般以推定区间的上限作为推定值，当推定区间置信度为 0.9，上、下限之差不宜大于 5.0 MPa 和 $0.1f_{cor,m}$中的较大值。

10.7.5 几种混凝土强度检测方法特点比较分析

(1)回弹法

优点：检测费用低廉，设备简单、操作方便、测试迅速，不破坏混凝土的正常使用。缺点：检测精度不高，精度受多种因素影响较大，如气候条件、仪器性能、操作方法等。另外由于回弹法本身的检测原理所决定，回弹法的检测范围有较大的限制。具体来说，混凝土龄期应在 7～1 000d，对于表面及内部质量有明显差异或内部存在缺陷的混凝土难以检测准确。

(2)超声波法

优点：利用单一声速参数来推算混凝土强度，具有重复性好的优点。缺点：应用范围有制约，主要是混凝土原料及配合比不同时，声速与强度关系发生明显变化，准确度有影响。

(3)超声—回弹综合法

综合了回弹法与超声波法，对混凝土的强度检测有较好的效果。

(4)钻孔取芯法

优点：对强度检测较准确；缺点：检测成本较高，且对结构的完整性有影响，属于半破损检测方法。

10.7.6 混凝土厚度检测

混凝土厚度检测有冲击—回波法、地质雷达法、直接量测法等，限于篇幅本节仅对几种方法的原理进行简要介绍。

(1)冲击—回波法

冲击—回波法是一种基于瞬态应力波的检测方法，即利用一个短时的机械冲击产生低频的应力波，应力波在结构内部传播的过程中会被结构缺陷和底面反射回来，反射波会被安装在冲击点附近的传感器接收下来，同时波信息将被传送至一个内置高速数据采集及信号处理的仪器。将反射波的信号进行幅值谱分析，谱图中的明显峰正是由于冲击表面、缺陷及其他外表面之间的多次反射产生瞬态共振所致，可以用来识别及确定混凝土的厚度和缺陷位置。

(2)地质雷达法

地质雷达法是一种用于确定地下介质分布的光谱电磁技术。地质雷达利用一个天线发射高频宽频带电磁波，另一个天线接收来自地下介质界面的反射波。电磁波在介质中传播时，其路径、电磁场强度与波形将随所通过介质的电性质及几何形态而变化。因此，可根据接收波的双程走时、幅度与波形资料推断介质的结构。

实测时将雷达的发射和接收天线密贴于混凝土表面，雷达波通过天线进入混凝土结构中，遇到钢筋、钢拱架、材质有差别的混凝土、混凝土中间的不连续面、混凝土与空气分界面、混凝土与岩石分界面、岩石中的裂面等产生反射，接收天线接收到反射波，测出反射波的入射、反射双走向时，就可计算出反射波走过的路程长度，从而求出天线距反射面的距离。

(3)直接量测法

直接量测法指在混凝土结构中打孔或凿槽直接量测厚度的方法，是最直接、准确的方法。

但该方法具有破坏性，会破坏混凝土结构及防排水设备。目前常用的方法有：冲击钻孔取芯量测法、冲击钻打孔量测法。

①钻孔取芯量测法

钻孔取芯量测法是混凝土缺陷检测的主要方法之一。通过量测混凝土芯样的长度，便可以准确知道该处混凝土的厚度。

②冲击钻打孔量测法

冲击钻打孔法相对钻孔取芯法简单、快捷，成本也较低。具体方法是先在待检测部位用普通冲击钻打孔，然后量测混凝土的孔深。

参考文献

[1] 李军. 强化施工风险管理确保地铁施工安全//北京市政第一届地铁与地下工程施工技术学术研讨会论文集[C]. 2005.

[2] 王凌. 西安市地铁一号线工程施工期环境影响分析及对策//中国铁道学会环境保护委员会(环境影响评价学组)第三届学术交流会论文集 2007～2009[C]. 2009.

[3] 姚宣德，王梦恕. 对地铁工程风险评估体系及指标体系的研究//2005 全国地铁与地下工程技术风险管理研讨会论文集[C]. 2005.

[4] 章云泉，李辉煌，徐卫东. 地铁工程安全及风险管理研究//2005 全国地铁与地下工程技术风险管理研讨会论文集[C]. 2005.

[5] 张利俊，刘超，张成满，等. 北京地铁工程混凝土早期裂缝控制//第三届全国商品混凝土信息技术交流大会暨 2006 全国商品混凝土年会论文集[C]. 2006.

[6] 何宗文，曹振，范新明. 西安地铁工程施工安全监督管理初探//建设工程安全理论与应用——首届中国中西部地区土木建筑学术年会论文集[C]. 2011.

[7] 嵇永泉. 地铁控制测量检测主要技术方法//华东地区第九次测绘学术交流大会论文集[C]. 2005.

[8] 中华人民共和国国家标准. GB 50157—2003　地铁设计规范[S]. 北京：中国计划出版社，2003.

[9] 崔志强，胡建国. 地铁车站形式选择[J]. 隧道建设，2005，25(4) ：18-20.

[10] 胡建国，陈宏. 地铁车站综合管线设计浅析[J]. 隧道建设，2005，25 (6)：15-16，24.

[11] 吕剑英. 一座洞室群立体交叉的明暗挖结合地铁车站的设计[J]. 隧道建设，2009，29 (3)：284-289.

[12] 许俊峰. 分离岛式地铁车站建筑设计分析[J]. 隧道建设，2009，29 (3) ：290-294.

[13] 肖广智. 明、暗挖结合地铁车站建筑结构形式的应用[J]. 隧道建设，2005，25 (3) ：15-19.

[14] 崔志强. 地铁车站若干建筑设计问题探讨[J]. 隧道建设，1998，18(4)：25-31.

[15] 王正林. 北京地铁十号线呼家楼站建筑结构形式的选定[J]. 隧道建设，2006，26 (2).

[16] 罗章波. 地铁暗挖区间下轨排竖井设计[J]. 地下空间与工程学报，2009，5(1).

[17] 黄瑞金. 地铁浅埋暗挖洞桩法车站扣拱施工技术[J]. 地下空间与工程学报，2007，3 (2) ：268-271.

[18] 傅鹤林，韩汝才. 隧道衬砌荷载计算理论及岩溶处治技术[M]. 北京：中南大学出版社，2005.

[19] 傅鹤林，彭思甜，韩汝才，等. 岩土工程数值分析新方法[M]. 北京：中南大学出版社，2006.

[20] 傅鹤林，赵朝阳，等. 隧道安全施工技术手册[M]. 北京：人民交通出版社，2010.

[21] 傅鹤林，郭磊，等. 大跨度隧道施工力学行为及衬砌裂缝产生机理[M]. 北京：科学出版社，2009.

[22] W. Wittke. Shallow Tuunel in Soft Rock Subjected to High in-situ Stresses. Proceeding-Symposium on Rock Meckanics. A. A. Balkema. [location varies], United States, 1986.

[23] 王铁梦. 工程结构裂缝控制[M]. 北京:中国建筑工业出版社,2002.

[24] 孙均,侯学渊. 地下结构[M]. 北京:科学出版社,1988.

[25] 陈建平,吴立. 地下建筑结构[M]. 北京:人民交通出版社,2008.

[26] 张庆贺,朱合华. 地铁与轻轨[M]. 北京:人民交通出版社,2006.

[27] 刘统畏. 铁路工程[M]. 北京:中国建筑工业出版社,2005.

[28] 周晓军,周佳媚. 城市地下铁道与轻轨交通[M]. 成都:西南交通大学出版社,2008.

[29] 何宗华,汪松滋,何其光. 城市轨道交通土建设施运行与维修[M]. 北京:中国建筑工业出版社,2006.

[30] 周文波. 盾构法隧道施工技术及应用[M]. 北京:中国建筑工业出版社,2004.

[31] 沈春林,等. 地下防水设计与施工[M]. 北京:化学工业出版社,2006.

[32] 陶龙光,巴肇伦,等. 城市地下工程[M]. 北京:科学出版社,1996.

[33] 姜玉松. 地下工程施工技术[M]. 武汉:武汉理工大学出版社,2008.

[34] 张宏,朱玉明,高西洋. 隧道施工通风方式数值模拟分析//2007 年中国城市地下空间开发高峰论坛论文集[C]. 2007.

[35] 张宏,陈小银,高西洋. 混合式机械通风在地铁隧道施工中的应用[J] . 市政技术,2007(2):116-118.

[36] 陈军强. 盾构法隧道施工通风设计计算[J]. 城市道桥与防洪,2010(5):185-187.

[37] 卓普周. 地铁盾构瓦斯隧道通风技术研究[J]. 工程建设与设计,2010(7):111-113.

[38] 铁道部工程管理中心. 铁路隧道施工通风技术与标准化管理指导手册[M]. 北京:中国铁道出版社,2010.